Sternstunden der Bildung

Mario Gerwig · Marc Müller ·
Susanne Wildhirt · Michael Jänichen ·
Ulrike Harder
(Hrsg.)

Sternstunden der Bildung

Ein Lehrstückführer

Hrsg.
Mario Gerwig
Basel, Schweiz

Marc Müller
Berlin, Deutschland

Susanne Wildhirt
Luzern, Schweiz

Michael Jänichen
Bern, Schweiz

Ulrike Harder
Marburg, Deutschland

ISBN 978-3-658-50734-3 ISBN 978-3-658-50735-0 (eBook)
https://doi.org/10.1007/978-3-658-50735-0

Die Deutsche Nationalbibliothek verzeichnet diese Publikation in der DeutschenNationalbibliografie; detaillierte bibliografische Daten sind im Internet über https://portal.dnb.de abrufbar.

Planung/Lektorat: Frank Schindler
Springer ist ein Imprint der eingetragenen Gesellschaft Springer Fachmedien Wiesbaden GmbH und ist ein Teil von Springer Nature.
Die Anschrift der Gesellschaft ist: Abraham-Lincoln-Str. 46, 65189 Wiesbaden, Germany

Wenn Sie dieses Produkt entsorgen, geben Sie das Papier bitte zum Recycling.

Vorwort

Erinnern Sie sich an Ihre Schulzeit? Vermutlich kommen Ihnen bestimmte Lehrkräfte in den Sinn. Vielleicht fallen Ihnen Anekdoten ein: etwa eine lustige Situation im Deutschunterricht, ein mehr oder weniger funktionierendes Physik-Experiment, eine besonders chaotische oder gelungene Sportstunde. Möglicherweise denken Sie an erlebten Prüfungsstress oder an bestimmte Mitschülerinnen und Mitschüler, die Sie jahrelang nicht gesehen haben oder mit denen enge, vielleicht lebenslange Freundschaften entstanden sind.

Was kommt Ihnen in den Sinn, wenn Sie ganz konkret an den Unterricht denken, den Sie erlebt haben? Immerhin haben Sie selbst über 11.000 oder sogar mehr als 15.000 Stunden in der Schule verbracht.[1] An welche Inhalte können Sie sich besonders gut erinnern, was haben Sie – neben den Grundfertigkeiten wie Rechnen, Schreiben, Lesen – sonst noch mitgenommen? Vielleicht ist es ein prägnanter Merksatz aus dem Englischen („He, she, it – the ‚s' must fit") oder eine Erinnerung an den Satz des Pythagoras aus dem Mathematikunterricht (genau: aquadratplusbequadrat …) oder Sie wissen noch etwas über das Jahr 753?

Möglicherweise tauchen in Ihren Erinnerungen auch bestimmte Situationen auf, in denen Sie etwas tiefgreifend verstanden haben – Ereignisse, in denen nicht nur die Merksätze, Formeln, Jahreszahlen, sondern auch die damit verbundenen Umstände Teil des Unterrichts waren, sodass sich Ihr eigener Blick auf die Welt fortan grundlegend geändert hat – und wodurch Sie sich plötzlich als eine andere Person in dieser Welt befanden. Solche Situationen werden mit dem Begriff „Bildung" beschrieben – und um solche Situationen geht es hier!

Dieses Buch versammelt in kulturhistorischer Ordnung Beispiele von prägnant dargestelltem Unterricht zu exemplarisch bedeutsamen Themen aus verschiedenen Fächern und Jahrgangsstufen, in denen Lehrpersonen die Unterrichtsinhalte in

[1] In Hessen, einem deutschen Bundesland mit durchschnittlicher Unterrichtsverpflichtung für Schülerinnen und Schüler, werden bis zur Mittleren Reife etwa 11.100, bis zum Abitur rund 15.300 Schulstunden erteilt. Die nichtobligatorische Kindergartenzeit ist nicht einbezogen (vgl. KMK 2019). In Luzern, einem Schweizer Kanton mit durchschnittlicher Unterrichtsverpflichtung für Schülerinnen und Schüler, werden bis zum Abschluss der obligatorischen Schulzeit (Ende der Sekundarstufe I) rund 11.300 Schulstunden erteilt, bis zur Eidgenössischen Matur etwa 15.600. Darin einbezogen ist die zweijährige obligatorische Kindergartenzeit (vgl. EDK 2024).

ihren Entstehungs- und Entwicklungsprozessen inszeniert haben. Die Kulturgenese des jeweiligen Lerngegenstands wird auf diese Weise Teil des Unterrichts und kann bei seiner Erschließung durch die Lernenden zu einem echten, tiefgreifenden Verständnis beitragen. Ein auf solche dramaturgische Weise gestalteter Unterricht zu *Sternstunden der Menschheit* regt Schülerinnen und Schüler zum eigenen Erkunden und Entdecken an und kann zu echten Bildungserlebnissen führen. Diese Sternstunden in möglichst vielen Schulen immer wieder auf-, ein- und weiterleuchten zu lassen, ist das Ziel dieses Buchs. Möge es an zahlreichen Schulen zu einer pädagogisch-didaktischen Unterrichtsentwicklung beitragen, bei der vor allem die Lernenden und die zu unterrichtenden Inhalte zentral sind, sodass technische und digitale Elemente dabei mehrheitlich eine dienende Funktion übernehmen.

Dieses Buch ist auch als pädagogisch-didaktische Antwort auf die in der Unterrichtsforschung häufig gestellten Fragen etwa nach „lernwirksamem", „neurobiologisch adäquatem" oder „kognitiv aktivierendem" Unterricht zu verstehen. Führen die zahllosen wissenschaftlichen Untersuchungen dieser Fragen zu bisweilen hilfreichen Resultaten, Theorien und Modellen, so fehlt doch bis heute eine gebündelte und ergänzende Antwort aus der Unterrichts*praxis*. – Hier ist sie!

Dass eine solche Antwort nun in kompakter Form vorliegt, ist zahlreichen Personen zu verdanken. An erster Stelle muss hier Hans Christoph Berg (*1936) genannt werden. Berg wurde – nach Lehramtsstudium in Wuppertal (u. a. bei Renate Riemeck), Lehrertätigkeit und Psychologiestudium in Berlin (u. a. bei Hans Aebli), Stipendium am Max-Planck-Institut für Bildungsforschung in Berlin und Promotion in Pädagogik (bei Wilhelm Richter und Klaus Holzkamp) – 1976 Professor für Didaktik/Schulpädagogik an der Philipps-Universität Marburg. In den folgenden Jahren entwickelte er – in den ersten Jahren gemeinsam mit Theodor Schulze (1926–2025) – in persönlicher Zusammenarbeit mit dem Pädagogen und Physiker Martin Wagenschein (1896–1988) sowie dem Erziehungswissenschaftler Wolfgang Klafki (1927–2016) und in intensiver Auseinandersetzung mit deren Arbeiten die *Lehrkunstdidaktik,* für deren Weiterentwicklung und Verbreitung er sich bis zum heutigen Tage in Deutschland, der Schweiz und den Niederlanden unermüdlich einsetzt. In den 100 Semestern seiner Professur hat er zahllose Seminare angeboten, Tausende Studierende betreut, Hunderte Examensprüfungen abgenommen und fast 20 Dissertationen als Erstgutachter begleitet. Dass dieses Buch, dessen Idee Hans Christoph Berg in Analogie zu Reclams *Schauspielführer* schon vor geraumer Zeit entwickelte, für deren Umsetzung sich bisher aber keine Möglichkeit fand, nun genau zu seiner Abschiedsvorlesung und kurz vor seinem 90. Geburtstag erscheint, ist mehr als ein glücklicher Zufall. Es füllt eine seit langer Zeit bestehende Lücke und wir sind dankbar, diese nun zu schließen.

Das wiederum wäre ohne die rund 40 Autorinnen und Autoren, die in den letzten Monaten intensiv an übersichtlichen Kurzfassungen „ihrer" Lehrstücke und Unterrichtsinszenierungen gefeilt und dabei stets mit großer Offenheit unsere Wünsche und Rückmeldungen aufgenommen und umgesetzt haben, unmöglich gewesen. Ihnen allen danken wir sehr herzlich für ihren großen Einsatz. Dasselbe gilt für unseren Lektor Bernd Knappmann, der mit ausgesprochener Professionalität und feinem Sprachgefühl die Texte korrigiert und dabei auch dank seiner großen Belesenheit so manche unpräzise Formulierung aufgespürt hat.

Dass einer der Autoren die Publikation dieses Buches allerdings nicht mehr miterleben kann, schmerzt uns sehr. Stephan Schmidlin verstarb erst 70-jährig und völlig überraschend am 14. November 2019. Er war über mehr als zwei Jahrzehnte hinweg ein enger Begleiter der *Lehrkunstdidaktik*, trug mit zahlreichen Lehrstückideen zu deren Weiterentwicklung bei, engagierte sich auch in der Vorstandsarbeit der *Gesellschaft für Lehrkunstdidaktik* intensiv und lektorierte die Festschrift *Das Schulwesen soll und will auch ein Bildungswesen sein* (2016) zum 80. Geburtstag von Hans Christoph Berg. Die Idee des *Lehrstückführers* war auch ihm ein Anliegen und er wäre zweifelsfrei eine große Hilfe bei der Herausgabe dieser Sammlung gewesen. Umso mehr freuen wir uns darüber, dass wir nicht nur einige seiner Lehrstücke in dieses Buch aufnehmen, sondern vor allem Texte und Textausschnitte aus seinem Nachlass dazu verwenden konnten, um diese zu beschreiben – danke, Theres! –, sodass Stephan nun posthum als Autor dabei sein kann. Ihm würde das sicherlich gefallen.

Die Texte in diesem Buch können in beliebiger Reihenfolge studiert werden, auch wenn sie von uns kulturhistorisch geordnet wurden. Eine *Einführung in die Lehrkunstdidaktik* findet sich im folgenden Kapitel. Eine unvollständige Liste mit Ideen zu noch nicht existierenden oder unvollständigen Lehrstücken, Literaturhinweise sowie ein Verzeichnis zentraler lehrkunstdidaktischer Publikationen sind am Ende des Buchs platziert.

Wir wünschen Ihnen eine anregende Lektüre und freuen uns über Rückmeldungen, was am einfachsten via www.lehrkunst.org geht.

Basel	Mario Gerwig
Berlin	Marc Müller
Luzern	Susanne Wildhirt
Bern	Michael Jänichen
Marburg	Ulrike Harder
im Oktober 2025	

Einführung

In diesem Buch steht die *Lehrkunstdidaktik* im Mittelpunkt. Ihr Konzept und ihre Entwicklungsgeschichte sollen daher zunächst anhand von Antworten auf vier häufig gestellte Fragen sowie durch zwei Anmerkungen und eine Einladung erläutert werden.

Wer sich nicht gleich zu Beginn der Lektüre mit den historischen und theoretischen Hintergründen der *Lehrkunstdidaktik* befassen möchte, liest vielleicht zunächst ein paar der nachfolgenden Lehrstücktexte „querbeet", das heißt kreuz und quer durch die Kulturgeschichte, und kehrt zu einem späteren Zeitpunkt wieder hierhin zurück. Lehrpersonen möchten wir dazu ermutigen, das Unterrichten mit Lehrstücken einfach einmal auszuprobieren. Eltern empfehlen wir, ihren Kindern dieses Buch zur Lektüre anzubieten – und Schülerinnen und Schüler berichten davon am besten ihren Lehrpersonen, die wiederum sehr gerne direkt mit uns Kontakt aufnehmen dürfen; dazu mehr am Ende dieser Einleitung.

(1) Woran orientiert sich die Lehrkunstdidaktik und wie ist sie entstanden?

Die Lehrkunstdidaktik orientiert sich insbesondere an der Pädagogik Martin Wagenscheins und am bildungstheoretischen Konzept Wolfgang Klafkis.

Martin Wagenschein (1896–1988)
Die Idee, eine Sammlung von verdichteten Unterrichtsbeschreibungen zusammenzustellen, ist nicht neu. Einer der Ersten, der damit begonnen hat und an dem wir uns sehr eng orientieren, ist der Pädagoge und Physiker Martin Wagenschein. Er setzte sich zeitlebens für die Humanisierung des naturwissenschaftlichen und mathematischen Unterrichts ein. Immer wieder kritisierte er, dass im Unterricht die von ihm sogenannte „erste Welt" – die Welt der sichtbaren Phänomene beziehungsweise die Erfahrungswelt – im Eilschritt durchlaufen wird, um sie dann in einer zweiten Welt – der „Hinterwelt" der abstrakten mathematischen Strukturen, Modelle, Symbole und der Fachsprache – mithilfe von Belehrungsapparaten in Zahlenwerke zu übersetzen. Als Mitverfasser der *Tübinger Resolution* (1951) zur umfassenden Reform der Schule und Hochschule stemmte er sich gegen Stoffhuberei, gegen Zeit-, Bewältigungs- und Notendruck. „Ursprüngliche Phänomene der geistigen Welt können am Beispiel eines einzelnen, vom Schüler wirklich erfaßten Gegenstandes sichtbar werden", ist eine ihrer Kernaussagen. Der Aberglaube an

die objektive und genaue Messbarkeit der Schulerfolge in Form von Noten gehörte für Wagenschein neben dem Sich-Verstecken in unverstandenem Fachjargon zu den schlimmsten Vergehen der Schule. Bis zuletzt verstand er es als seine Aufgabe, vom Vorrang des Verstehens zu überzeugen, das kindliche Denken zu bewahren, das Staunen und Nachdenken über alltägliche Phänomene wiederzubeleben.

Seine Werke und Texte sind weiterhin erstaunlich aktuell. Er ist ein Klassiker der Pädagogik, der überzeugt davon war, dass ihm etwas aufgegangen ist, was nicht mehr aus der Welt zu schaffen sei. Neben seiner exemplarisch-genetisch-sokratischen Methode erinnert man sich heute insbesondere an seine rund 40 Unterrichtskizzen, -entwürfe und -berichte – vom ersten, einem „Freihandversuch zum Auftrieb in Luft“ (1935), bis zu seinem letzten, dem „Flaschenzug“ (1978). Einige dieser Skizzen wurden in den vergangenen Jahren zu Lehrstücken weiterentwickelt und finden sich daher auch in diesem Buch, etwa „Euklids Satz über die Primzahlenreihe“ (1949), „Die Irrationalität der Quadratwurzel 2“ (1950), „Das Fallgesetz im Brunnenstrahl“ (1953), „Der Satz des Pythagoras“ (1960) und „Der Sechs-Stern/Entdeckung der Axiomatik“ (1968/1974).

Wolfgang Klafki (1927–2016)
„Bildung“ ist ein in Lehrplänen, Schulbüchern und Handreichungen, aber auch im Alltag häufig benutzter Begriff, mit dem jedoch ganz unterschiedliche Dinge verbunden werden. Innerhalb der *Lehrkunstdidaktik* ist damit die Art von Persönlichkeitsentfaltung, Weltorientierung und -erschließung gemeint, wie sie der Erziehungswissenschaftler Wolfgang Klafki in seiner historisch-systematisch angelegten Dissertation über eine *Theorie der kategorialen Bildung* (1959) entwickelt hat.

In den 1950er-Jahren standen sich in der bildungsdidaktischen Diskussion zwei große Gruppen in ihrem bildungstheoretischen Grundverständnis scheinbar unvereinbar gegenüber: Die eine Gruppe vertrat die *materialen Bildungstheorien,* bei denen das Objekt, das heißt der jeweilige Lerninhalt, ins Zentrum von unterrichtlichen Bemühungen gestellt wurde. Hier wurde betont, dass sich die Inhalte, die der jungen Generation zugänglich gemacht werden sollten, entweder am bildungstheoretischen Objektivismus (d. h. an den wissenschaftlichen Erkenntnissen hinsichtlich der Kulturgüter, sittlichen Werte und ästhetischen Gehalte) oder an der Bildungstheorie des Klassischen (d. h. an „klassischen“ Idealen, Leitbildern und Werten des jeweiligen Volkes oder Kulturkreises) orientieren sollten. Die zweite Gruppe, die Angehörigen der *formalen Bildungstheorien,* stellte das Subjekt, also die Lernenden, ins Zentrum. Sie verstanden Bildung entweder funktional (d. h. das Ziel des Unterrichts bestehe in der Formung, Entwicklung und Reifung der den Menschen innewohnenden körperlichen, geistigen und seelischen Kräfte) oder methodisch (d. h. Unterricht habe vorrangig die Aneignung und Beherrschung verschiedener Methoden zum Ziel, mit deren Hilfe die Fülle der verschiedenen Inhalte erschlossen werden kann).

Klafki gelang es, diese einander diametral gegenüberstehenden Positionen zu vereinen, indem er sie als zwei gleichermaßen berechtigte Anforderungen an Bildung dialektisch aufeinander bezog und dadurch die Ausschließlichkeit der Geltungsansprüche, die den materialen sowie den formalen Bildungstheorien zugrunde lagen, überwand. Er begriff beide Ansätze als zwei Seiten einer Medaille, was es ihm ermöglichte, beide Konzepte in seinen Entwurf einer *Theorie der kategorialen Bildung* gleichberechtigt zu integrieren. Er selbst drückte dies folgendermaßen aus (Klafki 1959, S. 297 f.; Hervorh. im Original): „*Bildung* nennen wir jenes Phänomen, an dem wir – im eigenen Erleben oder im Verstehen anderer Menschen – unmittelbar der *Einheit eines subjektiven (formalen) und eines objektiven (materialen) Momentes* innewerden. [...] Bildung ist Erschlossensein einer dinglichen und geistigen Wirklichkeit für einen Menschen (objektiver Aspekt), aber das heißt zugleich: Erschlossensein dieses Menschen für diese *seine* Wirklichkeit (subjektiver Aspekt). [...] Diese *doppelseitige Erschließung* geschieht als Sichtbarwerden von ‚allgemeinen' Inhalten auf der objektiven Seite und als Aufgehen ‚allgemeiner' Einsichten, Erlebnisse, Erfahrungen auf der Seite des Subjekts."

Lehrstückunterricht strebt danach, dieses Bildungsverständnis zu realisieren: Die Wirklichkeit lässt „kategoriale Prinzipien" insbesondere an paradigmatischen Beispielen erkennbar werden. Damit sind Leitbegriffe gemeint, die von den Lernenden erarbeitet werden und auf eine Erkenntnis, ein Verstehen oder auf die Beurteilung und Gestaltung von natürlichen, kulturellen, künstlerischen oder sozialen Umweltgegebenheiten und -beziehungen gerichtet sind. In der Logik der Schulfächer gehören dazu etwa das Beweisen in der Mathematik (Die Entdeckung der Axiomatik mit Euklid), grundlegende Naturgesetze in der Physik (Galileis Fallgesetz), Kernbegriffe wie „Revolution" in der Geschichte (Gombrichs „Kurze Weltgeschichte"), die Ressourcen-Frage in der Geographie (Die Entdeckung der Nachhaltigkeit) oder die politischen Grundorientierungen in der Politik (Die Dorfgründung – ein soziales Experiment mit Smith, Burke, Marx und Proudhon). Im Bildungsprozess gewinnt das lernende Subjekt nun relevante Einsichten in Gesetzmäßigkeiten, Strukturen, Motive und Vorstellungen *aus der Wirklichkeit* und erschließt zugleich *sich selbst für diese* Wirklichkeit. Bildung wird damit verstanden als ein prinzipiell überholbarer, veränderbarer, revidierbarer Prozess der Aneignung von Kategorien mit einem nie endgültigen und abschließenden Ergebnis.

Klafki bezog 2003 den Lehrstückunterricht explizit in sein bildungstheoretisches Konzept der Sinndimensionen ein: Allgemeine Bildung umfasse auch „die Einführung von Kindern und Jugendlichen in das Verständnis von epochenübergreifenden ‚Menschheitsthemen'. [...] Hans Christoph Berg und die durch ihn motivierten ‚Lehrkunst'-Praktikerinnen und -Praktiker haben mich davon überzeugt, dass ‚Menschheitsthemen' in der skizzierten Auslegung eine vierte notwendige Sinn-Dimension allgemeiner Bildung heute sein müsste" (Klafki 2003, S. 20 ff.). Während die überwiegende Zahl der vorliegenden Lehrstücke auf entscheidungsentlastete Menschheitsthemen fokussiert ist, gibt es aber auch solche, die sich auf akute gegenwarts- und zukunftsbezogene Schlüsselprobleme der modernen Welt beziehen und somit als epochaltypisch bezeichnet werden können – zum Beispiel diejenigen, die Fragen nach Gerechtigkeit (Eine Theorie der Gerechtigkeit mit Rawls), ökologische und soziale Krisen (Die Entdeckung der Nachhaltigkeit) oder das Leben in einer zunehmend digitalisierten Welt (Kultur der Digitalität mit Stalder) thematisieren.

Erstes Fazit

Wagenscheins Pädagogik und Klafkis bildungstheoretische Didaktik werden heute vor allem in der *Lehrkunstdidaktik,* die von Wagenscheins Schüler und Klafkis Kollegen Hans Christoph Berg (*1936) in den 1980er-Jahren begründet wurde, stetig weiterentwickelt. Sie sind seither auf verschiedene Fächer und Themen übertragen worden. Der Begriff „Lehrkunstdidaktik" stellt dabei zum einen eine Reminiszenz an Comenius (1592–1670) dar, der seine *Didactica Magna* (1657) mit den Worten „Didactica, docendi artificum sonat" beginnt, zu deutsch: „Didaktik heißt Lehrkunst". Zum anderen wird deutlich, dass diese Didaktik auf einer Haltung basiert, die das Unterrichten als einen künstlerischen, gestaltenden Prozess versteht, in dessen Rahmen Lehrstücke im Unterricht *inszeniert* werden. Dies geschieht immer wieder durch zahlreiche Lehrpersonen an vielen Schulen in Deutschland, der Schweiz und den Niederlanden. Dabei werden die Lehrstücke stets an die jeweiligen Situationen vor Ort angepasst und insgesamt beständig konsolidiert oder weiterentwickelt. Zudem kommen immer wieder neue Lehrstücke hinzu; andere würden von einer Modernisierung profitieren. Der vorliegende Band beinhaltet insgesamt 70 Lehrstücke in Kurzdarstellungen (Teil I) sowie eine Liste mit 30 noch nicht existierenden oder in der Entwicklung befindlichen Lehrstücken (Teil II).

(2) Nach welchen didaktischen Prinzipien werden Lehrstücke gestaltet?

Bei der Lektüre der in diesem Buch beschriebenen Lehrstücke wird deutlich, dass darin bestimmte Eigenschaften und Gestaltungselemente immer wieder auftauchen.

Methodentrias

Methodisch orientiert sich die Lehrkunstdidaktik insbesondere an drei didaktischen Prinzipien, die sie von Wagenschein (1968/2008) adaptiert hat, die später von Berg und Schulze (1995) nach Hausmann (1959) variiert wurden und die seither als „Methodentrias" bezeichnet werden. Es sind die Prinzipien *exemplarisch, genetisch* und *dramaturgisch.*

- Mit **exemplarisch** ist gemeint, dass an konkreten, das Staunen und Fragen herausfordernden Phänomenen das „Allgemeine" kulturell bedeutsamer Themen gemeinsam mit den Lernenden aufgespürt, aufgeschlüsselt, angeeignet wird. Als besonders geeignet erweisen sich solche Momente, die mit Bezeichnungen wie „Sternstunden der Menschheit" (S. Zweig), „paradigmatische

Durchbrüche“ (T. Kuhn), „Knotenpunkte im Netzwerk der Wissenschaftsgeschichte“ (M. Serres) oder „epochenübergreifende Menschheitsthemen“ (W. Klafki) beschrieben worden sind. Sie werden im Lehrstück zu Unterrichtsgegenständen, bei denen es sich lohnt, sie in ihrem ganzen Umfang, ihrem Gehalt, ihrer Tragweite und Tiefe zu erfassen und zu verstehen: eine brennende Kerze (Faradays Kerze) macht beim Streifzug durch die Physik, Chemie und Ökologie unsere Eingebundenheit in Stoffkreisläufe deutlich; eine Reise durch Italien (Goethes „Italienische Reise“) eröffnet ein morphologisches Sehen, mit dem sich überallhin reisen lässt; Kanonkünste mit Bach lassen auf den Schultern einer 800-jährigen Musikkultur harmonische Grundlagen erfahren und befähigen zu eigenen Kanonkompositionen; Erd-Erkundung mit Hedin ermöglicht ein zusammenhängendes und komplexierbares Weltbild mit historischer Tiefenschärfe.

- Mit **genetisch** ist gemeint, nicht nur die Ergebnisse einer Wissenschaft zu lehren, sondern diese vielmehr auf möglichst genau den Wegen (nach)entdecken zu lassen, die zu diesen Erkenntnissen geführt haben. Dabei orientiert sich der Unterricht so weit wie möglich an den ursprünglichen Fragen der Forscherinnen und Forscher, Dichterinnen und Dichter, Denkerinnen und Denker, Entdeckerinnen und Entdecker. Die genetische Methode stiftet einen Zusammenhang zwischen dem Werdegang des Unterrichtsgegenstands und dem Werdegang des Lernens. Entscheidend ist dabei die Exposition des Themas in einer Weise, dass von einem erstaunlichen Ausgangspunkt aus eine weitreichende Fragestellung von den Schülerinnen und Schülern möglichst selbst (wieder)gefunden werden kann – gerade so, als würde die Menschheit diese Frage zum ersten Mal stellen –, um ihr sodann unter Begleitung der Lehrperson möglichst selbsttätig forschend nachzugehen: Warum fließt das Wasser nicht aus dem sich kopfüber befindlichen Glas (Pascals Barometer)? Gibt es eine sinnvolle Systematisierung der auf einer Frühlingswiese blühenden Blumen (Linnés Wiesenblumen)? Warum passen unsere theoretischen Überlegungen bei der Planung eines Würfelspiels nicht zu den tatsächlichen Resultaten (Wahrscheinlichkeitsrechnung mit Pascal)?
- Mit **dramaturgisch** ist gemeint, den Lerngegenstand im Unterricht so in Szene zu setzen, dass die von Klafki propagierte doppelseitige Erschließung zwischen Subjekt und Objekt realisiert werden kann. Ein möglichst bündiger Handlungszusammenhang aus Lernsituationen und Lernaufgaben wird für den angestrebten Kompetenzerwerb so aufbereitet, dass im Verhandeln der Sache, im konstruktiven Ringen um den Gegenstand ein gemeinsames Streben nach der möglichst besten Problemlösung zustande kommen kann. Dazu wird der direkte Austausch mit den Urheberinnen und Urhebern gesucht, etwa durch die Lektüre originaler Dokumente oder auch im direkten Dialog, wenn die historische Person im Unterricht auftritt – so wie Euklid (Die Entdeckung der Axiomatik mit Euklid), Eratosthenes (Himmelsuhr und Erdglobus mit Eratosthenes) oder Robert Walser (Walsers Spaziergang). Wie haben sie ihre Probleme gefunden, sich vertieft, geübt und ihre eigenen Lösungen durchgearbeitet sowie angewendet? Die Gestaltung eines Lehrstücks nimmt Maß an den historischen Prozessen, die

ihrerseits häufig sehr dramatisch waren. Deshalb haben Lehrstücke selbst eine große Ähnlichkeit mit der Form eines Dramas, eines „Erkenntnisdramas“: Die größeren Lernhandlungen, die als „Akte“ bezeichnet werden, richten sich eher nach dem Frage- und Erkenntniszusammenhang als nach der Stundenverteilung im Stundenplan; die Unterteilung in „Szenen“ hängt maßgeblich von den Handlungsträgerinnen und Handlungsträgern sowie den Handlungsräumen ab. In der Regel sind Lehrstücke daher in Ouvertüre, Akte und Finale oder Epilog unterteilt, es gibt aber auch Abweichungen davon, etwa wenn im Lehrstück UAZ – Unsere Abend-Zeitung Tage zu Taktgebern werden, in Brechts „Leben des Galilei“ von Stationen die Rede ist oder sich das Lehrstück Zeige mir den Regenbogen! in einem einzigen Akt vollzieht.

Lehrstückkomponenten
Neben der Methodentrias lassen Lehrstücke weitere konkrete Gestaltungsmerkmale erkennen. Zu Beginn steht immer ein reizvolles **Phänomen** – die Sechsstrahligkeit einer Schneeflocke (Keplers Schneekristalle), die Schönheit eines musikalischen Werks (Die Geburt von Mozarts Figaro) –, das im Lauf des Unterrichts nicht verschwindet, sondern bis zum Ende des Lehrstücks präsent bleibt.

Aus der Beschäftigung damit entwickeln sich bei den Lernenden sogenannte **Sogfragen:** Warum leben wir in einer Demokratie (Aristoteles' Verfassungsratschlag)? Warum verblassen bestimmte Farbstoffe durch das Sonnenlicht (Quantenchemie farbiger Stoffe mit Heisenberg und Einstein)? Durch diese kommt der Unterricht in einen „Flow“ und kann nachfolgend wie von selbst „fließen“.

Die Handlung beginnt meist ausgehend von einer **Urszene** – wie dem Feststellen der Farbigkeit des Regenbogens (Im Varieté der Regenbögen) oder der Suche nach der Quadratvereinigung (Pythagoras und sein Satz). Durch diese werden die Schülerinnen und Schüler so in das Lernhandeln involviert, dass sie den Unterrichtsgegenstand zu „ihrer eigenen Sache machen“ und um dessen Erschließung ringen.

Dies geschieht in einer möglichst ausgewogenen **Ich-Wir-Balance,** da es auf die einzelnen Beiträge aller ankommt, um die jeweilige Sache gemeinsam zu verhandeln – so wie bei der Entwicklung und Untersuchung von Würfelspielen (Wahrscheinlichkeitsrechnung mit Pascal) oder der Kategorisierung von Wolkenformationen (Howards Wolken). Das Maß, in dem die Schülerinnen und Schüler im Unterrichtsverlauf partizipieren und selbst zu Akteurinnen und Akteuren des eigenen Lernens werden, ist für die Nachhaltigkeit des Lernens und die Vertiefung zum Bildungsereignis von großer Bedeutung.

Dabei werden, wo immer möglich, **originäre Vorlagen** als Lernhilfen genutzt – die *Elemente* Euklids (Die Entdeckung der Axiomatik) oder Hedins *Von Pol zu Pol* (Erd-Erkundung mit Hedin).

Indem die Lernenden die Kulturgenese der jeweils verhandelten Sache mitvollziehen, ergibt sich irgendwann einmal in ihrem (metakognitiven) Denken ein „Aha-Moment“ des Erkennens der Zusammenhänge. Dieser sogenannte **kategoriale Aufschluss** veranlasst sie dazu, die Welt mit anderen Augen als zuvor und daher als eine andere Person zu sehen – was sie wiederum dazu befähigt, auszudrücken, was genau sie eigentlich wie neu gesehen, erlebt, gefunden, erkannt, verstanden haben. Fortan sind sie in der Lage, die zentralen fachlichen Begriffe und Handlungsweisen korrekt anzuwenden – das Schreiben einer Erzählung (Walsers Spaziergang), das Beweisen in der Mathematik (Das Nichtabbrechen der Primzahlfolge), das Ordnen von Pflanzen zu Pflanzenfamilien (Linnés Wiesenblumen).

Diese neue Erkenntnis, die einst durch die Urheberinnen und Urheber das Licht der Welt erblickte und die gerade jetzt im Unterricht erneut zu sehen ist, findet häufig ihren Ausdruck in der gemeinsamen Arbeit an einem bestimmten **Werk** – einer eigenen Fabelsammlung (Aesops Fabeln), einer selbst erstellten drehbaren Sternkarte (Himmelsuhr und Erdglobus mit Eratosthenes) – oder in einem **Denkbild** – wie das Plakat eines großen Teichs mit seinen aufeinander bezogenen Lebewesen (Der Teich als Biozönose nach Junge) oder der politische Kompass (Die Dorfgründung). Werk und Denkbild entstehen im Verlauf des Unterrichts und ermöglichen am Ende des Lehrstücks eine Rekapitulation des gesamten Erkenntnisprozesses.

Zweites Fazit

Das beschriebene *Konzept aus Methodentrias und Lehrstückkomponenten* mag einen schnellen Zugang zur Idee der *Lehrkunstdidaktik* bieten, es steht aber nicht in deren Zentrum. Zentral sind vielmehr die Lehrstücke selbst – daraus leitet sich auch die anfängliche Empfehlung ab, zunächst ein paar Lehrstücke „querbeet“ zu lesen und sich dann erst dieser Einleitung zu widmen. Aus ihnen und ihrer unterrichtlichen Umsetzung – dem Lehrstückunterricht – leitet sich die Theorie ab. Eine solche aus der Erfahrung erwachsene *theoria,* griechisch „Betrachtung“, ermöglicht es dann, die Praxis besser zu verstehen.

Bedenkt man, dass in den allermeisten didaktischen Publikationen die Theorien dominieren und – wenn überhaupt – nur Auszüge aus der Praxis beispielhaft als Belege angeführt werden, wird hier das weit verbreitete Missverständnis über das sogenannte „Theorie-Praxis-Verhältnis“ gewissermaßen vom Kopf auf die Füße gestellt. Entsprechend sind auch die durch psychologische Ansätze und Erkenntnisse aus der empirischen Bildungsforschung inspirierten Lernprozessmodelle für ein umfassendes Verständnis der Unterrichtspraxis zwar durchaus hilfreich, können aber Pädagogik und Didaktik immer nur ergänzen. Denn Können und Wissen beruhen auf Erfahrungen und gehören beide zusammen. Die Regeln des kunstgemäßen Handelns entwickeln sich aus der Erfahrung und müssen sich in der Praxis bewähren. Können ist nicht ohne Erfahrung aus allgemeinen Regeln ableitbar.

(3) Wie entstehen Lehrstücke und wie wird Lehrstückunterricht geplant?

Die *Lehrkunstdidaktik* betrachtet Pädagogik und Didaktik als genuine Profession, die ihr Wissen und Können aus eigenen Quellen schöpfen kann und auch sollte. Diese Quellen sollten autonome, bildungs- und erfahrungstheoretische Grundlagen sein, die aus der Lehrpraxis, der Kultur und der Bildungstradition selbst stammen – und nicht bloß aus externen Disziplinen wie Psychologie oder empirischer Pädagogik. Bildungsprozesse anzustoßen wiederum versteht die *Lehrkunstdidaktik* als Kunst im Sinne von *téchne,* griechisch für „Handwerk", „Kunstfertigkeit", also als eine erfahrungsbasierte, reflektierte, begründbare und verantwortete personale Könnerschaft. Sie ist entsprechend darum bemüht, ein Selbstverständnis von Lehrpersonenbildung neu zu betonen, das dem personalen Menschenbild und dem Bildungsauftrag der Verfassungen sowie der schulgesetzlich verankerten pädagogischen Freiheit der Lehrerinnen und Lehrer zu entsprechen vermag. In der *téchne* ist die Logik der Sache immer verbunden mit dem Logos der Person als urteilsfähiger Hervorbringerin und Trägerin des entsprechenden, hier pädagogischen und didaktischen Könnens und Wissens (vgl. Krautz 2019).

Ein Modell aus der historischen Kunstlehre, das in der antiken Rhetorik überliefert wurde, hilft an dieser Stelle weiter: Die fünf Schritte einer Rede, wie sie unter anderem von Quintilian (Marcus Fabius Quintilianus; ca. 35–100 n. Chr.) in seinen zwölf Büchern über die „Ausbildung des Redners" formuliert worden sind, verdeutlichen besonders überzeugend, dass die Planung von Lehrstückunterricht – eigentlich von Unterricht im Allgemeinen (vgl. Blankenheim 2019, S. 17) – ein kreativer Prozess ist, etwas, bei dem das Wie und das Warum des Tuns zentral sind:

1. *intellectio, inventio:* Sammeln, Finden, Erfinden
2. *dispositio, compositio:* Gliederung, Anordnung
3. *elaboratio, elucutio:* Ausarbeitung, Ausformulierung
4. *memoria:* Einprägen
5. *actio, iducium:* Auftritt, Kritik

Zunächst werden zu einem bestimmten Sachverhalt, der im Unterricht thematisiert werden soll – beispielsweise zu einer Sternstunde der Wissenschaft –, möglichst sämtliche Informationen, Texte, Materialien und Vorarbeiten gesammelt. Diese Sammelphase sollte über das Ziel hinausgehen; im Idealfall wird zu viel Material angehäuft. Dieses muss anschließend sortiert und passende Teile müssen ausgewählt werden. Wenn es dabei schwerfällt, bestimmte Dinge wegzulassen, ist das ein klares Zeichen dafür, dass der erste Schritt gelungen ist **(Schritt 1).**

Bei der folgenden Bearbeitung des ausgewählten Materials geht es dann nicht darum, einen rein logischen Aufbau zu finden. Vielmehr ist im Rahmen der Kulturgenese eine sinnvolle Anordnung der einzelnen Schritte gesucht. Diese hat zum Ziel, eine doppelseitige Erschließung der Schülerinnen und Schüler im Sinne Klafkis zu ermöglichen **(Schritt 2)**.

Im weiteren Verlauf geht es darum, einen roten Faden zu finden und den Aufbau des Unterrichts unter dramaturgischen Gesichtspunkten zu gliedern: Wie wird das Phänomen zu Beginn angemessen und raumgreifend inszeniert? Welche Sogfragen ergeben sich daraus und in welche Richtungen können diese weiterverfolgt werden? Wo ist der Auftritt des Urhebers, der Urheberin möglich und sinnvoll? An welcher Stelle beginnen neue Szenen und Akte? Wie können die Beiträge aller einbezogen und am Ende die anfänglichen Fragen nochmals aufgegriffen werden **(Schritt 3)**?

Schließlich muss der Aufbau des Unterrichts verinnerlicht werden. Dieser Schritt hat insbesondere vor dem Hintergrund, dass es sich beim Lehrstückunterricht um einen von der Lehrperson gelenkten, aufseiten der Lernenden aber um einen entdeckenden Unterricht handelt, eine besondere Bedeutung (vgl. dazu auch den nächsten Abschnitt). Wer sich innerhalb der erarbeiteten Planung sicher fühlt, hat im Unterricht den Kopf frei, um das Geschehen in der Klasse besser im Blick zu behalten: Welche Gruppe der Lernenden befindet sich an welchem Punkt; wo ist ein Impuls notwendig; bei welchen Überlegungen und Zwischenresultaten kann es lohnend sein, sie im Plenum zu besprechen? Zudem fällt es leichter, in bestimmten Situationen sachangemessen und improvisationsoffen zu reagieren und die Planung in bestimmten Details dem Geschehen in der Klasse anzupassen. Hier kann Brechts Beschreibung seiner Lehrstücke auf den Lehrstückunterricht übertragen werden: „Die Form der Lehrstücke ist streng, jedoch nur, damit Teile eigener Erfindung und aktueller Art desto leichter eingefügt werden können" **(Schritt 4)**.

Schlussendlich folgt das Unterrichten selbst. Bei diesem verhält sich die Lehrperson stets resonant und responsiv; sie wählt also ihre Antworten so, dass sie auf das reagieren kann, was ihr von den Lernenden entgegenkommt. Damit verbunden ist immer auch ein indirektes oder direktes Feedback über Inhalt, Verlauf und Zielerreichung. Lernerfolg wird nicht erst in der Prüfung, sondern bereits kontinuierlich im Verlauf des Unterrichts sichtbar. Das gilt ebenso für den „Lehrerfolg": Lehrpersonen weisen in Inszenierungsberichten und schriftlichen Feedbacks aus – beides gehört in vielen Lehrkunst-Dissertationen zum empirischen Standardrepertoire –, dass insbesondere das *gemeinsame* Ringen um die Erschließung der jeweiligen Sache eindrücklich gewesen sei. Denn sie hätten bei vielen Lernenden ein Interesse am Unterrichtsinhalt festgestellt, das sie in Unterrichtseinheiten, die nicht als Lehrstück unterrichtet werden, weniger ausgeprägt wahrgenommen hätten. Kurzum: Lehrstückunterricht macht auch den Lehrpersonen Freude **(Schritt 5)**.

(4) Wie ist das Verhältnis vom Lehrstückunterricht zu anderen Unterrichtsmethoden?

Das *Entscheidungsfeld der Unterrichtsmethoden* nach Wiechmann/Wildhirt (2016) ermöglicht es, die zwölf großen Unterrichtsmethoden anhand von drei historischen Kontroversen einzuordnen. Diese betreffen den Vermittlungsstil (expositorisch vs. entdeckend), die Unterrichtssteuerung (lehrpersonengelenkt vs. lernendengelenkt) und die Unterrichtsgestaltung (planvoll vs. situativ). Dadurch werden grundlegende Eigenschaften, Gemeinsamkeiten und Unterschiede deutlich.

Beim *Lehrstückunterricht* handelt es sich danach um eine lehrpersonengelenkt-entdeckende Unterrichtsmethode, die sowohl planvolle als auch situative Elemente beinhaltet. Was zunächst widersprüchlich klingen mag – wenn der Unterricht von der Lehrperson gelenkt wird (planvoll), wie kann er dann entdeckend sein (situativ)? –, erschließt sich bei näherem Hinsehen als ganz natürlich: Die Aufgabe der Lehrperson im Lehrstückunterricht ist es, Errungenschaften der Kultur, Wissenschaft und Gesellschaft, gewordene Dinge also, möglichst authentisch als werdende Dinge auf die Bühne des Klassenzimmers zu bringen. So sollen die Lernenden Bekanntschaft mit der Tradition schließen (Enkulturation) und, erwachsen werdend, für sich Neues entdecken können, das sie für die eigene Lebensgestaltung fortan brauchen können (Kulturentwicklung). „Wiederentdeckung unter Führung" heißt es oftmals zutreffend, aber auch etwas verkürzt: Zutreffend, da nichts entdeckt wird, was es nicht schon gibt, die Lehrperson also vor allem reproduzierend arbeitet. Verkürzt, weil es sich für die Lernenden keineswegs um eine Wiederentdeckung handelt – sie entdecken vielmehr in der Tat etwas Neues.

Dass im Unterrichtsalltag nicht ausnahmslos alles als Lehrstück unterrichtet werden kann, ist dabei selbstredend. Aber immer wieder einmal ein Lehrstück zu unterrichten – vielleicht ein- bis zweimal im Schuljahr –, kann wie eine „Oase im Alltagsdruck" (Hefendehl-Hebeker 2013) wirken.

(5) Zwei abschließende Anmerkungen – und eine Einladung

Anmerkung 1

Die meisten der in diesem Buch beschriebenen Lehrstücke können im gesamten deutschsprachigen Raum im Unterricht eingesetzt werden, da die darin thematisierten Sternstunden aus Wissenschaft, Kunst und Kultur eine überregionale, meist sogar eine globale Bedeutung haben. Die thematisierten Inhalte sind derart zentral, dass eine Passung zum jeweils gültigen Lehrplan mit hoher Wahrscheinlichkeit gegeben ist.

Neben solchen globalen gibt es allerdings auch einige lokale Sternstunden, die ebenfalls in einigen Lehrstücken thematisiert werden. So müssen bestimmte Lehrstücke zunächst auf die konkrete Situation vor Ort adaptiert werden (Unser heimatliches Rathaus; Menschenhaus – Gotteshaus,; Die Entdeckung der Nachhaltigkeit) Andere Lehrstücke wiederum sind wohl in der vorliegenden Form außerhalb der Region, in der sie entstanden sind, nur schwerlich inszenierbar (Landvermessung mit Dufour). Diese vor allem lokal interessanten Lehrstücke rufen allerdings dazu auf, nach spannenden Errungenschaften vor Ort Ausschau zu halten und der Frage nachzugehen, wofür diese Entdeckungen exemplarisch stehen und wie sie dramaturgisch gestaltet und unter Wahrung der Kulturgenese in den Unterricht eingebracht werden können.

Anmerkung 2

Bei der Durchsicht der Lehrstücke konnte das Gefühl aufkommen, dass hier eine Art Festschreibung einer männerzentrierten Kulturgeschichte sichtbar wird. In der Tat orientieren sich die meisten Lehrstücke an männlichen Urhebern; Urheberinnen sind klar unterrepräsentiert. Dieser Umstand ist uns sehr bewusst. Denn auch wenn in den patriarchalen Gesellschaftsstrukturen der zurückliegenden Jahrhunderte Bildung, politische Macht und Zugang zu künstlerischen wie wissenschaftlichen Institutionen oftmals Männern vorbehalten war (und oftmals noch immer ist), so kann dies nicht über den Umstand hinwegtäuschen, dass die existierende männerzentrierte Geschichtsschreibung kein Spiegel der wirklichen Vergangenheit, sondern auch das Ergebnis von Machtstrukturen, selektiver Erinnerung und jahrhundertelanger Traditionsbildung ist. Ganz ähnlich verhält es sich mit dem augenscheinlichen Eurozentrismus in der Geschichtsschreibung (und somit in den Lehrstücken), bei dem häufig nicht-europäische Kulturen marginalisiert oder nur als Hintergrund dargestellt werden. Leider finden sich die dargestellten Tendenzen auch in vielen Lehrplänen und Schulcurricula, die – ähnlich zu den aktuellen Bemühungen um eine Dekolonisierung der Geschichtsschreibung – in dieser Hinsicht vielfach kritisch überarbeitet werden müssten.

All dies darf ein Unterricht, der sich an „Bildung" als pädagogischer Zentralkategorie orientiert, keinesfalls ausblenden. Insofern ist es ein wichtiges *Ziel der Lehrkunstdidaktik,* ihre Orientierung an „der" Kulturgeschichte zukünftig so auszurichten, dass sie sichtbar an der nötigen kritischen Überarbeitung mitwirkt, etwa dadurch, dass vermehrt auch Lehrstücke zu großen Errungenschaften bedeutender Frauen sowie zu außereuropäischen Entdeckungen entstehen. Einen ersten Schritt in diese Richtung sind wir bereits gegangen: Im zweiten Teil dieses Buchs findet sich eine *unvollständige Liste noch ungeschriebener Lehrstücke und auszubauender Lehrstückentwürfe*. Sie ist zugleich als Aufruf zu verstehen, nicht nur bestehende Lehrstücke zu unterrichten und weiterzuentwickeln, sondern auch neue Lehrstücke zu komponieren und zu diskutieren. Diesem Anliegen sieht sich die *Gesellschaft für Lehrkunstdidaktik* verpflichtet. Ihre Jahrestagungen bilden einen idealen Rahmen, um den Austausch darüber zu fördern.

Eine Einladung der *Gesellschaft für Lehrkunstdidaktik*

Dieses Buch stellt keinen Abschluss dar. Es ist ein Zwischenergebnis, das ohne das jahrzehntelange, unermüdliche, rastlose und ausdauernde Engagement Hans Christoph Bergs niemals entstanden wäre. Und dennoch gibt es auch weiterhin viel zu tun: Zahlreiche Sternstunden der Menschheit warten noch darauf, in Lehrstücke transformiert zu werden. Viele Lehrstücke bieten sich für empirische Untersuchungen an, andere müssen weiterentwickelt oder modernisiert werden. Aber alle vorhandenen und zukünftigen Lehrstücke dürfen und sollten ihr innewohnendes Bildungspotenzial immer wieder im Unterricht an verschiedenen Schulen entfalten.

Zahlreiche der hier beschriebenen Lehrstücke sind im Lauf der zurückliegenden Jahrzehnte in anderer Form bereits an diversen Orten publiziert worden (vgl. dazu das *Verzeichnis zentraler lehrkunstdidaktischer Publikationen* am Ende des Buchs). Viele wurden im Rahmen von fast 20 Dissertationen entwickelt, andere entstanden in kollegialen Weiterbildungen („Lehrkunstwerkstätten") an Schulen in Deutschland, der Schweiz und den Niederlanden, wieder andere sind das Resultat studentischer Seminararbeiten. Für die Vermittlung und Verbreitung, Qualitätssicherung und Weiterentwicklung der Lehrkunstdidaktik in Schulen und Hochschulen in Praxis, Lehre und Forschung setzt sich seit einigen Jahren die *Gesellschaft für Lehrkunstdidaktik* ein. Die immer im September an unterschiedlichen Orten in Deutschland und der Schweiz stattfindende *Jahrestagung* („Summer School") bildet die wichtigste Möglichkeit, um mit anderen an unterschiedlichen Orten agierenden Personen – Lehrpersonen, Studierende, Forschende – zum intensiven, transnationalen Austausch und zur Vernetzung zusammenkommen.

Schließlich freuen wir uns, die Idee des Lehrstückunterrichts dem Kollegium einer Schule präsentieren zu dürfen. Mit der *Lehrkunstwerkstatt,* die in der Lehrkunstdidaktik seit vielen Jahren etabliert ist, bieten wir eine Weiterbildungsmöglichkeit an, die auf die Wünsche und Bedürfnisse eines Kollegiums zugeschnitten wird. Dabei können Lehrpersonen über mehrere Schuljahre hinweg in fächerübergreifenden Gruppen immer wieder an Lehrstücken und ihrem konkreten Unterricht arbeiten und so über die Unterrichtsentwicklung einen Beitrag zur Schulentwicklung leisten.

Wie Lehrstückunterricht in der Praxis aussehen kann, wird in den Filmen *Entdeckung der Axiomatik* (2019) und *Lehrstückunterricht* (2023), die via YouTube frei verfügbar sind, besonders deutlich (vgl. www.youtube.com/@Lehrkunst). Mehr Informationen und Materialien dazu und zu vielen anderen lehrkunstdidaktischen Themen finden sich auf der Website www.lehrkunst.org – wir freuen uns über Ihre Kontaktaufnahme!

Literatur

Berg, H.C.; Schulze, T. (1995): *Lehrkunst. Lehrbuch der Didaktik.* Neuwied: Luchterhand.

Blankenheim, B. (2019): *Von der Kunst Unterricht zu planen.* IMAGO. Zeitschrift für Kunstpädagogik. S. 16–25.

Comenius, J. A. (1657/1957): *Große Didaktik.* Herausgegeben und eingeleitet von Hans Ahrbeck. Volk und Wissen volkseigener Verlag: Berlin.

EDK (Hrsg.) (2024): *Kantonsumfrage 2022/2023. Grundlegende Informationen zu den kantonalen Bildungssystemen.* Online verfügbar unter: https://edudoc.ch/record/237686?ln=de) [abgerufen am 01.10.2025].

Hausmann, G. (1959): *Didaktik als Dramaturgie des Unterrichts.* Heidelberg: Quelle und Meyer.

Hefendehl-Hebeker, L. (2013): *Lehrstücke als Oasen im Alltagsdruck.* MU – der Mathematikunterricht 59 (6), S. 48–49.

Klafki, W. (1959/[4]1964): *Das pädagogische Problem des Elementaren und die Theorie der kategorialen Bildung.* Weinheim und Basel: Beltz.

Klafki, W. (2003): Allgemeinbildung heute – Sinndimensionen einer gegenwarts- und zukunftsorientierten Bildungskonzeption. In: Berg, H.C. (Hrsg.): *Bildung und Lehrkunst in der Unterrichtsentwicklung. Zur didaktischen Dimension von Schulentwicklung.* Schulmanagement-Handbuch 106. München: Oldenbourg. S. 11–28.

KMK (Hrsg.) (2019): *Wochenpflichtstunden der Schülerinnen und Schüler im Schuljahr 2019/2020.* Sekretariat der Ständigen Konferenz der Kultusminister der Länder in der Bundesrepublik Deutschland. Stand September 2019. Online verfügbar unter: https://www.kmk.org/fileadmin/Dateien/pdf/Statistik/Dokumentationen/2019-09-16_Wochenpflichtstunden_der_Schueler_2019.pdf) (abgerufen am 01.10.2025).

Krautz, J. (2019): *Pädagogik als ‚techné', der Lehrer als ‚artifex'. Kunstlehre/ Lehrkunst und ihre Bedeutung für Lehrerbild und Lehrerbildung.* Pädagogische Korrespondenz (59), S. 75–100.

Wagenschein, M. (1983/2002): *Erinnerungen für morgen. Eine pädagogische Autobiographie.* Weinheim und Basel: Beltz.

Wagenschein, M. (1968/[4]2008): *Verstehen lehren. Genetisch – Sokratisch – Exemplarisch.* Weinheim und Basel: Beltz.

Wagenschein, M. (1980/[4]2009): *Naturphänomene sehen und verstehen. Genetische Lehrgänge. Das Wagenschein-Studienbuch.* Herausgegeben von Hans Christoph Berg. Bern: hep.

Wiechmann, J.; Wildhirt, S. ([6]2016): Unterrichtsmethoden – vom Nutzen der Vielfalt. In: Dies. (Hrsg.): *Zwölf Unterrichtsmethoden. Vielfalt für die Praxis.* Weinheim und Basel: Beltz. S. 11–23.

Inhaltsverzeichnis

Teil I Lehrstücke

Griechentänze mit Homer 3
Fido Wagler

Aesops Fabeln 9
Susanne Wildhirt

Die Anfänge der Geometrie mit Thales 15
Philipp Spindler

Pythagoras und sein Satz 21
Mario Gerwig

Die Quadratwurzel aus 2 27
Hans Brüngger

Athen in der Ära des Perikles 31
Ulrike Harder

Zenons Paradoxon „Achilles und die Schildkröte“ 35
Hans Brüngger

Die platonischen Körper 39
Bastian Hackler

Platons Höhlengleichnis 47
Manuel Hermes

Zeige mir den Regenbogen! 53
Marc Müller

Aristoteles' Verfassungsratschlag 57
Horst Leps

Die Camera obscura 61
Susanne Wildhirt

Die Entdeckung der Axiomatik mit Euklid 65
Mario Gerwig

Das Nichtabbrechen der Primzahlfolge 71
Philipp Spindler

Kegelschnitte mit Apollonius von Perge und Dandelin 77
Hans Brüngger und Marc Eyer

Archimedes' Würfel und Kugel 83
Hans Brüngger

Himmelsuhr und Erdglobus mit Eratosthenes 89
Michael Jänichen

Die Kreiszahl π 95
Beate E. Nölle-de Vries

Ovids „Metamorphosen“ 99
Marion Clausen

Jesus Christus als Friedensfürst? 103
Sebastian Eck

Die heimatliche Römerstadt 109
Thomas Gehring und Falk Rauscher

Urschwimmen vor Uhrschwimmen 115
Edith von Arps-Aubert

Menschenhaus – Gotteshaus (Der heimatliche Dom) 119
Jan Veldman

Die Sinustabelle des Regiomontanus 123
Philipp Spindler

Kubische Gleichungen mit Tartaglia 131
Philipp Spindler

Mercators Weltkarte 139
Stella Tappert

Bürgis Logarithmen 143
Mario Gerwig und Hans Brüngger

Keplers Schneekristalle 149
Michael Jänichen

Galileis Fallgesetz 155
Marc Eyer

Rembrandts Bibelbilder 163
Jan Veldman

Pascals Barometer 169
Marc Eyer

Wahrscheinlichkeitsrechnung mit Pascal 175
Bastian Hackler und Alexandra Pötter

Die Spiegeloptik 183
Marc Eyer

Molières „Bourgeois gentilhomme“ 189
Michael Jänichen

Newton, ein Apfel und der Mond 193
Daniel Ahrens

Molyneux’ Gedankenexperiment 197
Stella Olkus-Wieg, Anna Pickhan und Mario Ziegler

Linnés Wiesenblumen 201
Susanne Wildhirt

Die Entdeckung der Nachhaltigkeit 209
Christoph Berchtold

Kanonkünste mit Bach 213
Jürg Peter und Marc Müller

Lessings Nathan 219
Michael Jänichen und Stephan Schmidlin

Die Geburt von Mozarts Figaro 225
Jürg Peter und Mario Gerwig

Goethes „Italienische Reise“ 231
Ulrike Harder

Goethes Pflanzenmetamorphose 239
Dirk Rohde

Knigges „Über den Umgang mit Menschen“ 243
Horst Leps

Howards Wolken 247
Michael Jänichen

Annings steinerne Kuriositäten 253
Helene Michelle Bumann

Das chemische Gleichgewicht 257
Markus Emden

Im Varieté der Regenbögen 261
Marc Müller

Landvermessung mit Dufour 267
Philipp Spindler

Die Bassermanns – Bürgertum in Deutschland durch neun Generationen 273
Ulrike Harder

Die Dorfgründung – ein soziales Experiment mit Smith, Burke, Marx und Proudhon 277
Andreas Petrik

Die Entdeckung der Geologie 283
Peter Ungar und Michael Jänichen

Faradays Kerze 289
Susanne Wildhirt

Die Entdeckung der Mendelschen Regeln 297
Hannah Wildhirt

Die Kongokonferenz 301
Gian-Luca Durrer

Der Teich als Biozönose nach Junge 307
Michael Jänichen und Susanne Wildhirt

Lernen lernen mit Ebbinghaus und Aebli 311
Christoph Berchtold und Michael Jänichen

Wie springt ein Ball? 317
Marc Müller

Unser heimatliches Rathaus 321
Stephan Benzmann

Mein eigenes Kunsthaus bauen mit van Gogh und Picasso 325
Werner Meier

Fontanes „Effi Briest" 331
Stephan Schmidlin und Michael Jänichen

Erd-Erkundung mit Hedin 335
Michael Jänichen

Walsers Spaziergang 339
Susanne Wildhirt und Michael Jänichen

Gombrichs „Kurze Weltgeschichte" 343
Stella Tappert und Susanne Wildhirt

Brechts „Leben des Galilei" 349
Stephan Schmidlin und Michael Jänichen

Quantenchemie farbiger Stoffe mit Heisenberg und Einstein 355
Günter Baars

Frischs „Stiller“ 361
Stephan Schmidlin und Michael Jänichen

Eine Theorie der Gerechtigkeit mit Rawls 367
Horst Leps

UAZ. Unsere Abend-Zeitung 371
Michael Jänichen

Kultur der Digitalität mit Stalder 377
Adriano Montefusco und Michael Jänichen

Teil II Lehrstückideen

Unvollständige Liste noch ungeschriebener Lehrstücke und auszubauender Lehrstückentwürfe 385
Mario Gerwig, Marc Müller, Susanne Wildhirt, Michael Jänichen und Ulrike Harder

Anhang 395

Teil I
Lehrstücke

Griechentänze mit Homer

Fido Wagler

▶ **Definition** *Erzählt werden in diesem Lehrstück die unsterblichen Geschichten der Ilias und Odyssee. Homer (8. Jahrhundert v. Chr.) hat sie in rhythmischer Versform aufgeschrieben, mündlich weitergegeben wurden sie ja schon lange vorher. Der Rhythmus dieser Verse, der Daktylos, wird uns im Tanz auch noch begegnen, weil unser Tanz des Zeus und der Götter, Kalamatianós, auch im Daktylos lang – kurz – kurz (---, --, --) getanzt wird.*

Es geht jedoch nicht nur um Tanzen und Erzählen, wie es vom Tänzer Bernhard Wosien (1908–1986) in festlichem Rahmen gelehrt wurde. Es geht in diesem Unterricht buchstäblich um alles: um Liebe, Verzweiflung, Lüge, Ehre, Friede, Krieg, Ehrung und Herausforderung der Götter. Wir folgen dem Mythos in zwölf ausgewählten Episoden vom Raub der Helena über den Sieg der Griechen über die Trojaner und weiter bis zur Irrfahrt des Odysseus – mit härtesten göttlichen Prüfungen durch Meeresungeheuer, betörenden Verführungen und sogar dem Abstieg in den furchtbaren Hades – bis zur rettenden Landung bei den Phäaken, die ihm Schutz und Geleit nach Ithaka versprachen, wo er nach dem Sieg über die Freier noch seine Frau Penelope wiedergewinnen musste.

Vor dieser Rückkehr in seine Heimat stand für Odysseus aber noch das große Fest an, an dem die Phäaken alles über diese lange Zeit hören wollen. Neben genau diesen Erzählungen wird natürlich gegessen, getrunken, getanzt, gesungen – so wie es auch bei Wosien bewegt und bewegend gelebt wurde und so wie es auch Walter Jens (1923–2013) in seiner Ilias und Odyssee *feiernd, erzählend und mitspürend zeigt. Auf diese Weise erfahren auch die Lernenden all das im Unterricht: als großes Fest!*

F. Wagler (✉)
Marburg, Deutschland
E-Mail: f.wagler@gmx.de

M. Gerwig et al. (Hrsg.), *Sternstunden der Bildung*,
https://doi.org/10.1007/978-3-658-50735-0_1

Die **Ouvertüre** beginnt mit einer einleitenden Erzählung der Lehrperson. Die Situation wird geschildert: Wir befinden uns am Hofe von König Aristeus und Königin Phainarete, wo ein geladener Sänger anlässlich eines großen Festes die Geschichten von Troja und Odysseus vortragen soll, auf dass das Werk des großen Homer weitergetragen würde, ebenso, wie die seit Jahrtausenden bis heute bestehende Tanzkultur der Griechen. In diesem Zusammenhang weist die Lehrperson auch auf die zwölf Episodenblätter hin, die an der Wand befestigt sind. Sie enthalten neben dem Titel der Episode als Kurzinformation den jeweils ausgewählten Tanz und eine zentrale Grafik aus dem entsprechenden Kapitel des Buchs von Walter Jens. Gemäß dem Fortschritt des Lehrstücks können sie später aufgeklappt werden, sodass zusätzlich auch die Titel der Nebenepisoden, die Musik und Tanzbeschreibungen sichtbar werden. Dekorative Elemente weisen darauf hin, dass wir uns nicht mehr im Klassenzimmer, sondern im antiken Griechenland befinden. Zwei geschmückte Stühle symbolisieren das Königspaar, eine „antike" Säule den Palast. Dann tritt der Sänger von Homer auf. Er ist mit dem Tanz Hassaposérvico verbunden und wird die Rahmenhandlung – Episode 1 – begleiten, ebenso später die Episoden 7 und 12. An dieser Stelle kann die Lehrperson im szenischen Spiel auftreten und sich entsprechend vorstellen, anschließend beginnt der erste Tanz.

Der **erste Akt** umfasst fünf ausgewählte Episoden der Ilias, die von der Lehrperson als Sänger erzählt werden. Alle dazwischenliegenden, die Episoden verbindenden Passagen können je nach Zeit eigenständig von den Lernenden gelesen werden. Sie erproben sich in den weitergehenden Stunden auch im Erzählen. Um dabei frei vom gedruckten Text zu werden, wenn sie wiederholen oder zusammenfassen, können sie sich an den aufgehängten oder im Buch vorhandenen Bildern gut orientieren. Die fünf Episoden sind mit Tänzen verbunden und drehen sich um (2) „Göttervater Zeus" – Kalamatianós, (3) „Die schöne Helena" – Mísirlou, (4) „Die Schlacht um Troja" – Tsámikos, (5) „Achilles' Klage" – Omál – und (6) den „Götterzorn" – Kalamatianós. Dabei wurden die Tänze gemäß dem Charakter der Episoden nach Bewegung und Musik ausgewählt; dementsprechend gibt es im Verlauf des Lehrstücks auch Wiederholungen: Der Kalamatianós mit seiner bedeutsamen Struktur im 7/8-Takt im Rhythmus des Daktylos wird als Tanz des Zeus und der Götter vorgestellt. Der Mísirlou gilt als Tanz von Schönheit und Verführung, der kraftstrotzende Tsámikos verweist auf die Schlacht um Troja, der Omál untermalt Achilles' Klage um den Tod von Patroklos.

In seinem **Zwischenspiel** (Episode 7), das zum zweiten Akt überleitet, schließt der Sänger die Erzählung der Ilias ab und führt in die Odyssee ein. Wieder wird sein Auftritt vom Hassaposérvico begleitet.

Im **zweiten Akt** zur Odyssee werden die vier Episoden 8–11 ausführlich erzählt. Erneut können die zwischen den Episoden liegenden Passagen eigenständig erarbeitet werden. Diesmal geht es um (8) „Aiolos, den Herrscher der Winde", dem der Menóusis mit seiner luftigen Bewegungsenergie zugeordnet ist – mit unheilvollem Ausgang. „Der Gesang der Sirenen" (9), listig überstanden von Odysseus, wird wieder vom Mísirlou begleitet; der Zagorísios gehört zum „Fest der Freier" (10), in dem diese trunkenschwankend um das Gleichgewicht und die Gunst von Penelope ringen. Als 11. Episode wird der ersehnte „Götterfriede" wieder durch einen Kalamatianós dargestellt, dem Tanz mit dem göttlich fließenden Daktylos.

Den **Abschluss** des Lehrstücks bildet Episode 12, „Die Verabschiedung des Sängers von Homer“, wieder begleitet mit dem Hassaposérvico. Die Lehrperson erzählt noch ein letztes Mal aus der antiken Zeit, wenn König Aristeus und Königin Phainarete den Sänger zu einem Schiff im Hafen begleiten. Er will zum nächsten Fest, um anderen Menschen die Geschichten mit Achilles und Odysseus zu erzählen, die so viel Menschliches beinhalten. Die Lernenden verabschieden den Sänger mit einem letzten Hassaposérvico.

Ein Elternabend, der seinerseits Festcharakter haben darf, ist ein würdiger **Epilog** zum Lehrstück. In Gruppen werden „Patenschaften“ über die Erzähl-Episoden und Tänze übernommen. Nach Möglichkeit führen die Lernenden Regie und organisieren den Anlass.

Anmerkung

Das Lehrstück präsentiert in erster Linie die bedeutenden Mythen von Ilias und Odyssee, zusätzlich aber auch die bedeutenden Mittel des Weitergebens von Geschichten und Mythen durch Erzählen, Singen und Tanzen oder Zeichnen, zum Beispiel durch Nachzeichnen oder eigene Gestaltung der griechischen Kapitellabbildungen im Buch (Abb. 1). Darüber hinaus können auch unterschiedliche Notationen für die Tänze erprobt werden. Für den Unterricht sehr geeignet ist Walter Jens’ *Ilias und Odyssee* mit seinem überschaubaren Umfang von 100 Seiten in stilsicherer Schreibkunst und den Grafiken im Stil griechischer Vasenbilder zu allen Episoden.

Das erste Erlernen der Tänze geschieht so weit wie möglich direkt im Tanzen mit begleitender sprachlicher Bewegungs- und Rhythmusunterstützung der einfachen Grundform. Kompliziertere Tänze können so vereinfacht werden, dass die Klippen des Tanzes unter Beibehaltung des Charakters des Tanzes umschifft werden. In allen Fällen können im zweiten oder dritten Durchgang des

Abb. 1 Schüler-Episodenblatt. (Foto: F. Wagler)

Tanzes Feinheiten nachgearbeitet werden. Einen besonders hohen Stellenwert hat in diesem Lehrstück das Wiederholen. So wie die Geschichten immer wieder erzählt werden, werden die Tänze wieder und wieder getanzt.

Wenn man heute auf Dorffeste in Griechenland geht, dann erlebt man die Lebendigkeit einer Kultur, die seit Tausenden von Jahren gefeiert, getanzt, musiziert und erzählt wird. Hier zeigt sich die Bedeutung einer Kultur, in der Wiederholung Leben, Feiern bedeutet. Anstelle von Üben lebt Kultur durch Ausüben! Wiederholung bedeutet Erinnern, Erneuern, ähnlich Wieder-Gestalten. Im Lehrstück wird das zum einen deutlich durch die historischen Quellen der Ilias und Odyssee (Abb. 2) und zum anderen durch den Festcharakter der Tänze. Auch Wosien (Abb. 3) schloss jedes seiner mehrtätigen Kompaktseminare mit einer abendlichen Tanzfeier ab, und das über 20 Jahre, also 40 Semester seines Wirkens an der Universität Marburg. ◄

Abb. 2 Cover von Walter Jens' *Ilias und die Odyssee* Ausgabe 1962

Abb. 3 Cover des Buchs „Der Weg des Tänzers“ (2008) über Bernhard Wosien.

Fido Wagler, Dipl. Motologe und Lehrer für Englisch, Sport und Tanz bis 2019 am Gymnasium Steinmühle in Marburg. Tanzstudium 1976-86 bei Bernhard Wosien, seit 1978 regelmäßige Leitung von Tanzgruppen in der Erwachsenenbildung, mit Kindern und Jugendlichen. Lehraufträge und Workshops in Tanz, Rhythmik und Didaktik an den Universitäten Marburg, Gießen und Dortmund, Forschungsreisen und Leitungen von Workshops in vielen Ländern Europas, insbesondere in Griechenland.

Aesops Fabeln

Susanne Wildhirt

▶ *Wer kennt sie nicht, die Fabel vom Raben und vom Fuchs? – Der Rabe hockt auf einem Baum, mit einem Stück geklauten Käse im Schnabel, den der Fuchs so gerne selbst verspeisen würde. Also schmeichelt er, wie schön das Federkleid des Raben in der Sonne glänze, und fragt beiläufig, ob er denn auch so glänzend singen könne, wie er sich kleide. Der Rabe hebt an zum Gekrächz, der Käse fällt dabei herunter. Der Fuchs schnappt ihn sich und entschwindet. – Fabeln gehören seit Jahrtausenden zu den prägnantesten Kurzerzählungen der Menschen unterschiedlichster Kulturkreise. Sie erzählen in bildhafter Sprache von misslichen oder strittigen Situationen, aus denen es einer Partei gelingt, sich erfolgreich wieder herauszumanövrieren. Um das Jahr 1500 übersetzte der Ulmer Humanist und Stadtarzt Heinrich Steinhöwel eine spätantike Fabelsammlung zusammen mit einer Vita des legendären phrygischen Fabeldichters Aesop (6. Jahrhundert v. Chr.) ins Deutsche. Diese wurde neben der Bibel zum erfolgreichsten Buch der Reformationszeit und hat die Fabelform bis heute geprägt.*

Das Schmökern in einer Aesop-Fabelsammlung und die begründete Auswahl einer Lieblingsfabel bilden die **Ouvertüre** des Lehrstücks. Die Kontrahentinnen und Kontrahenten, etwa ein Rabe und ein Fuchs, werden gezeichnet und auf ein vorbereitetes großes Landschaftsplakat geheftet.

Im **ersten Akt** steht *Aesop*, gespielt von der Lehrperson, vor dem Plakat einer Volksversammlung, die im 6. Jahrhundert v. Chr. auf dem Theaterplatz von Samos stattfand (Abb. 1). Der Grund der Zusammenkunft: Ein Gesandter des Großkönigs

S. Wildhirt (✉)
Luzern, Schweiz
E-Mail: susanne.wildhirt@phlu.ch

M. Gerwig et al. (Hrsg.), *Sternstunden der Bildung*,
https://doi.org/10.1007/978-3-658-50735-0_2

Abb. 1 Der kolorierte Holzschnitt ist das Titelblatt der *Vita Esopii,* der Steinhöwel-Sammlung von 1476. Sie zeigt den Fabeldichter, umgeben von symbolischen Darstellungen zu seiner bewegten Vita, welche die Lernenden im Verlauf des Unterrichts kennenlernen. (Foto: Universitätsbibliothek Marburg)

Krösus soll den klugen Sklaven Aesop an Lydien ausliefern, um einen Krieg gegen die Großmacht zu vermeiden. Daraufhin beschließt die Volksversammlung, nun gespielt von der Lerngruppe, in einer Pro-und-Kontra-Diskussion Aesops Auslieferung. Gewährt wird ihm sein letzter Wille, noch rasch eine Geschichte erzählen zu dürfen, die auf seinen Grabstein gemeißelt werden soll. Und so beginnt Aesop mit seiner ersten Fabel. Sie handelt von den Wölfen, die den Schafen versprechen, sie künftig in Ruhe zu lassen, sollten diese ihren Bund mit den Hunden auflösen. Als dies geschieht, fressen die Wölfe zuerst die Hunde, dann die Schafe. Die

Volksversammlung versteht und Aesops Leben ist gerettet! Nun schickt sie Aesop als befreiten Gesandten nach Lydien, wo er Krösus irgendwie davon überzeugen soll, die Insel Samos als Bündnispartnerin zu wählen, statt sie zu bekriegen. Aesops Problem ist nun, sich eine überzeugende Geschichte für Krösus auszudenken, denn klar ist allen, dass Argumente wenig helfen würden. Die Zeichnungen, etwa die vom Löwen und der Maus, helfen den Lernenden, rasch eine passende Fabel für die gefährliche Situation zu finden, aus der Aesop zum Berater des Großkönigs avanciert (Abb. 2). In der Folge wird das prägnante Erzählen der eigenen Lieblingsfabeln geübt, vorgetragen oder vorgespielt. Dazu werden passende Lebenssituationen entworfen, diskutiert und aufgeschrieben. So entsteht ein persönlicher Aesop-Fabelschatz aller Beteiligter.

Der **zweite Akt** führt in Lessings Schreibwerkstatt. In Kapitel V „Von einem besonderen Nutzen der Fabeln in den Schulen" seiner *Abhandlungen über die Fabel* (1759) schlägt Lessing fünf Varianten vor, wie sich die Aussage einer Fabel kreativ verändern lässt, beispielsweise, indem ein Gegenstand oder Umstand verändert wird. Verschimmelt etwa der Käse des Raben, ist am Ende der Fuchs der Dumme. So entstehen eigene Fabelvarianten, die aufgeschrieben, diskutiert, überarbeitet, redigiert, stilistisch feingeschliffen, in kleinen Gruppen inszeniert und präsentiert werden. Die Weltliteratur wimmelt von solchen Adaptionen, die allmählich immer tiefer verstanden werden.

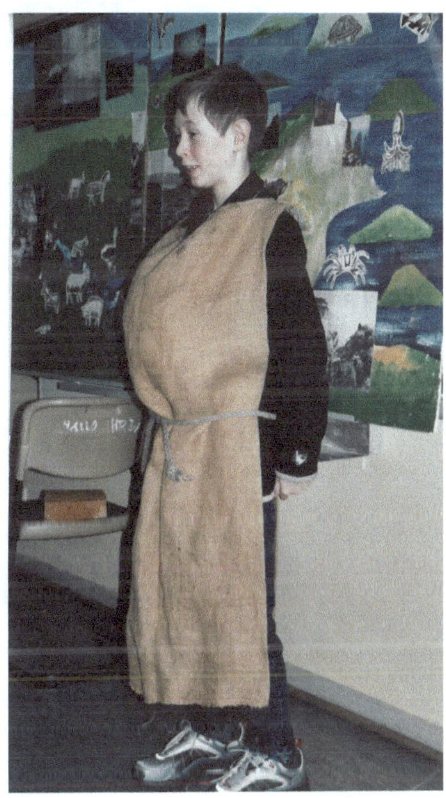

Abb. 2 Simulationsspiel der Urszene: Aesops Audienz vor Großkönig Krösus. Der Sechstklässler Dennis schlüpft in die Figur des Aesop und erzählt der Klasse die Fabel „Vom Löwen und der Maus". Da sie nach dem Urteil der Klasse zur simulierten brenzligen Situation hervorragend passt, rettet die Fabel „Aesops" Leben und bewirkt die Freiheit der Insel-Bevölkerung von Samos. (Foto: S. Wildhirt)

Helfen Fabeln auch hier und heute noch, eine alltägliche Situation, in der zwei Wertvorstellungen, Einstellungen, Meinungen aufeinandertreffen, wahrzunehmen und sie durch Worte statt Gewalt aufzulösen? Im **dritten Akt** werden neue Fabeln zu Situationen erfunden, wie sie tagtäglich vorkommen können, wenn es ungerecht zugeht, wenn Menschen aufeinander neidisch sind, zu neugierig daherkommen, alles besser zu wissen glauben als andere, bevorzugt werden, sich aufplustern und dadurch lächerlich machen und vieles mehr. Im eigenen Fabeln-Erfinden wird nicht nur das prägnante gestische Erzählen oder Spielen mit wenigen Requisiten geübt, sondern auch für die Wahrnehmung alltäglicher sozialer Dissonanzen und Differenzen sensibilisiert. Alle schreiben eine eigene Fabel zu einem alltäglichen sozialen Problem, das vorgegeben oder selbst entwickelt wird. Die verfremdende Darstellung eines sozialen Problems durch Tiere, Pflanzen, Gegenstände erleichtert nicht nur die Selbstdistanzierung und den Perspektivenwechsel, sie schult nicht nur die Fähigkeiten zum bildhaften Sprechen, sondern auch die kreative Problemlösungsfindung.

Abb. 3 Die Sechstklässlerin Julia wird von ihrem Bruder gelegentlich „Esel“ genannt. Gar nicht dumm erzählt sie ihre Lieblingsfabel „Der Esel und der Wolf“. Sie steht dabei vor dem gemeinsam gestalteten Denkbild der Klasse, das eine griechische Landschaft mit Vitastationen Aesops und Fabelwesen zeigt und für die Präsentationen als Bühnenbild verwendet wird. (Foto: S. Wildhirt)

Eine Zeitreise von der ältesten bis zur jüngsten Fabel der Welt bildet das **Finale** des Lehrstücks. Hierzu bietet sich ein Elternabend oder eine Präsentation in der Parallelklasse an. Die Teilnehmenden dürfen sich Fabelerzählungen oder -inszenierungen wünschen (Abb. 3) oder können etwas aus Aesops waghalsiger Vita erfahren. Vielleicht entsteht auch die Lust, gemeinsam ad hoc die jüngste Fabel der Welt zu dichten.

Anmerkung

In der Schule werden Fabeln häufig als Geschichten gekennzeichnet, in denen Tiere miteinander sprechen, die unterschiedliche Charaktere versinnbildlichen. Werden sie mit einer sogenannten *Moral* versehen präsentiert – etwa mit dem sprichwörtlich gewordenen „Wer einmal lügt, dem glaubt man nicht, und wenn er mal die Wahrheit spricht!" – so wirken sie erzieherisch, geben wenig zu denken und regen kaum zur Beschäftigung mit dieser spannenden Textsorte an, die zwischen den Welten Drama, Narration und Lyrik angesiedelt ist und zu lebhaften Diskursen anregt. Im Lehrstück geht es vielmehr um Fabeln als rettende Geschichten. ◀

Prof. Dr. Susanne Wildhirt ist Dozentin für Bildungs- und Sozialwissenschaften Sekundarstufen 1 und 2 an der Pädagogischen Hochschule Luzern (CH). Sie ist Vorstandsmitglied der „Gesellschaft für Lehrkunstdidaktik" und promovierte 2007 bei Hans Christoph Berg und Wolfgang Klafki (Philipps-Universität Marburg) zum Thema „Lehrstückunterricht gestalten".

Die Anfänge der Geometrie mit Thales

Philipp Spindler

Zwischen dem 6. und dem 3. Jahrhundert v. Chr. vollzog die Mathematik im antiken Griechenland den Wandel von einer messenden und rechnenden zu einer argumentierenden und begründenden Disziplin. Die Haltung, dass nur als wahr akzeptiert wird, was rigoros bewiesen werden kann, fand spätestens mit Euklids Meisterwerk Die Elemente *(um 300 v. Chr.) einen Höhepunkt, doch sie musste sich entwickeln und durchsetzen. Es lässt sich nicht mit Sicherheit sagen, welche Person am Anfang dieser Entwicklung stand, doch scheint Thales von Milet (um 600 v. Chr.) ein Denker gewesen zu sein, der dazu beitrug, das Begründen in der Mathematik salonfähig zu machen. Thales soll der Urheber mehrerer einfacher, aber grundlegender Sätze in der Geometrie gewesen sein, deren Gedankengänge von Schülerinnen und Schülern des 7. Schuljahrs, die noch wenig Erfahrung mit dem Beweisen haben, mitvollzogen werden können. Es liegt deshalb nahe, Thales zum Leiter eines Lehrgangs im Argumentieren an geometrischen Figuren zu machen. Im folgenden Lehrstück werden vier Zeichnungen zum Ausgangspunkt kausaler Schlüsse. Die Lernenden können auf diese Weise erleben, wie die Denker um Thales und Euklid zu ihrer Zeit mutmaßlich vorgegangen sind.*

In der kurzen **Ouvertüre** sitzt ein griechischer Denker vor der Klasse. Er beugt sich über den Boden und zeichnet mit seinem Stock Figuren in den Sand, die ihn beschäftigen. Beim Griechen handelt es sich um Thales, der vor ungefähr 2600 Jahren in Milet, einer Stadt an der Westküste der heutigen Türkei, lebte und wirkte. Thales erzählt, wie er auf einen Schlag berühmt wurde, als er im Jahr 585 v. Chr. eine Sonnenfinsternis voraussagte; fortan war er eine Persönlichkeit des

P. Spindler (✉)
Luzern, Schweiz
E-Mail: philipp.spindler@sluz.ch

M. Gerwig et al. (Hrsg.), *Sternstunden der Bildung*,
https://doi.org/10.1007/978-3-658-50735-0_3

öffentlichen Lebens. Er berichtet auch, dass er mit raffinierten Messmethoden die Höhen der Pyramiden in Ägypten bestimmte. Doch nun widmet er sich keinen Bauwerken, sondern den elementaren Figuren der Geometrie.

Im **ersten Akt** zeichnet Thales zwei Kreise mit gleichem Radius in den Sand, die sich ein wenig überschneiden. Er lädt seine Schülerinnen und Schüler ein, mitzudenken: Gibt diese Zeichnung irgendwelche Erkenntnisse her? Alle Ideen sind willkommen.

Zuerst noch zurückhaltend, beginnen die jungen Wissenschaftlerinnen und Wissenschaftler bald zu sprudeln: Könnte es sein, dass die Verbindung der Kreismittelpunkte und die Verbindung der zwei Kreisschnittpunkte sich genau in der Mitte der Achsen zwischen den Kreismittelpunkten sowie den Kreisschnittpunkten und im rechten Winkel schneiden (Abb. 1)? Das sieht nicht nur so aus, das lässt sich auch begründen, denn durch Falten entweder entlang der einen oder entlang der anderen Geraden geht die Figur stets in sich selbst über. Dies funktioniert nur, wenn sich die beiden Faltachsen im rechten Winkel schneiden. Das Viereck, das durch die Verbindung der Kreismittelpunkte mit den Kreisschnittpunkten gebildet wird, entpuppt sich bei genauerem Hinsehen als ein schönes Beispiel für eine Raute, also ein Viereck, das aus vier gleichlangen Seiten gebildet wird. Die Gerade, die die Kreisschnittpunkte verbindet, offenbart noch mehr Spannendes: Sie schneidet die Gerade durch die Kreismittelpunkte nicht nur im rechten Winkel; jeder Punkt auf ihr ist von den Kreismittelpunkten gleich weit entfernt, wie ein Falt-Argument nahelegt. Es ist folglich sinnvoll, diese Gerade als Mittelsenkrechte der Kreismittelpunkte zu bezeichnen. Nun ist auch klar, wie sie konstruiert wird: Es werden einfach zwei gleichgroße Kreise um die (Mittel-)Punkte gezeichnet und deren Schnittpunkte miteinander verbunden. Das Nachdenken führt noch zu weite-

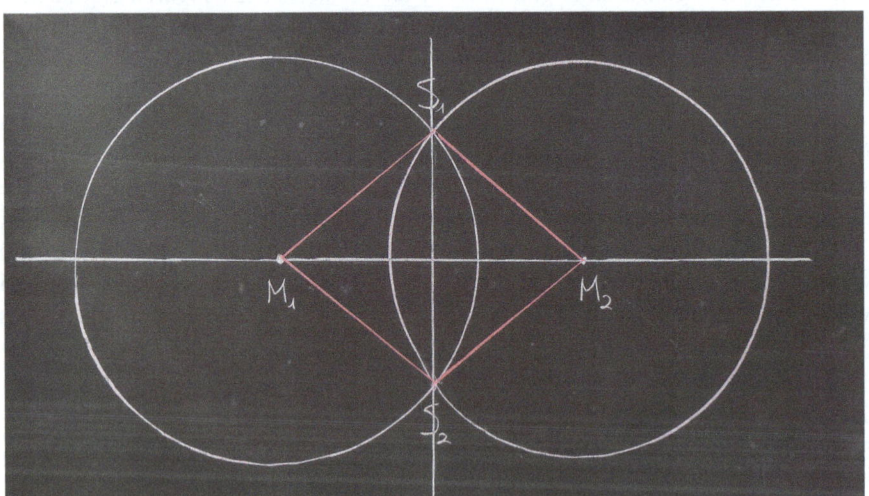

Abb. 1 An zwei gleich großen Kreisen, die sich in zwei Punkten schneiden, sind zahlreiche geometrische Entdeckungen möglich. (Foto: P. Spindler)

ren Erkenntnissen: Die Kreismittelpunkte bilden mit einem der Kreisschnittpunkte als Scheitel einen Winkel, der von der Achse durch die Kreisschnittpunkte genau halbiert wird. Diese Achse muss somit die Halbierende des Winkels sein. Wiederum macht die Zeichnung klar, wie diese wichtige Linie für einen Winkel konstruiert werden kann.

Thales und die Klasse fassen die Erkenntnisse zusammen, die durchaus noch reichhaltiger ausfallen können, wenn ein wacher Forschergeist der Klasse in dieser Zeichnung noch weitere Fundstücke ausgräbt.

Im **zweiten Akt** zeichnet Thales erneut – diesmal ist es ein Rechteck – und wieder sucht die Klasse in der Zeichnung nach Verwertbarem. Das, was offensichtlich ist, stimmt auch tatsächlich: Die beiden Diagonalen halbieren sich. Dabei fällt auch auf, dass die gegenüberliegenden Winkel von zwei sich schneidenden Geraden gleich sind. Dies ist der sogenannte Scheitelwinkelsatz. Jedoch stimmt es im Normalfall nicht, dass die Diagonalen des Rechtecks sich im rechten Winkel schneiden (obwohl sie je nach Zeichnung zuerst diesen Anschein erwecken).

Thales hat noch nicht genug. Seine Zeichnung im **dritten Akt** stellt ein Dreieck mit zwei gleichen Schenkeln dar (Abb. 2). Die Seitenhalbierende teilt das Dreieck in zwei kleinere Dreiecke, die deckungsgleich zu sein scheinen. Eine Sinnestäuschung (oder eine ungenaue Zeichnung) kann aber ausgeschlossen werden, denn ein Kongruenzsatz besagt, dass zwei Dreiecke miteinander zur Deckung gebracht werden können, wenn sie in allen drei Seiten übereinstimmen. Das ist hier der Fall. Dies bedeutet jedoch auch, dass die beiden Winkel an der Grundseite des gleichschenkligen Dreiecks gleich sein müssen. Das ist der Basiswinkelsatz.

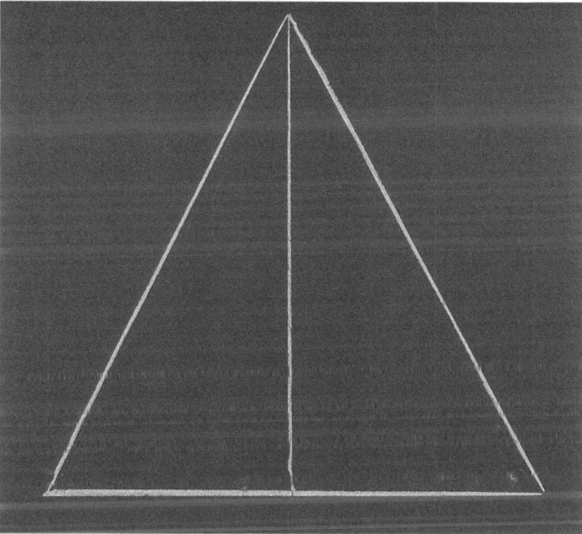

Abb. 2 Ein gleichschenkliges Dreieck ermöglicht die Entdeckung des Basiswinkelsatzes. (Foto: P. Spindler)

Abb. 3 Schülerinnen und Schüler auf dem Schulhof schätzen mit ihren Armen einen bestimmten Blickwinkel ab und entdecken dabei den Satz des Thales. (Foto: B. Bühlmann)

Im **vierten Akt** geht es auf den Pausenhof, denn Thales möchte der Klasse etwas vorführen (Abb. 3). Er bittet die Lernenden, sich möglichst exakt auf einer Kreislinie aufzustellen. Eine fünf Meter lange Kordel hilft dabei. Zwei Schülerinnen oder Schüler stellen sich an den Enden eines Durchmessers auf; sie stehen jetzt einander exakt gegenüber. Thales' Aufgabe für alle Lernenden auf der Kreislinie ist, einen Arm vorzustrecken und zur links stehenden Person auf dem Durchmesser zu richten, den anderen Arm zur Person an dessen rechtem Ende. Welchen Winkel schließen die Arme ein? Vielen erscheint es, als wäre dieser Winkel ein rechter. Mit einem großen Geodreieck wird mehrmals nachgemessen – und tatsächlich: Die Vermutung könnte stimmen. Doch ist sie auch richtig? Das muss sorgfältig durchdacht werden.

Im Klassenzimmer wird die Szene an der Tafel nachgezeichnet (Abb. 4): Ein Durchmesser, darüber ein Halbkreis (statt eines ganzen Kreises; das genügt auch). Ein Punkt auf der Kreislinie wird mit den Endpunkten des Durchmessers verbunden. Wieder wird gemessen: Es scheint tatsächlich auch in der Zeichnung ein rechter Winkel zu sein. Doch der Schein kann trügen, eine Messung liefert noch keine Sicherheit. Eine wichtige Strategie beim Argumentieren an geometrischen Figuren ist, Hilfslinien zu zeichnen. Hier erweist sich die Verbindungslinie vom Mittelpunkt des Halbkreises zum Punkt auf der Kreislinie als wertvoll, denn sie teilt das Dreieck in zwei Teildreiecke, die sich bei genauerem Hinsehen beide als gleichschenklig entpuppen. In beiden Dreiecken sind die Basiswinkel gleich, das hat die vorangegangene Szene gelehrt. Da die Innenwinkelsumme in einem Dreieck einem gestreckten Winkel (180°) entspricht – dieser wichtige Satz könnte durchaus noch ein weiterer Akt in diesem Lehrstück sein –, kann der Winkel im Punkt auf der Kreislinie gar nicht mehr anders, als ein rechter zu sein. Die Klasse, die diese Argumente selbst zusammenträgt, hat sich hiermit vom berühmten Satz des Thales überzeugt.

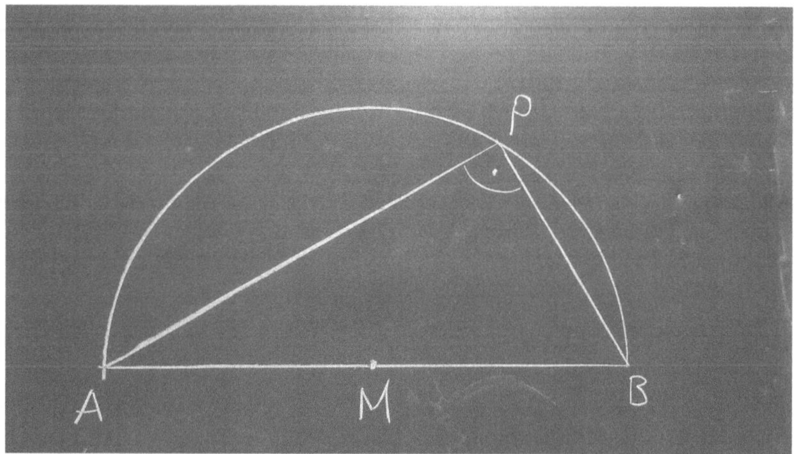

Abb. 4 Tafelskizze zum Satz des Thales. (Foto: P. Spindler)

Im **Epilog** sammelt Thales mit der Klasse die gefundenen Erkenntnisse. Diese markierten zu seiner Zeit den Beginn einer neuen Praxis im Umgang mit Geometrie und damit zugleich das Aufdämmern eines neuen mathematischen Denkens, das bis heute Bestand hat: Fortan war es nicht mehr opportun, aus Zeichnungen das scheinbar Offensichtliche als Gewissheit herauszulesen – nun durfte nur noch als unumstößlich gelten, was rigoros durch logische Schlüsse begründet werden kann. Natürlich verrät Thales der Klasse auch, wie er es angestellt hat, die Höhe der ägyptischen Pyramiden zu ermitteln.

Anmerkung

Die Durchführungen dieses Lehrstücks offenbarten, wie gern sich junge Denkerinnen und Denker auf ein Szenario einlassen, das von Zeitdruck befreit ist und das muntere Aufstellen von Vermutungen und Hypothesen sowie die anschließende Verifikation oder Falsifizierung aus eigener Gedankenkraft zulässt. Dabei ist zu Beginn oft nicht klar, wohin die Reise gehen könnte. Dies führt nicht selten zu Mutmaßungen, deren Originalität beeindruckt. Die hier beschriebenen Akte sind nicht sakrosankt, ihre Anzahl kann reduziert oder durch weitere Akte erweitert werden, falls die Klasse besonders gut auf das Angebot anspricht.

Dass zwei Dreiecke deckungsgleich sind, wenn sie in allen Seiten übereinstimmen, war Thales möglicherweise noch nicht bekannt. Nach Scriba und Schreiber (2005, S. 31) geht nur der Kongruenzsatz WSW (zwei Dreiecke, die in einer Seite und den beiden angrenzenden Winkel übereinstimmen, sind deckungsgleich) auf Thales zurück. Im dritten Akt jedoch wird die Sach- gegenüber der historischen Genese priorisiert: Das Lehrstück rückt die Suche nach eigenen Begründungen, das Abwägen von Argumenten und die Diskussion um die richtigen Formulierungen ins Zentrum.

Der erste Akt wurde von Alexander Wittenberg (1926–1965) angeregt, der vierte findet sich auch im Lehrstück *Die Entdeckung der Axiomatik mit Euklid* von Mario Gerwig (2015, S. 164–167; vgl. auch Kap. „Die Entdeckung der Axiomatik mit Euklid"). Dort wird im Epilog der Thalessatz auf andere Weise hergeleitet. ◀

Dr. Philipp Spindler ist Lehrer für Mathematik an der Kantonsschule Alpenquai Luzern (CH) sowie Dozent am Departement Mathematik der ETH Zürich (CH). 2023 promovierte er bei Hans Christoph Berg (Uni Marburg), Uwe Hericks (Uni Marburg) und Norbert Hungerbühler (ETH Zürich, CH) zum Thema „Bildung im Mathematikunterricht".

Pythagoras und sein Satz

Mario Gerwig

▶ *Sätze und ihre Beweise sind das Herz der Mathematik. Ihr vielleicht berühmtester Satz ist der Satz des Pythagoras. Nicht, weil er zu den sakrosankten Inhalten des Mathematikunterrichts gehört, sondern weil er über viele Jahrhunderte hinweg einen erstaunlichen Reiz auf Personen sämtlicher Kulturkreise ausgeübt hat, was zu immer neuen, immer anderen Beweisen geführt hat: Es gibt Beweise aus dem antiken Griechenland, dem alten China und aus Indien, von Künstlern und Philosophen, Mathematikprofis und -amateuren – fast immer waren es Männer –, von Euklid, da Vinci, Fibonacci, Huygens, Leibniz, Einstein und Garfield, dem 20. US-Präsidenten. Erst 2023 gelang zwei amerikanischen High-School-Schülerinnen, was über Jahrhunderte für unmöglich gehalten wurde: Sie fanden trigonometrische Beweise. Dies sorgte weltweit für Aufmerksamkeit. 2024 publizierten sie ihre Beweise in der renommierten Zeitschrift* The American Mathematical Monthly.

Zu Beginn der **Ouvertüre** sind die Stühle zu einem Kreis zusammengestellt, auf jedem Stuhl liegt ein Quadrat aus farbigem Papier. Insgesamt sind es 24, genau 16 größere und 8 kleinere Quadrate. Die Anzahl ist prinzipiell beliebig, die hier vorgenommene Wahl ermöglicht später aber ein wichtiges Zwischenergebnis. Nun: Ist es möglich, alle Quadrate zu einem einzigen, großen Klassenquadrat zusammenzufügen? Die Quadrate werden auf den Boden gelegt, verschoben, neu angeordnet, sortiert, verschiedene Versuche werden ausprobiert, diskutiert, optimiert. Eine besondere Idee markiert dabei einen wichtigen Zwischenschritt: Die 16 größeren Quadrate lassen sich zu einem Quadrat (4×4), die 8 kleineren zu zwei

M. Gerwig (✉)
Basel, Schweiz
E-Mail: mariogerwig@gmail.com

M. Gerwig et al. (Hrsg.), *Sternstunden der Bildung*,
https://doi.org/10.1007/978-3-658-50735-0_4

kleinen Quadraten (2 × 2) zusammenlegen, sodass sich die Gesamtzahl der Quadrate bedeutend reduziert hat: Von 24 auf 3. Nun erscheint es sinnvoll, die Konzentration zunächst auf die beiden kleineren, gleich großen Quadrate zu richten. Wie können diese vereint werden? Tatsächlich gelingt dies über das Zerschneiden beider Quadrate entlang einer der Diagonalen recht einfach, denn die vier resultierenden Dreiecke können nun zu einem neuen Quadrat vereint werden. Es liegen nun also nur noch zwei Quadrate unterschiedlicher Größe (a^2 und b^2) auf dem Boden. Allerdings versagt bei dem Versuch, diese zu einem neuen Quadrat (c^2) zu vereinen, das eben angewendete Verfahren. In der Tat gibt es aber verschiedene andere Varianten – hier braucht es meist die Unterstützung der Lehrperson –, um diese Vereinigung vorzunehmen (Abb. 1), sodass am Ende der Ouvertüre tatsächlich alle Einzelquadrate zu einem großen Klassenquadrat vereinigt worden sind (Abb. 2) und damit der Jahrtausende alte, heute als *Satz des Pythagoras* bekannte Zusammenhang gefunden ist. Noch ist er nicht benannt oder bewiesen, seine Entdeckung aber hat sich aus den bunten Quadraten heraus fast wie von selbst ergeben.

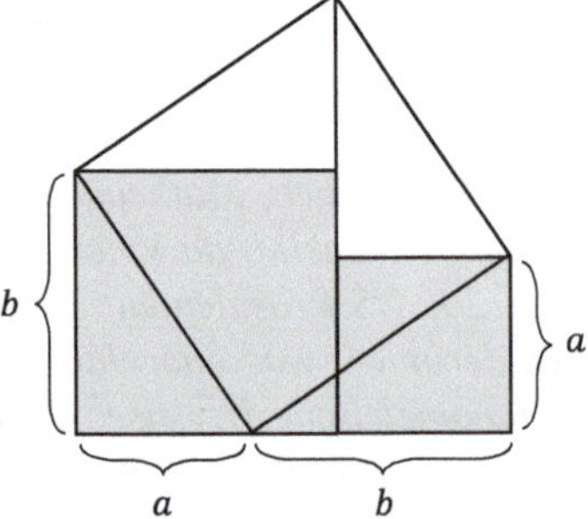

Abb. 1 Ein Weg, um zwei nebeneinander liegende, unterschiedlich große Quadrate (a^2 und b^2) zu einem neuen Quadrat zu vereinen, besteht darin, kongruente Dreiecke zu entfernen und zu verschieben. Dadurch entsteht das auf der Spitze stehende, größere Quadrat (c^2). (Gerwig 2021, S. 313)

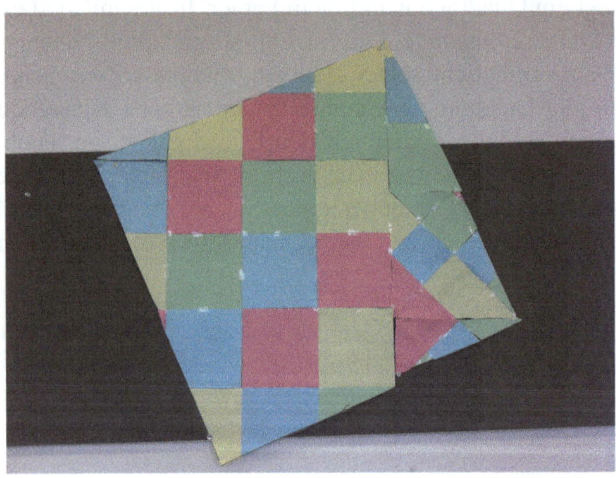

Abb. 2 Das fertige Klassenquadrat, Resultat der Lehrstück-Ouvertüre. (Foto: M. Gerwig)

Dass bei der gefundenen Vereinigung tatsächlich ein Quadrat entstanden ist, ist nicht selbstverständlich und wird im **ersten Akt** bewiesen. Der gefundene Zusammenhang lässt sich algebraisch mithilfe der Formel $a^2 + b^2 = c^2$ beschreiben. Nun erhält der Satz auch der Satz „seinen" Namen, wodurch zunächst die Person Pythagoras und die nach ihm benannte Schule ins Zentrum der Aufmerksamkeit rücken.

Der **zweite Akt** stellt den eigentlichen Kern des Lehrstücks dar. Im Zentrum stehen nun einige Beweise aus der umfangreichen Sammlung des Amerikaners Elisha Scott Loomis (1852–1940) beziehungsweise der entsprechenden deutschen Übersetzung (2021), etwa von Liu Hui, Bhaskara I, Da Vinci, Leibniz, Schopenhauer, Garfield, Einstein, Wagenschein oder Dijkstra. In Kleingruppen werden unterschiedliche Beweise des immer gleichen Satzes diskutiert, nachvollzogen, allmählich verstanden. Es geht hier nicht darum, eigene Beweise zu formulieren, sondern um ein verstehendes Nachvollziehen jedes einzelnen Beweisschritts. Am Ende werden die Beweise präsentiert (Abb. 3), sodass schließlich jede Schülerin und jeder Schüler einen Beweis selbst intensiv erarbeitet hat und etwa fünf weitere Beweise hat kennenlernen können. In den Beweispräsentationen rückt die Aussage des Satzes dabei automatisch immer weiter in den Hintergrund. Vielmehr geht es nun um die zentrale mathematische Kategorie des Beweisens *an sich* und es wird deutlich, was es heißt, sich einer Sache gewiss zu sein.

Abb. 3 Beweispräsentation einer Lernenden-Gruppe im zweiten Akt: Aus zwei flächengleichen, quadratischen Anordnungen wird der pythagoreische Zusammenhang algebraisch hergeleitet. (Foto: M. Gerwig)

Damit ist die Tür zur Mathematikgeschichte geöffnet. In Euklids Jahrtausendbuch *Die Elemente*, in dem dieser das gesamte mathematische Wissen seiner Zeit zusammenfasste und erstmals bewies – 2000 Jahre lang wurden die Elemente als akademisches Lehrbuch genutzt, es gilt heute als das nach der Bibel meistverbreitete Werk der Weltliteratur –, beschließt der Beweis zum Satz des Pythagoras das erste Kapitel (Buch I, §47). Er wird nun im **dritten Akt** ganz im Sinne Loomis' – „The leaving out of Euclid's proof is like the play of Hamlet with Hamlet left out" (Loomis 1968, S. 120) – gemeinsam analysiert. An ihm wird deutlich, *wie* Euklid bewiesen hat: Er stützt seine Begründung auf Sätze, die er zuvor bereits bewies, die wiederum auf zuvor schon bewiesenen Sätzen ruhen usw. – am Anfang dieser Kette stehen Definitionen, Postulate und Axiome. Damit wird das axiomatisch-deduktive Gebäude der antiken Mathematik evident und der euklidische Beweis zum Muster für deren Entdeckungen. An diesem kann exemplarisch erkannt werden, wie die mathematischen Wahrheiten der euklidischen Geometrie aufeinander ruhen und was es mit dem Beweisen in der Mathematik auf sich hat.

Im **vierten Akt** erscheint der entdeckte Zusammenhang in neuen Kontexten, wenn er in vielfältigen Problemstellungen angewendet wird. Die Umkehrung des Satzes wird formuliert, Höhen- und Kathetensatz vervollständigen die Satzgruppe des Pythagoras, die nun auf unterschiedliche Probleme angewendet wird: Flächenverwandlungen, Konstruktionen, Wurzelgesetze, Berechnungen, Abstände und Kreise im Koordinatensystem – die Möglichkeiten zur Anwendung sind vielfältig.

Im **Epilog** schließlich führt die Frage, ob der Satz auch für andere über den Dreiecksseiten errichtete Figuren gilt, zu dessen Verallgemeinerung auf beliebige ähnliche Figuren. Der zugehörige Beweis findet sich wiederum bei Euklid (Buch VI, § 31). Die Diskussion klassischer Probleme der antiken Mathematik, insbesondere der Vergleich zwischen dem lösbaren Problem der *Möndchen des Hippokrates* und dem unlösbaren Problem der *Quadratur des Kreises*, fasziniert und verwirrt zugleich. Schließlich verdeutlicht der Blick ins alte Ägypten und antike Griechenland, wo der Satz schon lange vor Pythagoras' Lebzeiten etwa beim Bau der ägyptischen Pyramiden oder des Pantheons der athenischen Akropolis als Proportionengrundlage genutzt wurde, dessen kulturhistorische Bedeutung.

Anmerkung

Der Satz des Pythagoras wird im Schulunterricht meist dazu verwendet, Seitenlängen eines rechtwinkligen Dreiecks zu berechnen. Dass mit a^2, b^2 und c^2 aber *first and foremost* Flächeninhalte von Quadraten beschrieben werden, geht dabei oftmals verloren. In der Ouvertüre des Lehrstücks wird die geometrische Bedeutung der algebraischen Ausdrücke hingegen besonders deutlich. Zudem ergibt sich auf diese Weise die Voraussetzung, dass das entsprechende Dreieck rechtwinklig sein muss, vollkommen von selbst. Schließlich handelt es sich beim Satz des Pythagoras wohl um den einzigen Satz, der es aufgrund seiner vielfältigen, mit zahlreichen bekannten Persönlichkeiten eng verbundenen Beweisfülle ermöglicht, *verschiedene* Beweise *desselben* Satzes vergleichend zu besprechen und so das für die Mathematik überaus zentrale Thema des Beweisens authentisch zu thematisieren.

Die neuesten, trigonometrischen Beweise der amerikanischen High-School-Schülerinnen Ne'Kiya Jackson und Calcea Johnson (vgl. Jackson und Johnson 2024) können im Rahmen des Lehrstücks nicht eingehend behandelt werden, da das Thema Trigonometrie erst nach der Einheit zum Satz des Pythagoras unterrichtet wird. Erwähnt werden sollte diese erstaunliche Entdeckung etwa im Epilog dennoch. Zudem bilden deren fünf Beweise später eine gute Möglichkeit, den Satz des Pythagoras aus einem trigonometrischen Blickwinkel heraus eingehender zu betrachten und das Beweisen in der Mathematik so noch einmal zu thematisieren. ◀

Dr. Mario Gerwig ist Lehrer für Mathematik und Chemie am Gymnasium Leonhard in Basel (CH) sowie Buch- und Schulbuchautor. Er ist Präsident der „Gesellschaft für Lehrkunstdidaktik" und promovierte 2014 bei Hans Christoph Berg und Norbert Hungerbühler (ETH Zürich, CH) zum Thema „Beweisen verstehen im Mathematikunterricht".

Die Quadratwurzel aus 2

Hans Brüngger

▶ *Schon früh lernte die Menschheit das Abzählen: 1, 2, 3, …. Nur wenig später begann sie auch, zu teilen: zu halbieren, nochmals zu halbieren und auch zu dritteln, zu fünfteln usw. Die Pythagoräer waren der Ansicht, dass alles, was sich messen lässt, durch einen Zahlenbruch, also durch eine rationale Zahl auszudrücken ist. „Alles ist Zahl" war ihr Leitspruch. Sie begannen, vertieft über diese Zahlen nachzudenken, bis sie schließlich auf eine erschütternde Überraschung stießen. Ausgehend von einer rätselhaften Tontafel aus Mesopotamien und dank eines indirekten Beweises kann der Schritt von den rationalen zu den irrationalen, also vernunft-widrigen Zahlen mitvollzogen werden. Irrationales wird damit der Vernunft zugänglich! Dieser geistesgeschichtliche „Quantensprung" ist ein fundamentaler und wegweisender Baustein in der Auseinandersetzung der Mathematik mit dem unendlich Kleinen.*

In der **Ouvertüre** betrachten wir zunächst die Zahlengerade, auf der sich alle uns bekannten Zahlen platzieren lassen: positive und negative, Brüche und Dezimalzahlen. Alle haben ihren Platz, alles scheint sehr dicht – und dennoch gibt es keine Nachbarn. Denn zwischen zwei vermeintlichen Nachbarn finden wir leicht immer weitere Zahlen, beispielsweise indem wir deren arithmetisches Mittel berechnen. Gibt es dann also auch keine Lücken? Ist die Gerade „voll"? Pythagoras und seine Anhängerschaft entdeckten, dass man mit den Zahlen auf der Zahlengerade auch „unzählbare" Größen miteinander vergleich kann: Längen, Flächeninhalte, Zeitspannen, Abstände, Volumina, Gewichte. Ihr Ausspruch „Alles ist Zahl" unterstreicht die große Bedeutung dieser Entdeckung, die Pythagoras wahrscheinlich von seinen ausgedehnten Reisen nach Babylonien und Ägypten mitbrachte. Zahlreiche Bilder führen uns nun genau dorthin, genauer: nach Mesopotamien, in

H. Brüngger (✉)
Bern, Schweiz
E-Mail: hans.bruengger@bluewin.ch

M. Gerwig et al. (Hrsg.), *Sternstunden der Bildung*,
https://doi.org/10.1007/978-3-658-50735-0_5

eine der bedeutendsten Hochkulturen der Menschheit. Ein rätselhaftes Tontäfelchen, datiert auf ca. 1800 v. Chr., soll Ausgangspunkt sein für unsere folgenden Forschungen.

Im **ersten Akt** rätseln wir an diesem Tontäfelchen herum (Abb. 1). Die Figur könnte ein Quadrat zeigen samt den Diagonalen. Und bei der einen Diagonalen entdecken wir verschiedene Kerben. Könnten dies Zahlen sein? Eine weitere, rechteckige Tontafel aus jener Zeit weist uns den Weg zu diesen Zahlen. Nach längerem Rätseln und mit dem Hinweis auf das damalige Sechzigersystem, dessen Spuren heute noch bei der Zeitangabe und der Winkelmessung sichtbar sind, erhalten wir die Zahl 1,41421296..., was eine erstaunlich gute Näherung für die Zahl ist, die wir heute als Quadratwurzel aus 2 bezeichnen und mit dem Symbol $\sqrt{2}$ darstellen. Sie beschreibt zudem die Länge der Diagonalen im Einheitsquadrat. Wie kamen Menschen damals auf diese Zahl und was beabsichtigten sie damit?

Im **zweiten Akt** lernen wir eine einfache, aber raffinierte Methode der Annäherung an $\sqrt{2}$ kennen: das Verfahren von Heron von Alexandria. Wir gehen aus von einem Rechteck mit den Seitenlängen $a = 1$ und $b = 2$, der Flächeninhalt beträgt also 2. Unser zweites Rechteck hat ebenfalls den Flächeninhalt 2, bekommt aber die Seitenlängen $a = \frac{1+2}{2} = \frac{3}{2}$ und $b = \frac{2}{3/2} = \frac{4}{3}$. Wir bilden für die erste Seitenlänge also das arithmetische Mittel der beiden ursprünglichen Seitenlängen und bestimmen die zugehörige zweite Seite so, dass wiederum der Flächeninhalt 2 erreicht wird (Abb. 2). Dieses Verfahren lässt sich nun weiter fortsetzen; die Rechtecke werden dabei immer quadratischer. Auf diese Weise kann der exakte Wert von $\sqrt{2}$ beliebig gut durch einen Bruch angenähert werden. Mit großer Wahrscheinlichkeit sind die Mesopotamier schon so vorgegangen.

Obwohl Näherungswerte für Anwendungen und Alltagsprobleme in den meisten Fällen ausreichend genau sind, gibt sich die Mathematik damit in der Regel nicht zufrieden: Sie sucht nach exakten Werten. Der **dritte Akt** widmet sich daher der Frage, ob der exakte Wert von $\sqrt{2}$ durch einen Bruch dargestellt werden kann. Die Annahme, dass das ginge, führt jedoch nach nur wenigen Überlegungen zu einem fundamentalen Widerspruch. Das zeigt, dass die Annahme falsch sein muss und es sich bei der Quadratwurzel aus 2 tatsächlich *nicht* um eine rationale Zahl handeln kann. Wir staunen, mit welcher Klarheit schon Euklid von Alexandria vor rund 2300 Jahren in seinem Jahrtausendwerk „Die Elemente“ bewies, dass $\sqrt{2}$ eine, wie wir heute sagen, irrationale Zahl sein muss.

Im **Epilog** erleben wir die Erschütterung, welche die Entdeckung dieser Irrationalität für die Menschheit ausgelöst hat. Denn: Wo auf der Zahlengeraden liegt nun $\sqrt{2}$? Schon durch wiederholtes Halbieren von Streckenlängen können wir jeder Stelle auf dieser Zahlengeraden beliebig nahekommen. Was soll da noch Platz haben? Wenn wir wiederholt dreiteilen, ergibt sich neu eine vergleichbare Vielfalt. Bei Teilungen durch 5 oder durch 7 ebenso. Ein unendlich dichtes Gedränge von rationalen Zahlen. Doch da sind ja Zahlen wie $\sqrt{2}$, $\sqrt{3}$, $\sqrt{5}$ usw. sowie deren rationale Vielfache, das heißt die Doppelten, die Dreifachen, die Hälften usw., noch gar nicht dabei! Wie schon der deutsche Mathematiker Georg Cantor im 19. Jahrhundert beweisen auch wir jetzt, dass es sogar „viel mehr“ irrationale als rationale Zahlen gibt. Erstaunlicherweise vervollständigt sich die Zahlengerade erst dadurch.

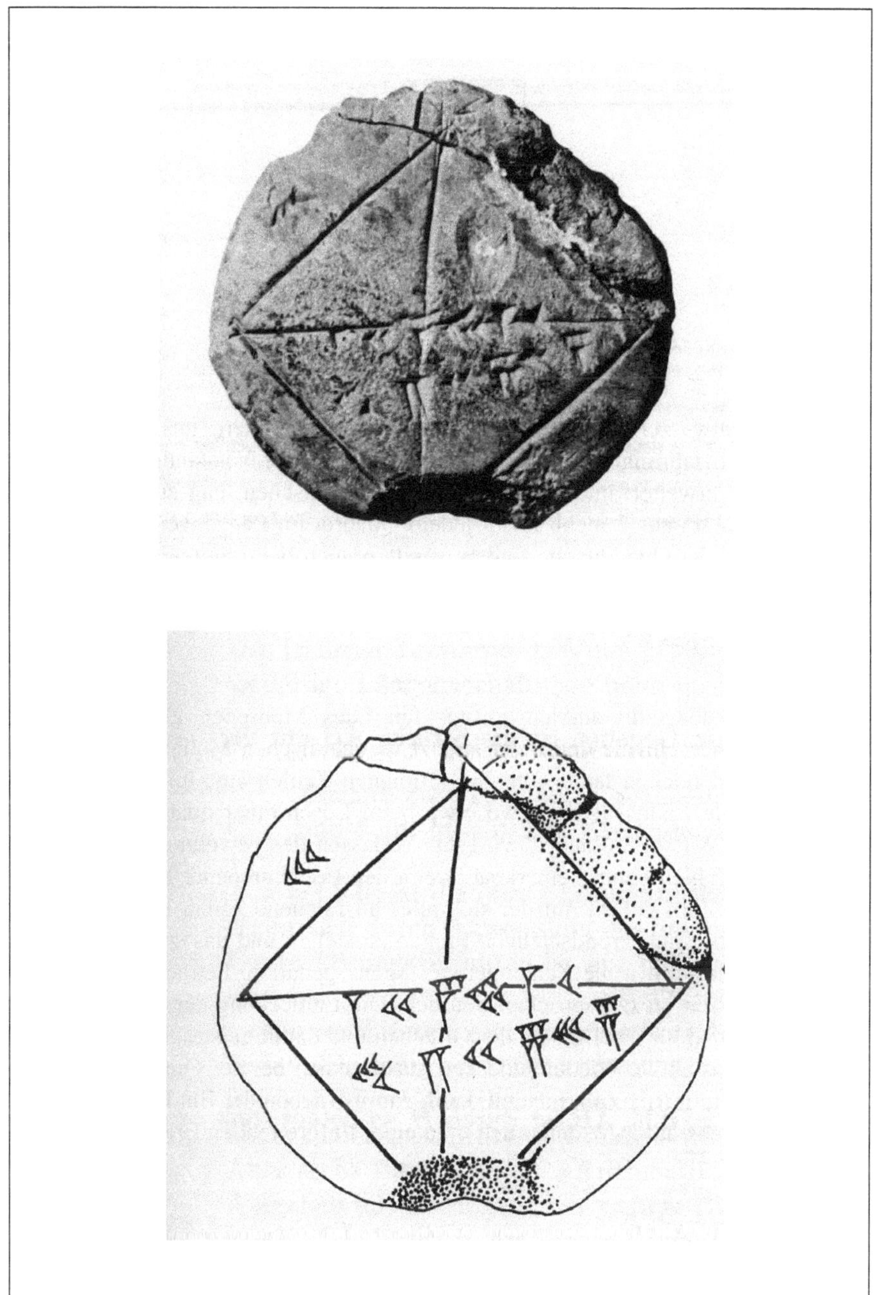

Abb. 1 Babylonische Keilschrifttafel YBC 7289. (aus: Mäder 1992, S. 7)

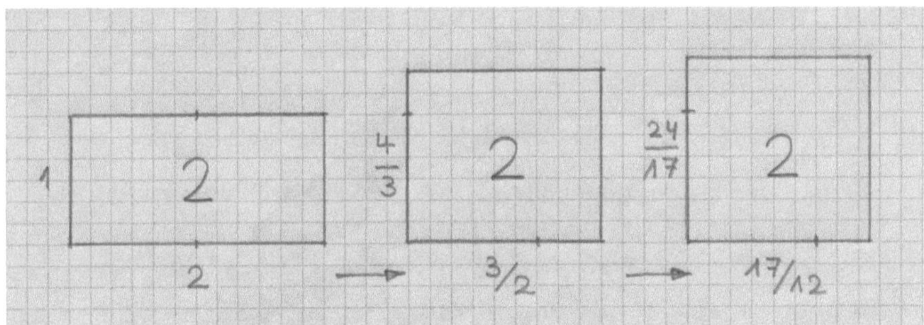

Abb. 2 Illustration des Heron-Verfahrens. (Foto: H. Brüngger)

Die Quadratwurzel aus 2 hat die Pythagoräer erschüttert, uns öffnet sie die Tür für neue Erfahrungen mit der Unendlichkeit. Unser Verständnis der Zahlen hat sich dabei erweitert und deutlich vertieft. Überraschen mag zudem, dass wir die Quadratwurzel aus 2 nicht nur in jedem Quadrat im Längenverhältnis aus der Diagonale und der Quadratseite finden, sondern auch beim Seitenverhältnis eines jeden DIN-A4-Blattes, das uns täglich begleitet.

Anmerkung

Sowohl in der individuellen Entwicklung des Menschen als auch in der Menschheitsgeschichte und nicht zuletzt im schulischen Mathematikunterricht reichten und reichen lange Zeit die rationalen Zahlen aus, um die allermeisten Probleme zu lösen. Dort, wo etwa beim Lösen einer quadratischen Gleichung eine Wurzel auftaucht, wird das Verlassen des gewohnten Bereichs der rationalen Zahlen kaum bemerkbar, wenn der Taschenrechner zuverlässig eine (gerundete) Zahl liefert, mit der sich alles ausreichend genau lösen lässt. Erst wenn man beginnt, grundsätzliche Fragen zu stellen und das scheinbar Selbstverständliche – etwa die Zahlengerade – ganz genau zu betrachten, wird Mathematik als Geisteswissenschaft deutlich. Die Entdeckung der Irrationalität ist kennzeichnend für das Denken der Griechen und damit geistesgeschichtlich bedeutsam. Das aktive Wiederentdecken, dass es sich bei der Quadratwurzel aus 2 um keine rationale Zahl handelt, kann damit – neben der Entdeckung des Beweisverfahrens durch Widerspruch – zu einer tiefgreifenden Erfahrung werden. ◀

Dr. Hans Brüngger war Gymnasiallehrer für Mathematik in Oberwil (CH) und Bern-Neufeld (CH). 1980/81 wirkte er als Ausbildner am Institute of Education der Tribhuvan University in Kirtipur (Nepal). Er war Mitwirkender in verschiedenen Lehrkunstwerkstätten in der Schweiz und promovierte 2004 bei Hans Christoph Berg und Heinz Stübig (Philipps-Universität Marburg) zum Thema „Von Pythagoras zu Pascal“.

Athen in der Ära des Perikles

Ulrike Harder

▶ Athen. Ein Neubeginn der Weltgeschichte – *Dieser von dem Althistoriker Christian Meier gewählte Titel stellt der Leserschaft das „Phänomen Athen" vor Augen: Im 5. Jahrhundert v. Chr. setzte sich dort nach dem Sieg über die Perser unter dem Staatsmann Perikles die radikale Demokratie durch. Menschheitsgeschichtlich war das ein bislang unbekanntes „Experiment", das dem Einzelnen ein nie gekanntes Maß an politischer Mitbestimmung und Verantwortung gab. Dieser Prozess ging mit einem außergewöhnlichen Aufschwung von Kunst, Philosophie und Kultur einher, der bis heute seine Wirkung zeigt.*

Die **Ouvertüre** des Unterrichts beginnt mit der Frage: Wo kommt das Wort „Politik" her? Und: Welche weiteren Wörter griechischen Ursprungs kennen wir, zum Beispiel im Bereich der Schule? Also beispielsweise Mathematik, Physik, Chemie, Biologie, Geografie, Philosophie, Ethik, Musik. Warum ist das so, dass diese – heute im Prinzip internationalen Wörter – fast unseren ganzen „Bildungskanon" umfassen? Diese Frage führt in das klassische Athen, in die knapp 50 Jahre zwischen dem Sieg über die persische Übermacht und dem Peloponnesischen Krieg gegen Sparta.

Der **erste Akt** heißt deshalb „Ankunft in Athen". Vor Augen ist eine große Rekonstruktionszeichnung des klassischen Athens, wie es Ausgrabungsergebnissen zufolge zur Zeit des Perikles ausgesehen haben könnte. Sofort ins Auge fallen Akropolis (der Tempelberg) und Agora (der Markt- und „Ratsplatz" in der Mitte), durch die eine Prozession (die „Panathenäen") hoch zum Parthenon (größter, der Schutzgöttin Athen geweihter Tempel) führt. Die Agora ist gesäumt von mehr als einer Säulenhalle (Stoa) und wenigen größeren Gebäuden, die auf die politischen

U. Harder (✉)
Marburg, Deutschland

M. Gerwig et al. (Hrsg.), *Sternstunden der Bildung*,
https://doi.org/10.1007/978-3-658-50735-0_6

Institutionen hinweisen. Erst einmal gilt es, sich anhand des zweidimensionalen Bildes in die antike Stadt einzudenken. Dann folgen aktuelle Aufnahmen des heutigen Athens mit Abbildungen antiker Überreste (zum Beispiel auch der Volksversammlung, Pnyx genannt), sodass man sich in Gedanken räumlich immer neu verorten muss.

Im **zweiten Akt** liegt der Fokus auf den politischen Institutionen und den Fragen „Wie funktionierte diese direkte, diese radikale Demokratie?" und „Wie funktionierte dieses politische Gemeinwesen, das keinen Machthaber an der Spitze kannte, sondern sich selbst regierte?". Damals wurde erwartet, dass jeder einzelne athenische Vollbürger als Hoplit (Fußsoldat) Kriegsdienst leistet, dass er in der Volksversammlung über politische Entscheidungen abstimmt, dass er ein Amt übernimmt und dass er als Geschworener in einem der Laiengerichte Recht spricht. An einzelnen „Fallbeispielen", anhand von Inschriften und immer „konkret am Ort" wird das demokratische Leben im klassischen Athen rekonstruiert, werden dessen Grundsätze herausgearbeitet. Die Athener hatten ein anderes Verständnis von Demokratie als wir es heute in unserer parlamentarischen Demokratie haben. Aus diesem Grunde, zur wechselseitigen Erhellung, schließt ein Vergleich diesen Akt ab, zum Beispiel in Form einer Podiumsdiskussion.

Die Begegnung mit den „geistigen Gründervätern" Europas, mit Perikles und seinen wirkmächtigen Zeitgenossen, erfolgt im **dritten Akt**. Man „begegnet" ihnen meist an ihren jeweiligen Wirkstätten des Gemeinwesens, Perikles also auf der Volksversammlung, auf der er als talentierter Redner die Geschicke der Polis zu lenken wusste. Wer sind die anderen Zeitgenossen? Es sind der Philosoph Sokrates, der Dramatiker Sophokles, der Bildhauer Phidias, die „Väter der Geschichtsschreibung" Herodot und Thukydides und der Thrakier Demokrit, der über die Existenz von Atomen nachdachte. Es sind darüber hinaus Hippokrates, der „Vater" der wissenschaftlichen Medizin, und Hippodamos von Milet, der die Idee der Demokratie städtebaulich und architektonisch umsetzte, zum Beispiel bei der Neugestaltung des athenischen Hafens, des Piräus.

Die „geistigen Gründerväter" stellen sich zunächst vor und prüfen sich dann im Hinblick auf Gemeinsamkeiten und Unterschiede im Denken, Arbeiten und Handeln.

Im **vierten Akt** hält Perikles seine bekannte Totenrede auf die ersten Gefallenen des Peloponnesischen Krieges. Sie ist von Thukydides überliefert, der sie 27 Jahre später aufgeschrieben und rhetorisch überarbeitet hat. Perikles entwirft in dieser Rede das Idealbild eines Gemeinwesens (der athenischen Polis), um den gegen Sparta kämpfenden Athenern zu verdeutlichen, wofür sie kämpfen und möglicherweise sterben. – Werden sich die „Gründerväter", einige von ihnen auch athenische Bürger, in der Rede wiedergefunden haben? Was macht das beschriebene Ideal aus? Und: In welchem Verhältnis steht die in der Rede beschriebene „autonome" Persönlichkeit zum Gemeinwesen?

Das klassische Menschenbild der „selbstständigen Persönlichkeit" (des Individuums) haben Bildhauer in Gestalt von Skulpturen künstlerisch zum Leben erweckt. Darum wird es im **fünften Akt** gehen. Mit eigenen Standbildern wird gezeigt, wie wir Heutigen uns dieses Ideal denken. Dann wird es verglichen

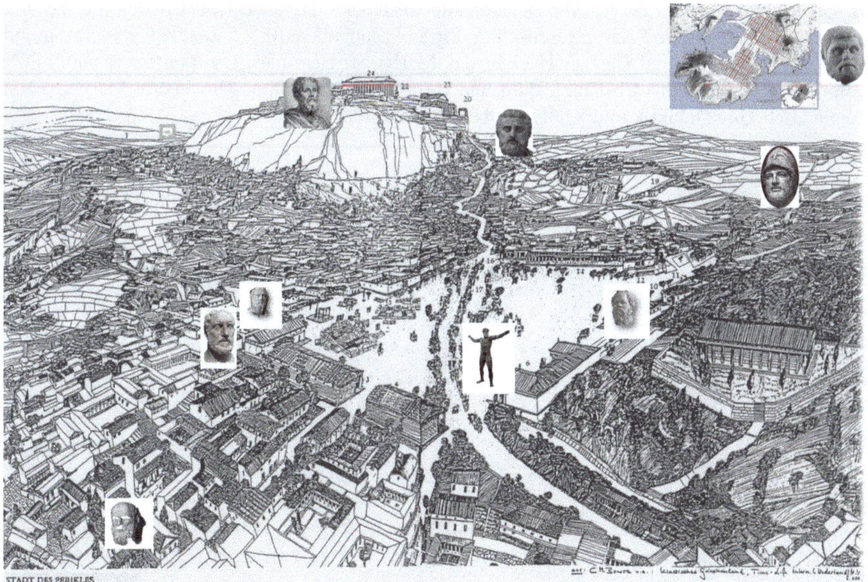

Abb. 1 Athen in der Ära des Perikles: Das Denkbild zum Lehrstück. (Foto: U. Harder)

mit einer griechischen Statue, dem Zeus (Poseidon) vom Kap Artemision. Wer selbst erfahren will, wie sich seine Art zu stehen anfühlt, wird etwas von der „Selbst-Ständigkeit" und inneren Balance spüren, die hier zugrunde liegt, dem lebendigen Ausgleich von Statik und Dynamik, die charakteristisch für klassische Skulpturen ist.

Die Zusammenhänge zwischen Politik und Kultur werden in Form eines Denkbilds veranschaulicht, das zugleich die einzelnen Akte noch einmal vor Augen stellt. Auf der Agora, im Zentrum des politischen Gemeinwesens, steht mit dem Zeus (Poseidon) vom Kap Artemision das Gestalt gewordene griechische Menschenbild. Verkörpert wird es von den „geistigen Gründervätern", die an ihren jeweiligen Wirkstätten platziert sind (Abb. 1).

Im Idealfall verarbeiten und verdichten Schülerinnen und Schüler diese Zusammenhänge in Form einer eigenen „Stadtführung" durch das klassische Athen, in der sie selbst Schwerpunkte setzen.

Anmerkung

Das Lehrstück kann ab der Klasse 9 unterrichtet werden und eignet sich besonders für die Oberstufe. Es bietet sich durch seine zahlreichen Anknüpfungspunkte sehr gut für fächerübergreifendes Arbeiten an, vor allem in den Fächern Deutsch, Philosophie (Ethik), Kunst, Politik und Wirtschaft. ◀

Dr. Ulrike Harder ist Lehrerin für Deutsch und Geschichte an der Elisabethschule in Marburg. Sie ist Vorstandsmitglied der „Gesellschaft für Lehrkunstdidaktik“ und leitet gemeinsam mit Hans Christoph Berg und Bastian Hackler das Marburger Seminar „Lehrkunstwerkstatt“. 2012 promovierte sie bei Hans Christoph Berg und Heinz Stübig (Philipps-Universität Marburg) zum Thema „Lehrkunstdidaktik und Klafkis frühe Bildungsdidaktik“.

Zenons Paradoxon „Achilles und die Schildkröte“

Hans Brüngger

▶ *Diese provokative Geschichte des Philosophen Zenon von Elea (um 400 v. Chr.), welche die Menschheit schon bald 2500 Jahre lang beschäftigt, führt uns über das „unendlich Kleine“ in die Auseinandersetzung mit der Unendlichkeit, Kernthema der Mathematik und ihrer Entwicklung. Kulturhistorisch liegt mit dieser Geschichte erstmals eine Auseinandersetzung mit dem Unendlichen und mit einem nicht abbrechenden Prozess im Endlichen genetisch echt vor uns.*

In der **Ouvertüre** versetzen wir uns anhand von Raffaels riesigem Fresko „Schule von Athen“ (1511) in die Antike (Abb. 1). Hier begegnen uns Platon, Aristoteles, Pythagoras, Heraklit, Diogenes, möglicherweise auch Euklid und Archimedes, kurzum: die bedeutendsten Philosophen dieser Epoche. Viele Personen sind versammelt und diskutieren. Auch Achilles mit seiner verwundbaren Ferse lassen wir vorbeischauen.

Der **erste Akt** beginnt mit dem Auftritt des mit einer Toga, das heißt einem Leintuchumhang gekleideten Philosophen Zenon in dieser illustren Runde von Philosophen. Es folgt die bedeutungsvoll und mit Gesten vorgetragene Geschichte: Achilles, der schnellste Läufer der Antike, befindet sich im Wettlauf mit einer Schildkröte, die zu Beginn einige Meter Vorsprung hat. Wer wird gewinnen? Die Frage ist schwieriger, als sie zunächst erscheinen mag. Denn: Ist Achilles beim Startpunkt der Schildkröte angekommen, ist diese bereits ein Stück weiter gekrochen; hat er dieses Stück bewältigt, ist sie schon wieder ein Stück weiter; usf. Deshalb, so behauptet Zenon, wird Achilles die Schildkröte nie einholen, geschweige denn überholen!

H. Brüngger (✉)
Bern, Schweiz
E-Mail: hans.bruengger@bluewin.ch

M. Gerwig et al. (Hrsg.), *Sternstunden der Bildung*,
https://doi.org/10.1007/978-3-658-50735-0_7

Abb. 1 Raffaels Wandfresko „Schule von Athen“ (1511). (Quelle: Wikipedia, gemeinfrei)

Statt jetzt ein möglicherweise chaotisches Gespräch aufkommen zu lassen, werden Gruppen gebildet mit dem Auftrag, eine wortlose Darstellung dieser Geschichte zu entwickeln und sie dann dem Plenum zu präsentieren. Es wird diskutiert, gerätselt, nach Erklärungen gesucht. Die Geschichte erschüttert die Alltagserfahrung; die Verwirrung ist groß, für viele kaum auszuhalten. Klar, dass Achilles einfach an der Schildkröte vorbeilaufen wird – aber wie passt das zu Zenons Erklärung, die auch irgendwie schlüssig klingt? Eine verwirrende Paradoxie! Lebhaft sind die Darstellungen in grafischer, szenischer, bildnerischer, rechnerischer Form, die nun präsentiert werden. Welche passen gut zum Kern der Geschichte? Die Verwirrung zwischen Erfahrung und Verstand mögen sie jedoch noch nicht auflösen.

Im **zweiten Akt** geht es um die Annäherung von Denken und Erfahrung. Wir tauchen wieder ein in die Geschichte, vergegenwärtigen uns noch einmal die verschiedenen Darstellungen. Begriffe wie Rückstand, Aufholvorgang, Beliebig-nahe-Kommen, Einholen, Überholen usw. werden genannt. Bei einer bewegten Darstellung werden die Aufholvorgänge mit Klatschern verdeutlicht. Dann präsentiert die Lehrperson ihren Beitrag: Trinkgläser stehen in einer Reihe, das erste voll Flüssigkeit. Langsam und genau abmessend wird von Glas zu Glas jeweils immer nur die Hälfte der Flüssigkeit weitergereicht. Was hat dies mit unserer Geschichte zu tun? Jetzt wird versucht, die Geschichte eingehender grafisch darzustellen und

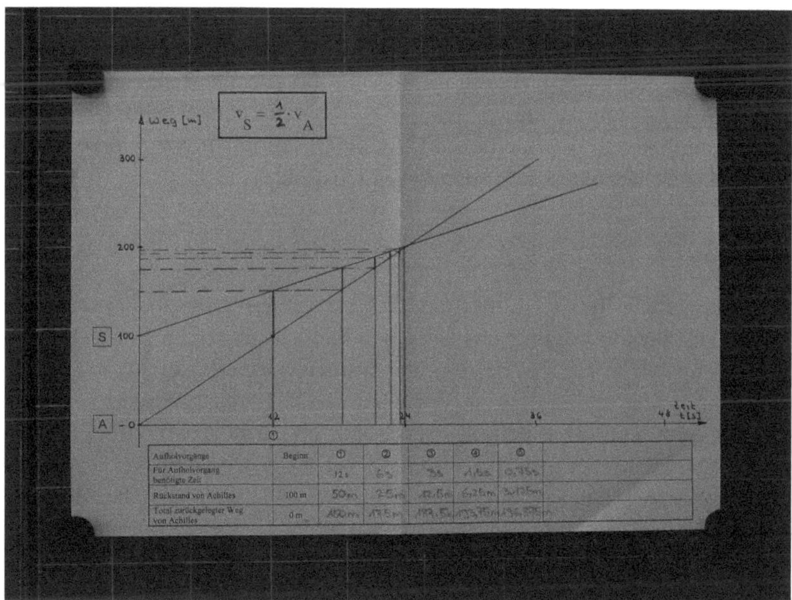

Abb. 2 In dieser grafischen Darstellung des Zenon'schen Paradoxons steht S für die Schildkröte, A für Achilles. Der Schnittpunkt der beiden Geraden markiert den Moment, an dem Achilles die Schildkröte *nach unendlich vielen* Aufholvorgängen schließlich einholt. (Foto: H. Brüngger)

mit Zahlen zu bewältigen (Abb. 2). Das Klatschen und die grafische Darstellung legen nahe, dass diese unendlich vielen gedachten Aufholvorgänge in einer endlichen Zeit stattfinden müssen – und hier öffnet sich der Abgrund einer unendlichen Teilung im Endlichen. Können eine Strecke oder eine endliche Zeitspanne unendlich viele Teile haben? Philosophische und physikalische Fragen rücken mit einem Mal ins Zentrum unserer Betrachtung.

Der **dritte Akt** führt von konkreten Beispielen zum allgemeinen Fall und damit zu den Formeln für die abbrechende und nichtabbrechende geometrische Reihe. Konvergenz und Grenzwert sind neue Begriffe, das Unendliche rückt jetzt in den Bereich des Vorstellbaren. Und offenbar kann es auch mathematisch erfasst werden. Es gelingt nun auch, den Wettkampf von Achilles und der Schildkröte mühelos zu berechnen und sowohl die Strecken, die beide zurückgelegt haben, als Achilles die Schildkröte einholt, als auch die bis dahin verstrichene Zeit exakt zu bestimmen.

Im **vierten Akt** übertragen wir die diskrete Betrachtungsweise von Zenon auf diverse Bereiche des Alltags: Wettlauf der Uhrzeiger, Besteuerung der Schenkungssteuer, Gedichte, Spiralen, ein „unendlicher" Würfelturm im Kinderzimmer, Fraktale, Bilder von M. C. Escher (1898–1972) bieten zahllose Möglichkeiten der Vertiefung.

Im **Epilog** wenden wir uns nochmals dem Bild Raffaels und der ursprünglichen Geschichte zu. An der Tafel hängen auch die Bilder unserer Darstellungen, Gedanken und Argumente. Ist es uns gelungen, den anfänglichen Widerspruch zwischen Verstand und Erfahrung zu klären? Da wir Zenon nicht persönlich unsere Meinung zu seiner provokativen Geschichte sagen können, schreiben wir ihm Briefe. Diese bilden die Basis einer abschließenden Gesprächsrunde.

Anmerkung

Mit diesem Lehrstück ist eine rund 20 Unterrichtsstunden dauernde, erste intensive Auseinandersetzung mit der Unendlichkeit abgeschlossen. Die diskrete Betrachtungsweise ist im Alltag angekommen, Grundlagen für die Infinitesimalrechnung sind gelegt. Diese geht dann von der schrittweisen bzw. diskreten zur kontinuierlichen Betrachtungsweise über und ermöglicht damit, kontinuierliche Vorgänge wie Bewegungen und Wachstumsprozesse besser mathematisch zu erfassen. Den Übergang vom Diskreten zum Kontinuierlichen kennen wir darüber hinaus auch vom Film und von unserer Sinneswahrnehmung.

Wie an der Kantonsschule in Trogen gezeigt wurde, kann die Auseinandersetzung mit Unterstützung durch Philosophen erweitert und vertieft werden. Hier wurden im Streitgespräch Heraklit („Alles bewegt sich und nichts bleibt, wie es ist“) und Parmenides („Veränderungen sind reine Sinnestäuschung“) einander gegenübergestellt (vgl. Eugster und Berg 2010, S. 147–151). ◀

Dr. Hans Brüngger war Gymnasiallehrer für Mathematik in Oberwil (CH) und Bern-Neufeld (CH). 1980/81 wirkte er als Ausbildner am Institute of Education der Tribhuvan University in Kirtipur (Nepal). Er war Mitwirkender in verschiedenen Lehrkunstwerkstätten in der Schweiz und promovierte 2004 bei Hans Christoph Berg und Heinz Stübig (Philipps-Universität Marburg) zum Thema „Von Pythagoras zu Pascal“.

Die platonischen Körper

Bastian Hackler

▶ *Ausgehend von dem längst zum geflügelten Wort avancierten Erkenntnisanspruch des Goethe'schen Faust – er will begreifen, „was die Welt im Innersten zusammenhält"! – verbindet das Lehrstück die naturphilosophische Weltsicht Platons mit der mathematischen Perspektive Euklids, um anhand von Betrachtungen der platonischen Körper dem Atomismus der griechischen Antike auf den Grund zu gehen. Nachdem die Körper mithilfe Euklids in ihrer Einzigartigkeit definiert und in vielfältigen Formeigenschaften untersucht sind, werden sie mit Platon als Urbilder der Atome in den ideengeschichtlichen Zusammenhang einer physikalischen Weltordnung gestellt, in dem sie mindestens für die nächsten zwei Jahrtausende – bis zu Johannes Keplers* Mysterium Cosmographicum *(1596) – in mehrerlei Hinsicht eine herausragende Rolle spielen sollten. Und sogar einigen seither aufgetretenen, prinzipiellen Korrekturnotwendigkeiten zum Trotz: Auch und gerade im Lichte bedeutender Entwicklungen der jüngeren Naturwissenschaftsgeschichte erweist sich am Ende Platons Kerngedanke, dass auf der Ebene der Elementarteilchen einfache geometrische Ordnungsmuster existieren, als ungeahnt tragfähig und modern.*

Die **Ouvertüre** beginnt mit einer Betrachtung des Freskos *Die Schule von Athen* von Raffael (1483–1520). Im Plenumsgespräch erfolgt eine Annäherung an die Bildthematik, indem die Schülerinnen und Schüler die Szenerie und die abgebildeten Figuren beschreiben und dabei eventuell auch einige Persönlichkeiten identifizieren; wo nötig, hilft die Lehrkraft weiter (Most, 1999). Die Zentralperspek-

---

B. Hackler (✉)
Fritzlar, Deutschland

M. Gerwig et al. (Hrsg.), *Sternstunden der Bildung*,
https://doi.org/10.1007/978-3-658-50735-0_8

tive lenkt die Blicke unweigerlich auf das Figurenpaar in der Bildmitte: Platon (ca. 427–347 v. Chr.) und Aristoteles (384–322 v. Chr.). Identifizierbar sind die beiden nicht zuletzt anhand der Bücher, die ihnen der Maler in die Hände gelegt hat, nämlich den naturphilosophischen Dialog *Timaios* im Falle Platons und die *Nikomachische Ethik* bei Aristoteles. Nun werden die Handgesten genauer betrachtet und verglichen: Platons erhobener Zeigefinger weist gen Himmel, was als Anspielung auf sein *Reich der Ideen* gedeutet werden kann, während Aristoteles mit horizontal ausgebreiteter Hand das Prinzip einer primär empirischen Weltsicht zu symbolisieren scheint. Nach Diskussion dieser Zusammenhänge und gegebenenfalls erforderlichen Begriffsklärungen wird nun zur Erforschung der – an dieser Stelle noch nicht so benannten – *platonischen Körper* übergeleitet. Dies geschieht, indem die Lehrkraft zunächst nur ganz allgemein darauf hinweist, dass Platon im *Timaios* ein physikalisches Weltbild formuliert hat, das auf der Beschreibung bestimmter geometrischer Körper und deren Zuordnung zu den vermuteten Grundbausteinen des Kosmos beruht.

Die dadurch motivierten mathematischen Betrachtungen im **ersten Akt** haben einen eher „aristotelischen" Charakter, denn die gesuchten Körper sollen nun konkret als physische Modelle konstruiert werden. Zu Beginn werden Kleingruppen gebildet, die großzügige Mengen vorgeschnittener Dreiecke, Quadrate, Fünf- und Sechsecke aus Tonkarton erhalten (in je einer Farbe pro Grundform). Diese geometrischen Figuren sind allesamt gleichseitig, denn – so deutet es die Lehrkraft an dieser Stelle an – Platon war der Überzeugung, die atomaren Bausteine der Materie müssten möglichst einfache und regelmäßige Formen aufweisen. Mithilfe zusätzlich verteilter Klebestreifen versuchen die Schülerinnen und Schüler nun, aus den ebenen Figuren möglichst regelmäßige räumliche Gebilde zusammenzusetzen – und davon auch noch möglichst viele verschiedene, die aber jeweils immer nur aus einem der vorgegebenen Flächentypen bestehen sollen.

Bei der Sichtung der Resultate im Plenum fällt auf, dass offenbar nicht alle entstandenen Körper als gleichermaßen regelmäßig wahrgenommen werden. Dies führt dazu, dass definierende Kriterien für die *Regelmäßigkeit* der Körper diskutiert, festgelegt und auf die Modelle angewendet werden: Zum Ersten wird die schon vorweggenommene Forderung bestätigt, dass die Oberfläche des Körpers nur aus Flächen eines einzigen, gleichseitigen Vielecktyps bestehen darf. Deutlich weniger offensichtlich sind dann zweitens und drittens die Einschränkungen, dass in allen Ecken des Körpers auch die gleiche Anzahl an Flächen zusammentreffen muss und der Körper konvex zu sein hat. Der gezeigte *Zehnflächner* (Abb. 1) verletzt zum Beispiel das zweite Kriterium, obwohl er das erste und dritte erfüllt. Die übrigen abgebildeten Körper genügen allen Bedingungen, aber es schließt sich unmittelbar die Frage an, ob nicht noch weitere Formen existieren könnten, auf die dies ebenfalls zuträfe.

Nun kommt Euklid (ca. 360–280 v. Chr.) ins Spiel. Als Krönung des dreizehnten und letzten Buches seiner berühmten *Elemente* konstruiert er die fünf Körper und beweist formal, dass es keine weiteren geben kann, die der Definition entsprechen. Die dafür wesentliche Frage, welche Arten von Raumecken überhaupt mithilfe gleichseitiger Vielecke gleichen Typs konstruierbar sind, klären die Schülerinnen und Schüler durch abermaliges Experimentieren selbstständig. Zur Verdeutlichung der Verallgemeinerbarkeit der Betrachtungen können dem Material nun beispielsweise noch gleichseitige Sieben-, Acht- und Neunecke hinzugefügt werden. Nachdem zweifelsfrei geklärt ist, warum sich wirklich nur mit den Dreiecken, Quadraten und Fünfecken Raumecken bilden lassen (Abb. 2), ist es an der Zeit, genauer auf die Bedeutung der Körper für Platons Naturphilosophie einzugehen.

Im **zweiten Akt** wird die Zuordnung der Körper zu den klassischen Elementen aus Platons *Timaios* betrachtet – womit auch deren Bezeichnung als *platonische Körper* im Folgenden sinnstiftend eingeführt werden kann. Die Schülerinnen und Schüler lesen zunächst einen Auszug aus dem Dialog und die Thesen werden anschließend gemeinsam diskutiert: Platon identifiziert das Tetraeder mit dem *Feuer*, das Oktaeder mit der *Luft*, das Ikosaeder mit dem *Wasser* und den Würfel mit der *Erde*. Zusätzlich führt er als Entsprechung zum verbleibenden Dodekaeder ein fünftes Element ein, eine *Quintessenz* – den *Äther*. Er nimmt an, dass der Kosmos außerhalb der irdischen Sphäre vollständig von diesem Element durchdrungen sein muss, während auf der Erde selbst die ersten vier Elemente vorherrschen.

Platon geht tatsächlich davon aus, die Atome der Materie hätten die Formen winziger platonischer Körper, entsprechend seinen jeweiligen Zuordnungen. Allerdings handelt es sich hier um bloße intuitionistische Setzungen ohne solide Anschauungsgrundlage, sodass zur Erlangung eines tieferen Verständnisses weitere Bemühungen erforderlich sind. Dementsprechend kündigt die Lehrkraft den Schülerinnen und Schülern an, dass im Folgenden weitere Eigenschaften der Körper untersucht werden sollen, die am Ende jeweils ihren Teil zu einem moderneren Naturverständnis beitragen werden.

Es folgt der **dritte Akt**, in dem die sogenannten *Dualitäten* der fünf Körper entdeckt werden. Auch dies geschieht anschaulich – und zwar so, dass die Schülerinnen und Schüler dabei verstärkt ihr räumliches Vorstellungsvermögen trainieren können. Vom Würfel ausgehend stellt die Lehrkraft dem Plenum die Frage, wie sich dessen Form verändert, wenn man seine Ecken senkrecht zu den jeweiligen Raumdiagonalen abstumpft. Die visuelle Unterstützung erfolgt entweder mithilfe eines Tonwürfels, den man mit einer Drahtschlinge beschneidet, oder mithilfe von Zeichnungen oder Modellen, die schrittweise nach den Überlegungen der Lernenden aufgedeckt werden (Abb. 3). Letztlich zeigt sich, dass sich auf diese Weise der Würfel in ein Oktaeder überführen lässt. Die umgekehrte „Gestaltwandlung" ist auf gleiche Art möglich, weshalb man den Würfel und das Oktaeder als zueinander *duale* Körper bezeichnet. Eine analoge Beziehung besteht auch zwischen dem Dodekaeder und dem Ikosaeder. Übrig bleibt das Tetraeder, das sich als *selbstdual* erweist. Einige Zwischenstufen der betrachteten „Verwandlungsprozesse" zeichnen sich dadurch aus, dass ihre Oberflächen aus genau zwei verschiedenen Arten gleichseitiger Vielecke zusammengesetzt sind. Sie gehören damit zur Klasse der *archimedischen Körper*, welche – wie die Lehrkraft an dieser Stelle besonders betont – am Ende des Lehrstücks noch von besonderer Bedeutung sein werden.

Im **vierten Akt** wird mit Euklid eine weitere geometrische Untersuchung vorgenommen, die zugleich eine Vorbereitung auf die astronomischen Betrachtungen Johannes Keplers (1571–1630) darstellt. Es zeigt sich zum Ersten, dass jeder der fünf Körper eine *Umkugel* besitzt, auf der alle seine Ecken liegen. Für den Würfel können die Lernenden dies konstruktiv oder rechnerisch leicht nachweisen; die Beweise für die übrigen Körper funktionieren analog, sind aber aufwendiger. Zum Zweiten besitzt jeder Körper eine *Inkugel*, die alle seine Seitenflächen in ihren Mittelpunkten von innen berührt, und zum Dritten eine *Kantenmittenkugel*, die alle seine Kanten in ihren Mittelpunkten schneidet. Die Existenz dieser Kugeln unterstreicht zusätzlich die räumliche Regelmäßigkeit der Körper.

Im **Epilog** wird nun die Anwendung dieser Zusammenhänge auf den Makrokosmos durch Kepler präsentiert. Bevor dieser ab 1609 seine drei bis heute gültigen Gesetze über die Planetenbewegungen publizieren konnte, hatte er im *Mysterium Cosmographicum* von 1596 ein Modell entwickelt, das die Abstände der Planetenbahnen auf ineinander verschränkte platonische Körper zurückführt. Dabei wird jeweils die Umkugel eines Körpers zur Inkugel des nächstgrößeren und so passen die kreisförmigen Bahnen der damals bekannten Planeten Merkur, Venus, Erde, Mars, Jupiter und Saturn genau auf sechs Kugeln mit fünf dazwischenliegenden platonischen Körpern (Abb. 4). Wegen rechnerischer Diskrepanzen verwarf Kepler dieses so ästhetische Modell später schweren Herzens wieder, aber es bezeugt neben seiner intensiven Timaios-Rezeption, dass sein kosmologisches Denken auf einem platonischen Harmonieideal gründete.

Die ungeahnte Tragfähigkeit dieses Harmoniedenkens im modernen naturwissenschaftlichen Zusammenhang kann die Lehrkraft den staunenden Schülerinnen und Schülern ebenfalls vor Augen führen: In natürlich gewachsenen Kristallen finden sich mit bloßem Auge sichtbare Naturformen, die gemäß den Bauprinzipien der platonischen Körper „konstruiert" zu sein scheinen (Abb. 5). Und gerade auf der von Platon adressierten mikroskopischen Ebene verhält es sich nun so: Anders als er annahm, kennt die moderne Chemie nicht nur fünf Elemente, sondern weit über 100 – und deren Atome haben keineswegs die Gestalten platonischer Körper. Allerdings treten in Kristallgittern und einigen Molekülen ebene und räumliche Symmetrien auf, die mit einigen der platonischen oder auch der davon abgeleiteten archimedischen Körper (siehe dritter Akt) in Zusammenhang stehen. Beispiele dafür sind Kochsalz oder das Molekül C_{60}, das einem archimedischen Körper aus gleichseitigen Fünf- und Sechsecken entspricht. Durch elektronenmikroskopische Aufnahmen von Metalllegierungen wie $Al_{72}Ni_{20}Co_8$ wurden sogar unerwartete Symmetrien entdeckt, deren Grundlage das in der Kristallographie noch bis in die 1980er Jahre als undenkbar geltende Ikosaeder ist – woraufhin man dort die neue Kategorie der *Quasikristalle* einführte (Senechal, 1995).

Mit diesen erstaunlichen Einblicken wird zuletzt auch deutlich, dass die Kerngedanken der platonischen Naturlehre mit der eher „aristotelisch" ausgerichteten Empirie der modernen Naturwissenschaften bisweilen wohl doch stärker in Einklang zu bringen sind, als es zwischenzeitlich den Anschein hatte.

Anmerkung

Der hohe Bildungsgehalt des Lehrstücks wird unter anderem durch einige historische Fakten belegt: Euklids *Elemente* wurden bis in die Neuzeit hinein als Standardlehrwerk der Geometrie verwendet und ebenso galt der platonische *Timaios* jahrhundertelang als wichtiges Lehrbuch der Physik. Trotz der methodischen Revolutionen und Erkenntniszuwächse, die die modernen Naturwissenschaften in den letzten Jahrhunderten erfahren haben, bleiben viele von Platons und Euklids Konzepten bis in die Gegenwart im dargelegten Sinne wirkmächtig. Insbesondere die noch recht junge Entdeckung der Quasikristalle unterstreicht diese Aussage. Ansätze zu einem entsprechenden Anschlusslehrstück sind bereits konzipiert und teils auch erprobt, konnten aber bislang noch nicht publiziert werden.

Der weitgespannte, interdisziplinäre Horizont des Lehrstücks – Philosophie, Mathematik (mit Raumgeometrie und gegebenenfalls Algebra), Physik (mit Astronomie) und Chemie (mit Mineralogie und Kristallographie) – führt zwar einerseits zu einem hohen Anspruch an den Kenntnisreichtum der Lehrkraft, räumt dieser aber andererseits eine immense Freiheit bei der Schwerpunktsetzung, bei fächerübergreifenden Kooperationen und der dramaturgischen Gestaltung ein. Daher ist es auch kaum möglich, eine verbindliche Gesamtdauer anzugeben, zumal die interessierte Lehrkraft mangels etwaiger Lehrplanpassung selbst abwägen muss, wie viel Unterrichtszeit sie insgesamt investieren kann. Der Einsatz im Mathematikunterricht ist ab Klasse 10 bis hin zum Abitur möglich. ◀

Abb. 1 Einige der konstruierbaren Körper mit Flächenzahl; von oben links nach unten rechts: Tetraeder (4), Hexaeder (6), Oktaeder (8), Dodekaeder (12), Ikosaeder (20) und Zehnflächner (10). (Modelle und Foto: B. Hackler)

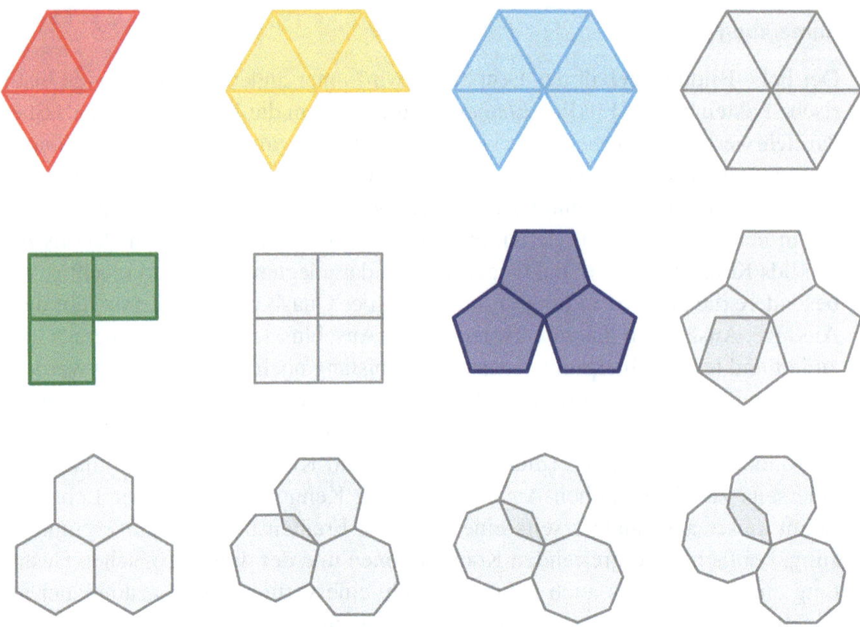

Abb. 2 Grafische Veranschaulichung zu Euklids Darlegung der Eckenbildung. Nur die fünf Konstellationen, die sich zu Raumecken fügen lassen, sind gemäß der entsprechenden regelmäßigen Körper in Abb. 1 eingefärbt. (GeoGebra-Zeichnung: B. Hackler)

Abb. 3 Modellsequenz zum Übergang des Würfels in das zu ihm duale Oktaeder. (Modelle und Foto: B. Hackler)

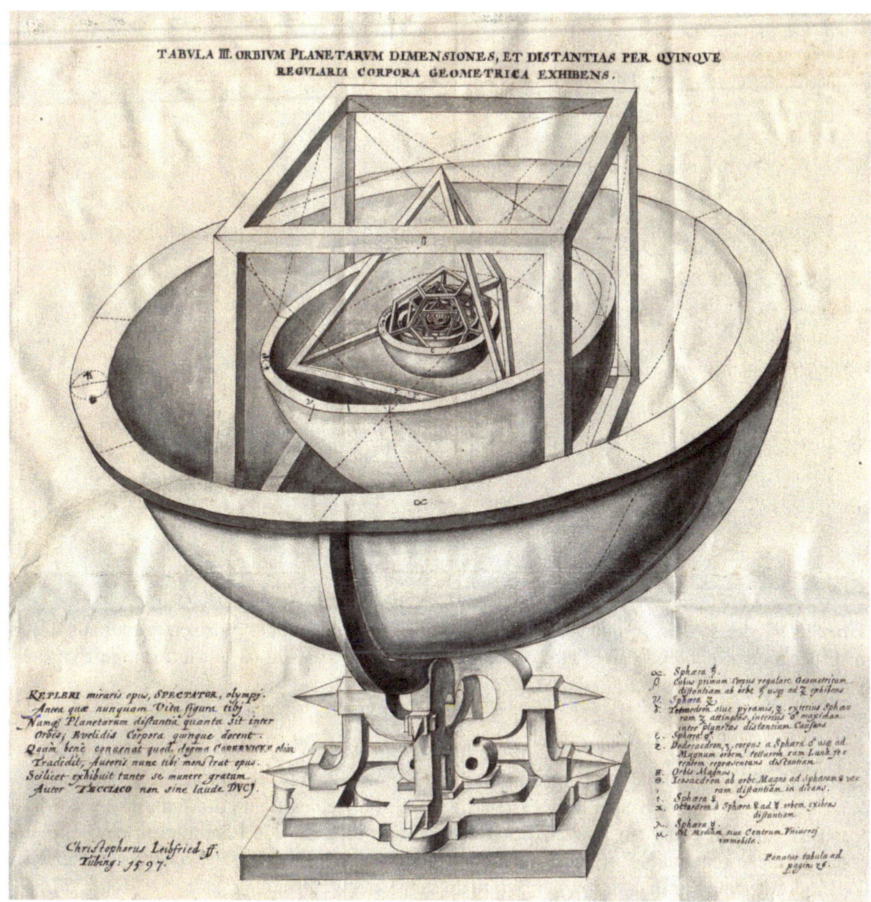

Abb. 4 Keplers Modell des Sonnensystems zum *Mysterium Cosmographicum* (1596). (Quelle: Wikipedia, gemeinfrei)

Abb. 5 Diverse Kristallformen; von oben im Uhrzeigersinn: dodekaedrisch aufgebauter Pyrit mit Calcit und Zinkblende aus Peru, oktaedrische Fluorite aus China, würfelförmige Pyrite aus Spanien. (Foto: B. Hackler)

Bastian Hackler ist Diplom-Mathematiker und Gymnasiallehrer für Mathematik und Informatik an der König-Heinrich-Schule in Fritzlar. Seit Beginn seines Lehramtsstudiums an der Philipps-Universität Marburg im Jahr 2012 hat er sich eine Vielzahl von Lehrstücken erarbeitet und inszeniert diese regelmäßig in seinem Unterricht. Zusammen mit Hans Christoph Berg und Ulrike Harder gestaltet er das Marburger Seminar „Lehrkunstwerkstatt“.

Platons Höhlengleichnis

Manuel Hermes

In der Schrift Politeia *des antiken Philosophen Platon (ca. 428–348 v. Chr.) findet sich im siebten Buch das bekannte Höhlengleichnis. Es veranschaulicht die Begrenztheit von menschlicher Wahrnehmung in der Sinnenwelt und zeigt auf, was geschieht, wenn ein Mensch aus dieser „Höhle" befreit wird und den steinigen Weg der Erkenntnis beschreitet. Platon zufolge führt dieser Weg in die Welt der ewigen „Ideen".*

In der **Ouvertüre** wird die „Urszene" des Höhlengleichnisses inszeniert. Die Lernenden sollen sich in die Situation der Höhlenbewohner versetzen, die nie etwas anderes gesehen hätten als ihre Höhle, um sich deren begrenzte Wahrnehmungsbedingungen genau vorstellen und sie nachempfinden zu können.

Die Lernenden werden zu Beginn kurz mit dem Kontext des Höhlengleichnisses vertraut gemacht. Dabei erfahren sie, dass es Sokrates ist, der dieses Gleichnis in einem Dialog entwickelt, um bildhaft eine Aussage über die menschliche Natur in Bezug auf Bildung und Unbildung zu treffen. Die Lehrperson kann beim Vorlesen oder Erzählen diese Rolle einnehmen und an entsprechenden Stellen nachhaken, um die Lernenden in das Gespräch mit einzubeziehen. Dann wird der Klassenraum verdunkelt und das Licht ausgemacht. Nur eine Lichtquelle am Ende des Raums strahlt die ihr gegenüberliegende Wand an. Alle Stühle sind zu dieser Wand hin ausgerichtet und leise erklingen Töne, die an Wassertropfen in einer Höhle erinnern und ein leises Echo nach sich ziehen. An der Wand tauchen nach einiger Zeit verschiedene Schattengebilde auf und wandern von links nach rechts (z. B. die Schatten einer Spielfigur, einer Blume, eines Handys o. Ä.). Die Lernenden

M. Hermes (✉)
Marburg, Deutschland
E-Mail: manuel.hermes@uni-marburg.de

M. Gerwig et al. (Hrsg.), *Sternstunden der Bildung*,
https://doi.org/10.1007/978-3-658-50735-0_9

beschreiben, was sie sehen – und was sie nicht sehen. Sie denken über die Bedingungen ihres Erfahrungsbereichs und darüber nach, ob sie die „Wirklichkeit“ oder „Wahrheit“ sehen können. Die Ouvertüre endet mit Sokrates’ Feststellung, dass diese Höhlenbewohner uns Menschen glichen.

Dieser Gedanke im Gleichnis wird im Hinblick auf die Begrenzung der Wirklichkeitsauffassung näher ausgeführt. Denn diese Aussage, dass die „Höhle“ die grundsätzliche „Conditio humana“ sein soll, wird zu Irritationen führen und Fragen aufwerfen. Erste Deutungsansätze werden entwickelt, wie sich der Zustand der „Unbildung“ von dem der „Bildung“ unterscheiden könnte.

Im **ersten Akt** geht es dann um die Frage, was geschehe, wenn die Menschen von ihren Fesseln befreit würden. Wie kommen sie aus der Höhle heraus und was könnte sie erwarten?

In Kleingruppen setzen sich die Lernenden damit auseinander, wie die Höhlenbewohner aus ihrem Zustand der „Unbildung“ – „ich sehe nur Schatten“ – in den der „Bildung“ – „ich weiß, wo sie ursprünglich herkommen“ – übergehen könnten. Dabei entwickeln sie eigene Vorschläge für den Weitergang dieses Gedankenexperiments. Folgende Überlegungen werden dabei aufkommen: Wie reagiert man, wenn man sich umdreht und in das noch nie gesehene Feuer blickt? Wird man die realen Gegenstände den Schatten zuordnen können? Was heißt es, mit einem anderen Erfahrungs- und Wirklichkeitsbereich konfrontiert zu werden? In welchem Verhältnis steht das Existierende zu seinem Schatten? Gibt es noch einen Bereich außerhalb der Höhle und, wenn ja, wie ist er beschaffen?

Die Ergebnisse der Kleingruppen werden präsentiert, visualisiert und diskutiert. Danach sollen die Lernenden ein weißes Blatt und einen Bleistift bereithalten, um das im – vorgelesenen – Fortgang des platonischen Gleichnisses entworfene Bild zu zeichnen bzw. zu skizzieren. Die Lehrperson kann hierbei die zentralen Passagen vortragen und bei der Visualisierung unterstützen. Es ist möglich, dass die Lernenden hierbei eine Irritation erleben, die das Verhältnis der beiden Seinsbereiche unter und über der Erde betrifft. Der Weg aus der Höhle wird auf der Bildebene mit den Vorschlägen der Kleingruppen verglichen und – vorläufig – geklärt (Abb. 1, 2 und 3).

Das sich daraus ergebende Bedürfnis zur Deutung führt zum **zweiten Akt** und zur Entdeckung der „Ideenlehre“. Denn noch ist unklar: In welcher Beziehung stehen die Höhlenbewohner zu den Ideen? Woher wissen sie, was zum Beispiel lebendige Erscheinungen wie ein Hund oder ein Baum sowie abstrakte Begriffe wie „Gerechtigkeit“ oder „Mut“ sind?

Platon geht davon aus, dass die „Ideen“ unveränderlich und wahr sowie a priori in jedem Menschen angelegt sind und durch Verstandeskraft und entsprechende Bildung (wieder)erkannt werden können. Auf dieser Basis durchdenken die Lernenden das Verhältnis der Schatten zu den platonischen „Ideen“, die in einen metaphysischen Bereich führen.

Platons „Ideenlehre“ kann mit dem Sonnengleichnis aus dem sechsten Buch der *Politeia* oder mithilfe von Texten und Abbildungen aus der Sekundärliteratur erarbeitet werden. In Platons Text ist es Sokrates, der die Bildebene auf die Sachebene überführt und seinem Gesprächspartner Glaukon das Gleichnis erklärt.

Abb. 1 Unkorrigierte Zeichnung eines Schülers (11. Klasse) aus dem Unterricht von Susanne Wildhirt.

Abb. 2 Unkorrigierte Zeichnung einer Schülerin (11. Klasse) aus dem Unterricht von Susanne Wildhirt.

Abb. 3 Bildliche Veranschaulichung der Situation der Höhleninsassen. (Quelle: Wikimedia, 4edges)

Deshalb wird er hinzugezogen: Er führt in Platons Ideenlehre ein. Die Bildelemente der zuvor angefertigten Zeichnungen werden ergänzt und erste Deutungshypothesen werden geäußert und vermerkt.

Im **dritten Akt** geht es um die Reflexion der eigenen Wahrnehmung und der eigenen (Schul-)Bildung: Wo erkenne ich mich selbst im Höhlengleichnis wieder? Auf welche Weise wurde mir bewusst, dass ich in Denkmustern gefangen bin, dass mir Vorurteile die Möglichkeit einer „echten", erkennenden Begegnung nehmen? Auf welche Weise habe ich begonnen, mich daraus zu befreien? Oder: Bis in welche in dem Gleichnis bildhaft dargelegten Erkenntnisbereiche führen mich die verschiedenen Schulfächer? Welche Zugangsmöglichkeiten zur Wahrheit bieten Geschichten zur Welt, bieten Symbole oder Mathematik?

Die Auseinandersetzung mit diesen Fragen kann in Form persönlicher Aufzeichnungen erfolgen. Inhaltlich interessant ist es, Ansätze der „Drei-Welten-Theorie" (u. a. vertreten durch Karl R. Popper und Roger Penrose) mit hinzuzuziehen. Diese geht – in unterschiedlichen Akzentuierungen – davon aus, dass wir uns in unserem Alltag in drei unterschiedlichen Welten gleichzeitig bewegen: der „platonischen" Welt, der real physischen Welt und der mentalen, subjektiven Welt. Diese Ansicht mündet in einer Diskussion, die im Hinblick auf Platons „Ideenlehre" kontrovers geführt werden kann und soll. Kritische Stimmen werden sich melden und fragen, warum das, was wir in unserer lebendigen Welt so vielgestaltig und greifbar vor uns haben, nicht „wahr" sein soll. Ob nicht jede subjektive Wahrnehmung ihre „Wahrheit" habe? Ob die „metaphysische Wahrheit" nicht reine Spekulation sei?

Diese Einwände führen zum **Finale**, das das Höhlengleichnis in einen doppelten Kontext stellt. Dieser bezieht sich zum einen auf das Werk, in dem es steht, die *Politeia*. Hier entwirft Platon das Modell eines Philosophenstaates. Die zentrale Frage ist dabei, wie Philosophen gebildet werden müssen, um einen Staat nach der „Idee des Guten" lenken zu können. Zum anderen ist das Höhlengleichnis ein

Gegenentwurf zum Homo-mensura-Satz des bekannten Sophisten Protagoras (ca. 490–411 v. Chr.), der Mensch sei das Maß aller Dinge, und seiner Auffassung, „Wahrheit" sei von der individuellen Erfahrung und Perspektive abhängig. Dieser subjektivistischen und relativistischen Ansicht stellt Platon seine idealistische Weltsicht entgegen.

In einem abschließenden Streitgespräch, dem **Epilog**, argumentieren die Lernenden aus Perspektive des Idealismus (Platon, Sokrates) oder des Relativismus (Protagoras bzw. Sophisten) für die jeweils eigene (Welt-)Anschauung und können ihre eigene Position dabei schärfen und einbringen.

Anmerkung

Das Lehrstück eignet sich für den Ethikunterricht ab der 10. Klasse. Es kann auch fächerverbindend unterrichtet werden, zum Beispiel mit der Mathematik und hier besonders mit dem Thema der platonischen Körper (vgl. dazu auch Kap. „Die platonischen Körper").

Eine Variante des Lehrstücks kann darin bestehen, die (tödliche) Rückkehr in die Höhle in den Fokus zu stellen, mit der auf das Schicksal des Sokrates angespielt wird. Hierbei könnte der historische Prozess des Sokrates, der ihm aus politischen und religiös-dogmatischen Gründen gemacht wurde, auf der real-historischen Sachebene nachvollzogen werden. Bestenfalls ließe sich eine Drei-Parteien-Stellung in diesem Prozess rekonstruieren: Die Partei der „Politiker" und „Religionsvertreter" verurteilt Sokrates als gesellschaftsgefährdenden Sophisten. Die Partei eben dieser „Sophisten" befindet sich aber selbst im philosophischen Zwist mit der dritten Partei, den „Idealisten" um Sokrates und Platon. Damit könnten drei oder sogar vier (Welt-)Anschauungen „kategorial" gedeutet werden, die teils Recht, teils Unrecht haben: Rechtspositivismus und Dogmatismus (Politik und Religion), Relativismus (Sophisten) und Idealismus (Sokrates, Platon). ◀

Dr. Manuel Hermes ist wissenschaftlicher Mitarbeiter am Institut für Schulpädagogik der Philipps-Universität Marburg. Seine Forschungsschwerpunkte liegen in der Bildungstheorie/-philosophie sowie in aktuellen Themen der Lehrkräftebildung. 2023 promovierte er bei Hans Christoph Berg und Uwe Hericks (Philipps-Universität Marburg) zum Thema „Genese und Rezeption der Theorie der kategorialen Bildung von Wolfgang Klafki".

Zeige mir den Regenbogen!

Marc Müller

Der Regenbogen fasziniert seit Menschengedenken. Kein Wunder also, dass es in der Malerei, die am Anfang des Lehrstücks die Hauptrolle spielt, nur so von Regenbögen wimmelt. Zu verstehen, wie der Regenbogen zustande kommt, nahm freilich Jahrhunderte in Anspruch. Die grundsätzlichen Bedingungen dagegen, unter denen er in freier Natur erscheint, waren bereits zur Zeit des Aristoteles (384–322 v. Chr.) verstanden. Deshalb lohnt es sich für die Kinder der Grundschule auch, genau bis dorthin zu gehen, nämlich bis zum Gewinn der beiden Fähigkeiten, den Regenbogen sicher zu beschreiben und ihn zuverlässig unter allen natürlichen wie künstlichen Bedingungen aufzuspüren. Dem Einstieg selbst geht noch eine Vorbereitung voraus: Am Ende einer vorausgehenden Stunde wird der Regenbogen als Thema der nächsten Tage angekündigt und die Kinder zeichnen individuelle „Vorstellungsregenbögen". Für diese dürfen sie sich ganz nach Belieben ausdrücken, hier gibt es kein Richtig und auch kein Falsch. Die Ergebnisse sehen deshalb auch ganz verschieden aus.

In der **Ouvertüre** hängen als Einstieg dann „Regenbogengemälde aus zig Jahrhunderten" aus (Abb. 1). Susanne Rothers „malereigeschichtliche Studie" zum Regenbogen liefert hier umfangreiches Material. Überraschenderweise sehen auch diese Regenbogendarstellungen ganz unterschiedlich aus. Da finden sich einfache und mehrfache Regenbögen, einfarbige und vielfarbige mit verschiedensten Farbfolgen, ferne und greifbar nahe, krumme, gerade und zerbrochene. Kurzum: Aus der erwachsenen, kulturhistorischen Perspektive geschaut gibt es nicht etwa den „richtigen" Regenbogen, sondern es gibt derer sehr, sehr viele. Alle sind sie sozusagen „echt". So verhält es sich dann auch mit denjenigen, die all die ausliegenden

M. Müller (✉)
Berlin, Deutschland
E-Mail: mueller.marc@hu-berlin.de

M. Gerwig et al. (Hrsg.), *Sternstunden der Bildung*,
https://doi.org/10.1007/978-3-658-50735-0_10

Abb. 1 Einige der Regenbogengemälde aus zig Jahrhunderten. (Rother 1992)

Zeichnungen der Klasse zeigen. Wer unter den Gemälden einen Liebling findet, darf ihn zu sich nehmen.

Die **erste Szene** bietet Zeit und Raum dafür, in den Spielarten der Regenbögen mögliche Ordnungen zu finden und nach Gründen für die unterschiedlichen Darstellungen zu suchen. Dabei drängt sich die Frage auf, wie der Regenbogen in der Natur aussieht. Noch ganz anders? Immer gleich? Die Szene endet deshalb mit der Aufstellung eines gemeinsamen Fragenkatalogs an den Regenbogen.

Immer noch sind Fotos tabu. Deshalb geht es in der **zweiten Szene** hinaus auf den Schulhof. Im Sonnenschein des sommerlichen, wolkenarmen Himmels wird sich am „Regenbogenfangen" versucht. Sicherlich haben die Kinder selbst Vorschläge, wie das gelingen könnte. Hinweise darauf finden sich bereits bei Aristoteles (384–322 v. Chr.) in dessen *Meteorologie:* Wasser, so schreibt er sinngemäß, solle im Sonnenschein fein versprüht werden. Also werden Pläne dafür geschmiedet. Schließlich geht auf dem Schulhof eine erste wassergefüllte Sprühflasche von Hand zu Hand, bis bei aufmerksamer Beobachtung irgendwer ein Fitzelchen Regenbogen entdeckt. Danach untersuchen die Kinder in Kleingruppen und unter Zuhilfenahme weiterer Sprühflaschen, wie und wo ein Regenbogen zur Erscheinung gebracht werden kann, wie der Regenbogen auf die eigenen Bewegungen reagiert und wie er überhaupt aussieht. Zum zweiten Mal, nach der Betrachtung der Gemälde zu Beginn, „baden" sie „im Phänomen".

Für die **dritte Szene** sammeln sich die Kinder im Schatten, von wo aus bei Bedarf und zur immer wieder nötigen Prüfung wieder ins Sonnenlicht gewechselt werden kann. Denn jetzt soll beschrieben, geordnet und festgehalten werden, unter welchen Bedingungen ein Regenbogen erscheint – und wo. Es geht darum, was alles wie für „unsere" Regenbögen nötig ist. Wenn es gelingt, die Antworten darauf in ein übersichtliches und merkbares Schaubild zu bringen, ist bereits ein erster Höhepunkt erreicht. Auch dieses Schaubild kann mit ausgewählten Bemerkungen von Aristoteles verglichen werden, sodass sich eine Art „Zwiegespräch über zwei Jahrtausende hinweg" entspinnt: „Das also haben wir auch selbst herausgefunden!"

Was jetzt in dieser **vierten Szene** folgt, sind unterschiedliche Transfers, gruppiert um die Frage nach der Farbigkeit des Regenbogens. Bei Aristoteles finden sich auch hierzu Beschreibungen, die den Kindern vor dem Hintergrund ihrer Erfahrungen auf dem Schulhof womöglich eher wie Behauptungen erscheinen. Dahingehend beispielsweise, dass nie mehr als zwei Bögen sichtbar sind und sämtliche Bögen jeweils die drei Farben Violett, Grün und Rot zeigen. Ob das alles so stimmt? Dazu geht es wieder nach draußen, diesmal jedoch an einen „ortsfesten Schauer", also beispielsweise an die Wasserfontäne eines fest installierten Wasserschlauchs. So wird direkt deutlich, ob die Erscheinungsbedingungen inzwischen verstanden wurden: „Wo müssen wir uns hinstellen, damit wir den Regenbogen sehen? Ah, richtig – zwischen Fontäne und Sonne!" Nachdem schließlich klassenintern Einigkeit über die Regenbogenstruktur und die Farbigkeit des natürlichen Bogens erreicht wurde (wir unterscheiden heute deutlich mehr farbige Bänder als noch Aristoteles), wird erstens von allen noch einmal gezeichnet – diesmal der natürliche Regenbogen, wie er der Klasse erschienen ist – und zweitens wird in den Gemälden nach Darstellungen dieses natürlichen Regenbogens gesucht.

Im **Epilog** widmen wir uns einer subtilen Frage, die inzwischen womöglich auch anhand unserer eigenen Fotos aufgekommen ist: Diese farbigen Bögen – wo enden die eigentlich? Geht der Regenbogen noch über die Enden, die wir links und rechts sehen, hinaus? Schließt er sich gar? Was ist das für eine eigenartige Krümmung: Ist der Regenbogen quasi von sich aus krumm oder wird er von „irgendwem" zu einem Bogen gekrümmt? Aristoteles schreibt, dass es „beim Regenbogen […] nie einen vollen Kreis" gibt, „auch keinen Bogen, der größer ist als der Halbkreis". Darin irrt er, jedenfalls dann, wenn wir nicht nur solche Regenbögen wie auf dem Schulhof gelten lassen wollen, sondern auch solche, die aus großer Höhe über der Erdoberfläche beobachtet werden. Das zeigt sich anhand besonderer Regenbogenaufnahmen (Fotos und Filmen), die von Berggipfeln oder Flugzeugen aus aufgenommen wurden: Tatsächlich schließt sich der „eigentliche" bzw. „vollständige" Regenbogen zu einem Vollkreis, wenn die Regentropfen vor uns noch weiter in die Tiefe fallen, als wir es bislang auf dem Schulhof haben realisieren können. Das lässt sich abschließend auch an einer Schicht winziger Glaskügelchen zeigen (vgl. Wilhelm et al. 2014). Die Glasperlen werden großzügig auf ein schwarzes Tuch gestreut und mit einer Taschenlampe beleuchtet (Abb. 2), die ein geometrisch möglichst kleines Leuchtmittel aufweist (beispielsweise eine LED). Der kreisrunde Regenbogen, nachdem er gefunden ist, beeindruckt!

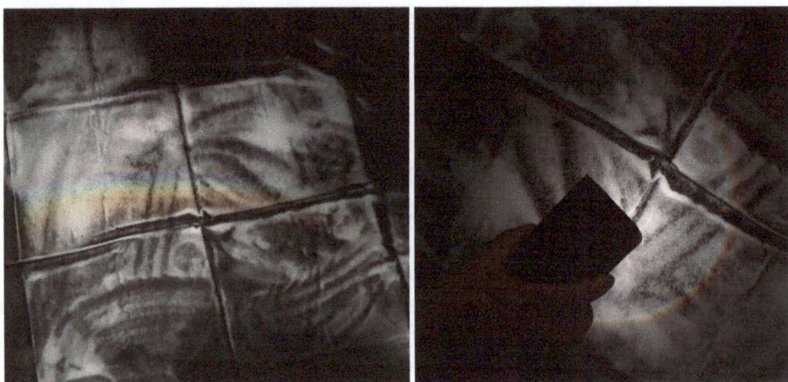

Abb. 2 Regenbögen an einer Schicht winziger Glasperlen. (Foto: M. Müller)

Anmerkung

Insgesamt ist das Lehrstück auf etwa fünf Stunden in der dritten bis fünften Jahrgangsstufe angelegt. Weil mit ihm letztlich eine einzige große Erkenntnisstufe genommen wird, handelt es sich dramaturgisch um einen Einakter. Szene für Szene wird diese Erkenntnisstufe in einzelnen Erkenntnisschritten erklommen und mithilfe von Transfers angeeignet. Mit dem Sekundar- und Oberstufenlehrstück „Im Varieté der Regenbögen" (siehe in diesem Band) kann sich dann später auch der Fragen rund um das Zustandekommen der Farbigkeit des Regenbogens angenommen werden.

Fotografien von Regenbögen sind bis zum Finale tabu, außer natürlich, es entstehen eigene Aufnahmen. Als Bezug dienen vielmehr die eigenen Zeichnungen und die musealen Gemälde. Wesentlich sind die Phasen ausgiebigen „Badens im Phänomen", die wiederholten Beobachtungen im für dieses Sommerlehrstück unverzichtbaren Sonnenschein sowie die herausfordernde Auseinandersetzung mit den Bedingungen, unter denen „unsere" Regenbögen in der dritten Szene erscheinen. Von geringer Relevanz sind physikalische Erklärungen des Regenbogens. Vielmehr geht es um dasjenige, worum Kinder in aller Regel tatsächlich bitten, wenn sie Erwachsene nach dem Warum, dem Woher oder dem Was fragen: dass ihnen das Befragte umfassend und in aller Wunderlichkeit gezeigt wird – inklusive des Gewährens reichlicher Gelegenheiten zum Ausprobieren, Austesten und Weiterfragen. ◀

Dr. Marc Müller ist wissenschaftlicher Mitarbeiter am Arbeitsbereich Sachunterricht und seine Didaktik an der Humboldt-Universität zu Berlin. Er ist Vorstandsmitglied der „Gesellschaft für Lehrkunstdidaktik" und promovierte 2016 bei Johannes Grebe-Ellis (Bergische Universität Wuppertal) und Lutz-Helmut Schön (Humboldt-Universität zu Berlin) zur „Grammatik der Natur".

Aristoteles' Verfassungsratschlag

Horst Leps

Menschen leben (meist) in Staaten. Ein gut organisierter Staat kann Stabilität, Frieden und Wohlstand ermöglichen. Eine schlecht eingerichtete Ordnung hingegen führt häufig zu Unruhe, inneren Konflikten oder sogar zu Bürgerkrieg und Selbstzerstörung. Diese Einsicht ist keineswegs neu, sie wurde schon in der griechischen Antike formuliert, besonders eindrücklich von Aristoteles (384–322 v. Chr.). Unabhängig von ihrer konkreten Ausgestaltung muss eine gute politische Ordnung nach seiner Auffassung den Menschen verschiedener sozialer Gruppen die Möglichkeit geben, an politischen Entscheidungen mitzuwirken. Dafür braucht es ein Zusammenspiel verschiedener Institutionen, die einerseits den Einfluss der verschiedenen Menschengruppen ermöglichen, andererseits aber auch einen Machtmissbrauch durch die Herrschenden verhindern. – Aristoteles ging es nicht um eine perfekte, endgültige Verfassungsform. Eine ideale Ordnung ist nicht erreichbar, politische Systeme müssen immer wieder neu verhandelt und angepasst werden. Trotzdem lassen sich grundlegende Prinzipien benennen, die für eine funktionierende politische Ordnung notwendig sind. Mithilfe dieser Grundsätze – etwa dem deutschen Grundgesetz – lassen sich auch heutige politische Systeme besser verstehen. Zugleich kann man sie nutzen, um bestehende Ordnungen kritisch zu reflektieren.

Die **Ouvertüre** bildet ein aktueller Fall, den die Lehrkraft im Politikunterricht vorstellt. Dieser führt zur Frage nach den politischen Institutionen, deren Aufgaben und deren Abstimmung untereinander. Dies ist ein wichtiges Thema einer demokratischen politischen Bildung.

H. Leps (✉)
Hamburg, Deutschland
E-Mail: horstleps@gmx.de

M. Gerwig et al. (Hrsg.), *Sternstunden der Bildung*,
https://doi.org/10.1007/978-3-658-50735-0_11

Der **erste Akt** beginnt dann mit einem politischen Streitgespräch, wie es Herodot (ca. 485–425 v. Chr.) in seinen *Historien* überliefert. Dort diskutieren drei Männer über die Vor- und Nachteile von Monarchie, Oligarchie und Demokratie. Dieser antike Konflikt kann im Unterricht aufgegriffen und in eine lebendige Auseinandersetzung überführt werden: Lernende versetzen sich in die Positionen der Beteiligten, stellen deren Argumente dar und suchen im Austausch nach einem tragfähigen Kompromiss (Abb. 1). Das Ziel ist, ein Modell zu entwickeln, das Herrschaft, Beteiligung und Kontrolle in ein Gleichgewicht bringt. Diese erste politische Ordnung kann anschließend gemeinsam reflektiert und visuell dargestellt werden.

Im **zweiten Akt** geht es um das Verhältnis der Überlegungen von Aristoteles und den Entwürfen der Schüler. In seinen Schriften – vor allem in der *Politik* und der *Nikomachischen Ethik* – entwickelt Aristoteles eine Systematik politischer Ordnungen. Er unterscheidet nicht nur nach der Anzahl der Herrschenden, sondern vor allem nach ihrer Zielrichtung: Dienen sie dem Gemeinwohl oder vorwiegend den eigenen Interessen? So wird die Monarchie zur Tyrannis, wenn der Herrscher eigennützig handelt, die Aristokratie zur Oligarchie, wenn wenige ihre Macht missbrauchen, und die Demokratie zur Pöbelherrschaft, wenn sie in bloßer Mehrheitswillkür endet. Aristoteles bevorzugt eine politische Ordnung mit starkem Mittelstand. Diese soziale Gruppe, so seine Überzeugung, ist am ehesten in der Lage, maßvoll und vernünftig zu handeln – aus Sorge um den eigenen Status und Besitz. Die Lernenden prüfen an dieser Stelle ihre im ersten Akt entwickelten Modelle im Licht dieser Gedanken oder entwerfen sie neu.

Der **dritte Akt** vollzieht einen Sprung in die Gegenwart und stellt den Bezug zum deutschen Grundgesetz her. Nun erhalten die Schülerinnen und Schüler ein Exemplar der Verfassung und beginnen mit einer ersten Annäherung: blättern, entdecken, Fragen stellen. In einem zweiten Schritt vertiefen sie sich in ausgewählte Artikel, beschäftigen sich mit den grundlegenden Prinzipien der Staatsordnung und dem Aufbau der Verfassungsorgane. Sie entwickeln auf diese Weise ein Verständnis dafür, warum moderne politische Systeme bewusst komplex angelegt sind – nämlich um Beteiligung zu ermöglichen und gleichzeitig Macht zu begrenzen. Dabei wenden sie mehr oder weniger bewusst an, was sie bei Aristoteles gelernt haben. Am Ende dieses Prozesses entwerfen sie grafische Darstellungen der Institutionen und ihrer Aufgaben.

Der **vierte Akt** bietet Raum für Erweiterung und Vertiefung. Je nach Unterrichtsziel können andere politische Systeme in den Fokus gestellt werden, etwa das parlamentarische Modell Großbritanniens, das präsidentielle System der USA oder die direkte Demokratie der Schweiz. Schließlich kann hier auch ein kritischer Vergleich mit autoritären Ordnungen erfolgen. Auch theoretische Weiterentwicklungen wie Montesquieus (1689–1755) Prinzip der *Gewaltenteilung* oder Colin Crouchs (*1944) Konzept der *Postdemokratie* eröffnen neue Perspektiven, zumal die Demokratien der Gegenwart einem Stresstest unterzogen werden, der von unterschiedlichen Kräften gespiesen wird.

Im **Epilog** kann dann der Bogen zum eingangs angeführten aktuellen Fall geschlagen werden. So wird spätestens hier deutlich, warum dieses Beispiel am Beginn des Lernprozesses eigentlich so relevant ist. Es erlaubt uns, ja zwingt uns, die Demokratie und ihre Institutionen auf die Probe zu stellen und zu hinterfragen. So wird politische Bildung nicht nur zur Auseinandersetzung mit Strukturen, sondern auch zu einer Möglichkeit, über Macht, Gerechtigkeit und Verantwortung in der Gegenwart nachzudenken. Es wäre die Grundlage einer kritischen Institutionenkunde.

Anmerkung

Das Lehrstück eignet sich für alle Klassen ab Stufe 8. Eine Inszenierung ermöglicht die Auseinandersetzung mit Fragen zur Begründung politischer Strukturen, die an keiner jugendlichen Person vorbeigehen darf. Der Konflikt, von dem in den Texten die Rede ist, wird zum Konflikt zwischen Schülerinnen und Schülern im Klassenzimmer. Rhetorik und Argumentationskraft werden verlangt. Konfrontationen müssen ausgehalten, Bündnispartner gesucht, Entscheidungen getroffen werden. Das ergibt Erfahrungen bei bislang nicht gekannten Herausforderungen und lässt die Schwierigkeiten in der „großen Politik“ nachempfinden.

Damit aus dem Handlungssog des Lehrstücks möglichst auch ein Erkenntniswillen folgt, ist es hilfreich, wenn ein großer Unterrichtsraum mit viel Platz und Bewegungsfreiheit zur Verfügung steht und der Unterricht zu einer Zeit stattfindet, in der die Schülerinnen und Schüler leistungsfähig und einsatzbereit sind. Eine gewisse Erfahrung der Klasse mit Simulationen oder ein vorhandenes Interesse an Diskussionen und Gesprächen, die auch „in die Tiefe“ gehen können, sind ebenso förderlich wie Erfahrungen in Gruppenarbeiten und Präsentationen. ◄

Abb. 1 Die Klasse diskutiert nach der Vorlage von Herodot in drei Lagern über Monarchie, Oligarchie und Demokratie. (Foto: H. Leps)

Dr. Horst Leps war Lehrer für Politik und ev. Religion am Gymnasium Hamburg-Ohlstedt und Lehrbeauftragter für die Didaktik der sozialwissenschaftlichen Fächer an der Universität Hamburg. 2006 promovierte er bei Hans Christoph Berg und Tilman Grammes (Universität Hamburg) zum Thema „Lehrkunst und Politikunterricht“.

Die Camera obscura

Susanne Wildhirt

▶ *Wir begegnen dem optischen Effekt, der mit der Camera obscura verbunden ist, einfach zugänglich an den von Martin Wagenschein (1896–1988) so bezeichneten* Sonnentalern, *die entstehen, wenn das Licht der Sonne durch die kleinen und unregelmäßigen Öffnungen zwischen den Blättern eines Baums hindurchfällt und unscharf umrandete Lichtkreise auf dem Boden erscheinen. Johannes Kepler (1571–1630) hat mit seinem Neuansatz einer geometrischen Optik die Klärung dieser Erscheinung ermöglicht. Ausgangspunkt war dabei eine indirekt beobachtete Sonnenfinsternis mittels einer Camera obscura, wie sie schon seit Roger Bacon (1220–1292) im Dienst der Astronomie stand und seit dem 15. Jahrhundert auch in der Bildhauerei verwendet wurde. Die mit ihr verbundenen optischen Phänomene waren schon Aristoteles (384–322 v. Chr.) bekannt. Das Lehrstück führt vom Naturphänomen über eine begehbare Camera obscura zur einfachen Fotografie mit einer selbst gebauten Kamera.*

In der **Ouvertüre** des Lehrstücks zeichnen die Lernenden die Umrisse rundlicher Sonnenflecken oder „Sonnentaler" nach, die sie im Sonnenschein auf Baumstämmen oder Wegen mit Zeichenpapier und Bleistift einfangen (Abb. 1 und 2). Wenn sie sich anstelle des Zeichenpapiers selbst in den Lichtkegel stellen, können sie – mit zusammengekniffenem Auge und einer Sonnenbrille! – den Strahlengang zwischen dem Blattwerk der Bäume hindurch zur Sonne zurückverfolgen. Ein Foto von Sonnentalersicheln, das während einer Sonnenfinsternis aufgenommen wurde, zeigt, dass es wirklich Sonnenbilder sind, die auf die Erde treffen.

S. Wildhirt (✉)
Luzern, Schweiz
E-Mail: susanne.wildhirt@phlu.ch

M. Gerwig et al. (Hrsg.), *Sternstunden der Bildung*,
https://doi.org/10.1007/978-3-658-50735-0_12

Abb. 1 Eine Schülerin fängt Sonnentaler ein, die auf einen Baumstamm fallen. (Foto: Valentin Leibundgut)

Abb. 2 Zwei Schülerinnen entscheiden sich, Sonnentaler vor den Baumwurzeln auf ein weißes Blatt zu übertragen. (Foto: Marlène Loges)

Im **ersten Akt** wird das Loch im Laubblätterdach ins Schulzimmer geholt: Alle sitzen im stockdunklen Physikraum in Reihen und starren gebannt auf die rabenschwarze Storen-Leinwand vor der Fensterfront. Sogar die Notbeleuchtung ist mit Karton und schwarzem Klebeband dicht verschlossen. Rein gar nichts ist hier zu sehen, nichts passiert, minutenlang. Die Lehrperson hat zuvor großes Kino versprochen, für das es allerdings ein wenig Geduld brauche. Irgendwann einmal wird ein (beliebig geformtes) Mini-Loch in der Leinwand erkennbar, durch das ein paar Lichtstrahlen in den Raum dringen. Die ersten Schülerinnen und Schüler wagen einen verstohlenen Blick über die Schulter auf die rückwärtige Wand. Zunächst schemenhaft, allmählich immer deutlicher, entsteht dort ein Bild dessen, was in der Welt draußen vor sich geht. Doch was ist da los? Der Himmel erscheint im Bild unten, die Straße oben, die Bäume stehen, die Autos fahren, die Menschen gehen kopfüber. Alles ist verdreht, auch das Nachbargebäude, das rechts neben der Schule steht, erscheint im Bild links. Die Klasse sitzt mitten in einer Camera obscura! Doch „warum steht das Bild Kopf und ist alles seitenverkehrt?“ Das rätselhafte Phänomen erklärt sich durch das Abbildungsgesetz der geometrischen Optik, dessen Skizzierung keine von außen an die Klasse herangetragene Aufgabe mehr ist, sondern dank der eigenen Beobachtungen der Sonnentaler eine schlüssige physikalische Antwort, der die Klasse wie von selbst entgegenstrebt. Dazu werden sämtliche Beobachtungen festgehalten, Hypothesen gebildet, verworfen und neue gebildet bevor die Strahlengänge des Lichts skizziert werden, die das Gesehene stichhaltig erklären.

Im **zweiten Akt** kommt die Camera obscura ins Labor und wird mittels einfacher Kartonröhren nachgebaut. Niemand passt zwar mehr selbst ins Modell hinein, durch bildgebende Verfahren kann man aber so tun, als ob. Dazu genügen lichtempfindliche Fotopapiere. Mit der eigenen handlichen Lochkamera können anschließend die Lernenden frei fotografieren und die Aufnahmen selbst entwickeln. Wieder sind sämtliche Bilder oben-unten- und links-rechts-vertauscht, manche sind ziemlich hell, aber äußerst unscharf, andere viel zu dunkel, aber ein klein wenig schärfer. Das Modell lässt sich verfeinern: Durch Verschiebung zweier ineinandergesteckter Pappröhren können schärfere Bilder erzeugt und die Begriffe Gegenstandsgröße, Gegenstandsweite, Bildgröße und Bildweite eingeführt werden. Ein mit einem Gummiring befestigtes Brotpapier als „Bildschirm“ dient dazu, von außen die Bildschärfe genauer einzustellen, bevor es durch das Fotopapier ersetzt wird. Wieder helfen Skizzen der Strahlengänge dem eigenen Verstehen.

Das Problem der Bildhelligkeit kann dank der bisherigen Erfahrungen im **dritten Akt** recht genau formuliert werden: „(Wie) kann möglichst viel Licht durch die kleine Öffnung in das dunkle Gehäuse der Lochkamera gelangen, um noch bessere Bilder zu erzeugen?“ – Mit konvex geformten Linsen gleicher Brennweite, die vor die Öffnung der Lochkamera geklebt werden, lässt sich das Sonnenlicht draußen „einsammeln“. Mit diesen Verbesserungen geht es nun wieder hinaus zu den Sonnentalern, um die selbst gebaute Camera obscura auf die natürliche Camera obscura des Blätterdaches zu richten und deren bislang flimmernde Erscheinungen auf Fotopapier zu bannen. Um dabei ein möglichst scharfes Bild von den Sonnentalern zu erzeugen, müssen die Lernenden entweder ihren eigenen Abstand zu den Sonnenflecken verändern oder die Bildweite ihrer ineinander gesteckten Papröhren verschieben – oder beides. Die Abhängigkeit von Gegenstands- und Bildweite für scharfe Bilder beim Einsatz von Linsen gleicher Brennweiten wird deutlich. Wieder dient zuerst das Brotpapier als Bildschirm, bevor das Fotopapier zum Einsatz kommt. Mit den Sammellinsen gelingen eindeutig die besten Fotos, sogar farbige. Skizzen der Strahlengänge dienen der Veranschaulichung und verhelfen als inzwischen gewohnte Wegbegleiter des Unterrichts gleichzeitig zu gezielteren, immer besseren Fotos.

Der **Epilog** besteht in der Ausstellung einer Auswahl von eigens fabrizierten Fotos und Lochkameras samt Erklärungen. Darin sollte auch das erste Foto der Welt aus dem Jahr 1826 samt Herstellungsverfahren und einem Hinweis auf dessen Fotografen, Joseph Nicéphore Niépce (1765–1833), nicht fehlen. Eventuell kann für einige Wochen ein Raum für eine begehbare Camera obscura für Pausenaufenthalte reserviert und gestaltet werden – dies als ein Beitrag der Lernenden zu einer lebendigen Schulkultur.

Anmerkung

Das Lehrstück ist von der dritten Klasse der Grundschule bis zur gymnasialen Oberstufe realisiert. Die Einführung in die grundlegenden Gesetzmäßigkeiten der geometrischen Optik steht in den meisten Ländern Europas in den Physiklehrplänen des siebten Schuljahrs. Wird das Lehrstück in diesem Zusammenhang unterrichtet, können der Strahlensatz und die Linsengleichung eingeführt werden. Ebenfalls im siebten Schuljahr stehen häufig Bau und Funktion des menschlichen Auges im Biologieunterricht auf dem Plan. Sofern beide Fächer nicht integriert unterrichtet werden, bieten sich fachverbindender Unterricht oder zumindest Absprachen an. Denn nahtlos lässt sich im Biologieunterricht an das Lehrstück anknüpfen. Kepler war einer der ersten, der den Akkomodationsprozess des Auges – dessen Fähigkeit, die Brennweite anzupassen – genau beschrieben hat und auch die Vermutung äußerte, dass die Kontraktion des Ziliarmuskels den Abstand zwischen Linse und Netzhaut reguliere, um die Sehschärfe einzustellen. Allerdings werden die Phänomene der Weit- oder Kurzsichtigkeit häufig auch schon in der Grundschule behandelt, wo die physikalischen Grundlagen und Gesetzmäßigkeiten von den Schülerinnen und Schüler jedoch noch gar nicht eingesehen werden können. ◀

Prof. Dr. Susanne Wildhirt ist Dozentin für Bildungs- und Sozialwissenschaften Sekundarstufen 1 und 2 an der Pädagogischen Hochschule Luzern (CH). Sie ist Vorstandsmitglied der „Gesellschaft für Lehrkunstdidaktik" und promovierte 2007 bei Hans Christoph Berg und Wolfgang Klafki (Philipps-Universität Marburg) zum Thema „Lehrstückunterricht gestalten".

Die Entdeckung der Axiomatik mit Euklid

Mario Gerwig

▶ *Geometrische Phänomene sind oft ohne besondere Vorkenntnisse und mit dem reinen Menschenverstand zu entdecken und zu entschlüsseln. Ein eindrückliches Beispiel hierfür ist der Sechsstern. Ausgehend von der Betrachtung zahlreicher Kunstformen der Natur (Ernst Haeckel), fotografierter Schneeflocken (Wilson Bentley) und gotischer Kirchenfenster (Painton Cowen) erweist sich die Zirkelrose als eine gemeinsame Grundfigur. Diese wiederum offenbart ein beeindruckendes geometrisches Phänomen: Der Radius eines beliebigen Kreises lässt sich exakt sechsmal auf seinem Rand abtragen. Aber warum ist das so? Gemeinsam mit Euklid und seinem Jahrtausendwerk* Die Elemente *führt dies zur Entdeckung dessen, was es heißt, etwas zu beweisen. Das Einnehmen einer Begründungshaltung und logisches Argumentieren werden geübt, während die anfängliche Beobachtung schrittweise bewiesen wird. Dabei kann der entscheidende griechische Entwicklungsschritt der Mathematik von der reinen Rechen- und Messkunst der Ägypter und Babylonier hin zu einer wirklichen Wissenschaft authentisch mitvollzogen werden.*

In der **Ouvertüre** werden die Schülerinnen und Schüler mit einer Vielzahl unterschiedlicher, facettenreicher geometrischer Formen aus Natur und Kultur konfrontiert. Dabei erkennen sie, dass sehr viele dieser Formen auf einem regelmäßigen Sechseck basieren. Sie entwickeln als deren gemeinsame Ausgangsfigur die Zirkelrose – man zeichne mit dem Zirkel einen Kreis mit beliebigem Radius, mache anschließend einen beliebigen Punkt der Kreislinie zum Mittelpunkt eines neuen Kreises mit gleichem Radius und ziehe um die dabei entstandenen Schnittpunkte mit dem zentralen Kreis weitere Kreise – und diskutieren anschließend deren

M. Gerwig (✉)
Basel, Schweiz
E-Mail: mariogerwig@gmail.com

M. Gerwig et al. (Hrsg.), *Sternstunden der Bildung*,
https://doi.org/10.1007/978-3-658-50735-0_13

Genauigkeit (Abb. 1). Denn es ist in der Tat erstaunlich: Die Zirkelrose schließt sich, das heißt, dass der letzte der äußeren Kreise *genau* durch den Mittelpunkt des ersten, äußeren Kreises verläuft. Genau? Ohne Abweichung? Wirklich genau? Was heißt *genau*? Mithilfe der gemeinsamen Lektüre einer gekürzten Fassung des Sokratischen Dialogs von Alfréd Rényi (1966) erkennen die Schülerinnen und Schüler, dass perfekte geometrische Figuren nur theoretisch existieren, die Frage nach der Perfektion der Zirkelrosen also ein praktisches, kein gedankliches Problem darstellt.

In der Tat handelt es sich um ein äußerst fragwürdiges Phänomen, das im **ersten Akt** durch einen Auftritt von Euklid von Alexandria pointiert formuliert wird. Dabei ist nicht die Genauigkeitsfrage – schließt sich die Zirkelrose wirklich? –, sondern die Ursachenfrage zentral: *Warum* schließt sie sich? Könnte diese Frage beantwortet werden, wäre die Genauigkeitsfrage gleich mitbeantwortet. Würde hingegen nur die Genauigkeitsfrage thematisiert, führte dies eher zu einer Diskussion über die Grenzen der Messbarkeit und deren Bedeutung für praktische Anwendungen. Man bliebe damit bei den Messungen und Anwendungen der Ägypter stehen. Mit der Warum-Frage jedoch eröffnet sich der griechische Paradigmenwechsel. Die Suche nach Begründungen war insbesondere in der ionischen (600–450 v. Chr.) und athenischen Periode (450–300 v. Chr.) dafür verantwortlich, dass die griechische Mathematik innerhalb weniger Jahrhunderte enorme Fortschritte machte, während die bis dahin verbreitete und vor allem auf praktische Probleme angewendete Rechen- und Messkunst der Ägypter und Babylonier über Jahrtausende hinweg praktisch keine nennenswerten Fortschritte machte. Mathematisch lässt sich das Problem der Zirkelrose wie folgt formulieren: Warum lässt sich der Radius eines beliebigen Kreises exakt sechsmal auf dem Kreis abtragen? Diese Warum-Frage bildet nun den Motor des Suchprozesses.

Mithilfe unterschiedlicher Problemlösestrategien beginnt im **zweiten Akt** die Suche nach einer Antwort. Dazu wird das Problem mit ausreichend Zeit und in einem möglichst durchgängigen sokratischen Unterrichtsgespräch Schritt für Schritt vereinfacht. Ein möglicher Weg, den die Schülerinnen und Schüler dabei entdecken können, ist der folgende: i. Zeichnet man im mittleren Kreis der Zirkelrose alle Kreisradien der äußeren und des inneren Kreises ein, erhält man ein aus sechs gleichseitigen Dreiecken bestehendes Sechseck. ii. Das Problem kann nun ohne Kreis formuliert werden: Existiert ein solches Sechseck lückenlos und ohne Überlappungen? Lassen sich also sechs gleichseitige Dreiecke rundherum zusammenschieben? iii. Durch Halbierung der Figur wird das Problem erneut vereinfacht: Können drei gleichseitige Dreiecke nebeneinander und lückenlos an einer Geraden angelegt werden? iv. Schließlich lässt sich die Ausgangsfrage auf die einfache Tatsache zurückführen, dass man ein Dreieck in der Ebene verschieben kann, dass zwischen zwei nebeneinander liegenden, gleichseitigen Dreiecken also immer ein drittes Dreieck Platz haben muss. Eine solche lückenlose Dreiergruppe existiert also, daher existiert auch das aus zwei solcher Dreiergruppen bestehende lückenlose Sechseck, durch dessen Ecken wiederum ein Kreis führt – deshalb also schließt sich die Zirkelrose exakt. Mithilfe der angefertigten Skizzen kann die Begründung nun vor und zurück durchlaufen werden. Dabei wird deutlich, dass hier ein sauberer, mathematischer Beweis, der von jedem Schüler und jeder Schülerin nun individuell ausformuliert wird, entstanden ist.

Im **dritten Akt** rückt – dies kann durch einen erneuten Auftritt Euklids dramaturgisch inszeniert werden – dessen Jahrtausendbuch *Die Elemente* ins Zentrum. Seinen rund 2500 Jahre alten Beweis für das identische Problem zu verstehen und zu analysieren, ist eine Herausforderung. Doch die Mühe lohnt sich: Euklid nutzt – neben einigen Sätzen, die er zuvor in seinem Buch schon bewiesen hat – eine äußerst präzise Sprache (Definitionen), logische Schlussregeln (Postulate) und offensichtliche Grundwahrheiten (Axiome). Letztere können mithilfe gleichseitiger Dreiecke prägnant visualisiert werden. Insgesamt ergibt sich ein faszinierender Einblick in das deduktive Gebäude der Mathematik: Hier wird besonders deutlich, wie die mathematischen Wahrheiten aufeinander ruhen und was es mit dem Beweisen in der Mathematik auf sich hat. Durch eine Szene aus dem Historiendrama *Lincoln* (2012), in welcher der amerikanische Präsident voller Evidenz und unter Bezugnahme auf das erste Axiom Euklids sein Menschenbild erläutert, wird schließlich ein 2000 Jahre umfassender Bogen von den antiken Elementen zu einer der zentralen Personen der Menschheitsgeschichte gespannt.

Im **Finale** werden die Bilder aus der Ouvertüre noch einmal gemeinsam betrachtet. Dabei zeigt sich, dass der Beweis über das Sechseck eine Erkenntnis offenbart hat, die nun nicht mehr geleugnet werden kann. Denn plötzlich erscheint in jedem Bild vor dem geistigen Auge das aus gleichseitigen Dreiecken bestehende Sechseck, ebenso „sieht“ man die entscheidenden Verschiebelinien des letzten Beweisschritts. Dies wird nun von jedem Schüler, jeder Schülerin festgehalten. Dazu wählen sie jeweils eine der sechseckigen Natur- und Kulturformen aus und zeichnen die zentralen Beweisschritte direkt hinein: So wird der gesamte zurückliegende Prozess in einem einzigen Bild sichtbar – ein Denkbild (Abb. 2).

Dass die entscheidende Beweisidee auch in anderen Situationen hilfreich sein kann, zeigt sich abschließend im **Epilog** auf dem Schulhof. Hier entdecken die Schülerinnen und Schüler den *Satz über den Halbkreis* (später wird er *Satz des Thales* heißen): Zwei Schülerinnen oder Schüler stehen sich einige Meter voneinander entfernt gegenüber und markieren so den Durchmesser eines Kreises. Die übrigen reihen sich zwischen ihnen auf, und zwar entlang eines der beiden zugehörigen Halbkreisbögen. Nun gehen die Blicke immer von der einen den Durchmesser markierenden Person zur anderen: Wie bewegt sich dabei der Kopf? Immer eine Viertelumdrehung? Immer? Egal, wo man steht? Zu schön, um wahr zu sein! Zurück in der Klasse wird auch diese Entdeckung formuliert und bewiesen. Wieder zeigt sich die Verschiebung eines Dreiecks als deren Kern.

Abb. 1 Die Lernenden halten die zahlreichen Natur- und Kulturformen aus der Ouvertüre in der Hand, einige liegen in der Mitte auf dem Boden. Im Stuhlkreis diskutieren alle gemeinsam, warum sich die Zirkelrose perfekt schließt, ja schließen *muss*. (Foto: S. Schmidlin)

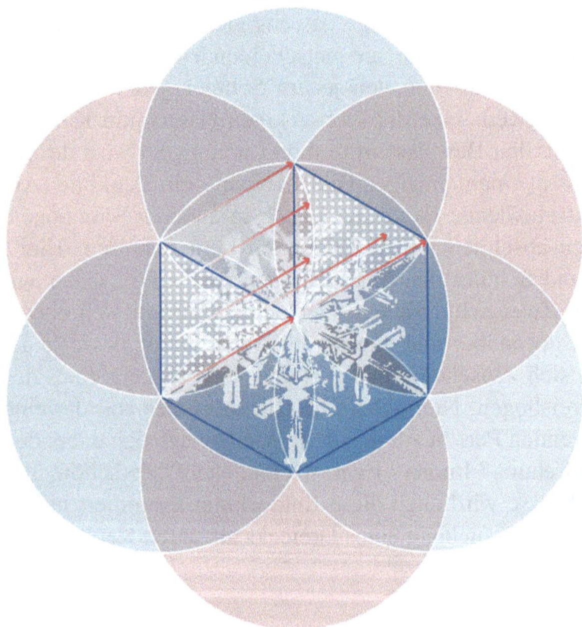

Abb. 2 Das Denkbild fixiert den gesamten Beweisprozess in einem einzigen Bild: Neben einer Bentley-Schneeflocke sind die Zirkelrose, das Sechseck, die gleichseitigen Dreiecke sowie die im letzten Beweisschritt entscheidenden Punkte und Verschiebelinien eines der Dreiecke sichtbar. (Grafik: A. Kuhn)

Anmerkung

Die Ausgangsfragen der Lehrkunstdidaktik lauten: Wie kann Schulunterricht zu einer Gelegenheit für verständnisförderndes Lernen werden, wie wird aus interessanten Themen spannender Unterricht? Dazu braucht es mindestens drei Dinge: Erstens lohnende Lerngegenstände, zweitens genug Zeit zur Vertiefung und drittens das selbstständige forschende Lernen der Schülerinnen und Schüler. Das Lehrstück zur Entdeckung der Axiomatik am Sechsstern bietet diese drei Dinge an. Aber eine solche Unterrichtseinheit realisiert sich erst im konkreten Unterricht, wo verfolgt werden kann, wie Schülerinnen und Schüler in der Praxis tatsächlich lernen. Der erste Lehrkunstfilm (2019) dokumentiert eben dieses Lehrstück vollständig im Unterricht. Er trägt den Titel *Lehrstückunterricht: Die Entdeckung der Axiomatik* und ist über YouTube frei verfügbar.

Dr. Mario Gerwig ist Lehrer für Mathematik und Chemie am Gymnasium Leonhard in Basel (CH) sowie Buch- und Schulbuchautor. Er ist Präsident der „Gesellschaft für Lehrkunstdidaktik" und promovierte 2014 bei Hans Christoph Berg und Norbert Hungerbühler (ETH Zürich, CH) zum Thema „Beweisen verstehen im Mathematikunterricht".

Das Nichtabbrechen der Primzahlfolge

Philipp Spindler

Es gibt wohl kaum ein anderes Gebiet der Mathematik, das die Forscherinnen und Forscher über eine vergleichbar lange Zeitspanne in Atem hielt. Schon in der Steinzeit kerbte ein Mensch Primzahlen in einen Knochen – es handelt sich hierbei um den (bis jetzt) ältesten Gegenstand, auf dem mathematische Vorgänge nachgewiesen werden können. Um 300 v. Chr. setzte sich Euklid von Alexandria mit den Primzahlen auseinander und fragte sich, ob es eine größte Primzahl gibt. Auch nach Euklid wurde viel an den Primzahlen geforscht und heute, nach einem Bogen von mehreren Millennien, sind die Bestrebungen, mehr über die Primzahlen zu erfahren, ungebrochen. Es sind nicht nur die mit ihnen verbundenen Rätsel, die faszinieren und zum Teil immer noch auf ihre Lösung warten. Es ist auch ihre Anwendbarkeit, welche die Primzahlen so wertvoll macht. Immer, wenn es um Teilbarkeitsfragen geht, werden die Primzahlen zu den Hauptakteuren. Auch beim Operieren mit Brüchen treten sie auf. Und vermutlich würde unser Alltag anders aussehen, gäbe es die Primzahlen nicht, sind sie doch der Schlüssel für die Sicherheit der elektronischen Welt.

In der **Ouvertüre** wird der Ishango-Knochen ausgegraben, ein rund 20.000 Jahre altes Artefakt, das heute noch Rätsel aufgibt. Die Kerben sind wohl tatsächlich von einem rechnenden Menschen angebracht worden. Es finden sich mutmaßlich Primzahlen darauf: 11, 13, 17, 19. Hat der Steinzeitmensch womöglich schon die Primzahlen gekannt? Das wäre äußerst erstaunlich. Doch was macht die Primzahlen überhaupt so besonders? Es ist ihre Eigenschaft, Bausteine für alle natürlichen Zahlen zu sein. Deshalb sind sie elementar für viele wichtige Operationen, zum Beispiel wenn es darum geht, größte gemeinsame Teiler oder kleinste gemeinsame

P. Spindler (✉)
Luzern, Schweiz
E-Mail: philipp.spindler@sluz.ch

M. Gerwig et al. (Hrsg.), *Sternstunden der Bildung*,
https://doi.org/10.1007/978-3-658-50735-0_14

Vielfache zu finden. Gemeinsam werden die Anwendungen der Primzahlen zusammengetragen, die den Schülerinnen und Schülern im bisherigen Mathematikunterricht begegnet sind.

Wenn die Primzahlen schon die Bausteine der natürlichen Zahlen sind, sollten sie möglichst lückenlos identifiziert werden. Im **ersten Akt** wird deshalb zuerst der Bereich von 1 bis 210 sorgfältig durchforstet. Einerseits entsteht dabei eine Liste der ersten 46 Primzahlen, andererseits wird auch das Sieb des Eratosthenes entdeckt – eine Methode, die es erlaubt, in effizienter Weise die Primzahlen aus einer Zahlenmenge herauszufiltern. Das gefundene Vorgehen wird anschließend im Klassenverband eingesetzt, um alle Primzahlen bis 1680 zu finden (Abb. 1). Es zeigt sich eine große Unordnung: Manchmal folgen die Primzahlen kurz nacheinander, manchmal lassen sie große Lücken offen. Doch sie scheinen immer seltener zu werden. Sterben sie womöglich ganz aus?

Damit ist die Sogfrage für den **zweiten Akt** herauspräpariert. Herr Prym tritt auf. Er trägt einen Beutel bei sich, der – wie er behauptet – alle Primzahlen enthält, und will ihn für einen halben Rappen pro Primzahl verkaufen (Abb. 2). Die

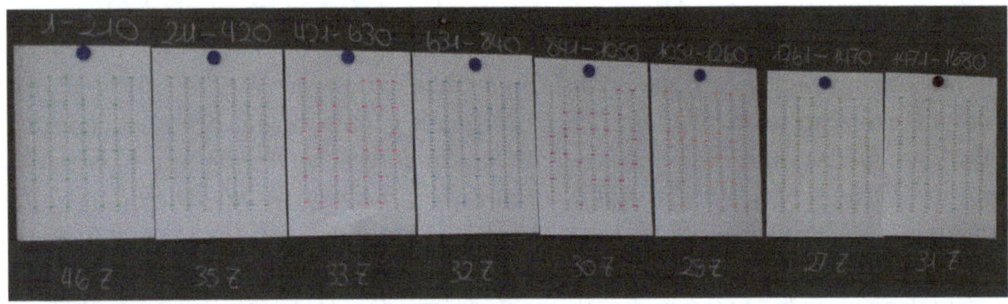

Abb. 1 Alle Primzahlen zwischen 1 und 1680 in einer arbeitsteilig erstellten Liste an der Tafel. (Foto: P. Spindler)

Abb. 2 Herrn Pryms Utensilien: Mütze und Primzahlbeutel. (Foto: P. Spindler)

Klasse erhält Bedenkzeit. Das wäre eine Trouvaille! Doch spricht Herr Prym überhaupt die Wahrheit, wenn er behauptet, im Besitz aller Primzahlen zu sein? Oder kann gezeigt werden, dass Herrn Pryms Beutel gar nicht alle Primzahlen enthalten kann (wohin das Bauchgefühl tendiert)? Die Lösung entwickelt sich langsam: Das Produkt der Primzahlen im Beutel muss bloss um 1 erhöht oder erniedrigt werden. Diese Zahl ist entweder selbst eine Primzahl, die noch nicht im Beutel ist, oder sie lässt sich in Primzahlen zerlegen, die Herr Prym auch noch nicht besitzt. Die Klasse will den Beutel also nicht, denn die Primzahlen-Sammlung ist nicht vollständig und wird es auch nie sein. Als Herr Prym zurückkehrt, erklärt ihm die Klasse, warum sie den Beutel nicht behalten möchte. Das ist ein hartes Stück Arbeit, denn Herr Prym lässt sich nicht so leicht überzeugen. Schlussendlich nimmt er den Beutel wieder mit. – Schon Euklid wusste, dass die Primzahlfolge nie abbricht. Sein originaler, 2300 Jahre alter Beweis wird nun studiert. Verblüfft stellen die Schülerinnen und Schüler fest, dass er der selbst entwickelten Argumentation sehr ähnelt.

Um die Primzahlen ranken sich zahlreiche faszinierende Rätsel: Wie viele Primzahlzwillinge (zum Beispiel 11, 13 oder 59, 61) und -drillinge (wie 3, 5, 7) gibt es? Kann gezeigt werden, dass die Primzahllücken, die sich da und dort auftun, beliebig groß werden können? Kann die Formel, die Leonhard Euler (1707–1783) aufstellte, tatsächlich Primzahlen erzeugen? Und ist es immer möglich, eine gerade Zahl als Summe zweier Primzahlen darzustellen, wie Christian Goldbach (1690–1764) im Jahr 1742 vermutete? Im **dritten Akt** steht Zeit zur Verfügung, um an diesen Rätseln zu knobeln. Die von den Schülerinnen und Schülern gefundenen Ergebnisse werden im Plenum ausgetauscht.

Auf ein anderes Primzahlrätsel ist im 17. Jahrhundert Pierre de Fermat (1601–1665) gestoßen. Um es im **vierten Akt** zu verstehen, muss nach Art einer Uhr gerechnet werden: Gehen wir abends um 10, also eigentlich 22 Uhr, zu Bett und schlafen neun Stunden, dann wachen wir nicht um 19 Uhr auf und schon gar nicht um 31 Uhr, sondern um 7 Uhr. Zeigeruhren rechnen also immer in Divisionsresten. Beim Üben dieses Rechnens mit Resten, dem Modularrechnen, entdeckt die Klasse einen Sachverhalt, der mit Primzahlen zusammenhängt: Wird eine natürliche Zahl a hoch eine Primzahl (die grösser als a ist) gerechnet und das Ergebnis durch diese Primzahl geteilt, dann ist der Divisionsrest wieder a selbst. Das funktioniert jedoch nur, wenn „hoch eine Primzahl" gerechnet wird. Damit ist der *Kleine Fermatsche Satz* entdeckt, ein wichtiger Satz aus der Zahlentheorie.

Zu Beginn des **fünften Akts** tritt Frank Nelson Cole (1861–1926) auf und hält seinen originalen Vortrag aus dem Jahr 1903: Ihm ist es tatsächlich gelungen, die riesige Zahl $2^{67} - 1$ in Primfaktoren zu zerlegen. Drei Jahre lang hat er gerechnet, um zu diesem Resultat zu gelangen. Unvorstellbar! Heutige Rechner können diese Faktorisierung schnell bewerkstelligen, scheitern jedoch genauso bei noch größeren Zahlen: Dann können auch sie die Faktorisierung nicht mehr in nützlicher Frist finden. Darauf basiert das RSA-Verfahren: Das Verfahren von Rivest, Shamir und Adleman ist ein asymmetrisches kryptografisches Verfahren, das sowohl zum Verschlüsseln als auch zum digitalen Signieren verwendet werden kann und damit das digitale Leben von uns allen schützt. Die Schülerinnen und Schüler lernen dieses Verfahren

Abb. 3 Der Ishangoknochen auf Papier enthält die wichtigsten Stationen, die das Lehrstück durchlaufen hat. (Foto: P. Spindler)

kennen und sind am Schluss in der Lage, eigene Nachrichten zu verschlüsseln und zu dekodieren. Überraschenderweise hilft dabei sogar der *Kleine Fermatsche Satz:* Er ist also nicht nur eine Zahlenspielerei, sondern prägt unseren Alltag.

Zum **Abschluss** betrachtet und diskutiert die Klasse das Denkbild, den Ishangoknochen auf Papier, der im Lauf des Lehrstücks unter Mitarbeit aller entstand und nun nicht nur seine ursprünglichen Kerben, sondern die wichtigsten Erkenntnisstationen der gemeinsam unternommenen Reise durch die Welt der Primzahlen enthält (Abb. 3). Zikaden, deren Lebenszyklen 13 oder 17 Jahre betragen, werfen ein letztes Rätsel auf: Benutzt die Natur vielleicht auch die Eigenschaften der Primzahlen?

Anmerkung

Vom Primzahlen-Lehrstück gibt es mehrere Versionen. Oben beschrieben ist diejenige von Spindler (2022). Weitere Vorlagen stammen von Wagenschein (1949), Werner (1995), Brüngger (2004) und Gerwig (2015). Sie unterscheiden sich teilweise beträchtlich hinsichtlich Länge und Aufbau; gemeinsames Kernstück ist jedoch bei allen der Euklidsche Primzahlensatz. Die beschriebene Version des Lehrstücks ist mit insgesamt 20 Unterrichtsstunden von ansehnlicher Länge und lässt sich deshalb nicht immer zur Gänze im Normalunterricht oder in einer Studienwoche unterbringen. Die Dauer lässt sich verkürzen, wenn für die Primzahlrätsel (3. Akt) weniger Zeit zur Verfügung gestellt wird oder weniger Rätsel angeboten werden. Auch der Teil zum Modularrechnen (4. Akt) kann komprimiert werden. Dann reduziert sich das RSA-Verfahren (5. Akt) jedoch auf die Anweisungen, die für das Verschlüsseln und Entschlüsseln nötig sind. Das ist grundsätzlich denkbar. Die Lernenden erfahren dann zwar immer noch, was in der modernen Kodierungstechnik geschieht, können das Fundament jedoch weniger verstehen, auf dem diese ruht. Die Ouvertüre und die Akte 1 und 2 nehmen insgesamt neun Unterrichtsstunden in Anspruch und entsprechen unter Hinzunahme der Primzahlrätsel im Großen und Ganzen der Version von Brüngger. Da die für diese Akte erforderliche Mathematik elementar ist, kann diese Variante problemlos mit Klassen des 8. Schuljahrs durchgeführt werden. Die Mathematik in den letzten beiden Akten ist anspruchsvoller und erst für Schulklassen ab der 9. oder 10. Stufe empfehlenswert. Werden sie mit dem Primzahlsatz kombiniert, ergibt sich eine Lehrstückvariante, die aus dem 2., 4. und dem 5. Akt besteht, rund zehn Unterrichtsstunden in Anspruch nimmt und den Fokus auf ein modernes Anwendungsgebiet der Primzahlen legt.

Auf dem Ishangoknochen finden sich zwar die Zahlen 11, 13, 17, 19 und somit alle Primzahlen zwischen 10 und 20, doch ob dem verursachenden Menschen der Kerben wirklich Primzahlen im Sinne standen, ist in Wissenschaftskreisen höchst umstritten. Vermutlich gibt der Ishangoknochen Zeugnis von den verschiedenen Zählweisen und den benutzten Zahlenbasen afrikanischer Völker. Den Einstieg ins Lehrstück mit dem Ishangoknochen zu bestreiten, lohnt sich jedoch aus zwei Gründen: Erstens wächst an diesem Fundstück die Erkenntnis, dass es archäologische Rätsel gibt, die nicht endgültig gelöst werden können, und zweitens lenkt der Knochen die Diskussion unweigerlich auf die Primzahlen. ◀

Dr. Philipp Spindler ist Lehrer für Mathematik an der Kantonsschule Alpenquai Luzern (CH) sowie Dozent am Departement Mathematik der ETH Zürich (CH). 2023 promovierte er bei Hans Christoph Berg (Uni Marburg), Uwe Hericks (Uni Marburg) und Norbert Hungerbühler (ETH Zürich, CH) zum Thema „Bildung im Mathematikunterricht".

Kegelschnitte mit Apollonius von Perge und Dandelin

Hans Brüngger und Marc Eyer

Die Begriffe Kreis, Ellipse, Parabel und Hyperbel begegnen uns in verschiedenen Lebensbereichen und in den Wissenschaften. Wer ist sich dessen bewusst, was sie bedeuten und dass sie eng zusammengehören? Schon im Altertum setzten sich Euklid (um 300 v. Chr.), Archimedes (ca. 285–212 v. Chr.) und vor allem Apollonius von Perge (265–190 v. Chr.) fundamental mit diesen Formen auseinander. Später waren diese Erkenntnisse entscheidend für die Beschreibung der Planetenbahnen. Im Unterricht begegnen wir den Kegelschnitten in der Geometrie, der Mechanik, der Optik, der Architektur und im Bildnerischen Gestalten. Das vorliegende Lehrstück, das mit Vorteil interdisziplinär durchgeführt wird, strebt eine ganzheitliche Betrachtungsweise an. Dabei werden die Kegelschnitte mit ihren Eigenschaften und Anwendungen erforscht und erfasst, wohl wissend, dass das Thema im Mathematik-Curriculum – leider – längst keinen Platz mehr findet und im Unterricht nur noch die beiden Spezialfälle Kreis und Parabel den kümmerlichen Rest der reichhaltigen Formen und der noch reichhaltigeren Bedeutung und physikalischen Anwendungen der Familie der Kegelschnitte bilden.

In der **Ouvertüre** steht das Phänomen im Zentrum. Das Zimmer ist abgedunkelt, verschiedene Taschenlampen liegen bereit. Mit diesen lassen wir Lichtflecken und Schatten über Tischflächen und Wände huschen. Spielerisch, noch ohne System und mit Freude an den verschiedenen Formen, geht es vorerst nicht darum, zu

H. Brüngger (✉) · M. Eyer
Bern, Schweiz
E-Mail: hans.bruengger@bluewin.ch

M. Eyer
E-Mail: Marc.Eyer@phbern.ch

M. Gerwig et al. (Hrsg.), *Sternstunden der Bildung*,
https://doi.org/10.1007/978-3-658-50735-0_15

sprechen, sondern eher darum, Eindrücke zu sammeln. „Versucht nun, mit den Taschenlampen möglichst verschiedene Formen zu erzeugen“, später: „Achtet auch darauf, wie ihr von der einen Form zur anderen kommt.“ Diese Anstöße führen vom Betrachten zum Beobachten. Weißes DIN-A3-Papier liegt bereit, um die Formen nun festzuhalten, zu beschreiben, zu skizzieren. Später diskutieren wir die erstellten Skizzen und Beschreibungen. Dabei entwickelt sich langsam die Vorstellung, dass die Lichtflecken dadurch entstehen, dass die Lichtkegel der Lampen von ebenen Flächen (Tische, Wände) geschnitten werden. Diese Vorstellung wird dadurch gestützt, dass der durchleuchtete, kegelförmige Raum einer Tischlampe mit Rauch sichtbar gemacht wird (Abb. 1). Lichtkegel werden von Ebenen geschnitten, die Lichtflecken sind also *Kegelschnitte!*

Je nach Schnittwinkel entstehen dabei „offene“ oder „geschlossene“ Formen, wovon uns einzig der Kreis als mathematische Form bereits bekannt ist (Abb. 2). Welche Eigenschaften haben die anderen Formen, wie lassen sie sich physisch erzeugen und wie mathematisch beschreiben? Nachdem klar ist, dass es sich bei den Lichtflecken um Kegelschnitte handelt, sollen im **ersten Akt** nun auch physisch feste Kegel geschnitten werden. Mit Ton und Messer werden alle denkbaren Varianten von Schnittflächen erzeugt und zeichnerisch dokumentiert. Immer noch spielen Fachbegriffe keine Rolle, wichtiger ist dabei die Beobachtung, dass sich die Kegelschnitte alle ineinander überführen lassen, indem einzig der Schnittwinkel zwischen Kegelachse und Schnittebene verändert wird.

Abb. 1 In der Ouvertüre wird der Lichtkegel einer Lampe mit Rauch sichtbar gemacht. Dieser wird vom Tisch „geschnitten“, sodass verschiedene Formen sichtbar werden. Alles sind Kegelschnitte. (Foto: M. Eyer)

Abb. 2 Alle Kegelschnitte sind miteinander verwandt, denn sie lassen sich ineinander überführen. Ihre Form ist nur vom Winkel zwischen der Schnittebene und dem Kegel abhängig, wie diese Schnittmöglichkeiten eines Kegels zeigen. (Foto: H. Brüngger)

Ein Kreis lässt sich mathematisch recht einfach beschreiben: Er wird aus allen Punkten gebildet, die von einem festen Punkt gleich weit entfernt sind. Nun ist der Kreis nur ein Sonderfall aller anderen Formen, die wir beim Schneiden der Kegel erzeugt haben. Also müssten doch die anderen Formen auch durch eine einfache Gesetzmässigkeit beschrieben werden können? Um diese zu finden, hilft im **zweiten Akt** Germinal Pierre Dandelin (1794–1847), ein belgischer Armee-Ingenieur und Mathematikprofessor, der eine anschauliche Hinführung zu den mathematischen Definitionen der Kegelschnitte entwickelt hat. Seiner Idee, die Kegelschnitte mithilfe zweier unterschiedlich großer Kugeln, die er im Innenraum eines Kegels platzierte, zu vermessen, gehen wir jetzt nach. Dazu betrachten wir zunächst einen Lichtkegel, der eine auf dem Tisch liegende Kugel trifft. Der Schatten ist wiederum ein Kegelschnitt: eine *Ellipse*. Wir spannen einige Fäden, um den Lichtkegel von der Lichtquelle zur Ellipse sichtbar zu machen. Dann positionieren wir einen kleineren Ball im Lichtkegel, der dieselbe Ellipse erzeugt. Jetzt halten wir eine matte Scheibe dazwischen, sodass sie beide Kugeln berührt (Abb. 3). Auf der Scheibe erscheint die entscheidende Ellipse. Über eine Mantellinie des Kegels führt uns diese Anordnung zur Definition der Ellipse als Menge aller Punkte, die zu zwei festen Punkten – den Berührungspunkten der beiden Kugeln, die *Brennpunkte* heißen – eine konstante Abstandssumme aufweisen.

Mithilfe dieser Definition entdecken wir im **dritten Akt** die wesentlichen Aspekte von Ellipsen. Sie lassen sich durch das „Verzerren“ eines Kreises erzeugen, was uns auch im Alltag beim Betrachten kreisförmiger Gegenstände wie Gläser,

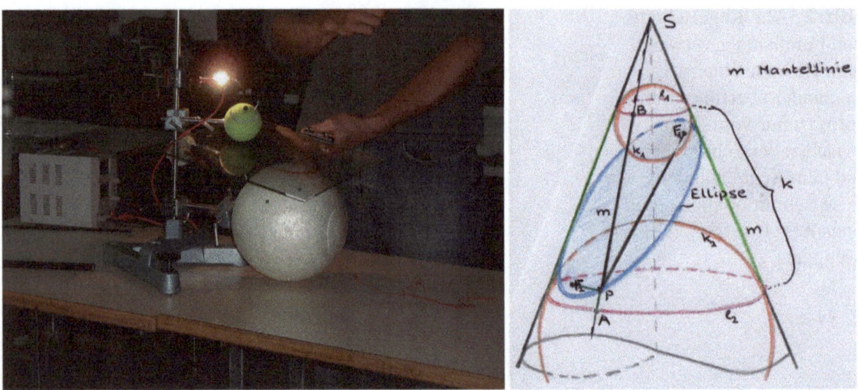

Abb. 3 Dandelins Idee, die Kegelschnitte mithilfe zweier unterschiedlich großer Kugeln, die er im Innenraum eines Kegels platzierte, zu ermitteln, ist zentral für den ersten Akt. Sie führt zur Definition der Ellipse. (Foto und Graphik: H. Brüngger)

Pfannen, Blütenstände aus wechselnden Perspektiven begegnet. Ausgehend von der Definition erzeugen wir Ellipsen auf verschiedene Weisen: Mit Schnur und Bleistift (Gärtnerkonstruktion, Abb. 4), durch geführtes Verschieben eines Streifens Papier und durch das Falten von Kalkpapier nach bestimmten Regeln. Bei der Faltübung werden dabei lauter Ellipsentangenten gefaltet. Strahlen, die aus einem der Brennpunkte der Ellipse an irgendeinem Ellipsenpunkt (nach dem Reflexionsgesetz)

Abb. 4 Zwei Schülerinnen konstruieren im dritten Akt eine Ellipse mittels Gärtnerkonstruktion. (Foto: H. Brüngger)

reflektiert werden, gelangen zurück in den anderen Brennpunkt. Der Strahl ist gefangen; auf immer demselben Weg irrt er durch die Ellipse – eine Eigenschaft, die physikalisch vielfältig genutzt wird (Flüstergewölbe, Nierensteinzertrümmerer).

Der Schritt zu den offenen Formen Parabel und Hyperbel erfolgt analog zur Entdeckung der Ellipse. Im **vierten Akt** steht zunächst die Parabel im Zentrum, im **fünften Akt** ist es die Hyperbel. Mit Dandelins Kugeln und weiteren Faltübungen finden wir die Definitionen von der Parabel – die Menge aller Punkte, die von einem festen Punkt und einer Geraden den gleichen Abstand haben – und der Hyperbel – die Menge aller Punkte, die von zwei festen Punkten dieselbe Abstandsdifferenz haben. Nun rückt mit Apollonius von Perge auch jener Gelehrte ins Zentrum, der sich schon im antiken Griechenland intensiv mit Kegelschnitten beschäftigte. Er gab ihnen nicht nur die bis heute verwendeten Namen (Ellipse, Parabel, Hyperbel) –, sondern leitete diese aus einem geometrischen Vergleich ab: Für jeden Punkt auf der Kurve verglich er die Fläche eines Quadrats mit der eines nach bestimmten Vorgaben konstruierten Rechtecks. Je nachdem, ob das Quadrat kleiner, gleich oder größer war als das Rechteck, sprach er von Mangel (gr. *elleipein:* ermangeln), Gleichheit (gr. *paraballein:* gleichkommen, nebeneinanderstellen) oder Überschuss (gr. *hyperballein:* übersteigen, übertreffen). Die Namen spiegeln also ein tiefes geometrisches Verständnis wider – lange vor der modernen Algebra – und sind ein beeindruckendes Beispiel antiker mathematischer Systematik. Abschließend untersuchen wir die mathematisch-physikalischen Eigenschaften von Parabel und Hyperbel, die ebenfalls vielfältig genutzt werden (Hohlspiegel, Scheinwerfer, Richtstrahler, Parabolantennen, Solarkonzentrator und vieles mehr).

Im **Epilog** widmen wir uns schließlich der großen Vielfalt des Themas: Wir vergleichen die gefundenen analytischen Beschreibungen und staunen über ihre Verwandtschaft. Ganz praktisch bauen wir ein einfaches Konstruktionsinstrument, das für all diese Kurven taugt. Ganze Kurvenscharen von Kegelschnitten werden sichtbar als Folge von Interferenzen. Die Sammlung der verschiedenen Anwendungen von Kegelschnitten, denen wir begegnet sind, ist sehr eindrücklich. Und schließlich verstehen wir auch besser, was Johannes Kepler (1571–1630) mit seinem neuen Weltbild postulierte, dass nämlich alle Kegelschnitte als Bahnkurven am Himmel präsent sind.

Anmerkung

Das Thema bietet zahlreiche Möglichkeiten zur Vertiefung: Die Entdeckung der Ellipsen durch Kepler bei den Bahnen der Planeten, Isaac Newtons (1643–1727) verallgemeinerte Beschreibung der Bahnen von Körpern um Zentralkörper als Kegelschnitte, die Bedeutung der Parabel in der Statik, die Verwendung von Kegelschnitten in der Architektur (als Beispiel die Kathedrale von Brasilia) oder die künstlerische und grafische Auseinandersetzung mit Kegelschnitten. Auch wenn das Thema „Kegelschnitte" selbst in den Lehrplänen und Curricula nicht (mehr) auftaucht, gehören die meisten der im Lehrstück angesprochenen Inhalte sehr wohl nach wie vor zu den festen Bestandteilen des Mathematik- und Physikunterrichts. ◀

Dr. Hans Brüngger war Gymnasiallehrer für Mathematik in Oberwil (CH) und Bern-Neufeld (CH). 1980/81 wirkte er als Ausbildner am Institute of Education der Tribhuvan University in Kirtipur (Nepal). Er war Mitwirkender in verschiedenen Lehrkunstwerkstätten in der Schweiz und promovierte 2004 bei Hans Christoph Berg und Heinz Stübig (Philipps-Universität Marburg) zum Thema „Von Pythagoras zu Pascal“.

Prof. Dr. Dr. Marc Eyer ist Leiter des Instituts Sekundarstufe II an der Pädagogischen Hochschule Bern (CH). Er ist Vorstandsmitglied der „Gesellschaft für Lehrkunstdidaktik“ und promovierte 2013 bei Hans Christoph Berg und Heinz Stübig (Philipps-Universität Marburg) zum Thema „Lehrstückunterricht im Horizont der Kulturgenese“.

Archimedes' Würfel und Kugel

Hans Brüngger

▶ *Um uns herum sind praktisch überall körperliche Erscheinungen präsent: Wir sind umgeben von einer großen Vielfalt unterschiedlicher Formen. Wollen wir die dahinter liegenden Grundformen entdecken, kommen wir wie die Kubisten etwa zu Kugel, Würfel, Quader, Prisma, Pyramide, Kegel und Zylinder. In der Natur treten die regelmäßigen Körper nur selten unmittelbar in Erscheinung: die Kugel am Himmel oder bei vielerlei Früchten, Würfel, Quader und Prisma gelegentlich in Kristallen. In der von Menschen gestalteten Welt finden wir Häuser, Bälle, Kugellager, Verpackungen und vieles mehr, was von diesen Grundformen abgeleitet ist. Betrachten wir diese Körper mathematisch, stellt sich die Frage, wie wir Kern und Schale, also Volumen und Oberfläche, all dieser Objekte erfassen können. Formelsammlungen geben Auskunft darüber, wie diese zu berechnen sind. Aber was steckt hinter diesen Formeln? Wie sind sie entstanden, was bedeuten sie und wie hängen sie voneinander ab?*

In einer kurzen **Ouvertüre** lernen wir in anekdotenhaften Erzählungen durch die Lehrperson Archimedes (um 285–212 v. Chr.) kennen. Gefragt nach der Anzahl Sandkörner, die den ganzen damals kugelförmig gedachten Kosmos ausfüllen würden, erweiterte er den damaligen Zahlenbereich und zeigte, dass dies eine immens große, aber eine endliche Anzahl sein muss. Zudem beschäftigte sich Archimedes am Strand von Syrakus auch mit handfesten physikalischen und mathematischen Problemen, wie wir im Folgenden sehen werden.

Im **ersten Akt** werden aus Ton einfache Körper geformt. Es gibt keine Vorgaben, nur dass es einfache Objekte sein sollen. Ganz organisch bilden wir Kugeln, als mathematisch einfachstes Gegenstück dann einen Würfel. Als deren Verwandte

H. Brüngger (✉)
Bern, Schweiz
E-Mail: hans.bruengger@bluewin.ch

M. Gerwig et al. (Hrsg.), *Sternstunden der Bildung*,
https://doi.org/10.1007/978-3-658-50735-0_16

Abb. 1 Formen – Formulieren – Formeln. Die einfachen, aus Ton modellierten Körper werden sortiert, dabei entstehen das „Eckenland" und das „Rundland", die in den nächsten Akten genauer untersucht werden. (Foto: H. Brüngger)

entstehen nach und nach Zylinder, Quader, Kegel, Tetraeder und Pyramide. Die Körper werden auf dem Tisch angeordnet, deren Verwandtschaft soll sichtbar werden (Abb. 1). Es zeichnet sich eine Trennlinie ab zwischen dem „Eckenland" und dem „Rundland".

Der **zweite Akt** ist dem Eckenland gewidmet. Ausgehend vom Würfel berechnen wir Volumen und Oberfläche von Quader, Prisma und Pyramide. Wir beginnen, eine Formelsammlung zu erstellen. Ästhetisch sehr schön sind die im Würfel enthaltenen regelmäßigen Körper wie Tetraeder, Oktaeder, Kuboktaeder, deren anspruchsvolle Berechnung jetzt auch gelingt.

Im **dritten Akt** steigen wir für den Übergang vom Geraden zum Runden zunächst in die Ebene, ins Zweidimensionale hinunter. Nach längerer Diskussion, in der auch die Zahl π als Verhältnis von Kreisumfang zu Durchmesser in die Runde geworfen wird, studieren wir mehrere Annäherungen an den Kreis. Mit einem Text aus der Bibel (Könige I, 7;23), einer Darstellung der alten Ägypter (vgl. Brüngger 2005, S. 131) und einem Auftritt von Archimedes (Abb. 2) geht die Annäherung ans Runde weiter. Wir begegnen der Einschachtelungsidee von Archimedes und staunen über seine Genauigkeit der Eingrenzung für die Zahl π. Sein rekursives Vorgehen mit unendlichem Prozess erlaubt uns jetzt auch mit heutigen Mitteln, die rasche Annäherung zu verfolgen (vgl. dazu das Lehrstück zur *Kreiszahl* π in diesem Buch).

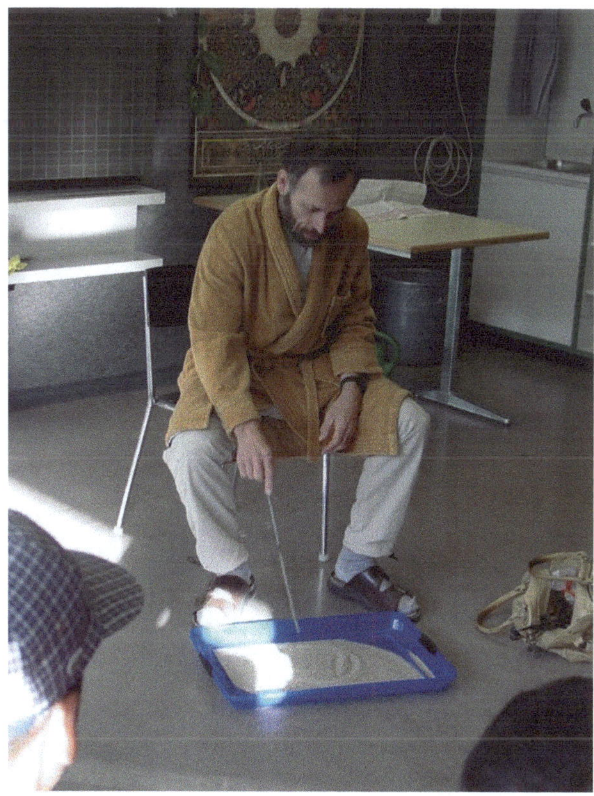

Abb. 2 Im dritten Akt erläutert Archimedes, dargestellt von der Lehrperson, die kulturauthentisch geometrische Figuren in den Sand zeichnet, seine Überlegungen zur Herleitung des Kreisumfangs. (Brüngger 2005, S. 157)

Im **vierten Akt** lernen wir die Körper im Rundland kennen. Die Formeln für Zylinder und Kegel ergeben sich leicht durch die bekannten Einschachtelungen. Für Kern und Schale der Kugel folgen wir den genialen Erläuterungen von Archimedes in seiner frühen Schrift *Über Kugel und Zylinder.* Mit Ton und Waage experimentierend gehen wir den Weg seiner heuristischen Methode. Was Archimedes schließlich sehr umständlich formulieren muss, tönt bei Wagenschein (1948, S. 71) später so: „Zwei Drittel ihres Säulenkäfigs fasst die Kugel, und ebenfalls zwei Drittel seiner Oberfläche ist ihre Fläche." Das weitere intensive Formelknobeln über die einfachen räumlichen Formen führt uns zu unserer einleuchtenden Formelsammlung.

Der **Epilog** wird zu einem Gesamtüberblick mit unserer Formelsammlung und einem Symposium zu Ehren von Archimedes. Einfache Beziehungen zwischen den Körpern werden verständlich (Abb. 3). Zudem wird uns klar, wie nützlich das Verstehen von Formeln als Kurzschrift von mathematischen Sachverhalten ist. Archimedes (1798, S. 103) formuliert: „Der Kreis verhält sich zum Quadrat seines

Abb. 3 Das Lehrstück macht einfache Beziehungen zwischen den Berechnungsformeln der Grundkörper – hier: Zylinder, Kugel, Kegel – sichtbar, sodass diese verstehbar werden. (Grafik: H. Brüngger)

Durchmessers sehr nahe wie 11 zu 14". Dies beschreibt den sehr guten, praktischen Näherungswert 22/7 für die Kreiszahl π, der später als *Archimedische Zahl* bezeichnet wurde. Wir erkennen jetzt auch, dass der Mond doppelt so viel Fläche bietet als wir zu sehen meinen.

Zum Schluss vereinen sich eine große Vielfalt von Körpern auf dem Tisch und unsere selbst erarbeitete Formelsammlung, die zueinander in einem durch Eigentätigkeit errungenen Bezug stehen.

Anmerkung

Die Berechnung von Körpern in der Mathematik wird oft zu einem leidvollen, trockenen Thema mit vielen Formeln. Wenn wir einerseits versuchen, den historischen Prozess ihrer Entdeckung einzubeziehen und andererseits die Zusammenhänge zwischen den einzelnen Formeln herauszuarbeiten, wird es möglich, das Ganze zu verstehen, statt es nur zu akzeptieren. Dies ist die Grundidee des

Lehrstücks, die Martin Wagenschein in seinem Aufsatz *Kern und Schale runder Dinge* (1948) so formulierte: „Formeln genügen nicht. Formelsammlungen [...] haben etwas Trockenes und Abschreckendes [...]. Und doch sind sie nichts als eine Kurzschrift für höchst anschauliche und merkwürdige Zusammenhänge, die sich auch in Worten sagen lassen und dann von jedermann verstanden werden können. [...] So sehen wir überall denselben Gesetzgeber π am Werk, wo das Krumme und Runde in Beziehung gesetzt werden soll zum Geraden, Eckigen, Ebenen. Manchmal allerdings ist das Eckige, das π-mal genommen werden muss, nicht so einfach, wie man es wünschen möchte. Aber man muss die Dinge nur auf die rechte Weise ansehen, dann werden sie einfach. Das Gerade und das Krumme sind nun einmal zueinander fremde Welten, und wenn man den Übergang von der einen zur anderen jedesmal, bei jedem neuen Ding, neu beschreitet, so kann man sich nicht wundern, wenn manchmal Engpässe zu durchschreiten sind. Macht man es aber anders, geht man *ein*mal hinüber, an einer bequemen Stelle, gleich beim Kreis zum Beispiel, und bleibt dann drüben bei den runden Dingen, und setzt sie nun untereinander in Beziehung, so eröffnet sich ein großartig einfaches Bild. Hier hat der Grenzpolizist π nichts mehr zu suchen. [...] Miteinander stehen die runden Dinge in den einfachsten Verhältnissen, die es gibt, denen der ganzen Zahlen!" ◀

Dr. Hans Brüngger war Gymnasiallehrer für Mathematik in Oberwil (CH) und Bern-Neufeld (CH). 1980/81 wirkte er als Ausbildner am Institute of Education der Tribhuvan University in Kirtipur (Nepal). Er war Mitwirkender in verschiedenen Lehrkunstwerkstätten in der Schweiz und promovierte 2004 bei Hans Christoph Berg und Heinz Stübig (Philipps-Universität Marburg) zum Thema „Von Pythagoras zu Pascal".

Himmelsuhr und Erdglobus mit Eratosthenes

Michael Jänichen

▶ *„Zwei Dinge erfüllen das Gemüt mit immer zunehmender Bewunderung und Ehrfurcht, je öfter und anhaltender sich das Nachdenken damit beschäftigt: der bestirnte Himmel über uns und das moralische Gesetz in uns", stellt Immanuel Kant (1724–1804) im „Beschluß" seiner* Kritik der praktischen Vernunft *(1788) fest und weist damit auch auf eine fundamentale Bedeutung der Himmelskunde für den Unterricht hin. Die Bewegungen der Himmelskörper gaben der Menschheit schon immer Orientierung, wann ein Fest gefeiert, die Steuer gezahlt, die Ernte eingebracht oder ein ferner Ort erreicht werden will. Als Protagonist dient diesem Lehrstück Eratosthenes von Kyrene (etwa 275–194 v. Chr.), der nicht nur die Geographie begründet, sondern auch den Erdumfang bemerkenswert genau bestimmt hat. Als Bibliothekar von Alexandria hat er Sternsagen gesammelt und wohl auch Gedichte zu Sternbildern verfasst. So verkörpert er auch jene zwei Seiten der Himmelskunde, die Adolph Diesterweg (1790–1866) und Martin Wagenschein (1896–1988) zufolge im Lehrgang untrennbar zusammengehören, die mathematische und die poetische: „Niemals sollte es [das Schulkind] sich gespalten fühlen, wenn es* einmal *astronomischen Schlüssen und astronautischen Demonstrationen nachgeht und es doch – zum Glück – nicht lassen kann, ein* ander*mal Erfahrungen, Ahnungen, Gedichten sich zu öffnen" (Wagenschein 2002, S. 163). – Das Lehrstück konzentriert sich während einer Spätsommernacht auf eine elementare, vorkopernikanische Himmelskunde sowie die Kugelgestalt der Erde und kommt ohne technische Hilfsmittel aus.*

M. Jänichen (✉)
Bern, Schweiz
E-Mail: michael.jaenichen@lehrkunst.ch

M. Gerwig et al. (Hrsg.), *Sternstunden der Bildung*,
https://doi.org/10.1007/978-3-658-50735-0_17

Abb. 1 Auf dem Rücken geht's am besten: Ein Schüler zeichnet eine Horizontkarte. (Foto: M. Jänichen)

Die **Ouvertüre** findet etwa eine Stunde vor Einbruch der Dämmerung an einem Ort mit guter Rundumsicht statt. Die Lernenden erhalten die herausfordernde Aufgabe, den gesamten Himmel auf ein Blatt Papier zu bringen. Nach kurzer Zeit wird klar, dass es aus der Bodenperspektive gelingen kann. Exakt über uns und in der Mitte des Papiers ist der Zenit, in einigem Abstand davon ein Kreis: unser Horizont. Mit einigen Hilfestellungen sind spätestens beim zweiten Versuch individuelle und ego-zentrische Horizontkarten entstanden, bei denen alle Landschaftselemente kreisförmig vom Rand her in die Mitte wachsen (Abb. 1).

Im **ersten Akt** verändert sich die „Bühne“: Durch das zunehmende Eindunkeln werden die ersten Sterne sichtbar. Im szenischen Spiel, durch die Lehrperson verkörpert, tritt der Gelehrte Eratosthenes auf. Er begrüßt die Lernenden, stellt sich vor und erzählt dann altersgerecht die griechischen Sagen zu einigen ersten erkennbaren Sternbildern: sicher die von der großen Bärin, die der Kassiopeia und die des kleinen Bären, wahrscheinlich auch die von Schwan, Leier und Adler. Dabei wird stets akribisch genau darauf hingewiesen, wo sich die Sternbilder über dem Horizont befinden, denn sie sollen als wesentliche Lerninhalte natürlich jederzeit wiedererkannt werden.

Ein langes **Zwischenspiel** beginnt. Nun gilt es, drei bis vier Stunden Zeit zu überbrücken und dabei zugleich den Fokus zu behalten. Die Jugendlichen beschäftigen sich dazu zum Beispiel gruppenweise an Stationen mit vielfältigen Aufgaben. Auf einer Folie, auf welche die Sterne des nördlichen Himmels kopiert worden sind, werden die bereits kennengelernten Sternbilder gesucht und markiert. Die dazugehörigen Sagen werden noch einmal in eigenen Worten niedergeschrieben, weitere Sternsagen werden nach eigenem Interesse gelesen. Lieder zu den Sternen werden in Erinnerung gerufen und vielleicht auch gesungen, Sternen-Lyrik wird vorgetragen. Auch Kreatives hat Platz: Es können zum Beispiel eigene Sternbilder und -sagen erfunden oder eigene Gedichte verfasst werden.

Der **zweite Akt** führt die Lernenden erneut unter den freien Himmel und beginnt mit einer Überraschung: Die vorhin kennengelernten und sorgsam eingeprägten Sternbilder sind weg! Nach und nach fällt auf, dass das so nicht stimmt. Einige sind tatsächlich weg, andere haben sich hierhin, andere dorthin verschoben. In gemeinsamem Nachdenken klären die Lernenden das scheinbare Chaos: Es sind alles kreisförmige Bewegung um den Polarstern, den *Himmelsnagel.* Was in seiner Nähe liegt, hat sich nur verschoben, was aber weiter entfernt von ihm im Westen lag, ist tatsächlich verschwunden. Im Osten hingegen sind neue Sterne aufgetaucht. Die Bewegungen werden unter Anleitung der Lehrperson weitergedacht: Wo sind denn jetzt die Sterne, die vorher im Westen waren? Wo werden sie in einigen Stunden sein? Wo waren denn zuvor die Sterne, die nun im Osten stehen? Das Himmelszelt mit den Sternen über uns rundet sich zum Um-Himmel – die Erde schwebt; wir alle schweben.

Eratosthenes tritt erneut auf und verdeutlicht die großen Linien am Himmel. Die Polachse endet auf der Südhalbkugel auch in einem Drehpunkt, dem Himmelssüdpol. Genau zwischen ihnen verläuft als größter Kreis der deutlich über dem südlichen Horizont stehende Himmelsäquator, auf dem die Sternbilder die größten Strecken zurücklegen. Unter ihm liegt der Äquator der Erde – was jetzt also im Süden am Himmelsäquator steht, steht im Kongo beinahe im Zenit. Und etwa eine Handbreit über dem Horizont sehen wir jene Sterne, die in Kapstadt am höchsten stehen. Im Osten „sehen" wir bis in die Mongolei, im Westen bis Chicago. „Da kann man ja um die ganze Welt denken", kommentierte dies ein Schüler.

Wer mag, hört sich noch ein paar weitere Sternensagen an, wer allzu müde ist, geht jetzt am Ort der Durchführung, zum Beispiel im Klassenzimmer, schlafen.

Nach dem Frühstück beginnt der zweiteilige **Abschluss.** Das erste Wort hat erneut Eratosthenes. Er erklärt anschaulich erzählend, wie er den Umfang der Erde berechnen konnte. Als Krönung wird nun alles Gelernte noch in einem kulturellen Kleinod haltbar gemacht. Die Horizontkarte vom Vortag wird über eine Musterklammer mit der Sternenfolie dort verbunden, wo der *Himmelsnagel,* also der Polarstern, in der Nacht gesehen wurde. Mit Datum und Uhrzeit versehen haben alle eine ziemlich gut funktionierende, ego-zentrische Sternkarte in der Hand – mit festem Horizont und drehendem Himmel (Abb. 2). Die *Himmelsuhr* kann daran auch zu Hause vorgeführt werden: Die Sterne drehen sich in 24 Stunden vollständig und legen in einer Stunde 15 Grad zurück.

Abb. 2 Eine drehbare Sternkarte aus einer 7. Klasse. (Foto: M. Jänichen)

Anmerkung

Das Lehrstück ist mit inhaltlichen Anpassungen von der 1. Klasse der Grundschule bis zu Gymnasialklassen inszeniert worden. Es schafft in der vorliegenden Form ein Stück Heimat unter einem durch okzidentale Sagenfiguren belebten Himmelszelt. Von dieser elementaren Himmelskunde aus kann jederzeit eine tiefergehende Auseinandersetzung mit den Bewegungen der Himmelskörper im Unterricht vollzogen werden. Tatsächlich erlaubt diese Grundlage sogar eine echte kopernikanische Wende, die auch dazu führt, die käufliche Sternkarte mit dem starren Sternenhimmel und dem drehenden Horizont besser zu verstehen. Auch ein Teleskop kann während der Sternennacht eingesetzt werden; es stimuliert allerdings viele Themen, die die Menschheit erst seit der Neuzeit beschäftigen, und bedeutet daher einen gedanklichen Zeitsprung.

In Variationen wurde dieses Lehrstück auch mit Aratos von Solois (310–245 v. Chr.) Lehrgedicht „Phainomena“ verbunden. Es ist natürlich auch möglich, die Bewegungen von Sonne und Mond in ähnlich gestalteten genetischen Lehrgängen zu erschließen. Sinnvoll wäre zudem, den Lernenden während des gesamten Schuljahrs immer wieder Aufträge zur Beobachtung des Nachthimmels zu geben. ◀

Dr. Michael Jänichen ist Lehrer für Deutsch und Geographie am Gymnasium Muristalden Bern (CH) sowie Dozent an der Pädagogischen Hochschule Luzern (CH). Er ist Vorstandsmitglied der „Gesellschaft für Lehrkunstdidaktik“ und promovierte 2010 bei Hans Christoph Berg und Heinz Stübig (Philipps-Universität Marburg) zum Thema „Dramaturgie im Lehrstückunterricht“.

Die Kreiszahl π

Beate E. Nölle-de Vries

▶ *Wahrscheinlich handelt es sich bei der Kreiszahl π um die berühmteste Zahl der Welt. Dabei ist es eine erstaunliche Tatsache, dass sich diese Zahl durch keine endliche oder periodische Dezimalzahl und also auch durch keinen Bruch exakt angeben lässt. Mathematiker haben über viele Jahrtausende hinweg um die Bestimmung ihres Werts gerungen. Archimedes (um 285–212 v. Chr.) war der erste, der ein raffiniertes Verfahren zu dessen sicherer Abschätzung entwickelt hat. Bis zur Erkenntnis, dass man zwar stets beliebig viele, aber niemals alle Dezimalstellen wird angeben können, dauerte es dann jedoch noch viele Jahrhunderte. Das Lehrstück fokussiert nicht nur die Zahl selbst, sondern auch deren Geschichte und Bedeutung als Repräsentantin des Kreises sowie die Vollkommenheit der Kreisfigur auch auf der symbolischen Ebene und die Wirkung auf Menschen durch Jahrhunderte hindurch.*

In der **Ouvertüre** staunen wir gemeinsam darüber, wo uns die Kreisform überall begegnet: in den Augen unseres Gegenübers, in Blüten, bei Baumstämmen und Ästen, am Himmel, bei Zylindern und Kegeln. Der Kreis – die Menge aller Punkte einer Ebene, die von einem festen Punkt gleich weit entfernt sind – verkörpert höchste Symmetrie und Vollkommenheit. Da der Kreis eine geometrische Grundform ist, müsste es doch ein Leichtes sein, ihn zu vermessen und mit entsprechendem Werkzeug zu erfassen. Das Thema ist gestellt, das Interesse ist geweckt.

Auf Bekanntes zurückzugreifen ist ein probates Mittel beim Problemlösen: Mit Strecken kennen wir uns aus. Zum Kreis gehören Radius, Durchmesser und auch der Umfang, dessen Länge wir mit einem Band ermitteln können (gleichsam „abgerollt" als Strecke). Und also vermessen im **ersten Akt** Schüler und Schülerinnen

B. E. Nölle-de Vries (✉)
Wiesbaden, Deutschland
E-Mail: beate.e.noelle@googlemail.com

M. Gerwig et al. (Hrsg.), *Sternstunden der Bildung*,
https://doi.org/10.1007/978-3-658-50735-0_18

Abb. 1 Die Messergebnisse kreisrunder Gegenstände werden im ersten Akt in einer Tabelle zusammengetragen. (Nölle 2007, S. 282)

kreisrunde Gegenstände verschiedener Größen aus ihrem Alltag: Münzen, Getränkedosen, Blumentöpfe, Eimer und vieles andere mehr. Mit flexiblen Maßbändern können Umfänge und Durchmesser (am besten zu zweit) ermittelt und alle in einer entsprechenden Tabelle zusammengetragen werden (Abb. 1).

Und tatsächlich stellt sich bei aufmerksamer vergleichender Betrachtung der Ergebnisse eine Vermutung ein: Das Verhältnis von Umfang zu Durchmesser (U: d) ist immer das Gleiche, und zwar völlig unabhängig von der Größe des Gegenstands bzw. des Kreises! Eine konstante Zahl, aber keine „glatte". Etwas größer als drei. Ein überraschendes Ergebnis, ein erstaunliches Phänomen. Damit ist die „Hauptperson" des Lehrstücks auf der Bühne, bekommt ihren Namen (der auch etymologisch erläutert wird) und will nun ergründet werden: Wie groß ist diese Zahl genau?

Im **zweiten Akt** folgen wir erneut dem heuristischen Prinzip, auf bekannte Größen zurückzugreifen. Die Umfangsberechnung von Dreiecken, Vierecken usw. beherrschen wir. Wir beginnen mit einem Sechseck, das von allen möglichen Vielecken dem Kreis aufs engste verwandt ist, entsteht es doch aus den Radien des Kreises wie von selbst (vgl. auch Kap. „Die Entdeckung der Axiomatik mit Euklid"). Um der Kreislinie zumindest ein wenig näher zu kommen, konstruieren wir nun historisch-genetisch aus dem Sechs- ein Zwölfeck, was der Vorgehensweise des Archimedes entspricht. Wir erheben die Eckenverdopplung zum Prinzip, fahren so fort und geraten an die Grenzen der zeichnerischen Umsetzung. Aber wir kennen nun die Idee und entwickeln (mit etwas Mühe) eine Umfangsformel für Vielecke in Abhängigkeit von ihrer Eckenzahl. Doch der Kreisbogen bleibt unerreichbar, auch wenn ihm die Vielecke von innen immer näher kommen.

Dann hilft die Idee, die Kreislinie zusätzlich von außen anzunähern: Um den Kreis herum lassen sich auch Vielecke konstruieren – deren Seiten verlaufen tangential zum Kreis – und berechnen, vom Sechseck zum Zwölfeck und so fort (Abb. 2). Zwischen diesen beiden Vielecksumfängen, dem von innen und dem von außen, genau da muss er liegen, der Kreisumfang. Wir haben ihn eingefangen!

Zeichnen, Rechnen, Notieren – ein mühsames Unterfangen. Und dann die ernüchternde Erkenntnis: Der Kreis ist auch so nicht zu fassen! Schon Archimedes hatte dies feststellen müssen, was eine Schülerin einmal wie folgt formulierte: „Er hat es also nicht geschafft, denn Ecken können nie rund werden, Ecken bleiben immer Ecken. Eines hatte er aber herausgefunden: Die Kreiszahl muss zwischen $3\frac{10}{70}$ und $3\frac{10}{71}$ liegen!" Also zwischen dem inneren Vieleck und dem äußeren Vieleck.

Einblicke in das über Jahrhunderte andauernde Ringen um diese Zahl sowie die Anstrengungen und Fortschritte bei ihrer Berechnung, möglichst auch bis in unsere heutige Zeit hinein, stehen im **dritten Akt** ebenso im Fokus wie die enorme Bedeutung, die dieser Zahl in vielen ganz unterschiedlichen mathematischen Teilgebieten und Theorien zukommt. Ihr mathematischer Charakter (transzendent und somit irrational) zeigt sich in ihren unendlich vielen Nachkommastellen, die keinerlei vorhersagbare Muster aufweisen, aber mit Sicherheit an irgendeiner (genau bestimmbaren!) Stelle beispielsweise das Geburtsdatum jedes einzelnen Schülers und jeder einzelnen Schülerin enthält. Kaum zu fassen! Nicht ausgelassen werden sollte dabei ein Blick in die bunte Sammlung an Kuriositäten rund um die Kreiszahl π: ein Wett-

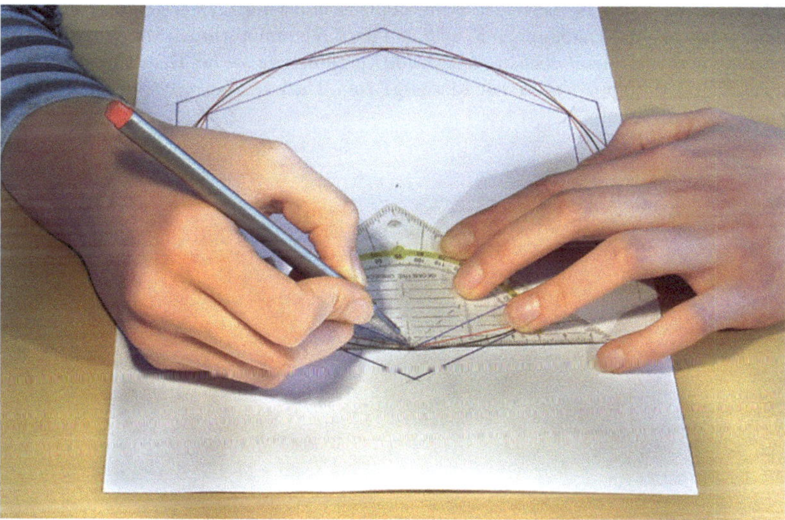

Abb. 2 Ein Schüler führt im zweiten Akt zeichnerisch mit Stift und Lineal das Verfahren des Archimedes aus. (Nölle 2007, S. 298)

lauf um die Anzahl auswendig gelernter Nachkommastellen, ein Parfüm namens π, ein der Kreiszahl gewidmeter Tag – es ist der 14. März, da die US-amerikanische Schreibweise (3/14) den ersten Stellen von π entspricht – und vieles mehr.

Im **vierten Akt** kehren wir zurück zur Geometrie. Die anschauliche Herleitung der Kreisflächenberechnung erfolgt durch Unterteilung des Kreises in Sektoren, die neu zusammengefügt werden und dann näherungsweise einer Rechteckfläche mit den Seitenlängen Radius und einem halben Kreisumfang entsprechen – je kleiner die Sektoren, desto mehr ähnelt die neue Form einem Rechteck. Und die Berechnung von Rechteckflächen, die ist ja bekannt. So werden zuvor ausführlich erarbeitete Prinzipien fast nebenbei wiederholt.

Weitere Ergänzungen sind im Rahmen eines **Epilogs** möglich und willkommen: etwa die *Möndchen des Hippokrates,* die *Sichel des Archimedes* oder ein Exkurs zur *Quadratur des Kreises.*

Anmerkung

Nicht nur die immer wiederkehrende Beschäftigung der Menschheit mit dieser Zahl begründet die Kreisberechnung als Menschheitsthema, sondern vor allem auch der Zugriff auf das Vollkommene mit „unvollkommenen" Mitteln, und zwar im Bewusstsein des niemals Erreichbaren. In welcher Ausführlichkeit und Tiefe darauf mit den Schülerinnen und Schülern im Rahmen des Lehrstücks eingegangen werden kann, ist nicht allgemeingültig zu bestimmen und kann wohl nur in Abhängigkeit der jeweils betroffenen Lerngruppe entschieden werden. Aber diese mathematisch-philosophische Herangehensweise ganz konkret erfahren zu lassen, ist durchaus ein Anliegen des Lehrstücks. ◀

Beate E. Nölle-de Vries ist Ausbilderin am Studienseminar für Gymnasien in Wiesbaden. Der Satz des Pythagoras, die Platonischen Körper und die Kreiszahl π wurden von ihr zu Lehrstücken ausgearbeitet und zu echten Lebensfreunden. 2007 promovierte sie bei Hans Christoph Berg und Wolfgang Klafki (Philipps-Universität Marburg) zum Thema „Wagenschein und Lehrkunst in mathematischen Exempeln".

Ovids „Metamorphosen"

Marion Clausen

▶ *Ovid lebte um die Zeitenwende (43 v.–17 n. Chr.) im römischen Reich. Seine Metamorphosen gehören als unendliches Gedicht (perpetuum carmen) über die antiken Mythen zum Faszinierendsten, was die lateinische Literatur zu bieten hat. Von der Antike bis heute sind die „Metamorphosen" immer neue Inspiration für Kunst und Literatur – hinsichtlich der Berühmtheit und Wirkmacht ihrer Motive durchaus vergleichbar mit der Bibel. Spätestens seit dem Mittelalter gelten sie in der Rezeption der europäischen Antike als Grundtext für das eigene kulturelle Selbstverständnis. Die dargestellten Charaktere und Handlungsmotivationen regen an zu allgemeinen psychologisch-philosophischen Betrachtungen, zu individuellen Reflexionen über uns selbst und unser Menschsein: Ovids lebendige Mythendarstellungen, verfasst in wunderschönem Latein, bieten einen Schlüssel zum Begreifen unserer Welt und Kultur. Und so verdient diese Sternstunde der Menschheit einen festen Platz im Bildungskanon.*

Der **erste Akt** sensibilisiert für das Phänomen der Metamorphose und dient dem Kennenlernen von Ovids Dichtung. Eine Vernissage (als **Ouvertüre**) stellt mit einer exemplarischen Auswahl berühmter Darstellungen einige von Ovids prominentesten Geschichten an den Anfang (mithilfe von Farbkopien) (Abb. 1). Eine mögliche dramaturgische Variation oder Erweiterung kann ein Malerwettstreit sein: Jedes Mythos-Motiv wird von je drei Künstlerinnen oder Künstlern vorgestellt, die ihre Interpretation verteidigen. Ovid und weitere Experten (in den Rollen als Museumsdirektor, Universitätsprofessorin usw.) fungieren dabei als Kritiker und Gesprächspartnerinnen. Die Fülle der Bilder aus ganz unterschiedlichen Epochen zeigt die zeitlose Faszination, die von den ovidischen Mythen ausgeht,

M. Clausen (✉)
Marburg, Deutschland
E-Mail: marion.clausen@gmail.com

M. Gerwig et al. (Hrsg.), *Sternstunden der Bildung*,
https://doi.org/10.1007/978-3-658-50735-0_19

Abb. 1 Collage zum Lehrstück im Unterricht. (Grafik: M. Clausen)

und ermöglicht den unmittelbaren Zugang zu ihnen. Die Darstellungen fordern schließlich dazu auf, den sie einenden Begriff der *Metamorphose* zu klären und zu definieren.

Im **zweiten Akt** erfolgt die Beschäftigung mit der persönlichen Lieblingsmetamorphose. Jede und jeder wählt individuell ein Bild zur Behandlung aus, das sie bzw. ihn besonders anspricht, und liest die dazugehörige Geschichte bei Ovid (zunächst in deutscher Übersetzung), inklusive eigenständiger Bearbeitung und Aneignung durch Variation und Auseinandersetzung (Reflexion, Kritik, Umdichtung, eigenes Bild usw.): Auf genetische Weise durchleben wir selbst den Prozess, den auch alle Künstlerinnen und Künstler, die in der Vernissage ausgestellt waren, individuell durchlebt haben.

In der Vorstellungsrunde berichten wir über „unsere" Geschichten, wir lesen sie gemeinsam (zunächst auf Deutsch und zweisprachig), tauschen uns aus und durchdenken die in den Mythen enthaltenen allgemeinen inhaltlichen Themen. Durch exemplarische Originallektüre erleben und begreifen wir die sprachliche Schönheit der *Metamorphosen* im lateinischen Original.

Eine dramaturgische Erweiterungsmöglichkeit ist zum einen eine Art Ur-Szene: Ovid, gespielt von der Lehrperson, sitzt in seinem Garten beim Dichten der *Metamorphosen:* Er beobachtet Naturphänomene und (er)findet mythologische Erklärungen (zum Beispiel die Spinne im Netz: Verwandlung der Arachne; Kaulquappen und Frösche im Teich: Verwandlung der lykischen Bauern; das Hören eines Echos: Verwandlung von Narziss und Echo usw.). Zum anderen könnte es auch eine Szene zu Ovids Quellen sein: Ovid sitzt in seinem Studierzimmer und liest Hesiod, Homer, Lukrez, Aristoteles (die 4-Ursachen-Lehre, die *mesotes*-Lehre) und viele mehr. Dabei denkt er laut und diskutiert mit uns, wie er seine Quellen begreift und nutzt. Wir können ihn unterstützen, ihm Vorschläge unterbreiten und auch (kritische) Fragen stellen.

Im **dritten Akt** geht es um die *Metamorphose als Weltprinzip,* den Wandel als Konstante: Die Welt verändert sich – und wir mit ihr und in ihr und durch sie (Lebensweltbezug). Wir erkennen, dass unser Leben eine Metamorphose ist, dass die bei Ovid dargestellten Charaktereigenschaften und Handlungsmotive wie (un-) glückliche Liebe, Vorstellungen vom Traumpartner, Hochmut, Neid usw. die anthropologischen Konstanten im Wandel sind und dass sie auch in unserem Leben eine Rolle spielen. Mögliche Passagen zur Lektüre können hier sein: „Proömium“, „Die vier Weltalter“, „Epilog“, Pythagoras mit prägnanten Zitaten und der Fragestellung: „Was ist die Erkenntnis des Pythagoras?“ und „Ist die *Verwandlung als Weltprinzip* der Schlüssel?“

Im Zentrum dieses Akts geht es darum, die vielfältigen Motive für den Wandel zu ergründen und herauszufinden, was uns verwandeln kann. Hier werden die philosophischen Grundlagen der *Metamorphosen* in der Lehre des Pythagoras (15. Buch der *Metamorphosen*) an einigen Beispielen in der Originallektüre überprüft und vertieft sowie die deutlichen Anklänge an Aristoteles' *mesotes*-Lehre reflektiert. Wir erkennen: Für Ovid steht immer der Mensch im Zentrum des Interesses. Dessen Verwandlung hat neben dem Anlass von außen auch immer eine innere Ursache, wenn etwa Hybris bestraft oder Demut belohnt wird. Manche Verwandlungen dienen auch dem Selbstschutz, wenn etwa Daphne von ihrem Vater in den Lorbeer verwandelt wird, um Apollos Nachstellungen zu entgehen.

Das **Finale** erfolgt in zwei Stufen: Wir haben Ovids Geschichten kennengelernt und sind nun imstande, ihm abschließende Fragen zu stellen, vielleicht auch Kritik zu äußern oder ihm Verbesserungsvorschläge zu machen, zum Beispiel: „Wie kommt die Ordnung in die Vielfalt Deiner Geschichten?“ Um auch selbst ins Schaffen zu kommen, überlegen wir uns weitere Tiere, Pflanzen, Ereignisse, bei denen wir uns eine Metamorphose vorstellen bzw. wünschen: Eule, Kuckuck, Lerche, Eiche und Schilfrohr, Efeu, Zaunkönig, (schwarzer) Rabe und (weißer) Schwan, Vergissmeinnicht, Frauenmantel, Blitz und Donner.

Im **Epilog** können wir selbst Teil des ewigen Verwandlungsprozesses werden. So kann mithilfe der eigenen Kreativität am Ende ein Leporello entstehen, das die persönlichen Lieblingsgeschichten enthält.

Anmerkung

Die Beschäftigung mit einer wohlbedachten exemplarischen Auswahl aus der Vielfalt der ovidischen Mythen fußt auf den Prinzipien der Lehrkunst: *exemplarisch – genetisch – dramaturgisch* und *sokratisch:* Unter anderem tritt Ovid (verkörpert durch die Lehrkraft) selbst auf und lässt uns an seinen Überlegungen und Erkenntnissen teilhaben. Im genetischen Lernprozess und im sokratischen Dialog mit Ovid als Experten, der die richtigen Fragen stellt, weil er selbst den Prozess schon durchdacht hat, ringen wir gemeinsam um die Fragen: „Warum sind Dinge so (geworden), wie sie sind? Warum (ver)wandeln wir uns?“ Ovid ist immer zugegen und gibt nach sokratischem Vorbild Denkanstöße, ergänzt wichtige Informationen und deckt Scheinwissen kritisch auf.

Die Lehrstückfabel zu dieser Lehridee enthält drei thematische Einheiten, also drei Akte gemäß der Lehrstück-Dramaturgie: I. Kennenlernen; II. Lieblingsmetamorphosen und -rezeptionen finden, bearbeiten, variieren und aneignen; III. Erkenntnis (Die Metamorphose als Weltprinzip). In der hier dargestellten Form bietet sich das Lehrstück für den Lateinunterricht ab Klasse 10 an. Falls man es mit jüngeren Lernenden durchführen will, wird man die Anteile der Originallektüre anpassen bzw. die Geschichten lediglich zweisprachig lesen. ◀

Dr. Marion Clausen ist Lehrerin für Griechisch, Latein und Englisch am Gymnasium Philippinum Marburg. Sie ist auch als Dozentin für die Fachdidaktik der alten Sprachen an der Philipps-Universität Marburg tätig. Ferner ist sie Vorsitzende des hessischen Altphilologenverbandes. Promoviert wurde sie 2007 an der Philipps-Universität Marburg bei Prof. Dr. Arbogast Schmitt zum Thema *Platonrezeption bei Cicero*.

Jesus Christus als Friedensfürst?

Sebastian Eck

▶ *Die Christologie gilt als eines der schwierigsten religionsunterrichtlichen Themenfelder. Dass Jesus von Nazareth aus christlicher Sicht „mehr" sein solle als irgendein anderer vorbildlich erscheinender Mensch, ist für viele Schülerinnen und Schüler kaum nachvollziehbar. Die gängigen christologischen Hoheitstitel wie* Heiland, Erlöser *oder gar* Sohn Gottes *erweisen sich allesamt als sperrig. Von daher versucht das Lehrstück den „christologischen Anspruch" mit einer heute eher selten gebrauchten christologischen Prädikation zu bearbeiten: Jesus als Friedensfürst. Konkret geht es darum, das für Christinnen und Christen mit Jesus verbundene „Mehr" von dessen Erniedrigung her zu erschließen: die Enthüllung des vermeintlichen Opfers als des eigentlichen Siegers. In der biblischen Bildsprache heißt dies: die Deutung des am Kreuz geschlachteten Lammes als Erlöser aus der Spirale der von „Siegern" wechselseitig erstrebten Erniedrigungen.*

Die **Ouvertüre** identifiziert den Punkt, an dem die Fragestellung für Schülerinnen und Schüler relevant wird. Dazu werden drei Fragerunden initiiert: Wer ist ein Opfer? Wie fühlt man sich als Opfer? Kann ein Opfer Sieger sein? Die Reflexion der eigenen Opfererfahrungen soll auf die Einsicht hinauslaufen, dass Menschen zu Vergeltungsphantasien tendieren, wenn sie sich von anderen missachtet, erniedrigt oder zum hilflosen Opfer gemacht fühlen.

Im **ersten Akt** wird verglichen, wie verschieden Menschen mit Erfahrungen von Erniedrigung und Gewalt umgehen. Gegenübergestellt werden: *1. Das Konzept der Vergeltung:* Das Opfer wird zum Sieger, indem es „den Spieß umdreht" und sich (mit Gewalt) behauptet; *2. Das Konzept der Vergebung:* Das Opfer wird zum Sieger, indem es souverän aus der Spirale der Gewalt aussteigt und von Ver-

S. Eck (✉)
Essen, Deutschland
E-Mail: sebastian.eck@uni-due.de

M. Gerwig et al. (Hrsg.), *Sternstunden der Bildung*,
https://doi.org/10.1007/978-3-658-50735-0_20

geltung Abstand nimmt. Das erste Konzept soll durch Elija, das zweite durch Jesus repräsentiert und in gemeinsamer Lektüre und Diskussion erschlossen werden.

Das erste Konzept, das bereits in der Ouvertüre durch die persönlichen Erfahrungen der Lernenden anfanghaft begründet wurde, ist auch in den biblischen Schriften zu finden, so in Elijas Vernichtung der Baalspriester (1 Kön 18). In Kenntnis des Entstehungszusammenhangs arbeiten die Lernenden die Bedeutung dieser Erzählung für den Überlieferungsschatz des Volkes Israel heraus. 1 Kön 18 ist auch deshalb so wichtig geworden, weil diese Erzählung dem Volk Israel hilft, in einer schmachvollen Situation der Entmächtigung (Babylonisches Exil), in der Israel das Opfer einer fremden Großmacht ist, den Glauben an das machtvolle Vergeltungshandeln Gottes wachzuhalten. Dieser Perspektive setzt Jesus seine Vision von einer Überwindung der durch solche Vergeltungswünsche angekurbelten Spirale der Erniedrigung zwischen Opfern und Siegern entgegen (Abb. 1). Diese zeigt sich exemplarisch in den Seligpreisungen (Mt 5,1–12).

Im **zweiten Akt** erfolgt eine Adaption der Botschaft Jesu von der Erhöhung der Niedrigen auf das politische Tagesgeschäft. Die praktische Relevanz des Anspruchs, dass die eigene Selbstbehauptung nicht auf Kosten anderer gehen muss, macht Martin Luther King (1929–1968) in seiner Weihnachtspredigt von 1967 in der Spur der Seligpreisungen deutlich. Die Jugendlichen lesen diese Predigt unter Anleitung, um Sätze wie die folgenden einordnen zu können: „Bombardiert unsere Häuser und bedroht unsere Kinder, und wir wollen euch, so schwer es auch ist, trotzdem lieben. Schickt eure vermummten Gewaltverbrecher in unsere Gemeinden, schleppt uns hinaus in eine abgelegene Straße und lasst uns halb totgeschlagen liegen, und wir wollen euch trotzdem lieben."

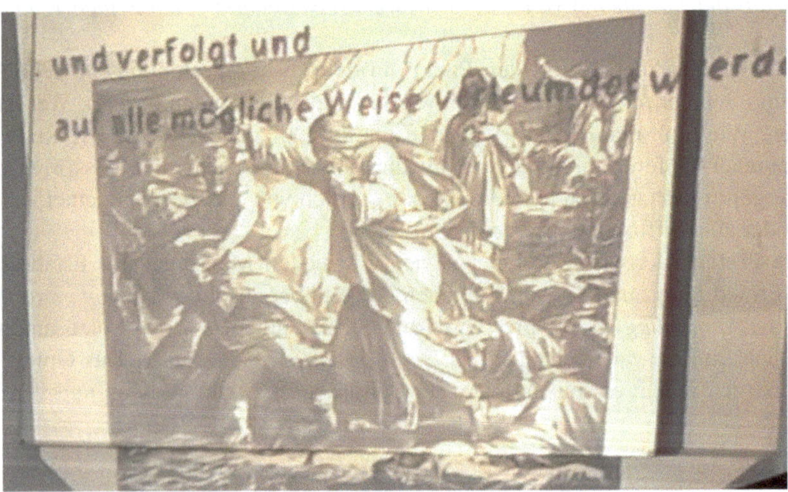

Abb. 1 Jesu Seligpreisungen lassen sich auch als kritischer Kommentar zur Praxis des Elija lesen. Hier haben Lernende ein Bild aus der Bibel von Julius Schnorr von Carolsfeld (1860), das die Szene aus 1 Kön 18 zeigt, durch eine Seligpreisung kritisch verfremdet. (Quelle: Religionspädagogische Forschungsgruppe Essen)

Der **dritte Akt** stellt eine Progression als Erweiterung auf die Sinnpotenziale des Kreuzestodes Jesu dar. Im offenen Gespräch erheben sich bei den Lernenden Fragen wie: „Was sagt Jesu Schicksal über die Chancen seiner Vision, dass das Bewusstsein eigenen Werts nicht mit der Erniedrigung anderer erkauft sein muss? Ist er nun nicht selbst ein Opfer? Hat er sich geopfert? Wurde er von Gott geopfert? Zeigt das Kreuz nicht, dass am Ende scheitern muss, wer sanftmütig ist?“

Diese Fragen werden mit einem Deutungsvorschlag des Anthropologen René Girard (1923–2015) bearbeitet. Er beschäftigt sich mit der Aufgabe, herauszuarbeiten, was Menschen und Kulturen wesentlich ausmacht. Als Schlüssel für das Verständnis dient ihm dabei das „mimetische Begehren“. Dies ist für ihn nicht nur der Antrieb der kulturellen Entwicklung (weil es dazu befähigt, von anderen zu lernen, indem man sie nachahmt und sogar übertrifft), sondern auch für gewalttätige Rivalität (Kampf um knappe Güter). Die Pointe von Girards These ist, dass dieser Mechanismus tödlicher Rivalität durch Jesu Verständnis seines eigenen Todes durchbrochen wird. Damit beschreibt sie genau die Spannung, die das Lehrstück durchzieht: einerseits die Tendenz zu wechselseitiger Viktimisierung (Normalperspektive) und andererseits die Vergebungsbereitschaft des Opfers, welche die Arretierung der Aggressionsspirale und damit einen erlösenden Neuanfang ermöglicht (Gegenfolie).

Der **vierte Akt** fokussiert auf den christlichen Glauben, dass Jesus nicht vergebens gestorben ist. Jesus war der Überzeugung, dass der Glaube an die Liebe Gottes die Liebe zum anderen Menschen nach sich ziehen muss – und dass diese Liebe zum „Nächsten“ mit Erniedrigung jedweder Art nicht vereinbar ist. Es scheint, als sei diese Überzeugung am Kreuz gescheitert. Aber der christliche Glaube entdeckt im vermeintlichen Scheitern Jesu etwas Großes. Jesus wird für Christinnen und Christen zum Inbegriff dessen, worauf es im Leben ankommt. Im Lichte dessen, was Jesus gelehrt, wie er gelebt und wie er gestorben ist, lernen sie zu sehen, wie Gott ist. Insofern ist Jesus für sie bleibend „lebendig“, und zwar nicht einfach nur als ein Mensch der Vergangenheit, sondern als „Christus“: als Weg zu wahrem Leben. Dazu gehört auch der Verzicht auf alle Strategien, die darauf hinauslaufen, andere zu erniedrigen. Anhand eines Ausschnitts aus dem „Isenheimer Altar“ (1516) von Matthias Grünewald (1475–1528) kann man diese Entdeckung ein Stück weit nachvollziehen (Abb. 2): Die eigentliche Wehrlosigkeit des Lammes kann zum Symbol der letztlich siegreichen Liebe umgedeutet werden *(agnus victor)*.

Im **Epilog** soll die Sicherung der Lernergebnisse mit einem selbstgeschriebenen Text erfolgen. Als Trigger für die Markierung einzelner Lernschritte dient ein Textauszug aus Heinrich Bölls Roman „Billard um halb zehn“ (1959). Dort heißt es: „ ‚Wir sind Lämmer‘, sagte Schrella, ‚haben geschworen, nie vom Sakrament des Büffels zu essen.‘ ‚Lämmer.‘ Ich hatte Angst vor dem Wort. ‚Eine Sekte?‘, fragte ich.“ Wer – in der Sprache Bölls – vom „Sakrament des Büffels“ gegessen hat, der gehört zur Welt der Erfolgreichen. Die Welt der Christen hingegen sei nicht die Welt der Büffel, sondern die der Lämmer. Doch manche meinen: So viel Büffel wie heute war nie. Von daher ist die Frage: Gibt es mitten in der Welt der Büffel noch Platz für die Botschaft des Lammes? Inwiefern lohnt es sich, für die Botschaft des Lammes einzutreten?

ieden haben, mag auf das persönliche Involviertsein zurückzuführen sein. Es mag
ch damit zu tun haben, dass die Schüler/innen die anderen Deutungsmodelle allein
eines Kurzvortrags über die jeweiligen Texte nicht tiefergehend erfasst haben.
e Hausaufgabenfrage ist von den Schüler/innen nicht beantwortet worden. Sie
es Versäumnis unisono darauf zurück, dass sie die Fragestellung nicht verstan-
Diese sei *sehr schwammig* (VII, 113) formuliert gewesen. Pia merkt kritisch
ir mich schon fünf Fragen (VII, 116) gewesen seien. Und Jennifer gibt zu:
nen langen Arbeitsauftrag sehe, dann schalte ich eigentlich allgemein ab
Lehrer versucht daraufhin *noch mal anders* (VII, 139) zu erklären, was
ist, und bietet gleich selbst eine Antwort an. Er geht die drei Deutungs-
d fragt jeweils, ob Jesu Vision einer Erhöhung der Niedrigen dadurch
er nicht. Beim Modell ‚Der Gottverlassene' sei das am klarsten: Dem-
gescheitert. Bei den beiden anderen Modellen sei der Befund diffe-
man beides sagen, ja und nein (VII, 139).
n Vortrags fragt der Lehrer: *Haben Sie noch eine Frage zu diesen*
wir uns nochmal anschauen sollten? Weil sonst kann ich jetzt
hätzen, ob Sie es verstanden haben oder nicht. ... Ansonsten
ssen wir das mal so stehen (VII, 139). So wird die Auseinander-
ramaturgie zentralen Stelle beendet.
Frage gehen: Wie entdeckten die frühen Christen in dem ver-
rten Jesus ein für sie überzeugendes Modell des Lebens und
ie eigene Würde nicht durch die Entwürdigung des Anderen
er fasst dies, vielleicht in dem Bemühen, dieses Mal nicht
die Frage: *Wieso hat es diesen Kreuzestod gegeben und*
ition zu (VII, 219)? Damit wird allerdings eine deutlich
rdergrund gestellt als die ursprünglich vorgesehene.
er Stelle in zwei Gruppen: Eine Gruppe erhält eine
s spanischen Künstlers Francisco de Zurbarán, die
us dem Isenheimer Altar von Matthias Grünewald,

Grünewald, Isenheimer Altar (1516)

Unterricht als Komposition: Die Dramaturgischen Analysen 111

Zusätzlich erhalten beide Gruppen einen Textauszug aus dem Vierten Gottesknechtslied (Jes 53,1–12). Dieser endet mit einer Gottesrede, in der JHWH seine Zuwendung zu dem geschundenen Knecht ausdrückt, ihn rehabilitiert und erhöht. Die Arbeitsaufträge lauten: Welche Aussagen des Liedes vom Gottesknecht passen zu dem Bild? Wählen Sie die passenden Passagen aus. … Geben Sie der Text-Bild-Komposition eine treffende und aussagekräftige Überschrift.
Nach einer langen Arbeitsphase präsentieren die Gruppen ihre Ergebnisse. Beide Gruppen haben etliche Parallelen zwischen Bild und Text gefunden. Die Zurbarán-Gruppe nennt ihr Bild *Die schweigende Sühne* (VII, 542), die Grünewald-Gruppe *Das Schweigen des Lammes* (VII, 661). Interessant ist nun die Auseinandersetzung um die Unterschiede zwischen den beiden Bildern. Natalie greift dabei selbstständig auf die lehrstückleitende Frage zurück: *Ja, darauf kann man natürlich unsere Unterrichtsfrage anwenden: Kann ein Opfer Sieger sein? Links würde ich sagen: Opfer bleibt Opfer. Rechts würde ich sagen: Kann noch ein Sieger sein* (VII, 679). Alexander findet hingegen, dass Jesus selbst nicht der Sieger sein könne: *Meine Interpretation dazu wäre, … dass sich das Opfer, also entweder Jesus oder halt so ein Lamm, in dem Fall geopfert hat, damit andere erlöst werden. Also ich denke, dass ein Opfer Sieger sein kann, indem es mehr oder weniger Sieger für die anderen ist…* (VII, 694). Durch diese Antwort scheint das Deutungsmodell René Girards durch, das Alexander bearbeitet hat und das ihn offenbar nachhaltig beeindruckt hat.
Auch der Lehrer stellt fest, dass weder in der Zeit Jesu noch in der Gegenwartsgesellschaft das Opfer, das sich selbst für andere hingibt, einen Vorteil daraus ziehen könne. Vor diesem Hintergrund fragt er dann, ob das Sich-Aufopfern überhaupt einen Sinn habe. Dazu liest er einen Auszug aus Heinrich Bölls Roman „Billard um halb zehn" vor, in dem es um die Figur und die Rolle des Lammes geht: „‚Wir sind Lämmer', sagte Schrella, ‚haben geschworen, nie vom Sakrament des Büffels zu essen'. ‚Lämmer'. Ich hatte Angst vor dem Wort. ‚Eine Sekte?', fragte ich."
Dem Text ist eine Erläuterung der Planer/innen beigegeben, die der Lehrer den Schüler/innen aber nicht transparent macht. Darin heißt es:

„Vom ‚Sakrament des Büffels' essen, das heißt in der Sprache Bölls soviel wie: begreifen, wie die Dinge laufen im Leben, die Ellbogen ausfahren, sich durchboxen, notfalls die Anderen die Hörner spüren lassen. Wer von diesem Sakrament gegessen hat, der gehört zur Welt der Gewitzten und Erfolgreichen. Die Welt der Christen dagegen, jedenfalls derer, die das wirklich ernst meinen, ist – in der Sprache Bölls – nicht die Welt der Büffel, sondern der Lämmer. Es ist der Geist des Evangeliums, der die Menschen davon befreien will, dem Anderen ein Büffel sein zu müssen. Doch die Transformation der Büffel-Welt scheint in den Kinderschuhen steckengeblieben zu sein, und manche meinen gar: soviel Büffel wie heute war nie. Lamm-sein ist out."

Die Diskussion über den kleinen Roman-Ausschnitt kommt aber nicht so recht in Gang. Zunächst muss geklärt werden, was ein Sakrament ist – was der Lehrer auf Nachfrage souverän tut (vgl. VII, 749/756). Hinzu kommt, dass der Ausschnitt den Schüler/innen nicht schriftlich vorliegt. Schließlich entscheidet sich der Lehrer, wahrscheinlich auch aufgrund des nahen Stundenendes, den Romanauszug – im Sinne der ihm vorliegenden Erläuterung – selbst zu deuten. Er schließt mit der Frage: *Können wir heute in der Gesellschaft mit dieser Aussage, dass Christen eigentlich Lämmer sein sollen, … eigentlich wirklich … was anfangen?* (VII, 759)

Abb. 2 Auszug aus einer empirischen Untersuchung zum christologischen Lehrstück, hier zum vierten Akt und zum Epilog. (vgl. Englert und Eck 2021)

Anmerkung

Empirische Untersuchungen zeigen (Abb. 2), dass die Schülerinnen und Schüler im Verlauf des Lehrstücks immer wieder auf die in der Ouvertüre thematisierten erfahrungsorientierten Fragen zur Opferthematik zurückgreifen. Die Art und Weise dieses Rückbezugs macht deutlich, welche didaktischen Setzungen bereits in der frühen Phase des Lehrstücks erforderlich sind: Die für die Dramaturgie zentrale Einsicht, dass Vergeltungswünsche als Reaktion auf Opfererfahrungen menschlich nachvollziehbar erscheinen, muss didaktisch in der Ouvertüre angebahnt werden. Nur unter dieser Voraussetzung kann die Kontroverse zwischen der sogenannten „Normalperspektive" und der christologischen Gegenperspektive für die Lernenden überhaupt plausibel werden. Fehlt dies, bleibt die Auseinandersetzung mit den ethischen Implikationen des christologischen Deutungsangebots – also die Frage, was es konkret bedeuten würde, aus der Spirale der Gewalt auszubrechen – weitgehend aus. Für die didaktische

Durchschlagskraft dieser christologischen Pointe ist daher eine durchgehende narrative Struktur zentral, die den kontroversen Zusammenhang der Lernschritte sichtbar macht, damit die irritierende Alterität des christologischen Anspruchs für die Lernenden zu einem „fruchtbaren Moment" werden kann. ◀

Dr. Sebastian Eck ist Oberstudienrat i. Hd. für Religionspädagogik am Institut für Katholische Theologie der Universität Duisburg-Essen. Er leitet die Essener Religionspädagogische Forschungsgruppe, die lehrstückorientierten Religionsunterricht entwickelt und empirisch untersucht.

Die heimatliche Römerstadt

Thomas Gehring und Falk Rauscher

Eine antike Stadt, die begangen und besichtigt werden kann, ist ein Phänomen, dem keine Latein-Lehrperson widerstehen sollte. Das vorliegende Lehrstück will die Stadt als kulturelle Leistung an sich ins Zentrum der Aufmerksamkeit rücken. Es soll um die Aspekte der Entstehung dieses so komplexen Gefüges gehen, das eine zweite anthropologische Revolution nach der Erfindung des Ackerbaus darstellt. Was in ländlichen Siedlungen der damaligen Zeit produziert wurde, diente dem eigenen Bedarf. Alle Frauen, alle Männer und alle Kinder haben prinzipiell alles alltäglich und alljährlich Notwendige gemacht, von Backen bis Bauen. Und: Alle waren in der Landwirtschaft tätig. Eine Stadt ist aus dieser Perspektive außergewöhnlich. Da es unmöglich ist, die Bevölkerung aus der direkten Umgebung zu versorgen, bedeutet sie insbesondere die Notwendigkeit, Lebensmittel und andere Güter des täglichen Bedarfs aus größerer Distanz heranzuführen. Allerdings können die in der Stadt Wohnenden sich durch die Entlastung von landwirtschaftlicher Tätigkeit auch spezialisieren und Berufen nachgehen – in Handwerk, Dienstleistung und Politik. Dem weitgehend geschichtslosen ländlichen Raum steht die Stadt als Ort der Geschichte gegenüber. Dies sollen sich die Lernenden möglichst anschaulich und ästhetisch erschließen.

T. Gehring (✉)
Winterthur, Schweiz
E-Mail: thomasgehring@hotmail.com

F. Rauscher
Kassel, Deutschland

M. Gerwig et al. (Hrsg.), *Sternstunden der Bildung*,
https://doi.org/10.1007/978-3-658-50735-0_21

Die **Ouvertüre** soll zunächst einmal den Appetit auf das Thema anregen und das Denken in die erwünschte Richtung öffnen. Die Klasse betritt einen abgedunkelten Raum. Ein römerzeitlicher gedeckter Tisch ist projiziert. Sein Titel ist an den jeweiligen römischen Ort angepasst, auf den das Lehrstück ausgerichtet ist. Zum Beispiel steht dort „Augusta Raurica, 225 n. Chr.“. Die Jahreszahl ist an das jeweils aktuelle Jahr angepasst, denn im Raum sind Fundstücke aus Grabungen zum Anfassen ausgelegt, hier beschriftet mit „Augst, 2025“ – 1800 Jahre später. Die Fundstücke entstammen einem Museumskoffer, der bei manchen Museen bestellt und ausgeliehen werden kann. Alles soll umfassend sinnlich und ästhetisch sein. Da nicht überliefert ist, wie römische Musik klang, sollte zur Einstimmung arabische oder nordafrikanische Instrumentalmusik gewählt werden. Die zu Tisch gebetene Klasse nimmt nach einer Ermunterung das eine oder andere Stück zur Hand (Abb. 1): einen Armring, ein Senkblei, ein Stück Terra sigillata. Im Gespräch wird weitgehend geklärt, was etwas ist, aber auch, was man aus dem Gegenstand schließen kann. Ein Jugendlicher hält fest: „Anhand der gefundenen Gegenstände schließen wir auf eine Stadtkultur und nicht auf eine Bauernkultur, wie es bei den Germanen der Fall war. Es herrschte Handel.“

Abb. 1 Ein römischer Würfel aus den Fundgegenständen wird untersucht. (Foto: T. Gehring)

Der **erste Akt** führt aus der Innenschau des Alltags in die Vogelperspektive des Ortes, den wir begehen werden. Eine große Karte oder ein Plan verschafft Überblick über die historische Situation (Abb. 2). Die Siedlung wird den Lernenden zum zweiten Mal eröffnet, wenn sie auf dem Boden ausgebreitet wird. Stockt das Gespräch „darüber", also über die auf dem Plan bzw. der Karte dargestellten Strukturen, lassen wir uns vom mittelalterlichen Inventionshexameter leiten: „Quis, quid, ubi, quibus auxiliis, cur, quomodo, quando?" (Wer, was, wo, mit welchen Mitteln, warum, wie, wann?). Er führt mit „Wer?" zum vermuteten Stadtgründer, mit „Was?" zur Art der Siedlung, mit „Wo?" zur Topographie, zur Wasserversorgung, zu Verkehrswegen und so weiter. Besonders zu beachten sind „Warum?" und „Mit welchen Mitteln?". Auf diese Fragen können unterschiedliche Antworten gegeben werden. Die Ursache der Stadtgründung kann kulturphilosophisch, wirtschaftlich oder mythologisch hergeleitet werden. Selbstverständlich ist der Städtebau ja nicht: Es gibt noch immer Kulturen, die andere Siedlungsformen vorziehen. Die für die Stadtgründung notwendigen Mittel lenken den Blick auch über den Ort hinaus auf seine funktionale Abhängigkeit vom Umland, von Transport und Handel, von einer effizienten und marktorientierten Landwirtschaft usw. Es gibt es diverse Lese- und Schreibaufträge zu den unterschiedlichen Einsichten.

Abb. 2 Die Klasse studiert den Stadtplan von Augusta Raurica. (Foto: T. Gehring)

Der **zweite Akt** führt uns nach den Fundgegenständen aus dem Alltag und den räumlichen Strukturen zu den schriftlichen Quellen. In Gruppen können jene Themen, die bislang zur Sprache gekommen sind, in der Arbeit an lateinischen Texten weiter erschlossen werden. Dabei dürfen die Lernenden ihren Interessen folgen. Es drängen sich zum Beispiel Themen wie „Speis und Trank“, „Topographie und Städtebau“, „Öffentliches Leben“ oder „Handel und Transport“ auf. Die Lernenden sollen die jeweiligen Texte übersetzen und den anderen Mitgliedern der Klasse das Wesentliche zum Abschluss der Unterrichtseinheit in Kurzvorträgen präsentieren. Dabei wird auch jeweils Bezug genommen auf die Fundgegenstände und den Stadtplan.

Die direkte Begegnung mit der heimatlichen Römerstadt bzw. ihren Überresten bildet den **dritten Akt.** Die Fundgegenstände wurden hier genutzt und gingen von Hand zu Hand. Ein Schlüssel öffnete ein Schloss, ein Würfel fiel im Spiel, es duftete nach frischem Brot und eine Schale ging beim Spiel von Kindern versehentlich zu Bruch. Beim Durchschreiten der Straßen können wir gedanklich auf den Plan zurückkehren und finden den Markt, das Theater, das Tor. Güter poltern minütlich durch die Stadt, Händler bieten Waren aus der Umgebung, aber auch aus ganz Südeuropa an. Auch die persönliche Spezialisierung durch das Studium der Quellentexte findet Bezugsorte: das Badehaus, die Tempel, der Hafen … Die heimatliche Römerstadt wird lebendig.

Zurück im Klassenzimmer kann im **Epilog** noch ein letztes Mal alles Revue passieren. Die Ergebnisse der Gruppenarbeiten werden mithilfe von Plakaten und Bildern von der Exkursion präsentiert. Als Ausklang, mit musikalischem Hintergrund wie zu Beginn, erscheint die Stadt nochmals in projizierten Bildern aus schräger Vogelschau, zuerst von fern, dann die einzelnen Quartiere. Die Klasse vergegenwärtigt sich im freien Gespräch noch einmal die Episoden der Exkursion.

Anmerkung

Das Lehrstück kann mit jeder Lateinklasse durchgeführt werden; werden Geschichte oder Geografie einbezogen, sind zahlreiche weitere Vertiefungen denkbar. Zwei Ziele sollen dabei nicht aus den Augen verloren werden: erstens das Ziel einer möglichst umfassend vorbereiteten Exkursion, die den historischen Ort zu einem lebendigen Stück Heimat werden lässt, und zweitens das Ziel einer staunkräftigen Erschließung der Stadt als kultureller Gesamtleistung. Andere antike Strukturen (Gutshöfe, militärische Einrichtungen) oder andere Kulturkreise (Wikingerstädte in Norddeutschland) erfordern mitunter umfangreiche Anpassungen, sind aber prinzipiell analog erschließbar.

Echtes regionales Anschauungsmaterial zu finden, kann aufwendig sein – es lohnt sich aber. ◀

Dr. Thomas Gehring war Lateinlehrer an der Kantonalen Maturitätsschule für Erwachsene in Zürich (CH) und Deutschlehrer an der Kantonsschule im Lee in Winterthur (CH). Von 2003 bis 2007 gehörte er zu den Mitwirkenden der Lehrkunstwerkstatt an der Kantonsschule Trogen (CH).

Falk Rauscher ist Lehrer für Deutsch und Latein an der Montessori Schule Kassel und gelernter Buchhändler. Darüber hinaus hat er ein Montessori Diplom für die Grundschule (Jahrgänge 1–6) der Österreichischen Montessori-Akademie.

Urschwimmen vor Uhrschwimmen

Edith von Arps-Aubert

► *Schwimmen ist eine Aktivität, die sowohl Vertrauen als auch Angst hervorrufen kann. Wasser ist sowohl beruhigend als auch herausfordernd. Der Mensch beginnt sein Leben im Wasser, umhüllt von Wasser im Leib der Mutter. Ins Wasser zu tauchen ist also immer eine Rückkehr in unser Urelement, aus dem wir geboren sind. Für manche Menschen ist das Schweben im Wasser mit Urvertrauen und Wohlgefühl verbunden, für andere bedeutet Wasser Angst, da es unsere Atmung und damit unser Leben bedrohen kann. Das Schweben im Wasser basiert auf Auftrieb, einem physikalischen Phänomen. Es braucht möglichst viel Wasserverdrängung – Eintauchen ins Wasser (deshalb lernen kleine Kinder oft unter Wasser schwimmen) – und der Körper muss eine geringere Dichte als das Wasser aufweisen. – Ist die Dichte meines Körpers veränderbar? Ich möchte den Auftrieb erleben und wahrnehmen, wie der Körper sich bei dieser Aufgabe verändern kann. Kann ich die Veränderung während des Tuns miterleben? Was gehört alles dazu, dass ich mich dem Auftrieb überlassen kann? Welches Verhalten ist zweckmäßig? Ist es Vertrauen, Stille, Gelassenheit? Was haben Vertrauen, Stille und Gelassenheit mit Physik zu tun? Verändert mein psychisches Befinden meinen Körper? Wenn ja, auf welche Art und Weise? Vertrauen in die eigenen Fähigkeiten und das Sich-Einlassen auf das Wasser sind wichtige Aspekte des Schwimmens. Schwimmen ist nicht nur eine körperliche Aktivität, sondern auch eine Möglichkeit, mentale Stärke und Selbstvertrauen zu entwickeln. Das Lehrstück erlaubt den Lernenden zu entdecken, dass das Wasser sie trägt, um anschließend und mit neuem Zutrauen ihren Schwimmstil zu verbessern.*

E. von Arps-Aubert (✉)
Worb, Schweiz
E-Mail: info@bewegungsforschung.ch

M. Gerwig et al. (Hrsg.), *Sternstunden der Bildung*,
https://doi.org/10.1007/978-3-658-50735-0_22

Der **erste Akt** beginnt mit Wahrnehmungsübungen in der Turnhalle. Alle liegen auf dem Boden, vor sich eine gefüllte Wasserschüssel. Auf dem Boden, den Kopf im warmen Wasser, kann die Angst vor dem Ertrinken nicht aufkommen und die Funktion der Atmung erforscht werden (Abb. 1). Kleinschrittig und mit größtmöglicher Langsamkeit werden Erfahrungen gesammelt: Kann ich die aufsteigende Wärme des Wassers schon vor der Berührung spüren? Was passiert beim ersten Kontakt der Wange mit dem Wasser? Und fühlt es sich an Stirn, Kinn, Nase, Lippen, Mund unterschiedlich an? Es ist still. Alle sind konzentriert. Die Atmung kommt hinzu: Wie fühlt es sich an, sanft ins Wasser auszuatmen, die Bläschen am Gesicht zu spüren? Spätestens, wenn Geräusche gemacht werden, kommt das Lachen dazu. Jetzt kann auch die rhythmische Ausatmung ins Wasser und das Einatmen mit dem Anheben des Kopfs versucht werden. Zu zweit tauschen die Lernenden ihre Erfahrungen aus und schreiben auf, wie es ihnen erging.

Im **zweiten Akt** wird das Erleben des Auftriebs versucht. Die Schülerinnen und Schüler lernen, wie sie sich im Wasser tragen lassen können, ohne aktiv zu schwimmen. Dies fördert das Vertrauen in die eigenen Fähigkeiten. „Wie muss ich werden, damit mich das Wasser trägt?“, ist auch die Grundfrage, die die Bewegungspädagogin Elsa Gindler (1885–1961) bei den Schwimmversuchen ihren Kursteilnehmenden stellte. „Muss ich etwas tun oder geht es besser, wenn ich offen werde für die Empfindungen und das Tragende zulasse?“ Die Fragestellung ist ungewohnt und bringt die Veränderbarkeit des eigenen Zustands in das Erleben.

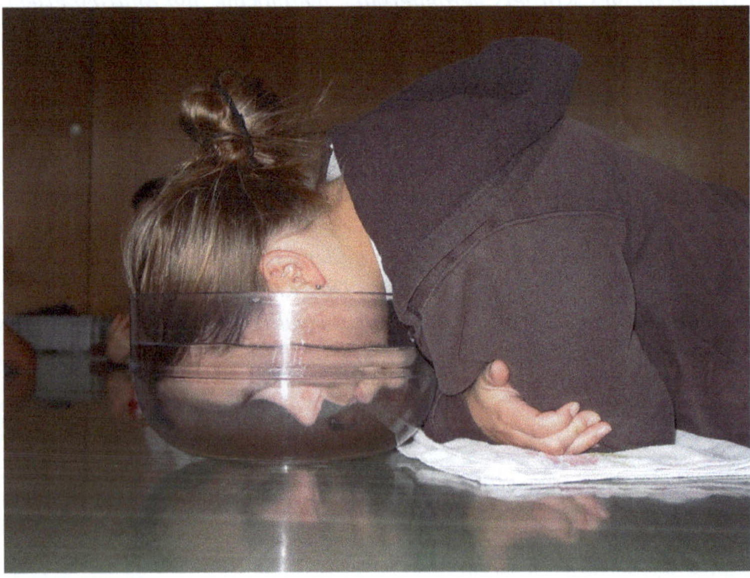

Abb. 1 Eine Schülerin taucht ihr Gesicht beim Wasserschüsselversuch ins warme Wasser ein. (Foto: E. von Arps-Aubert)

Damit ich mich diesen Fragen stellen kann, brauche ich Stille und warmes Wasser. Bei Kälte ziehe ich mich – zieht sich mein Körper – zusammen und verhindere damit das Einströmen der Luft in die Lunge. Deshalb geht die Klasse in ein Thermalbad, wo das Wasser eine Temperatur von etwa 35 °C hat. Es ist angenehm und auch bei längeren ruhigen Versuchen wird niemandem kalt. Hier geht es um die Entspannung im Wasser und das Vertrauen in die eigenen Fähigkeiten. Die Schülerinnen und Schüler führen in drei Schritten verschiedene Experimente durch, um das Wasser und seinen Auftrieb besser zu verstehen. Dies hilft ihnen, sich im Wasser sicher zu fühlen. Schritt 1: Wir setzen uns auf die Treppe, die ins Becken hineinführt, sodass wir bis zu den Achselhöhlen im Wasser sind. Dann versuchen wir, den Auftrieb an unseren Händen, danach den Unterarmen und den ganzen Armen zu empfinden. Dazu drehen und wenden wir die Arme, versuchen sie zu entspannen und in uns wahrzunehmen, wie sich denn nun der Körper anfühlt, wenn er getragen wird. Wie muss ich mich verhalten? Was verändert sich? Schritt 2 ist eine Übung zu zweit: A liegt an der Wasseroberfläche auf dem Rücken – die Augen können geschlossen werden, um die Innenwahrnehmung zu verbessern – und B unterstützt den Körper am Kreuzbein und am Kopf (Abb. 2). Die gleichen Fragen: Wie muss ich mich verhalten, damit ich das Tragende spüren kann? Was verändert sich dadurch in meinem Körper? Schritt 3: A liegt immer noch auf dem Rücken und B wechselt nun die Unterstützung mit den Händen und kann auch die Gelenke von A leicht und sanft bewegen. Das gibt A möglicher-

Abb. 2 Eine Schülerin erfährt, dass das Wasser sie trägt, während eine zweite ihr Sicherheit gibt. (Foto: F. von Arps-Aubert)

weise den Impuls zur Lösung. Die Lernenden sind mit den drei Aufgaben 45 Minuten beschäftigt. Es herrschen Stille und Konzentration. Eine Schülerin bemerkt: „Durch den ganzen Tag begleitete mich trotz der Müdigkeit ein Gefühl der Ruhe, Stresslosigkeit und Zuversicht. Ich fühlte mich gut."

Im dritten Akt wird das Schwimmen als Vortrieb thematisiert. Die Lernenden sollen die Bewegungen von Fischen nachahmen und dabei verschiedene Schwimmtechniken ausprobieren. Jetzt geht es um die Suche nach dem Widerstand des Wassers. Dies fördert die Kreativität und das Verständnis für die Dynamik im Wasser. „Wie bewegen sich eigentlich die Fische im Wasser vorwärts? Hat ihre Form etwas mit ihrer Bewegung zu tun?" In den folgenden Unterrichtsstunden erhalten die Lernenden auf dieser Grundlage individuelle Hilfe darin, in ihrem persönlichen Schwimmstil ökonomischer zu werden. Einige lernen neu, schnell und gut den Kraulstil. Sie freuen sich, dass sie dank ihrer Sicherheit, die sie nun durch das Schwebegefühl und das Empfinden für den Antrieb im Wasser haben, mit Leichtigkeit diesen Stil lernen. „Eine längere Strecke zu schwimmen ist nun kein Problem mehr, denn wir haben gelernt, auf dem Wasser auszuruhen und im Wasser vorwärtszukommen."

Ein besonderes Highlight ist der **Epilog,** ein Amphitriathlon: Die Schülerinnen und Schüler schwimmen 1,1 km im See, laufen 5 km und radeln 20 km zurück zur Schule. Dieser Tag fördert nicht nur die körperliche Fitness, sondern macht vor allem Spaß. Und alle schwimmen angstfrei im offenen See.

Anmerkung

Auch wenn die meisten Kinder und Jugendlichen bereits wassererfahren sind und vielleicht auch schon gut oder sehr gut schwimmen können, lohnt sich die Begegnung mit dem Schweben, da sie Sicherheit bringt. Im Idealfall würde das Thermalbad wenigstens noch ein zweites Mal besucht. Möglich ist bei der Umsetzung des Lehrstücks eine Kooperation mit der Physik, in der das Schwimmen zum Beispiel mit Archimedes (287–212 v. Chr.) auch naturwissenschaftlich ergründet werden kann. Auch eine Fächerverbindung mit der Biologie ist denkbar, wenn es um die Bewegungen der Fische oder anderer Wassertiere geht. Je nach Alter der Lernenden kann auch eine Bezugnahme auf Ovid (43 v.–17 n. Chr.) angemessen sein, wenn der griechische Mythos um die Priesterin Hero und den heldenhaften Schwimmer Leander, der durch die Liebe zu Höchstleistungen angetrieben wurde, erzählt wird. Der Geograph Pausanias (115–180) berichtet in seiner zehnbändigen Beschreibung Griechenlands als erster von einem jährlichen Schwimmwettkampf in Hermione. ◀

Dr. Edith von Arps-Aubert war Sport- und Geschichtslehrerin am Seeland Gymnasium in Biel (CH) und Dozentin am Institut für Weiterbildung (Sek. II) der Pädagogischen Hochschule Bern (CH). 2010 promovierte sie bei Hans Christoph Berg und Heinz Stübig (Philipps-Universität Marburg) zum Arbeitskonzept von Elsa Gindler.

Menschenhaus – Gotteshaus (Der heimatliche Dom)

Jan Veldman

▶ *In Westeuropa hat fast jede Stadt und jedes Dorf mindestens ein altes Kirchengebäude. Diese Bauwerke sind stille Zeugen einer Kultur, die wir christlich nennen. Heutzutage betreten nur noch wenige Menschen ein solches Gebäude. Manchmal entsteht Abneigung, vielleicht ruft es sogar alte, schmerzhafte Erinnerungen hervor. Dieses Lehrstück versucht, dem römisch-katholischen Konzept der Kirche als „Haus Gottes" so weit wie möglich gerecht zu werden. Für die Studierenden der evangelisch-reformierten Pädagogischen Hochschule in Gouda (NL) war dies eine Herausforderung. Gegenstand der Untersuchung war die örtliche Stadtkirche, die Sint Janskerk (Sankt-Johannes-Kirche). Ihre heutige Gestalt erhielt die Kirche größtenteils im 15. und 16. Jahrhundert. Als Vorbild für das Lehrstück diente ein bereits existierender Text von Walter Dörfler über seinen heimatlichen Dom, die Stephanskirche in Nürnberg. Doch schon bald zeigte sich, dass jede alte Kirche ihre eigene Entstehungsgeschichte hat und so eng mit der Ortsgeschichte verwoben ist, dass eine Nachahmung nicht infrage kam. Dennoch wurden am Exempel der Sint Janskerk in Gouda viele Gestaltungsprinzipien und didaktische Methoden vorgestellt, die sich als universell anwendbar erwiesen haben – und zwar nicht nur im Hinblick auf das niederländische Erbe.*

Die **Ouvertüre** beginnt mit der Lesung eines Abschnitts aus der Bibel (Joh. 10). Darin ist der exemplarische Kerngedanke eines großen Themas verborgen: ein sicherer Stall mit Schafen und einem Hirten, der sie führt und beschützt. Mit der scheinbar einfachen Aufgabe, die Mitte der Kirche zu bestimmen, machen sich die

J. Veldman (✉)
Gouda, Niederlande
E-Mail: janveldman52@gmail.com

M. Gerwig et al. (Hrsg.), *Sternstunden der Bildung*,
https://doi.org/10.1007/978-3-658-50735-0_23

Abb. 1 Ein Lernender zerschneidet ein Foto der Kirche. Dabei müssen architektonischen Details besonders beachtet werden. (Foto: J. Veldman)

Studierenden dann zu zweit kurzzeitig an die Arbeit. Es gibt mehrere Möglichkeiten: die geometrische Mitte, der Altar, vielleicht sogar die Orgel? Aus den Begründungen der Lernenden für ihre Wahl entfaltet sich ein Grundriss der baulichen und liturgischen Geschichte und Praxis dieser Kirche, ein Haus von und für Gott, ein Haus von und für Menschen. Damit ist die exemplarische Struktur etabliert. In den folgenden Akten werden Teile dieser Antworten aufgenommen und weitergeführt.

Im **ersten Akt** werden Erinnerungen an diese Eröffnungssitzung wachgerufen, wiederholt und dramaturgisch vertieft (Abb. 1). Die Lernenden „fühlen" nun die Kräfte, die auf die riesigen Säulen wirken. Die Umfangsmaße der Säulen werden zunächst geschätzt, danach gemessen und dargestellt.

Nach diesen Aufbauerlebnissen geht es im **zweiten Akt** in die Katastrophe. Ausgangspunkt ist ein altes kalligrafiertes Gedicht in der Kirche. Unsere Kirche brannte im Jahr 1552 größtenteils nieder (Abb. 2). Nach der Schadensermittlung wird geprüft, wer die gesamten Kosten übernehmen kann. Es wird Wissen über unsere eigene Nationalgeschichte gesammelt. Plötzlich rücken der Papst, der Bischof von Utrecht, der Kaiser und sein Statthalter, der Stadtrat von Gouda, die Zünfte und die Klöster der Stadt ins Blickfeld. Doch ihre Beiträge zum Wiederaufbau sind sehr enttäuschend.

Sie erscheinen im **dritten Akt,** möchten Buntglasfenster spenden, denn dann werden sie selbst immer darauf abgebildet sein. Mittlerweile sind der Chorraum und das Querschiff mit dieser Art von Fenstern versehen.

Abb. 2 Diese Darstellung der Sint Janskerk (Gouda, NL) zeigt, wie die Kirche nach der verheerenden Feuersbrunst von 1552 in etwa ausgesehen hat. (Bild: J. Veldman)

Mittlerweile ist auch der Bildersturm vorüber und die Stadt hat das neue Glaubensbekenntnis übernommen. Dies ist Thema des **vierten Aktes.** Diese Revolution ist gewaltig: Die Macht der Habsburger zerbröckelt und die Provinz Holland erlangt durch die Blütezeit der Handelsstädte Aufsehen. Diese Städte werden mit der Bitte kontaktiert, ein Buntglasfenster für die Sint Janskerk zu spenden – und das leisten sie. Haarlem, Delft, Leiden, Rotterdam und Amsterdam stiften nacheinander jeweils ein großes Buntglasfenster, jedes einzelne hat ein biblisches Thema.

Schließlich befasst sich der **fünfte Akt** mit dem Thema der Denkmalpflege. Denn ein großer Kulturschatz wie die Sint Janskerk bedarf der liebevollen Pflege, Konservierung und Restaurierung. Nach 500 Jahren ist die Kirche noch erhalten!

Im **Epilog** schreiben alle Lernenden einen persönlichen Bericht über ihre eigenen Lernerfahrungen.

Anmerkung

Es liegt auf der Hand, dass das Lehrstück so, wie es hier beschrieben worden ist, nicht ohne Weiteres auf andere Kirchengebäude übertragen werden kann. Denn immer müssen die je speziellen Entstehungsgeschichten, architektonischen Besonderheiten und liturgischen Prägungen des jeweiligen Kirchenraums berücksichtigt werden.

Aber insbesondere die Grundstruktur des Lehrstücks sowie die anfängliche Sogfrage („Wo ist die Mitte der Kirche?") sind hingegen durchaus übertragbar, was bereits an Kirchengebäuden in Nürnberg, Marburg, Limburg, Bern, Basel und anderen erprobt worden ist (vgl. Berg et al. 2001). Inzwischen hat sich gezeigt, dass die Struktur des Lehrstücks auch für viele mittelalterliche Stadt- und Dorfkirchen in den Niederlanden sowie die Abteiruine *Tintern Abbey* (Wales, GB) funktioniert. Die je eigene Exemplarität der betrachteten Kirchen scheint das Lehrstück mit seinem Dreischritt – (1) Thematisierung der stofflichen Kirche; (2) Betrachtung der geistlichen Kirche, die möglichst aus dem Phänomen Kirche selbst hervortritt; (3) Behandlung der Denkmalpflege – in ausgesprochen kluger Weise zu berücksichtigen. Diese Struktur hat sich als grundlegend erwiesen und sollte von jeder Lehrperson in der je eigenen Situation realisiert werden können. ◀

Dr. Jan Veldman war Dozent an der reformierten Pädagogischen Hochschule Gouda (NL). Er unterrichtete Zeichnen, Kunstdidaktik, Kunstgeschichte, Lehrkunstdidaktik und klassische Geschichte. 2013 promovierte er bei Carl-Peter Buschkühle (Justus-Liebig-Universität Gießen) und Susanne Wildhirt zum Thema „Das Ästhetische im Lehrkunstkonzept – zur Bedeutung von Dramaturgie und Spiel im Kunstunterricht".

Die Sinustabelle des Regiomontanus

Philipp Spindler

▶ *Beim Vermessen und Berechnen von Sternen- und Planetenlagen am Himmel, des Sonnenstands oder von Strecken und Winkeln in der Landschaft spielen die trigonometrischen Funktionen – das Wort mit den beiden aus dem Griechischen stammenden Bestandteilen trígonon, „Dreieck", und métron, „Maß" verrät, dass es im Kern um das Vermessen von Dreiecken geht – eine fundamentale Rolle. Mit ihrer Hilfe können aus Streckenlängen, Streckenverhältnissen und Winkeln andere Größen in Dreiecken berechnet werden. Eine dieser grundlegenden Winkelfunktionen ist der Sinus, der nach einer gewissen Regel jedem Winkel zwischen 0° und 360° eine Zahl zwischen –1 und +1 zuordnet. Seine Werte möglichst exakt zu kennen ist insofern von großer Bedeutung, als dadurch die Berechnungen an den Dreiecken genauer werden; zudem können aus dem Sinus auch die Werte der anderen trigonometrischen Funktionen, Cosinus und Tangens, abgeleitet werden. Die Mathematikerinnen und Mathematiker waren deshalb schon seit der Antike an der Verfügbarkeit von Sinustabellen interessiert. Eine solche erstellte schon Klaudios Ptolemaios (ca. 100–160), der in seiner Sehnentafel jedem Winkel im Abstand von 0,5° den entsprechenden Sinuswert zuwies. Für viele trigonometrischen Berechnungen ist diese Tabelle jedoch zu wenig genau. Die orientalischen Völker schufen deshalb bis zum 15. Jahrhundert verfeinerte Tabellen. Als Regiomontanus (1436–1476) um 1462 seine eigene Sinustafel vollendete, war er nicht der Erste, der ein solches Werk vorlegte. Sie war jedoch zusammen mit den anderen Tafeln, die in den Folgejahren entstanden, ein Jahrhundertwerk, da Regiomontanus der berühmteste Mathematiker seiner Zeit war und seine Resultate deshalb weite Verbreitung fanden. Zudem erklärt er in der Publikation der Sinustabelle detailliert und beinahe schon schulmeisterlich, mit welchen Überlegungen und Methoden er*

P. Spindler (✉)
Luzern, Schweiz
E-Mail: philipp.spindler@sluz.ch

M. Gerwig et al. (Hrsg.), *Sternstunden der Bildung*,
https://doi.org/10.1007/978-3-658-50735-0_24

seine Rechnungen durchführte. Die Leserinnen und Leser werden auf diese Weise in die Geheimnisse trigonometrischer Berechnungen eingeweiht – von einem Meister seines Fachs.

Das Lehrstück hat einen Vorlauf: In den vorangegangenen Stunden haben sich die Lernenden intensiv mit Dreiecksberechnungen auseinandergesetzt (z. B. im Rahmen des Lehrstücks *Landvermessung mit Dufour;* vgl. den entsprechenden Text in diesem Buch). Dort wurden die benötigten trigonometrischen Werte noch dem Taschenrechner entnommen, dem damit die Rolle eines Tabellenwerks zukam, deren Einträge nicht hinterfragt wurden. In der **Ouvertüre** soll sich diese Einstellung nun ändern. Die Werte des Taschenrechners geben nämlich bereits erste Rätsel auf: So zeigt das Display für die Sinuswerte sin(30°), sin(45°) und sin(60°) die Resultate $\frac{1}{2}$, $\frac{\sqrt{2}}{2}$ und $\frac{\sqrt{3}}{2}$ an. Wie kommt es in den Ausdrücken zu diesen Wurzelwerten? Lassen sie sich begründen?

Zwei einfache geometrische Figuren, in denen jeweils durch Halbierung rechtwinklige Dreiecke erzeugt werden, schaffen Abhilfe: Im diagonal halbierten Quadrat ist der 45°-Winkel enthalten, im über die Höhe halbierten gleichseitigen Dreieck finden sich die Winkel 30° und 60°. Da beide Dreiecke rechtwinklig sind, kann der Sinus durch das Verhältnis „Kathete, die dem Winkel gegenüberliegt, dividiert durch die Hypotenuse“ berechnet werden (diese Definition ist bereits aus den vorangegangenen Lektionen bekannt; im Dufour-Lehrstück wird sie im zweiten Akt eingeführt). Die Schülerinnen und Schüler führen die Überlegungen und Rechnungen selbst durch und verifizieren dadurch die Ergebnisse des Taschenrechners. Pythagoras hilft dabei. Doch was ist, wenn der Sinus eines anderen Winkels gesucht ist, zum Beispiel sin(20°)? Jetzt gibt es keine elementare geometrische Figur mehr, die Aufschluss geben kann. Natürlich könnte man ein rechtwinkliges Dreieck mit einem Innenwinkel von 20° aufzeichnen, die Längen von Gegenkathete und Hypotenuse messen und ins Verhältnis setzen und erhielte dadurch eine Näherung für den gesuchten Sinuswert. Aber mit dieser Ungenauigkeit geben wir uns nicht mehr zufrieden.

Nun ist es Zeit, von einem berühmten Denker zu lernen. Im **ersten Akt** stellt die Lehrperson der Klasse Regiomontanus vor, der eigentlich Johannes Müller hieß. Sein Pseudonym weist in lateinischer Sprache darauf hin, dass er ursprünglich aus dem bayerischen Städtchen Königsberg stammte. In seiner Tabelle listete er sage und schreibe 5400 Sinuswerte auf, für jede Winkelminute zwischen 0° und 90°, inklusive Angabe, wie sogar der Wert für die Winkelsekunde bestimmt werden kann. Da steht zum Beispiel, der Sinus von 20° sei 2.052.120. Damit stellen sich gleich weitere Fragen: Wie berechnete Regiomontanus seine Werte? Und was haben diese zu bedeuten, wo doch ein Sinuswert heutzutage als Zahl zwischen –1 und +1 angegeben wird?

Wir lesen nun (in deutscher Übersetzung aus dem lateinischen Original), was Regiomontanus schreibt. Bereits im *Vorwort* erwähnt er, in seiner Tabelle sei der „Sinustotus“ auf 6.000.000 Partes festgelegt. Daraus lässt sich schließen, dass der Sinus vor 500 Jahren noch nicht als Verhältnis, sondern als Länge einer halben

Sehne im Kreis definiert war. Der Kreis, der dieser Tabelle zugrunde liegt, ist also nicht der Einheitskreis, sondern hat den Radius 6.000.000 Längeneinheiten. Regiomontanus verfolgte somit das ehrgeizige Projekt, die Sinuswerte auf sieben Stellen genau zu berechnen.

Nun der *erste Satz*: „Aus der Kenntnis des Sinus irgendeines Bogens im Viertelkreis wird auch der Sinus des Komplements eines solchen Bogens bekannt." Die Klasse liest Regiomontans Erläuterungen und diskutiert darüber. Schnell wird klar, dass Regiomontanus einen einfachen Sachverhalt beschreibt: Ist beispielsweise sin(20°) bekannt, so kann sin(70°) berechnet werden. Man braucht bloss die Zeichnung (Abb. 1) mit dem zu 20° gehörenden Kreisbogen, in die sin(20°) eingezeichnet ist, um 90° zu drehen, schon sieht man die Strecke, die zum sin(70°) gehört: Es ist die halbe Sehne, die senkrecht auf sin(20°) steht (und ist auch der Cosinuswert von 20°, also cos(20°)). Der Satz des Pythagoras schlägt die Rechenbrücke. Bloß gibt es da vorerst ein großes Problem: sin(20°) ist ja gar nicht bekannt …

Der *zweite Satz* enthält eine Offenbarung: Darin erklärt Regiomontanus, wie er sin(30°), sin(45°) und sin(60°) erechnet. Er tut es mit denselben Figuren, die die Klasse auch schon in der Ouvertüre benutzte. Aber er wechselt wiederum mehrmals die Perspektive, indem er einmal nicht von unten, sondern von rechts her auf den Kreis schaut und in einem Fall sogar von schräg unten auf ein Dreieck guckt. Das ist sehr elegant! Doch bis hierhin ist das alles nichts komplett Neues, jetzt muss ein entscheidender Schritt kommen.

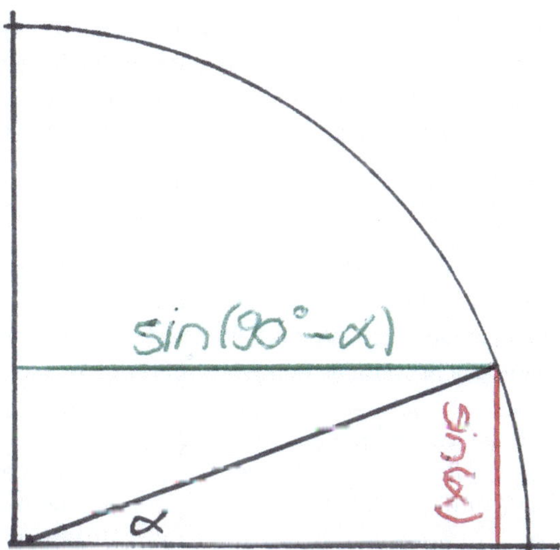

Abb. 1 Der erste Satz von Regiomontanus: „Aus der Kenntnis des Sinus irgendeines Bogens (vertikal) im Viertelkreis wird auch der Sinus des Komplements (horizontal) eines solchen Bogens bekannt." (Bild: P. Spindler)

Ein solcher wird im *dritten Satz* gegangen: Regiomontanus erläutert, wie er aus dem Sinus eines beliebigen Winkels den Sinus des halben Winkels berechnet. Seine Worte klingen ungewohnt und müssen zuerst sorgfältig analysiert werden. Doch schließlich wird klar, dass der Rechenmeister mit ähnlichen Dreiecken und wiederum einigen Perspektivwechseln arbeitet. Die Lernenden machen sich nun klar, was Regiomontanus dadurch gewinnt: Aus den Sinuswerten von 30° und 45°, die er vom zweiten Satz her kennt, kann er nun die Sinuswerte von 15°, 7,5°, 3,75° usw. sowie 22,5°, 11,25°, 5,625° usw. berechnen und via ersten Satz auch zu den Sinuswerten von 75°, 82,5°, 67,5°, 78,75° etc. gelangen. Er erhält dadurch ein Gerüst für seine Tabelle, das beliebig fein ausgearbeitet werden kann. Klingt im Prinzip einfach, doch der Teufel liegt im Detail. Denn die Berechnungen kümmern sich um siebenstellige Zahlen, die teilweise quadriert werden müssen, und sogar Wurzelrechnungen kommen vor. Manche Klassen lassen sich an dieser Stelle auf ein herausforderndes Experiment ein: Sind wir in der Lage, aus dem Sinus von 30° auf den Sinus von 15° zu schließen, ganz von Hand, so wie es Regiomontanus tun musste? Etwas einfacher wird die Rechnung, wenn der Radius auf 60.000 gesetzt wird. Dann ist der Ausgangswert sin(30°) = 30.000 und immerhin nicht siebenstellig wie bei Regiomontanus. Die Kalkulationen, in die sogar das Wurzelverfahren von Heron einbezogen wird, sind aber immer noch sehr anspruchsvoll und sie dulden keinen Fehler. Nach großem Aufwand steht dann endlich das Ergebnis da: sin(15°) = 15.529. Und die Bewunderung für die Leistung von Regiomontanus steigt ins Unermessliche.

Es ist nun klar, wie das Skelett einer Sinustabelle mit Winkeln beispielsweise im Abstand von 3,75° berechnet werden kann (Regiomontanus druckt dies sogar in seiner Abhandlung ab). Diese Liste (Abb. 2) ist aber noch nicht sonderlich feinmaschig, es fehlt zum Beispiel sin(1°). Der **zweite Akt,** in dem sich der Klassenverband von Regiomontanus' Buch lösen und eigenen Gedankengängen nachgehen wird, soll Klärung schaffen. Der Winkel 1° taucht leider weder in der Halbierungstabelle von 30° (die benachbarten Winkel sind 1,875° und 0,9375°) noch von 45° (die Nachbarn sind 1,40625° und 0,703125°) auf. Die Idee kommt von den Lernenden: Man könnte versuchen, den Winkel 1° aus kleineren Winkeln, die in den Halbierungstabellen zu finden sind, möglichst genau zusammenzusetzen. Die drei Winkel 0,9375° (in der Halbierungstabelle von 30°), 0,043945313° und 0,021972656° (beide in der Halbierungstabelle von 45°) ergeben in der Summe rund 1,003°, was schon eine gute Näherung für 1° ist. Doch was muss mit den einzelnen Sinuswerten gemacht werden, wenn der Sinus der Winkelsumme berechnet werden soll?

Ganz so einfach ist es nicht, denn die Summe der Sinuswerte entspricht leider nicht dem Sinus der Summe, wie einfache Zahlenbeispiele zeigen. Des Rätsels Lösung liegt in der Zeichnung, die Regiomontanus im dritten Satz für die Winkelhalbierung angefertigt hat: Sie kann so modifizert werden, dass zwei

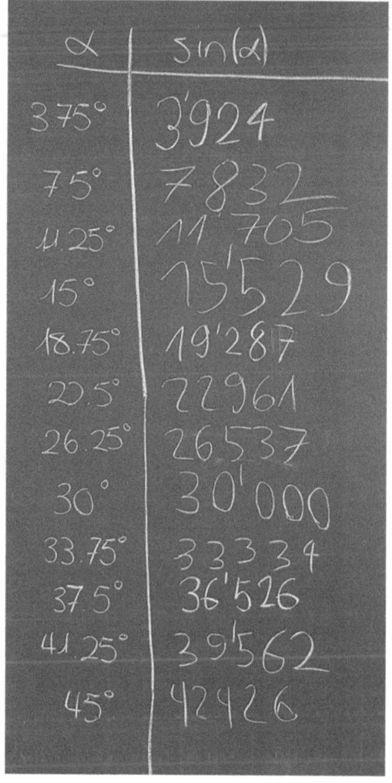

Abb. 2 Erste Hälfte des Tabellenskeletts. Im ersten Akt berechnen die Schülerinnen und Schüler nach den Beschreibungen von Regiomontanus „ihre" Sinuswerte und halten diese an der Tafel fest. (Foto: P. Spindler)

verschiedene Winkel α und β zusammen einen Winkel γ ergeben (Abb. 3). Die Streckenlängen, die für sin(α), sin(β), cos(α), cos(β) und sin(α + β) stehen, lassen sich in dieser Zeichnung markieren. Wieder helfen Perspektivwechsel, so wie Regiomontanus sie in seinen Erläuterungen demonstriert hat. Nun ist Knobeln angesagt – und dann, nach einigen Anläufen, steht sie da, die Formel, die Auskunft darüber gibt, wie der Wert von sin(α + β) berechnet werden kann. Dieser Satz (sin(α + β) = sin(α) cos(β) + cos(α) sin (β)) ist heute unter dem Namen „Additionstheorem" bekannt – und die Lernenden haben ihn selbst gefunden. Jetzt ist alles klar: aus dem Sinus von 1° kann der Sinus von 2° berechnet werden, daraus der Sinus von 3° usw. Wer die Tabelle noch feiner haben möchte, halbiert die Winkel, setzt diese passend zusammen und gewinnt dadurch neue Bausteine.

Es ist beeindruckend, welchen Impuls die Tabellenwerke von Regiomontanus (nebst weiteren Sinustabellen publizierte er auch noch eine Tangenstabelle) auslösten. Christoph Kolumbus' (1451–1506) womöglich größte Leistung war, gesund und heil aus der Neuen Welt zielgenau nach Europa zurückgesegelt zu sein.

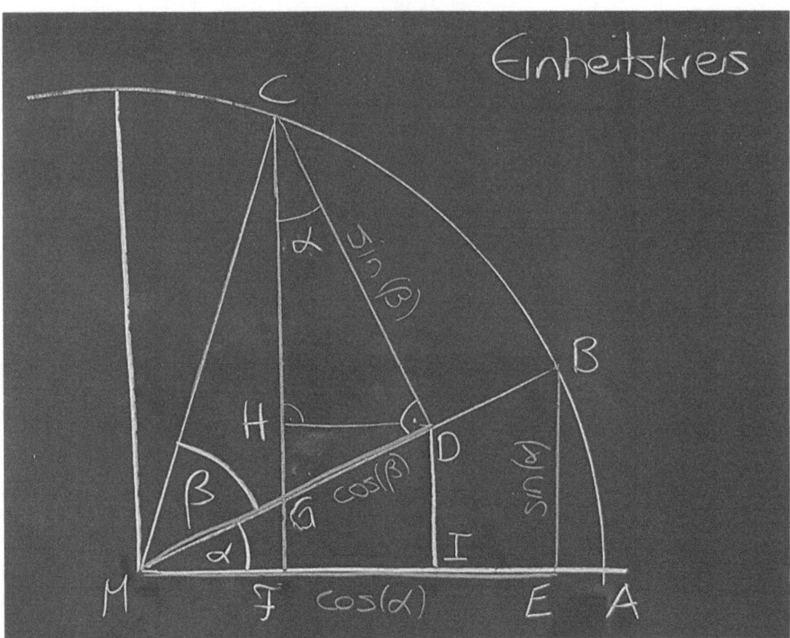

Abb. 3 Eine aufwendige Zeichnung führt im zweiten Akt zum Additionstheorem. (Foto: P. Spindler)

Für dieses navigatorische Kunststück verließ er sich nachweislich auf die Tangenstabelle des Regiomontanus. Auch Vasco da Gama (um 1469–1524) nutzte die Tangenstabelle, um als erster Europäer um Afrika herum nach Indien zu segeln.

Und was macht nun der moderne Taschenrechner? Natürlich ist in ihm keine Sinustabelle eingespeichert. Die Mathematik entwickelte im Laufe der Zeit Methoden, die die Berechnung von Sinuswerten viel effizienter machten. Eine solche stammt von Brook Taylor (1685–1731), der eine erstaunlich einfache Summenformel fand, mit deren Hilfe sich ein Sinuswert beliebig genau berechnen lässt. Im **Epilog** probieren die Lernenden diese Formel aus und entdecken dabei, mit wie wenig Rechenaufwand verblüffend gute Ergebnisse erzielt werden können.

Anmerkung

Es ist beinahe unvorstellbar, dass Forscher mehrere Jahre ihres Lebens mit dem Berechnen von Tabellenwerken verbrachten. Doch genau dies taten Jost Bürgi (1552–1632) und Jurij Vega (1754–1802), die Logarithmentabellen von nie dagewesenem Detaillierungsgrad erstellten (vgl. Kap. „Bürgis Logarithmen“), sowie Regiomontanus mit seinen trigonometrischen Tabellen. Mit diesen Werken ermöglichten sie Entdeckungen, die einen Einfluss auf den Lauf der (Wissenschafts-)Geschichte hatten. Dass ein Mathematiker so wie Regiomontanus in seiner Sinustabelle sogar transparent erläutert, wie er sein Meisterwerk entwickelte, und damit sein Wissen bereitwillig weitergibt, ist ein eher seltenes Ereignis. Dieses für den Unterricht zu nutzen, ist äußerst lohnenswert – und, wie das vorliegende Lehrstück aufzeigt, das von Regiomontanus Gelernte wird für eigene Forschungen genutzt.

Das Lehrstück zur Sinustabelle von Regiomontanus kann als eigenständiges Lehrstück inszeniert oder mit dem Lehrstück *Landvermessung mit Dufour* (vgl. Kap. „Landvermessung mit Dufour") verschmolzen werden. ◀

Dr. Philipp Spindler ist Lehrer für Mathematik an der Kantonsschule Alpenquai Luzern (CH) sowie Dozent am Departement Mathematik der ETH Zürich (CH). 2023 promovierte er bei Hans Christoph Berg (Uni Marburg), Uwe Hericks (Uni Marburg) und Norbert Hungerbühler (ETH Zürich, CH) zum Thema „Bildung im Mathematikunterricht".

Kubische Gleichungen mit Tartaglia

Philipp Spindler

Im 16. Jahrhundert ereigneten sich in Italien zwei Sternstunden der Wissenschaft, die beide mit der kubischen Gleichung zu tun hatten. Dieser Gleichung kam zu jener Zeit eine Schlüsselrolle zu, denn war das Schwesterproblem „Ein Quadrat und mehrere seiner Seiten sind gleich einer Zahl“ ($x^2 + b \cdot x = c$)*, die quadratische Gleichung, bereits von den Babyloniern rund 2000 Jahre v. Chr. gelöst und von Al-Chwarizmi um 800 n. Chr. detailliert analysiert worden, so hatte sich die Aufgabe „Ein Kubus und mehrere Quadrate und mehrere seiner Seiten sind gleich einer Zahl“* ($x^3 + b \cdot x^2 + c \cdot x - d$)*, die kubische Gleichung, sämtlichen allgemeinen Lösungsversuchen erfolgreich widersetzt. Manche hielten sie gar für unbezähmbar. Vor einem solchen Hintergrund war die Nachricht, jemandem sei die Lösung der kubischen Gleichung gelungen, eine Sensation. In den Februartagen des Jahrs 1535 schaffte es Nicolo Tartaglia (1500–1557) in Venedig tatsächlich, das Unmögliche möglich zu machen. Die Wirkung der Kunde von Tartaglias Erfolg und der späteren Publikation der Lösungsformel für die kubische Gleichung war enorm: Erstmals seit langer Zeit war in der Algebra wieder ein großer Durchbruch erzielt worden, was den Forschern neuen Tatendrang und die Zuversicht verlieh, weitere Erkenntnisse erlangen zu können. In den folgenden Jahrzehnten wurde die Algebra zur selbstständigen mathematischen Disziplin, die ihre Existenzberechtigung nicht mehr alleine aus ihrer Anwendbarkeit in geometrischen Fragestellungen speiste. 1572 führten Gedanken, die an die Lösungsformel anknüpften, zu einer weiteren Sternstunde der Mathematik, nämlich zur*

P. Spindler (✉)
Luzern, Schweiz
E-Mail: philipp.spindler@sluz.ch

M. Gerwig et al. (Hrsg.), *Sternstunden der Bildung*,
https://doi.org/10.1007/978-3-658-50735-0_25

Erfindung der imaginären Einheit i,die den Umgang mit einigen Fällen der kubischen Gleichung ermöglichte, welche zuvor noch nicht gelöst werden konnten. Damit wagte sich die Algebra sogar in die Sphären des Unvorstellbaren vor. – Für den Unterricht ist es ein seltener Glücksfall, wenn er in einem Lehrstück gar den Bogen zwischen zwei mathematischen Sternstunden spannen kann.

Die **Ouvertüre** setzt einen würdigen Rahmen: Überall im Schulzimmer sind Plakate angebracht, die ein spektakuläres Ereignis publik machen: Ein Rechenmeister namens Antoniomaria Fior (Lebensdaten unbekannt) fordert Tartaglia zu einem mathematischen Duell heraus (Abb. 1). Richard Wentworth, ein Freund und Student von Tartaglia, tritt vor die Klasse und erzählt von dem Wettstreit. 30 Aufgaben sind dem Kontrahenten zu stellen, und wer innert 40 Tagen am meisten zu lösen imstande ist, gewinnt und darf Ruhm und Ehre für sich beanspruchen.

Abb. 1 Die Lernenden tauchen in die Atmosphäre Venedigs mit den Duell-Plakaten ein. (Foto: P. Spindler)

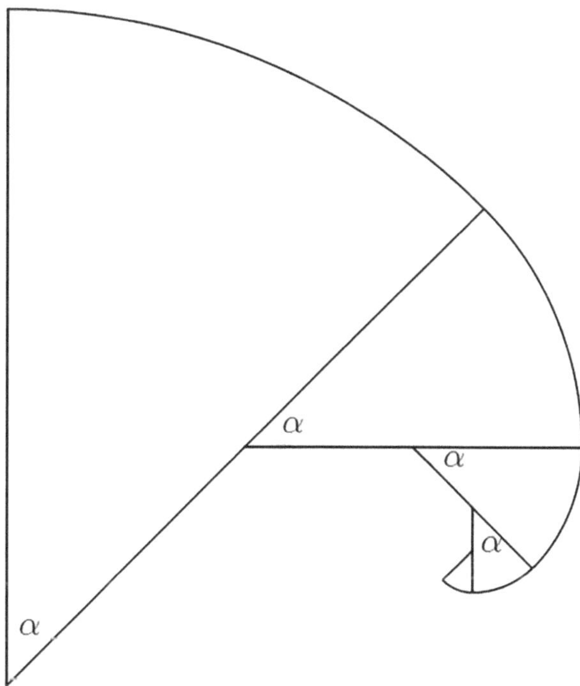

Abb. 2 Die Lernenden erfinden kreative und schwierige Aufgabenstellungen. Welchen Inhalt nimmt dieser Adlerschnabel ein? (Grafik: P. Spindler nach einer Schüleridee)

Tartaglia bittet die Klasse im **ersten Akt** via Wentworth um Mithilfe: 30 Aufgaben müssen dem Kontrahenten gestellt werden. Schwierig sollen sie sein, vielleicht raffiniert, jedoch fair. Jede Aufgabe aus den Reihen der Schülerinnen und Schüler ist willkommen. Die Lernenden beginnen zu mutmaßen: Mit welchen Aufgaben können sie Tartaglia behilflich sein? Was kann Fior lösen, was nicht? Und überhaupt: Welche Mathematik ist im Jahre 1535 schon bekannt? Wentworth hilft dabei, den wissenschaftlichen Stand der Mathematik zu Beginn des 16. Jahrhunderts zu klären. – Die Lernenden erfinden eigene, möglichst knifflige Aufgaben (Abb. 2) und stellen sie einander vor. Zusammen mit Wentworth beurteilt die Klasse, ob die Aufgaben für Fior mutmaßlich zu schwierig sind.

Der Katalog der eigenen Duellaufgaben wird hochoffiziell eingereicht. Im Gegenzug erhalten Tartaglia, Wentworth und die Klasse im **zweiten Akt** die 30 Textaufgaben Fiors. Sie werden in algebraische Schreibweise übersetzt, die Überraschung ist groß: Sämtliche 30 Aufgaben sind vom Typ *Ein Kubus und mehrere seiner Seiten ergeben eine Zahl* ($x^3 + p \cdot x = q$). Das sind also kubische Gleichungen, die zur Zeit des Duells als ungelöst, wenn nicht gar als unlösbar gelten! Tartaglia dürfte die Legitimität dieser Duellaufgaben angefochten haben, doch es scheint, dass Fior nachweisen konnte, im Besitze einer Lösungsmethode zu sein, ohne die Details des Vorgehens offenzulegen. Mit der Klasse wird diskutiert, wie ein solcher „Zero-Knowledge-Beweis“ erbracht werden könnte. Die einfachste Art ist, Fior eine Handvoll kubischer Gleichungen (natürlich nicht aus dem Katalog der Duellaufgaben) zu stellen und von ihm zu verlangen, die Lösungen anzugeben. Je mehr Lösungen korrekt sind, umso sicherer kann man sich sein, dass der Kontrahent die Methode kennt, doch man weiss immer noch nicht, wie die Lösungen gefunden werden. –Tartaglia (und die Klasse) muss sich somit dem Duell stellen – es bleiben nur 40 Tage, um die Lösungen zu finden. Eine Literatursuche bringt die Klasse und Wentworth auf die Idee, die Methode des Al-Chwarizmi zu studieren, mit der er die quadratische Gleichung zähmte, indem er zwei Rechtecke und ein kleines Quadrat zu einem großen Quadrat ergänzte. Doch in der kubischen Gleichung treten Würfel auf. Das Problem muss also dreidimensional betrachtet werden: Wie kann ein Würfel mithilfe von Quadern zu einem grossen Würfel ergänzt werden? Um einen besseren Überblick zu erhalten, werden Papierwürfel gefertigt (Abb. 3). Und dann, acht Tage vor Ablauf der Frist, fügt sich aus den zahlreichen Mosaiksteinchen das Bild einer Formel, mit der die kubische Gleichung bezwungen wird. Das Lösen der 30 Aufgaben ist nun nur noch Formsache. Zum Schluss erzählt Wentworth vom Ausgang des Duells. Es endet mit einem vollen Erfolg Tartaglias.

Die Lernenden lösen einige der 30 Aufgaben Fiors. Den repetitiven Charakter dieser Arbeit empfinden sie als unbefriedigend. Bald stellen sie Fragen, denen im **dritten Akt** nachgegangen wird: (1) Keine einzige der von Fior gestellten Aufga-

Abb. 3 Ein Dutzend Würfelmodelle. (Foto: P. Spindler)

ben besitzt eine Lösung, die als „schön" empfunden wird; jede muss durch sperrige Wurzelausdrücke dargestellt werden. Können diese vereinfacht werden? Die Lernenden machen sich auf die Suche und erhalten für einen bestimmten Wurzeltyp einen Vereinfachungsweg zur Seite gestellt, den Tartaglia selbst erklärt. (2) Wenn alle Bemühungen um eine Vereinfachung der Wurzelterme scheitern, wird das Verlangen nach einer näherungsweisen Berechnung umso drängender. Das Heron-Verfahren, dessen Grundidee geometrisch verständlich gemacht wird, approximiert Quadratwurzeln auf effiziente Art und Weise. Diese Methode wird von den Schülerinnen und Schülern auf Kubikwurzeln und Wurzeln höheren Grades übertragen. (3) Statt mit geometrischer Perspektive zu suchen, kann das Problem der näherungsweisen Berechnung von Kubikwurzeln auch graphisch gelöst werden, indem gefragt wird, wo der Graph der Funktion $f(x) = x^3 - a$ die x-Achse schneidet (Abb. 4). Dies geschieht nämlich bei der Nullstelle $w = \sqrt[3]{a}$. Die Schülerinnen und Schüler forschen selbst nach geeigneten Näherungsmethoden und entdecken, dass sie dabei teilweise den Spuren großer Forscher folgen. In Gruppen und anschließend im Plenum werden die Vor- und Nachteile der Verfahren diskutiert.

Im **vierten Akt** wird eine entscheidende Lücke geschlossen. Der geometrische Ansatz, der zur Lösungsformel führt, passt nur zu Aufgaben des Typs *Ein Kubus und mehrere seiner Seiten ergeben eine Zahl* ($x^3 + p \cdot x = q$). Doch was wäre, hätte Fior seine Probleme in der Form *Ein Kubus und mehrere seiner Seitenflächen und mehrere seiner Seiten ergeben eine Zahl* ($x^3 + b \cdot x^2 + c \cdot x = d$) gestellt? Auf die daraus entstehende kubische Gleichung kann die von uns hergeleitete Formel nicht mehr angewendet werden. Doch Tartaglia weiss Rat: Er behauptet, es reiche vollkommen, wenn wir nur die Gleichungen des „Fiorschen Typs" lösen können, denn jede kubische Gleichung lasse sich mit etwas Geschick in eine Gleichung überführen, die mit dieser Formel gelöst werden kann. Die Schülerinnen und Schüler verifizieren diese Behauptung, indem sie die nötigen Umformungen und Rechnungen finden und durchführen. Im Anschluss erfahren sie die Fortsetzung der Geschichte um die kubische Gleichung.

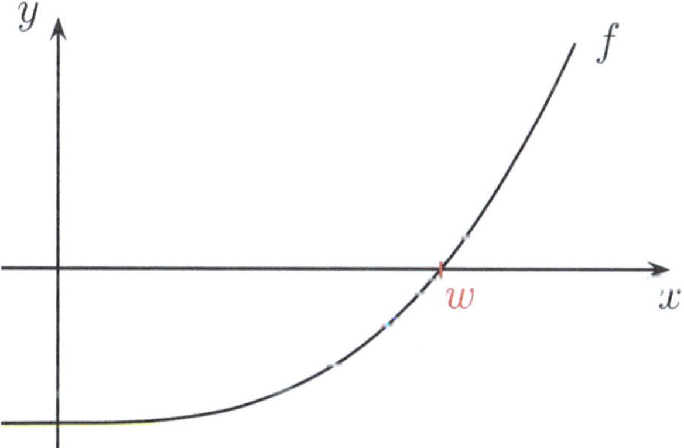

Abb. 4 Das Annähern von Wurzeln als Nullstellenproblem. (Grafik: P. Spindler)

Im abschließenden **fünften Akt** gibt eine Textstelle aus einem Buch von 1572 ein Rätsel auf: Da wird eine Zahl mit sich selbst multipliziert, das Ergebnis ist -1. Werden dadurch nicht sämtliche Rechenregeln durcheinandergewirbelt? Das Lehrstück ist bei der Sternstunde Rafael Bombellis (1526–1572) angelangt, der sich des Problems *Ein Kubus ist gleich 15 seiner Seiten und 4* ($x^3 = 15 \cdot x + 4$) annahm und durch Ausprobieren einsah, dass die Zahl 4 eine Lösung sein muss. Doch die Formel weigert sich, diese Lösung „auszuwerfen", denn in ihr kommt eine Zahl vor, die mit sich selbst multipliziert -1 ergibt. Dieser Ausdruck, der mit den Zahlen der Alltagswelt nicht fassbar ist, brachte Bombelli auf einen „wilden Gedanken": Warum sollte es uns stören, wenn wir uns diese Zahl nicht vorstellen können? Rechnen können wir doch trotzdem damit! Bombelli vergleicht diese Zahl mit einem Gespenst, das auftaucht, kurz herumspukt und wieder spurlos verschwindet, nachdem sie zur gesuchten Lösung führte. Indem sie sich auf Bombellis Spuren begibt, seine Überlegungen selbst vollzieht und die nötigen Rechnungen eigenständig durchführt, erlebt die Klasse die Geburtsstunde der imaginären Einheit i hautnah mit. Die Reise, die mit einer Gleichung begann, die scheinbar unmöglich zu lösen ist, endet damit in einer Zahlenwelt, die nicht mehr vorstellbar ist.

Anmerkung

Das im Lehrstück inszenierte Duell zwischen Tartaglia und Fior ist nur eine Episode in einem Wissenschafts-Krimi. Tatsächlich war Tartaglia nicht der Erste, der eine Formel für kubische Gleichungen fand. Dies gelang rund 20 Jahre früher bereits Scipione del Ferro (1465–1526), einem Professor aus Bologna. Allerdings erfuhr niemand von dieser Erkenntnis, da del Ferro seine Arbeiten nicht veröffentlichte, sondern bloß mündlich weiterreichte. Sein Schüler Fior gelangte auf diese Weise in den Besitz der Lösungsmethode (oder kannte zumindest die Lösungen einer Sammlung von kubischen Gleichungen) und wollte aus seinem vermeintlichen Wissensvorsprung Profit schlagen, weshalb er seinen Konkurrenten Tartaglia zum Duell herausforderte. Doch er hatte nicht mit Tartaglias Fähigkeiten gerechnet und war mathematisch viel zu wenig sattelfest, um die Duellaufgaben des Kontrahenten zu lösen. Tartaglia soll das Duell deshalb mit 30: 0 gewonnen haben. Es war letztlich auch nicht Tartaglia, der die Formel veröffentlichte, denn er zögerte zu lange. Der umtriebige Arzt und Mathematiker Girolamo Cardano (1501–1576) publizierte im Jahr 1545 die „Ars Magna" und führte darin mustergültig vor, wie kubische Gleichungen mithilfe der Formel von del Ferro und Tartaglia gelöst werden können. Er nannte beide Gelehrten als Urheber der Formel, doch Tartaglia sah darin eine Verletzung des Urheberrechts und forderte seinerseits Cardano zum Duell heraus, das 1548 in Mailand stattfand. Tartaglia verlor, weil Cardano seinen begabten Schüler Ludovico Ferrari (1522–1565) an seiner Stelle in die Disputation schickte und dieser in der Zwischenzeit sogar die Gleichung vierten Grades gelöst hatte. Die Hoffnung der Mathematiktreibenden, nun auch die Gleichungen höheren Grades lösen zu können, wurde drei Jahrhunderte lang enttäuscht, bis

Niels Henrik Abel (1802–1829) und Evariste Galois (1811–1832) zeigen konnten, dass es ab der Gleichung fünften Grades keine allgemeingültigen Lösungsformeln mehr gibt. – Diese Details des Wissenschaftskrimis können an geeigneten Stellen in das Lehrstück eingeflochten werden, was auch die Diskussion über Besitzansprüche an wissenschaftlichen Erkenntnissen ermöglicht.

Das Lehrstück kann auf die Ouvertüre sowie die ersten beiden Akte beschränkt werden. Dann erhält es den Charakter eines „Escape Rooms", in dem alle Teilnehmenden gemeinsam an der Lösung der Rätsel arbeiten müssen, um das Duell zu gewinnen.

Zur Fage eines **Epilogs:** Typischerweise wurde die hier beschriebene Version des Lehrstücks nahtlos und nicht mehr im Stil des Lehrstückunterrichts mit der Erarbeitung der komplexen Zahlen fortgesetzt. Der 5. Akt bildet somit gleichermaßen Abschluss des Lehrstücks und Auftakt zum neuen Thema. Es ist hier deshalb kein Epilog beschrieben. In welcher Version das Tartaglia-Lehrstück auch inszeniert wird: Es kann immer mit der Erzählung der Geschichten um Tartaglia, Cardano und Ferrari sowie Abel und Galois schön abgerundet werden. Alleine die Biographie von Galois scheint einem besonders phantasievollen Krimiautor aus der Feder geflossen zu sein – doch sie ist wahr! ◀

Dr. Philipp Spindler ist Lehrer für Mathematik an der Kantonsschule Alpenquai Luzern (CH) sowie Dozent am Departement Mathematik der ETH Zürich (CH). 2023 promovierte er bei Hans Christoph Berg (Uni Marburg), Uwe Hericks (Uni Marburg) und Norbert Hungerbühler (ETH Zürich, CH) zum Thema „Bildung im Mathematikunterricht".

Mercators Weltkarte

Stella Tappert

▶ *Weltkarten haben einen prägenden Einfluss auf die Wahrnehmung der Wirklichkeit und die Bildung von (persönlichen) Weltbildern. Historische Karten wie die* Ebstorfer Weltkarte *und die* Waldseemüllerkarte *sind Teil des UNESCO-Weltdokumentenerbes, viele werden als Sammlerstücke hochpreisig gehandelt. Gleichzeitig ist im Alltag die Verwendung von digitalen Karten-Apps zur Navigation und Orientierung selbstverständlich geworden. 2001 kaufte die amerikanische Regierung die als „Geburtsurkunde" geltende* Waldseemüllerkarte *aus dem Jahr 1507 für 10 Millionen Dollar, da in dieser die Bezeichnung „America" erstmals verwendet wurde. 2025 reichte die Regierung Mexikos gegen die Umbenennung des* Golfs von Mexiko *in* Golf von Amerika *in den Kartendiensten von Google Klage ein. Dies zeigt, dass grafische Darstellungen auch modellhafte Interpretationen der Wirklichkeit sind. Sie erzeugen Vorstellungswelten und Weltbilder, die politische, religiöse und wirtschaftliche Ordnungen widerspiegeln oder auch verwerfen können. 1569 wählte der Kartograf Gerhard Mercator (1512–1594) für seine Weltkarte eine von ihm neu entwickelte Zylinderprojektion, welche die Kugelform der Erde begradigen soll. Seine Darstellung ist eine bis heute weitverbreitete Projektion. Sie ist jedoch mit einigen Schwierigkeiten verbunden, die man verstehen und berücksichtigen muss, will man aus den kartografischen Darstellungen nicht falsche Interpretationen ziehen.*

Die **Ouvertüre** des Lehrstücks dient dazu, das Phänomen *Weltkarte* in seiner Vielfalt kennenzulernen, Fragen aufzuwerfen und Interesse zu wecken. Ausgehend von selbst skizzierten Weltkarten und einem Spaziergang mit anschließend gezeichneten Wegkarten setzen sich die Schülerinnen und Schüler mit der Frage ausein

S. Tappert (✉)
Wetzlar, Deutschland
E-Mail: tappert@fwr-wetzlar.de

M. Gerwig et al. (Hrsg.), *Sternstunden der Bildung*,
https://doi.org/10.1007/978-3-658-50735-0_26

ander: „Wie sehen wir die Welt?“ Durch den Vergleich der eigenen Skizzen mit einer großen Auswahl historischer Weltkarten, unserem *Weltkartenschatz,* werden Persönliches, kulturelle Überlieferungen und Normierungen gegenübergestellt. Als Überleitung zum ersten Akt stellt die Lehrperson Gerhard Mercator mit Erzählungen aus dessen Biographie als bedeutenden Kartografen zur Begleitung für das Lehrstück vor.

Im **ersten Akt** wird der Blick auf das Phänomen *Weltkarte* erweitert. Es steht nicht mehr nur die eigene Wahrnehmung der Schülerinnen und Schüler im Mittelpunkt. Stattdessen wird mithilfe der Person Gerhard Mercator und seiner Weltkarte, der vertiefenden Analyse des Weltkartenschatzes sowie einem Überblick zur Geschichte der Kartografie der Wandel von Weltbildern nachvollzogen: Wie machten sich Menschen im Lauf der Geschichte ein Bild der Welt? Dafür stellt Gerhard Mercator zunächst seine Weltkarte von 1569 sowie ihren Entstehungsprozess vor. Die Karte wird eingeordnet in einen Weltkartenschatz aus zehn weiteren historischen und aktuellen Karten, die im Klassenzimmer ausliegen. Anhand einer selbstgewählten Lieblingskarte werden diese exemplarisch anhand eines Fragenkatalogs untersucht und verglichen. Den Wandel der Weltbilder über Kopernikus und Galilei erarbeiten sich die Schüler und Schülerinnen zusätzlich an einem Zeitstrahl.

Den Schwerpunkt des **zweiten Akts** bildet die Behandlung der Frage: Warum lässt sich die Erdkugel nicht exakt auf einer Karte abbilden? Ausgehend von der Kartografie zur Zeit Mercators im 16. Jahrhundert lernen die Schülerinnen und Schüler verschiedene Projektionsformen kennen, die im Atlas aufgeführt sind, und vergleichen diese. In einem Versuch zur Übertragung einer Fläche von einem Globus auf Folie bzw. Papier setzen sie sich mit dem Problem der Verzerrung bei zweidimensionalen Weltkarten auseinander (Abb. 1). Dabei verstehen die Lernenden, dass die Mercatorprojektion die Welt als winkel-, aber nicht flächentreue Darstellung abbildet. Dass sie aufgrund dieser Eigenschaft besonders gut zu navigatorischen Zwecken geeignet war, führte zu ihrer Beliebtheit. Die vergrößerte Darstellung des Nordens und Europas hatte für viele Jahrhunderte auch einen politischen Nutzen. So prägt sie bis in die Gegenwart unser Weltbild.

Der **dritte Akt** legt den Fokus auf das methodische Erschließen und Analysieren verschiedener Karten: Wie können wir physische, topographische oder die zahllosen thematischen Karten lesen und verstehen? Hierzu werden Begriffe wie Legende, Signatur und Isohypse, aber auch methodische Werkzeuge erarbeitet und angewendet, um anschließend eine Kartenanalyse verfassen zu können. So lernen die Schülerinnen und Schüler die „Sprache von Karten“ zu entschlüsseln.

Im **Finale** gehen die Schülerinnen und Schüler der Frage nach, wie aktuell die Mercatorprojektion heute noch ist und wie sehr sie die Sicht auf die Welt beeinflusst. Zudem wird auch ein Blick auf die digitale Vermessung der Welt geworfen. Anhand der Herstellung eigener, persönlicher Weltkarten im digitalen Format können sich die Schülerinnen und Schüler ausgehend von ihren Erfahrungen mit dem

Abb. 1 Die Umrisse von Australien werden vom Globus auf eine Folie übertragen. (Foto: S. Tappert)

Phänomen „Weltkarte" auseinandersetzen. Sie erstellen mit dem Online-Tool worldmapcreator.com eigene Weltkarten und können darin Projektion und Mittelpunkt selbst wählen.

Im **Epilog** wird die Frage „Wie prägen Karten heute und in Zukunft unsere Sicht der Welt?" anhand aktueller Ereignisse und Bezüge diskutiert. Durch die Besprechung eines Zeitungsartikels aus der Süddeutschen Zeitung von 2017 zum Thema „Mit welcher Karte sollen Schüler lernen?" werden die Schüler und Schülerinnen mit dem Beispiel einer Bostener Schule konfrontiert, welche die Gall-Peters-Projektion anstatt der Mercator-Projektion flächendeckend eingeführt hat. Die Fragen, welche Projektion sie sich an deutschen Schulen wünschen und wie mit

Weltkarten im Unterricht umgegangen werden soll, bieten den Ausgangspunkt für die Diskussion. Der aktuelle (Lebenswelt-)Bezug regt die Schüler und Schülerinnen zusammenfassend dazu an, ihre Erfahrungen aus dem Lehrstück in Worte zu fassen, Stellung zu beziehen und abwägend zu einem eigenen Urteil zu kommen.

Anmerkung

Unter allen bekannten Weltkarten bildet die Weltkarte Gerhard Mercators *Nova et aucta orbis terrae descriptio ad usum navigantium emendate accommodata – Neue vollständige Beschreibung der Welt, angepasst für die Navigation* von 1569 einen exemplarischen und damit auch einen lehrkunstdidaktisch nutzbaren Wendepunkt der Wissenschaftsgeschichte.

Im Lehrstück *Mercators Weltkarte* setzen sich die Schüler und Schülerinnen mit der historischen Bedingtheit der gegenwärtigen Lebenswelt auseinander, indem sie nachentdecken, dass ein Zusammenhang zwischen heutigen Karten-Apps und der vor mehr als 450 Jahren entstandenen Weltkarte des Kartografen Mercator besteht. Denn auch die heutigen Karten-Apps nutzen die Mercator-Projektion als Zylinderprojektion zur Herstellung ihrer digitalen Karten, da sie durch ihre Winkeltreue Vorteile für die Navigation bietet. Die Flächenverzerrung wird dabei in Kauf genommen. ◄

Stella Tappert ist Gymnasiallehrerin für Deutsch und Geschichte an der Friedrich Wilhelm Raiffeisen-Schule in Wetzlar, einer privaten Gesamtschule nach dem WEiSE-Konzept. Sie ist Mitwirkende der dortigen Lehrkunstwerkstatt.

Bürgis Logarithmen

Mario Gerwig und Hans Brüngger

▶ *Mitte des 16. Jahrhunderts revolutionierte die heliozentrische Betrachtungsweise des Sonnensystems von Kopernikus das Denken. Maßgeblich beteiligt an den Weiterentwicklungen dieses Weltbilds durch Johannes Kepler war der Toggenburger Uhrmacher Jost Bürgi (1552–1632), indem er besonders präzise Messinstrumente herstellte. Viele Messdaten bedeuteten jedoch auch einen großen Rechenaufwand. Den wollte Bürgi verringern. Er entdeckte in dem Buch* Arithmetica Integra*(1544) von Michael Stifel (1486–1567) den Hinweis, dass das Rechnen mit Exponenten einfacher sei als das Rechnen mit Potenzen. Diesen Hinweis nimmt Bürgi auf, es ist die Geburtsstunde des logarithmischen Rechnens: Multiplikationen werden zu Additionen, Divisionen zu Subtraktionen, sogar das Ziehen komplizierter Wurzeln wird zugänglich. Logarithmen liefern die Grundlage für die logarithmische Skala und damit für den Rechenschieber, ein unentbehrliches Rechenhilfsmittel für die wissenschaftliche und technische Entwicklung bis weit über die Mitte des 20. Jahrhunderts hinaus. Logarithmen haben die Welt nachhaltig verändert.*

Wie hat man vor der Erfindung von Taschenrechner und Computer Aufgaben wie $2{,}4 \cdot 2{,}65$, $7{,}85\ : 4{,}3$, $8{,}49^2$ oder $\sqrt{6{,}35}$ gelöst? Jost Bürgi, der in der **Ouvertüre** im Zentrum steht, sah sich im 16. Jahrhundert bei seiner Arbeit täglich mit Rechnungen wie diesen konfrontiert. Er war einer der besten Uhrmacher seiner Zeit, der er mit seinen Konstruktionen rund 150 Jahre voraus war. Eines seiner bedeutendsten Werke ist der mechanische Himmelsglobus *(Bürgi-Globus)* (Abb. 1) von 1594, der heute im Landesmuseum in Zürich steht. Bürgi hat auch Messgeräte für Astronomen entwickelt und wurde dabei selbst zu einem. Zum Verständnis der

M. Gerwig (✉)
Basel, Schweiz
E-Mail: mariogerwig@gmail.com

H. Brüngger
Bern, Schweiz

M. Gerwig et al. (Hrsg.), *Sternstunden der Bildung*,
https://doi.org/10.1007/978-3-658-50735-0_27

Abb. 1 Himmelsglobus von Jost Bürgi. (Landesmuseum Zürich; Foto: H. Brüngger)

Himmelsbewegungen mussten schon damals die beobachteten lokalen Koordinaten in globale Koordinaten umgerechnet werden – ein riesiger Rechenaufwand, den Bürgi und seine Zeitgenossen wie Johannes Kepler (1571–1630) und Tycho Brahe (1546–1601) täglich zu bewältigen hatten. Bürgi wollte diesen Aufwand verringern. Seine Lösung revolutionierte die Mathematik.

Eine Idee des Theologen und Mathematikers Michael Stifel (um 1487–1567), die im **ersten Akt** genauer betrachtet wird, ist Ausgangspunkt für Bürgis Entdeckung: Stifel notiert in seinem Werk *Arithmetica Integra* (1544) – ein Buch voller neuer Ideen und Gedanken, aufgrund dessen Stifel zu den bedeutendsten Mathematikern des 16. Jahrhunderts gezählt werden muss – fast beiläufig: „Alles, was die geometrische Progression durch Multiplikation und Division bewirkt, dies macht die arithmetische Progression durch Addition und Subtraktion. Beispiel: Wie 1/8, multipliziert mit 64, dann 8 ergibt, so macht –3, addiert zu 6, dann 3. Es ist aber –3 der Exponent von 1/8, so wie 6 der Exponent der Zahl 64 ist, und 3 ist der Exponent der Zahl 8.“ In heutige Schreibweise übersetzt: $\frac{1}{8} \cdot 64 = 2^{-3} \cdot 2^{6} = 2^{-3+6} = 2^{3} = 8$. Aus der komplizierten Multiplikation wird so eine einfache Addition (Abb. 2). Stifel erläutert seine Idee jedoch nur für die Basis 2, was die Anwendung seiner Methode stark einschränkt. Welche Basis wäre besser geeignet, welche Eigenschaften muss sie erfüllen?

Sogfragen wie diese phasieren den Unterricht im **zweiten Akt**. Bürgi wählte als Basis 1,0001, was zwei wesentliche Vorteile hat: Erstens liegen die Potenzen von 1,0001 genügend dicht, um beliebige Zahlen ausreichend genau annähern zu kön-

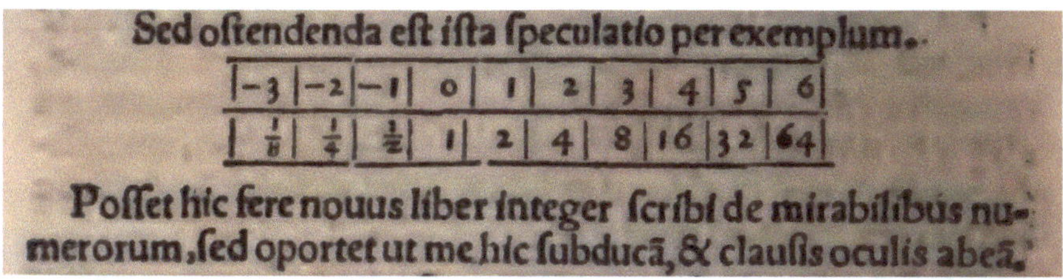

Sed oſtendenda eſt iſta ſpeculatio per exemplum.

-3	-2	-1	0	1	2	3	4	5	6
$\frac{1}{8}$	$\frac{1}{4}$	$\frac{1}{2}$	1	2	4	8	16	32	64

Poſſet hic fere nouus liber integer ſcribi de mirabilibus numerorum, ſed oportet ut me hic ſubducã, & clauſis oculis abeã.

Abb. 2 Tabelle aus Stifel (1544, S. 250), die Bürgi zur Entwicklung des logarithmischen Rechnens animierte. Stifel schreibt dazu (Stifel 2007, S. 381): „Man muss diese Spekulation aber durch ein Beispiel erläutern […]. Man könnte hier vielleicht ein ganz neues Buch über die Wunder der Zahlen schreiben, doch muss ich mich hier fortschleichen und geschlossenen Auges fortgehen." Bürgi tat das nicht, er erkannte das Potenzial dieser Entdeckung.

nen. Zweitens ist wegen $1{,}0001^{n+1} = 1{,}0001^{n} + 0{,}0001 \cdot 1{,}0001^{n}$ aus der n-ten Potenz die nächstfolgende durch eine einfache Kommaverschiebung und eine Addition leicht berechenbar. Bürgi, der bei den Exponenten immer von den „roten Zahlen" sprach und schrieb, berechnete so alle Potenzen von 1,0001 bis 10, das heißt für Exponenten bis 23028. Ein ungeheurer Aufwand, den er aber nur ein einziges Mal machen musste! Mithilfe der dabei entstandenen Tabelle, den *Progreß Tabulen* (1588/1620), wurden alle zukünftigen Rechnungen spielend leicht ausführbar. Eine entsprechende Tabelle wird nun auch im Unterricht selbst erstellt (Abb. 3), alle berechnen dazu einige Potenzen von Hand. Um aber den Aufwand zu verringern, wird als Basis 1,001 gewählt. Damit enthält die Tabelle „nur" 2304 Potenzen.

Im **dritten Akt** erfahren die Schülerinnen und Schüler nun den Wert dieser Tabelle, denn mit ihr lassen sich komplizierte Rechnungen wie die oben erwähnten problemlos durchführen. Ein Beispiel: Um $2{,}562 \cdot 3{,}175$ zu berechnen, werden in der Tabelle zunächst die Werte gesucht, die möglichst nah bei den Ausgangszahlen liegen. Die Exponenten der entsprechenden Potenzen werden addiert und die Zahl, die in der Tabelle zu diesem neuen Exponenten gehört, ist das Resultat. Also:
$2{,}562 \cdot 3{,}175 = 1{,}001^{941} \cdot 1{,}001^{1156} = 1{,}001^{941+1156} = 1{,}001^{2097} = 8,13318$.
Hat man dies einmal individualgenetisch mitvollziehen und an weiteren Beispielen vertiefen können, kann das auch heute noch unverzichtbare Rechnen mit Logarithmen – das Wort (gr. *log-:* redend, *arithmos:* die Zahl) bedeutet so viel wie: Wenn die Basen gleich sind, haben die Exponenten das Sagen – zu einer natürlichen Operation der Mathematik werden.

Natürlich erreichte Bürgi mit seiner umfangreicheren Tabelle eine höhere Genauigkeit. Doch auch die mit unserer Tabelle gelösten Rechenbeispiele mit Multiplikationen, Divisionen, Quadrat- und Kubikwurzeln führen automatisch zu den grundlegenden Gesetzmäßigkeiten für das Rechnen mit Logarithmen. Die Tabelle führt ferner zur logarithmischen Skala und damit zum Rechenschieber, dem handlichen, täglichen Rechenhilfsmittel des Praktikers bis weit über die Mitte des letzten Jahrhunderts hinaus, dessen Funktion und Anwendungsmöglichkeiten nun genauer betrachtet werden (Abb. 4).

Abb. 3 Lernende bei der Berechnung der eigenen Logarithmentafel. (Foto: H. Brüngger)

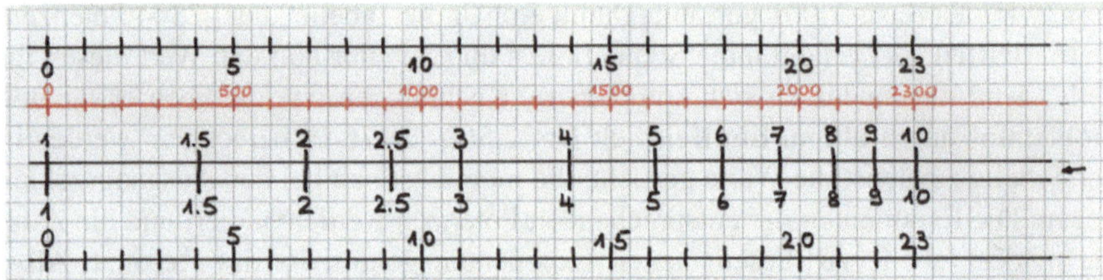

Abb. 4 Ein im Unterricht entstandener Rechenschieber. (Foto: H. Brüngger)

Der Dokumentarfilm *Himmel hab' ich gemessen/The Cosmic Triangle* über Jost Bürgi (Regie: Michael Havas, 1990, Condor-Film Zürich) dient im **Epilog** als Zusammenfassung und macht noch einmal deutlich, welch bahnbrechende Entdeckung hier genetisch aufgeschlossen worden ist: Die Erfindung der Logarithmen verschaffte der Menschheit den größten Schub an Rechenkapazität vor der Erfindung des Computers – oder, wie es Laplace 150 Jahre nach Bürgi ausdrückte: „Die Erfindung der Logarithmen verringert den Arbeitsaufwand von Monaten auf Tage und verdoppelt buchstäblich die Lebenszeit der Astronomen" (Kordos 1999, S. 121). Eisenbahn, Elektrizität, Auto, Flugzeug, Weltraumfahrten, Fernsehen, Kraftwerk, Laser, Transistor – der Rechenschieber hat diese Erfindungen erst möglich gemacht. Die Logarithmen kamen gerade zur rechten Zeit, um den rasant wachsenden Bedarf an Rechenleistung zu decken. Sie haben die Welt verändert!

Anmerkung

Ist Bürgi wirklich der Entdecker der Logarithmen? In der Literatur wird fast ausschließlich der Schotte John Napier (1550–1617) erwähnt. In der Tat war dieser unabhängig von Bürgi auf der Suche nach einer Vereinfachung des Rechnens und stieß dabei ebenfalls auf das Rechnen mit Logarithmen. Seine Entdeckung publizierte er 1614, sechs Jahre vor Bürgi. Durch Kepler, mit dem Bürgi in Prag rund zehn Jahre zusammenarbeitete (1603–1612), ist jedoch bekannt, dass dieser schon deutlich früher mit seinen „roten Zahlen", wie er sie nannte, gerechnet hat: „Er war jedoch ein zögerlicher Mensch und hütete seine Geheimnisse, so hat er sein geistiges Erzeugnis gleichsam bei der Geburt im Stich gelassen", so Kepler. In jedem Fall stammt der Begriff *Logarithmus* von Napier, Bürgi hat bis zum Schluss von den roten und schwarzen Zahlen gesprochen. ◀

Dr. Mario Gerwig ist Lehrer für Mathematik und Chemie am Gymnasium Leonhard in Basel (CH) sowie Buch- und Schulbuchautor. Er ist Präsident der „Gesellschaft für Lehrkunstdidaktik" und promovierte 2014 bei Hans Christoph Berg und Norbert Hungerbühler (ETH Zürich, CH) zum Thema „Beweisen verstehen im Mathematikunterricht".

Dr. Hans Brüngger war Gymnasiallehrer für Mathematik in Oberwil (CH) und Bern-Neufeld (CH). 1980/81 wirkte er als Ausbildner am Institute of Education der Tribhuvan University in Kirtipur (Nepal). Er war Mitwirkender in verschiedenen Lehrkunstwerkstätten in der Schweiz und promovierte 2004 bei Hans Christoph Berg und Heinz Stübig (Philipps-Universität Marburg) zum Thema „Von Pythagoras zu Pascal".

Keplers Schneekristalle

Michael Jänichen

▶ *Obwohl die systematische Erforschung der Schneekristalle erst im 20. Jahrhundert mit dem japanischen Physiker Ukichirō Nakaya (1900–1962) einsetzte, weckte deren besondere, sechsstrahlige Struktur schon Jahrhunderte zuvor die Aufmerksamkeit von wissenschaftlich denkenden Menschen. Eine herausragende Rolle spielt hierbei Johannes Kepler (1571–1630). Er verfasste als Neujahrsgeschenk für einen Freund 1611 die kleine Schrift* De nive sexangula (Vom sechseckigen Schnee), *in der er über die regelmäßige Gestalt der Schneekristalle nachdenkt. Darin stellt er die berühmtgewordene „Kepler'sche Vermutung" auf, dies sei darin begründet, dass die Wasserteilchen in einer hexagonal arrangierten Kugelpackung optimal strukturiert wären. Zwar ist diese Vermutung (erst) seit 2017 bewiesen, es ist aber unterdessen auch bekannt, dass sie nicht zur Erklärung der Kristallisationsstruktur im Schnee herangezogen werden kann: Sie liegt stattdessen in der molekularen Struktur des Wassermoleküls begründet. – Das Lehrstück setzt bei Keplers Frage nach der regelmäßigen Gestalt ein, die am Ende auf der Grundlage von Nakayas Experimenten beantwortet werden kann. Das Lehrstück bietet als Einakter in wenigen Stunden nicht nur einen Einblick in die Geschichte der Schneeforschung, sondern kann auch als Einführung in naturwissenschaftliches Denken und Experimentieren inszeniert werden.*

In der **Ouvertüre** befindet sich die Klasse mit der Lehrperson möglichst im gerade stattfindenden Schneegestöber. Nach einiger Zeit wird anekdotisch von Keplers Spaziergang durch das winterliche Prag auf der Suche nach einem Neujahrsgeschenk für seinen Freund erzählt. Und endlich fällt der Lehrperson auf, dass auf ihrem schwarzen Mantel ja zahllose Geschenke liegen: *„Ei, beim Herakles, das*

M. Jänichen (✉)
Bern, Schweiz
E-Mail: michael.jaenichen@lehrkunst.ch

M. Gerwig et al. (Hrsg.), *Sternstunden der Bildung*,
https://doi.org/10.1007/978-3-658-50735-0_28

ist ja ein Ding. Kleiner als ein Tropfen, dazu von regelmäßiger Gestalt […] so wie es da vom Himmel herabkommt und den Sternen ähnlich ist" (Kepler, zit. n. Niggli, S. 4 f.). Schnee als Geschenk für gerade diesen Freund wäre überaus treffend, denn dieser interessiert sich für das Nichts, also nix – und das lateinische Wort ‚nix' wiederum bedeutet Schnee. Die Lernenden werden spielerisch aufgefordert, den schönsten Schneekristall zu bringen, bis schließlich Keplers Frage in den Raum gestellt wird: Warum haben alle Schneesterne sechs Strahlen?

Die **erste Szene** findet im Unterrichtsraum an Gruppentischen statt. Zum Einstieg wird von zwei berühmten Schneekristallsammlern erzählt, einerseits vom Farmer Wilson Alwyn Bentley (1865–1931), der ab 1885 mehr als 5000 Schneekristalle fotografierte, andererseits vom Astrophysiker Kenneth Libbrecht (*1958), der sich bis heute mit modernsten Methoden der Erforschung des Schnees widmet. Bücher beider Sammler liegen auf oder gehen durch die Reihen. Die Lernenden erhalten nun eine große Menge verschiedener Fotografien von Einzelkristallen aus diesen Bänden sowie Skizzen weiterer Schneekristalltypen – alle etwa im Format drei mal drei Zentimeter. Wer will, kann sie auch auf die Gruppentische herabrieselnd „schneien" lassen. Das Phänomen steht in größtmöglicher Breite und Vielfalt direkt vor Augen und ist handhabbar. Es ist erwünscht, dass dabei auch viele unerwartete Formen von Kristallen vorhanden sind.

Die Lehrperson fragt, ob sich dieses Schneegestöber irgendwie ordnen lässt und gibt den Gruppen Zeit zum Sortieren. Mit größter Wahrscheinlichkeit werden Ähnlichkeiten zum Maßstab; so kommen Sterne neben Platten und „komischen" Kristallen zum Liegen. Soll das wissenschaftliche Vorgehen stärker akzentuiert werden, können verbindliche Definitionen verlangt werden, welche die Kategorien explizit voneinander abgrenzen. Die verschiedenen Ordnungen an den Tischen sowie die Definitionen können miteinander verglichen werden. Wenn es dann nicht schon eine gibt, die die anderen überzeugt, kann auch gemeinsam eine Ordnung entwickelt werden.

Die **zweite Szene** beginnt, sobald die Frage nach der Ursache der verschiedenen Formen fällt. In einem sokratischen Gespräch über die Hintergründe des Formenschatzes können spontane Vermutungen geäußert werden. Hier werden Präkonzepte und Vorwissen aktiviert, die einfühlsam auf ihre Brauchbarkeit für die Erforschung des Phänomens untersucht werden. Am Ende wird klar, dass sicher Temperatur und Feuchtigkeit eine Rolle spielen müssen. Gemeinsam wird überlegt, wie ein Experimentalaufbau aussehen müsste, in dem die unterschiedlichen Formen reproduzierbar erzeugt werden können.

Nun richtet sich der Blick nach Japan, zum Experimentalphysiker Nakaya. Seit 1933 hat auch er 3000 Fotografien von Schneekristallen angefertigt und sie zusätzlich umfassend klassifiziert. Er kam auf die Idee, dass die atmosphärischen Bedingungen für die Formen verantwortlich seien und versuchte, im Labor künstliche

Schneekristalle zu züchten. Das war schwieriger, als er vermutet hatte. 1936 gelang es ihm endlich, einen Einzelkristall auf der Spitze eines Kaninchenhaars zu erzeugen. In einer Reihe von Experimenten entwickelte er das nach ihm benannte Diagramm, das die jeweilige morphologische Erscheinung in Abhängigkeit von Temperatur und Übersättigung visualisiert.

Der **Schluss** des Lehrstücks führt zurück zu Kepler auf der Brücke in Prag. Mit Nakayas Hilfe können wir nun die Frage nach der Sechsstrahligkeit der Schneesterne auf dem Ärmel des schwarzen Mantels beantworten: Sie sind bei −15 °C und hoher Übersättigung entstanden (Abb. 1). Und weiter: Wenn wir die Temperatur am Boden kennen, können wir sogar sagen, in welcher Höhe diese Kristalle entstanden sein müssen. Und noch mehr: Finden wir zusammengesetzte Schneekristalle aus Strahlen und Platten, zeigt dies, dass der Kristall unterschiedliche Bedingungen durchlaufen haben muss, bevor er schließlich zu Boden fiel. Die Schneekristalle werden zu aussagekräftigen Botschaftern von ansonsten unzugänglichen atmosphärischen Vorgängen.

Abb. 1 Eine Schülerin vor einem *Snowflake-Thermometer* aus Schneekristallen von Bentley. (Foto: M. Jänichen)

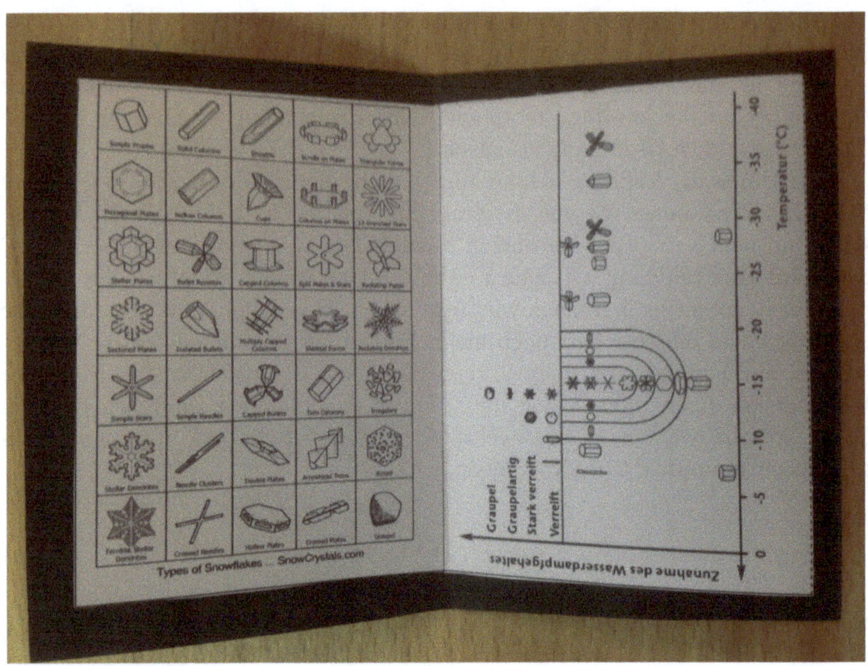

Abb. 2 Das selbstgemachte Schneeheftchen mit einem Nakaya-Diagramm. (Foto: M. Jänichen)

Aus einer einfachen Bastelvorlage kann am Ende ein Heftchen gefaltet werden, das alle Inhalte des Lehrstücks dauerhaft verfügbar macht (Abb. 2).

Anmerkung

Das Lehrstück ist mit inhaltlichen Anpassungen auf allen Niveaus von der 1. Klasse der Grundschule bis in die gymnasiale Oberstufe erfolgreich umgesetzt worden und benötigt nur wenige Stunden Zeit im einführenden Naturwissenschafts- oder Geographieunterricht. Es kann notwendig sein, den Zusammenhang zwischen Temperatur und Feuchtigkeit der Luft bzw. das Phänomen der Übersättigung oder auch die Aggregatzustände zu thematisieren. Generell sollte die Wissenschaftlichkeit nie die genuine Ästhetik der Schneekristalle überlagern.

Der Vollständigkeit halber dürfen auch andere Naturforscher erwähnt werden. Herausragend ist sicher die erste erfolgreiche Fotografie eines Schneekristalls 1879 durch Johann Heinrich Ludwig Flögel (1834–1918), aber auch die Beiträge von René Descartes (1596–1650) oder Robert Hooke (1635–1703) zur Schneeforschung sind bedeutsam. Umgekehrt können auch Einblicke in die gegenwärtige Schneeforschung gegeben werden, beispielsweise im Zusammenhang mit Lawinenprognosen ◀

Dr. Michael Jänichen ist Lehrer für Deutsch und Geographie am Gymnasium Muristalden Bern (CH) sowie Dozent an der Pädagogischen Hochschule Luzern (CH). Er ist Vorstandsmitglied der „Gesellschaft für Lehrkunstdidaktik“ und promovierte 2010 bei Hans Christoph Berg und Heinz Stübig (Philipps-Universität Marburg) zum Thema „Dramaturgie im Lehrstückunterricht“.

Galileis Fallgesetz

Marc Eyer

▶ *Warum fallen Gegenstände und wie tun sie das? Was gibt unserer Welt ein „Oben" und ein „Unten"? Diese fundamental sowohl physikalischen als auch philosophischen bzw. gar theologischen Fragen spannen das Bühnenbild für dieses Lehrstück auf und manifestieren sich in der Ästhetik des Phänomens der Parabel beim Wasserstrahl des Stadtbrunnens! – An kaum einem anderen physikalischen Themengebiet lässt sich die Entwicklung der Weltbilder der abendländischen Kulturgeschichte derart gut ablesen wie an der Bewegungslehre (Kinematik) und der Lehre über ihre Ursache (Dynamik). Die Naturlehre des Aristoteles (384–322 v. Chr.) unterscheidet eine himmlische (göttliche) und eine sublunare (befleckte) Kinematik. Erst Galileo Galilei (1564–1642) bricht mit den aristotelischen Mythen und beforscht die freien Bewegungen genau. Isaac Newton (1642–1726) klärt die Ursachen der Bewegungen und schafft den physikalischen Himmel ab. Und schließlich (und vielleicht doch nur vorläufig?) räumt Albert Einstein (1879–1955) mit den menschlich anschaulichen Modellen auf und verallgemeinert die Dynamik universell. Kann das alles in der Schule gelehrt bzw. gelernt werden? Martin Wagenschein (1896–1988), auf dessen Unterrichtsvorschläge dieses Lehrstück direkt zurückgeht, hielt die Auseinandersetzung mit Originalgedanken Galileo Galileis im Physikunterricht für geradezu unerlässlich, um den* physikalischen Blick *auf die Welt verstehen zu lernen. Er rät: „Es ist gut, wenn der Lehrer Galilei gelesen hat. (Da ich erst mit fünfzig Jahren dazu kam, bin ich umso überzeugter, dass jeder Physiklehrer es schon in seiner Ausbildungszeit tun sollte.)" (Wagenschein 1988, S. 202).*

M. Eyer (✉)
Bern, Schweiz
E-Mail: marc.eyer@phbern.ch

M. Gerwig et al. (Hrsg.), *Sternstunden der Bildung*,
https://doi.org/10.1007/978-3-658-50735-0_29

Während der **Ouvertüre** stehen die Lernenden auf dem Flachdach des Schulhauses. Mit dabei sind Tennisbälle, Tischtennisbälle, Luftballons und Stofftücher. 20 Meter tiefer ist auf dem Pausenplatz mit Absperrband ein großes Quadrat markiert. Die Gegenstände sollen in dieses Quadrat fallengelassen werden. Es geht hier primär um das Erleben und Beobachten des Fallprozesses: Wie fallen die Dinge? Kann man das in Worten beschreiben? Warum fallen sie? Wohin fallen sie? Fallen sie gleich schnell, die schweren und die leichteren Gegenstände?

Zurück im Schulzimmer tauschen wir die eigenen Theorien zum Fallen von Gegenständen aus. Viel Halbrichtiges und viel Halbverstandenes wird dabei genannt und vorerst unkommentiert stehen gelassen. Stattdessen folgt in diesem **ersten Akt** eine Auseinandersetzung mit Gedanken von Aristoteles zum Thema, die eine fundiertere Anschauung erlauben: Auf dem Tisch in der Mitte des Klassenzimmers steht ein wassergefülltes Aquarium, daneben stehen eine Kerze und ein Luftballon, am Grund im Aquarium liegt ein Stein (Abb. 1). Die Dinge repräsentieren die vier aristotelischen Elemente Erde (Stein), Wasser, Luft und Feuer. Aristoteles hat eine

Abb. 1 Einfache Demonstration der Ordnung der vier Elemente in der Welt nach Aristoteles. (Foto: M. Eyer)

umfassende Theorie über die Bewegung von Dingen, auch über deren Fallen, aufgestellt. Seinen Erklärungen werden wir folgen.

Die Schülerinnen und Schüler lesen zu zweit szenisch ein didaktisch aufbereitetes Lehrgespräch zwischen Aristoteles und seinem Schüler. Ihm zufolge kommen Bewegungen dadurch zustande, dass die Elemente sich ordnen wollen, das heißt sich an ihren natürlichen Ort bewegen wollen oder müssen: Die Erde unter das Wasser, die Luft über das Wasser. Auch das Feuer strebt in der Luft nach oben. Oben und Unten ist durch die hierarchische Anordnung der vier Elemente gegeben.

Im **zweiten Akt** erhebt Galilei vehement Einspruch. Zwar ist die Theorie des Aristoteles anschaulich und stimmt in mancher Beziehung mit den Beobachtungen und Beschreibungen der Schülerinnen und Schüler bei den Fall-Versuchen vom Schulhausdach überein. Einige Widersprüche gibt es aber möglicherweise doch. Galilei wirft Aristoteles vor, seine Behauptungen nicht überprüft, das heißt nicht experimentiert zu haben: „Zunächst zweifle ich sehr daran, dass Aristoteles je experimentell nachgesehen hat, ob …" (Galilei 2004, S. 56).

Was heute ein plausibles Argument ist, bedeutet wissenschaftsgeschichtlich einen Paradigmenwechsel. Die Jugendlichen lesen bei Galilei nach, wie er seine Kritik begründet, und bauen die Experimente, die er vorschlägt, nach: In einen großen Glaszylinder, gefüllt mit Glyzerin, lassen wir kleinere und größere Eisenkügelchen fallen. Zuerst wird nur die Art des Fallens beobachtet, dann auch darüber diskutiert, ob und warum die größeren oder die kleineren Kügelchen schneller fallen (Abb. 2). Offensichtlich wird dabei die Massenabhängigkeit des Fallens. Galilei behauptet hingegen, Dinge würden im Prinzip alle gleich schnell fallen, also völlig unabhängig von ihren Eigenschaften. Auch diese Behauptung wird eingehend untersucht, zuerst mit rein logischer Argumentation und dann experimentell. Diese Sequenz gipfelt im Experiment mit dem Fallrohr, in dem unter evakuierten Bedingungen eine Feder und ein Bleikorn genau gleich fallen! Aristoteles hätte experimentelle Befunde unter derart unrealen (lebensfeindlichen) Bedingungen niemals gelten lassen. Galilei hingegen befreit die Realität von „störenden Effekten", um freien Blick auf die fundamentalen Gesetzmäßigkeiten der Natur zu erhalten.

Offenbar unterliegen Prozesse in der Natur Gesetzmäßigkeiten, die objektiv und reproduzierbar sind. Noch mehr: Diese lassen sich gemäß Galilei mathematisch beschreiben. So auch das Fallgesetz. Auf den Spuren Galileis entdecken die Jugendlichen im **dritten Akt** diese Gesetzmäßigkeit anhand seiner Experimente (Fallrinne an der schiefen Ebene): Die Fallstrecke zeigt sich als quadratische Funktion der Zeit und das Verhältnis der Streckenzunahme pro Zeiteinheit entpuppt sich als die Reihe der ungeraden Zahlen. Diese Zusammenhänge werden nun auch grafisch festgehalten. Wir vollziehen damit nicht nur nach, was mit der Vorstellung einer Mathematisierbarkeit der Natur gemeint ist, sondern gelangen darüber hinaus zu einer Idee davon, was seit Galilei überhaupt als *Naturgesetz* gilt.

Im **vierten Akt** geht es wieder nach draußen. Wir stehen in der Stadt vor einem imposanten Stadtbrunnen. Auch wenn das Wasser aus Spargründen nicht mehr so kräftig aus dem Brunnenrohr strömt, so ist doch die wohlgeformte Bewegung des

Abb. 2 Schüler experimentieren gemäß den Beschreibungen Galileis in den Discorsi zu den Fallgeschwindigkeiten von Bleikügelchen in unterschiedlich dichten Medien (Wasser, Glycerin, Brennsprit, Luft). (Foto: M. Eyer)

Wassers als wunderbar regelmäßige „Kurve" zu bestaunen. Was formt sie? Wie fällt dieses Wasser? Ist das vergleichbar mit den Prozessen, die wir im Schulzimmer studiert haben? Wäre das dasselbe, wie wenn wir einen Ball horizontal werfen würden? – Es ist nicht einfach, vom bloßen Hinschauen eine genaue Antwort darauf zu finden. Könnten wir die Flugbahn des Wassers irgendwie festhalten? (Abb. 3)

Zurück im Schulzimmer versuchen wir das: Mit einem dünnen, genau horizontal ausgerichteten Wasserschlauch erzeugen wir einen künstlichen Brunnenstrahl und richten diesen parallel zu einer ebenen Wandfläche aus. Mit einer Bogenlampe projizieren wir den Wasserstrahl an die Wand. Mit diesem Trick gelingt es im **fünften Akt,** den Verlauf des Wasserstrahls als Schattenprojektion auf Packpapier abzuzeichnen (Abb. 4). Anschließend versuchen die Lernenden, den Verlauf des Wasserstrahls zu vermessen. Es hilft, dass sie bereits die Bewegungen an der schiefen Ebene vermessen und aufgezeichnet haben. Rasch wird bemerkt, dass es sich auch hier um eine Parabel handelt, nur dass die horizontale Achse nun eine

Abb. 3 Zeichnung zum Lehrgang *Das Fallgesetz im Brunnenstrahl* von Martin Wagenschein (1974, S. 45)

Strecke und keine Zeit bedeutet. In der Vertikalen nimmt die Strecke mit jeder Einheit der Horizontalen quadratisch zu. Wir haben es offensichtlich in der Vertikalen mit dem bekannten Fallprozess zu tun, wenn wir annehmen können, dass sich das Wasser in der Horizontalen immer mit gleicher Geschwindigkeit bewegt. (Darüber, ob das so ist, wird zuerst gründlich diskutiert!) Das Fallgesetz zeigt sich also auch im Brunnenstrahl! Die Erkenntnis, dass der Fallprozess vollkommen unabhängig von der Vorwärtsbewegung des Wassers stattfindet, also die beiden Bewegungen unabhängig voneinander stattfinden bzw. dabei die Gesamtheit der Bewegung in ihre Einzelteile zerlegt werden kann, ist vorläufig ein Gipfel des Erfolgs der „Galilean Purification" und ein Sieg über die Aristotelik, wenngleich uns die Tatsache völlig fremd und irreal erscheint.

Der **sechste Akt** führt ins 20. Jahrhundert: Die Physik hat sich grundlegend verändert. Davon blieb auch die Theorie über das Fallen von Körpern nicht verschont. Einsteins Relativitätstheorie hat die klassische Erklärung der Gravitationskraft abgeschafft und beschreibt diese als Konsequenz der Raumzeitkrümmung. Auch wenn es nicht möglich ist, diese Erklärungen im Rahmen der Schulphysik zu verstehen, werden die Jugendlichen über Analogien einigen Gedanken der *Allgemeinen Relativitätstheorie* zu Bewegungen in einem Gravitationsfeld folgen. Als Form drängt sich ein stark geführtes Lehrgespräch auf. Einstein hilft uns indirekt bei diesem „Ausblick ins Universum", da seine Theorien bei Epstein (1985) ohne eine einzige Formel und mit vielen handfesten Bastelarbeiten nachvollzogen werden können.

Für den **Epilog** kehren wir zurück auf das Schulhausdach. Alle Gegenstände aus der Eröffnung sind wieder dabei. Wir lassen sie aber vorerst noch nicht fallen.

Abb. 4 Schülerinnen beim Übertragen der Schattenprojektion des künstlichen Brunnenstrahls auf Packpapier. (Foto: M. Eyer)

Jetzt stehen wir wieder im Alltag bei unserer eigenen Erfahrung und Beobachtung. Was bringen uns die Theorien über das Fallen? Wie verändern sie unsere Wahrnehmung und unseren Alltag? Was hat sich verändert?

Es ist hier wichtig, dass die Jugendlichen das Gelernte mit ihrem Alltag in Beziehung setzen. Zusätzlich sind Aristoteles, Galilei und Einstein mit uns auf dem Dach. Schülerinnen und Schüler haben je eine Rolle eingenommen und erklären das Fallen noch einmal im szenischen Spiel. Ohne diese in ihrer Alltagstauglichkeit, in ihrer Wissenschaftlichkeit oder in ihrer Allgemeinheit zu werten, lassen wir die Theorien so stehen und schauen den Dingen nochmals beim Fallen zu – allerdings jetzt mit ganz anderem Blick.

Anmerkung

Das Lehrstück eignet sich in dieser Form für die gymnasiale Oberstufe, könnte aber bis zu Galilei auch in niedrigeren Stufen unterrichtet werden. Von besonderer Qualität ist für die ersten Akte, dass sie mit Originaltexten unterfüttert werden können. Wenn die Klasse im fünften Akt irritiert feststellt, dass die Bewegungen im Wasserstrahl unabhängig voneinander stattfinden, finden sie in Galilei einen ebenso erstaunten Bundesgenossen. Er lässt das in den Dialogen in seinem Buch *Discorsi* durch einen der Protagonisten ausdrücken: „Sagredo: Wahrlich, diese Betrachtung ist neu, geistvoll und schlagend; sie stützt sich auf eine Annahme, auf diese nämlich, dass die Transversalbewegung sich gleichförmig erhalte, und dass eben so gleichzeitig die natürlich beschleunigte Bewegung sich behaupte, proportional den Quadraten der Zeiten, und dass solche Bewegungen sich zwar mengen, aber nicht stören, ändern und hindern, sodass schließlich bei fortgesetzter Bewegung die Wurflinie nicht entarte!“ (Galilei 2004, S. 222). In solchen Momenten stehen die Jugendlichen und der originäre Forscher quasi direkt nebeneinander in der staunenden Betrachtung eines Phänomens – freilich durch einige Jahrhunderte voneinander getrennt. ◄

Prof. Dr. Dr. Marc Eyer ist Leiter des Instituts Sekundarstufe II an der Pädagogischen Hochschule Bern (CH). Er ist Vorstandsmitglied der „Gesellschaft für Lehrkunstdidaktik“ und promovierte 2013 bei Hans Christoph Berg und Heinz Stübig (Philipps-Universitat Marburg) zum Thema „Lehrstückunterricht im Horizont der Kulturgenese“.

Rembrandts Bibelbilder

Jan Veldman

▶ *Rembrandt van Rijn (1606–1669) war ein Künstler des 17. Jahrhunderts und als Holländer ein Kind seiner Zeit: reformiert, aber auch pietistisch geprägt. Über ihn wird auch heute noch viel diskutiert. Die häufige Thematisierung biblischer Geschichten in seinem umfangreichen Schaffen verdient ein besonderes Augenmerk, denn sie verrät mehr als ein modisches Engagement parallel zu seinen Zeitgenossen. Er zeichnete, radierte und malte Bibelgeschichten voller ikonischer Ausdruckskraft – oft aus eigenem Antrieb und ohne Auftrag. Damit brachte er bis zum Lebensende auch eine intensive, persönliche Verbundenheit mit der biblischen Botschaft zum Ausdruck. Wie der Erzvater Jakob und König David erlebte auch er in seinem Leben ähnliche Stolpersteine, Rückschläge und traurige Ereignisse. Er beendete seine Malerkarriere bezeichnenderweise mit einem imposanten Bild eines gescheiterten Mannes: des verlorenen Sohnes. Vom Leben gezeichnet, aber dennoch gerettet. Die Bibelbilder Rembrandts werden zum Schlüssel für sein Selbst-, Welt und Bibelverständnis. Die reichhaltige Reise durch das Werk und die Biografie Rembrandts führt zur erschütternden Erkenntnis der tieferen Bedeutung seines letzten großen Gemäldes.*

In der **Ouvertüre** wird die Problematik der *Rembrandt-Bibel* thematisiert, indem diese mit anderen illustrierten Bibelausgaben verglichen wird – unter anderem mit der Lutherbibel von 1534. Dabei stellen die Lernenden fest, dass die Illustrationen in der Lutherbibel sehr gut zu den jeweiligen Textstellen passen. Bei der modernen Rembrandt-Bibel hingegen handelt es sich hingegen um eine verlegerisch fragwürdige Entscheidung: Die Fotos sind in Lagen zusammengefasst und vom

J. Veldman (✉)
Gouda, Niederlande
E-Mail: janveldman52@gmail.com

M. Gerwig et al. (Hrsg.), *Sternstunden der Bildung*,
https://doi.org/10.1007/978-3-658-50735-0_30

Bibeltext getrennt abgedruckt. Die Lernenden wählen fünf Lieblingsreproduktionen aus, schreiben dazu eigene Reflexionen und gestalten daraus ihre persönliche Rembrandt-Bibel mit engem Bezug von Text und Bild.

Der **erste Akt** beginnt mit dem gedanklichen Betreten von Rembrandts Atelier (Abb. 1). In einem sonst leeren Raum wird Rembrandts frühes Werk (1626), auf dem er sich selbst als jungen, aufstrebenden Künstler in seinem Atelier, einem weitgehend kahlen Raum, dargestellt hat, groß an die Wand projiziert. Rembrandt hat hier nicht versucht, ein kunstvolles, etwas falsches Bild seines Lebens als Künstler zu zeichnen. Wir fragen uns, was er in diesem leeren Raum tut. Er blickt aus der Ferne auf sein Werk, an dem er gerade arbeitet, das aber selbst nicht zu sehen ist. Vielleicht arbeitet er gerade an genau dem Selbstportrait, das wir gerade betrachten? Es gibt keine Ablenkungen, keine Modelle, keine Vorlagen: Seine Gedanken sind auf die Leinwand konzentriert, alle Ideen müssen allein Rembrandts Kopf entspringen. Im Vergleich mit Atelierszenen von Zeitgenossen – zum Beispiel Willem van Haecht (1593–1637) und Judith Leijster (1609–1660) – wird erkennbar, wie schlicht und zurückhaltend Rembrandt sich präsentiert. Die Lernenden erfassen ihn als bescheidenen Könner und Künstler.

Im **zweiten Akt** wird eine Werkstattsituation in Leiden inszeniert: Einige von Rembrandts Schülern sind bei ihm im zweiten Stock erschienen; im ersten befand sich sein Atelier. Sie sehen Rembrandt dabei zu, wie er eine Grimasse zeich-

Abb. 1 Rembrandt in seinem Atelier. (Etwa 1626; heute ausgestellt im *Museum of Fine Arts* in Boston, USA)

net – ein erschrockenes Selbstporträt auf einer Radierplatte von etwa vier mal fünf Zentimetern. Die Lernenden werden nun selbst zu Rembrandts Schülerinnen und Schülern und zeichnen mit schwarzer Kreide ebenfalls ein solches Schreck-Selbstporträt – mit Spiegeln und bei Kerzenlicht (Abb. 2). Diese Aufgabe bildet den Ausgangspunkt für eine Annäherung an das Verständnis eines ultimativen Kunstwerks vom 16. bis ins 19. Jahrhundert: die Schaffung einer *istoria,* einer Historienmalerei. Ein solches Historiengemälde basiert auf einer tradierten Geschichte oder einem Mythos und erzählt in einem einzigen Bild voller Dramatik, Spannung, Bewegung und Emotionen vom Schicksal der beteiligten Menschen. Die damit verbundenen Herausforderungen sind komplex und verlangen wahre Meisterschaft bis ins Detail. Darum müssen die Lernenden das üben: Jeder Gesichtsausdruck muss vollkommen stimmen. Wir finden derartig ausdrucksvolle Gesichter auch in Rembrandts Bibelbildern wieder. Sie erfüllen die Kriterien der Historienmalereien.

Anschließend setzen wir uns vor Ort in Amsterdam mit Rembrandts Künstlertum auseinander: der **dritte Akt**. Die Stadt war ein Welthafen und Zentrum für Kaufleute und Gelehrte, für Rembrandt zugleich Stadt seines Ruhms und Familienlebens. Er ließ sich hier nicht als Maler eintragen, sondern als Kaufmann, worin sein Erfolg und sein Untergang gleichermaßen begründet waren. Wir erkunden Rembrandts Leben bei einer Führung durch sein Amsterdam und versuchen, seine Welt wiederzufinden. Dabei sind stets die passenden Gemälde zur Hand, wenn wir durch alte Gassen gehen: vorbei an Kaufmannshäusern zu dem Ort, an dem Professor Tulp seine anatomischen Demonstrationen abhielt (1632: „Die anatomische Vorlesung des Professors Tulp“), zum Stadtpalast, in dem die Brüder von Maria Trip lebten (1639: „Maria Trip“), und zur Kirche, die Rembrandt sonntags

Abb. 2 Schülerinnen zeichnen während des zweiten Akts bei Kerzenlicht mit schwarzer Kreide ein erschrockenes Selbstportrait. (Foto. J. Veldman)

Abb. 3 *Die Rückkehr des verlorenen Sohnes.* (1668; heute ausgestellt in der *Ermitage* in St. Petersburg, Russland)

besuchte. Schließlich erreichen auch wir das didaktisch eingerichtete Rembrandthaus, in dem zur Überraschung der Lernenden Rembrandts Atelier aus dem ersten Akt nachgebaut wurde. Zum Abschluss besuchen wir das Rijksmuseum. Dort sind die Lernenden selbst an der Reihe: Zu zweit bereiten sie ein sokratisches Gespräch mit „einem Rembrandt" und der ganzen Klasse vor. Dabei spielen die Dramatik und die Komposition der gewählten Istorias genauso eine Rolle wie Rembrandts jeweilige biografische Situation und natürlich der Bezug zur entsprechenden biblischen Geschichte. Es wird erkennbar, dass Rembrandt die Bibeltexte unabhängig und eigenständig auslegt.

Die Vertiefung in die Gründe für den gesellschaftlichen Abstieg unseres Protagonisten ist Kern des **vierten Akts.** Wie war es möglich, dass ein so erfolgreicher Künstler praktisch zum Bettler wurde? Nach dem Tod seiner Frau Saskia (1642) und schon vorher ihrer drei Kinder (1636, 1638, 1640) musste Rembrandt 1656 überraschend seine Hypothek für sein Haus tilgen, vermutlich wegen eines Krieges mit England. Als Anteilseigner der zahlreichen Amsterdamer Handelsschiffe war er auch finanzielle Risiken eingegangen. Schließlich stürzt Rembrandt ab: Er war verwitwet, verarmt und seine Kunst war aus der Mode gekommen.

Im **Epilog** wird aufgegriffen, dass Rembrandt sich immer wieder in die Bibel versenkt. Er zeigt mit seinen letzten Werken zuletzt einen wunderbaren Durchbruch des Glaubens. Dies wird überdeutlich in den Werken, die nach seinem Tod in seinem Atelier gefunden wurden (Abb. 3): „Die Rückkehr des verlorenen Sohnes“ (1668), unvollendet und ohne Auftraggeber, und „Der Lobgesang des Simeon“ (1669). In der Auseinandersetzung mit den entsprechenden biblischen Geschichten werden in dicker Farbe gemalt Rembrandts letzte Aussagen über seinen Umgang mit der Bibel erschlossen.

Anmerkung

Das Lehrstück eignet sich für die Sekundarstufe 1 und 2, es kann fächerverbindend mit Religion, Kunst und Geschichte in den Unterricht getragen werden. Die produktive Begegnung eines bedeutenden Künstlers mit der Bibel stellt stets das Zentrum dar. Aus ihr wird grundsätzlich nachvollziehbar, dass die biografische Lesart eines Werkes wechselseitig aufschlussreich für das Verständnis beider ist. Das Lehrstück kann natürlich auch ohne einen Besuch in Amsterdam realisiert werden. In diesem Fall sollte ein virtueller Stadtrundgang angeboten werden, in dem die räumlichen und biografischen Zusammenhänge mit dem Werk sichtbar gemacht werden.

Eine alternative Herangehensweise an das Thema entschlüsselt kompositorisch eine Vielzahl von Bildern Rembrandts mit Blick auf die biblischen Geschichten und stellt ebenfalls biografische Bezüge zum Künstler her. Am Ende wählen die Lernenden ein Set ihrer Lieblingsbilder und wichtigsten Bibelgeschichten und erstellen daraus ihre eigene kleine Rembrandt-Bilderbibel als Leporello. ◀

Dr. Jan Veldman war Dozent an der reformierten Pädagogischen Hochschule Gouda (NL). Er unterrichtete Zeichnen, Kunstdidaktik, Kunstgeschichte, Lehrkunstdidaktik und klassische Geschichte. 2013 promovierte er bei Carl-Peter Buschkühle (Justus-Liebig-Universität Gießen) und Susanne Wildhirt zum Thema „Das Ästhetische im Lehrkunstkonzept – zur Bedeutung von Dramaturgie und Spiel im Kunstunterricht“.

Pascals Barometer

Marc Eyer

▶ *Warum läuft das Wasser nicht aus einem Glas, das verkehrt herum, das heißt mit dem Boden nach oben, so aus einem gefüllten Wasserbecken gehoben wird, dass sich die unten liegende Öffnung noch unter der Wasseroberfläche befindet? Ist dafür das Vakuum verantwortlich oder der Luftdruck – und was ist das beides überhaupt? Ein einfaches Alltagsphänomen entführt die Lernenden im Lehrstück* Pascals Barometer *tief in die Wissenschaftsgeschichte des 17. Jahrhunderts. Unter der Führung bedeutender Wissenschaftler (Galilei, Torricelli, Pascal, von Guericke, Boyle) ergründen die Lernenden das Phänomen und ringen gemeinsam mit den Wissenschaftlern mit der Vorstellung des* Horror Vacui *und mit dem Paradigma des Luftdrucks.*

In der **Ouvertüre** des Lehrstücks inszeniert die Lehrperson ein Handexperiment. Als Ausgangsphänomen wirft es die den folgenden Unterricht tragende Frage danach auf, was in unserer Welt die faszinierenden und überall auftauchenden kleineren und größeren Kräfte verursacht, die wir unter dem Alltagsbegriff „saugen" zusammenfassen. Das Experiment mit dem Wasserglas wurde von Martin Wagenschein (1896–1988) vorgeschlagen und mit seinen Lernenden mehrfach dazu verwendet, um ein sokratisches Gespräch zu initiieren, an dessen Ende die faszinierenden *Sogfragen* stehen (Abb. 1): Was genau hält das Wasser im Glas zurück? Warum läuft es nicht aus? Läuft es unter keinen Umständen aus?

Im Gespräch nehmen zwei Argumentationslinien Form an. Erstens: Das Wasser kann nicht hinaus, weil sonst nichts mehr im Glas wäre (*Horror Vacui*). Zweitens: Das Wasser kann nicht aus dem Glas, weil außen etwas dagegenhält; der Luftdruck.

M. Eyer (✉)
Bern, Schweiz
E-Mail: Marc.Eyer@phbern.ch

M. Gerwig et al. (Hrsg.), *Sternstunden der Bildung*,
https://doi.org/10.1007/978-3-658-50735-0_31

Abb. 1 Experiment mit dem Wasserglas: Warum fließt das Wasser nicht aus dem Glas? (Foto: M. Eyer)

In der Eröffnung des Lehrstücks sind die Lernenden einigen drängenden Fragen begegnet, mit denen sich auch Wissenschaftler des 17. Jahrhunderts konfrontiert sahen. Wie hoch steigt eine Wassersäule durch *Saugen* bzw. könnte das Glas des Einstiegs-Experiments unbegrenzt hoch sein und würde das Wasser beim Herausziehen unbegrenzt hoch steigen? Im Zentrum dieses **ersten Akts** geht man diesen Fragen nach. Dazu wird mit einem langen Schlauch ein Großexperiment durchgeführt (Abb. 2). Ein komplett mit Wasser gefüllter Gartenschlauch (transparent), der an einem Ende fest verschlossen und am anderen offen ist, wird mit dem offenen Ende in einem Wasserbecken untergetaucht, während das andere Ende mit einer Schnur im Treppenhaus der Schule über mehrere Stockwerke nach oben gezogen wird. Die Lernenden beobachten genau: Kommt das Wasser im Schlauch mit nach oben? Wie weit? Tatsächlich nicht beliebig weit! Bei rund zehn Metern Säulenhöhe bleibt es – trotz weiteren Hochziehens des Schlauchs – stehen. Kleine Blasen bilden sich im obersten Teil des Wassers. Siedet es? Was befindet sich jetzt noch im obersten Schlauchteil? Ist dort komplette Leere?

Das Experiment gibt den Blick auf neue Erkenntnisse frei und wirft gleichzeitig neue Fragen auf. Die beiden am Ende der letzten Stunde erarbeiteten Argumentationslinien werden von den Lernenden mit den neuen Erkenntnissen aus dem Experiment geprüft und die Hypothesen werden von den Lernenden niedergeschrieben.

Abb. 2 Experiment mit dem langen Wasserschlauch im Treppenhaus der Schule. (Fotos: M. Eyer)

Im **zweiten Akt** begeben sich die Lernenden auf die Suche nach Erklärungen in der Wissenschaftsgeschichte. Sie stoßen auf Galileo Galilei (1564–1642), der versucht, das Resultat der „beschränkten Saugkraft von Saugpumpen" mit einer hybriden Theorie der „beschränkten Kraft des Vakuums" zu beschreiben. Er schreibt den Effekt einer *Vakuumskraft* zu, die allerdings beschränkt ist und bei genügender Last (hier der Wassersäule) kollabiert. Er schlägt dafür ein weiteres Handexperiment vor, dass die Lernenden selbst durchführen, dabei aber auf neue Widersprüche stoßen. Zum Beispiel: Warum ist die Kraft zur Erzeugung von Vakuum unabhängig von dessen Volumen (Abb. 3)?

Als ein Schüler Galileis sich gegen den Meister wendet und einen anderen Agenten als das Vakuum als Ursache für das Phänomen in den Blick nimmt, nehmen die Diskussion und der Fokus der Untersuchungen eine dramatische Wende. Evangelista Torricelli (1608–1647), der Hauptakteur des **dritten Akts,** beginnt, mit deutlich schwereren Flüssigkeiten zu experimentieren. Er stellt fest, dass eine Quecksilbersäule bereits bei 73 Zentimeter abreißt. Das widerspricht zwar noch nicht der Theorie des Meisters Galilei, aber Torricelli nimmt mit seinem erklärenden Paradigma die neue Weltsicht auf – wozu Galilei erstaunlicherweise noch nicht in der Lage war. Torricelli meint: „Wir Menschen leben am Grunde eines Meeres aus Luft." Diese Luft, die nachweislich eine Masse und damit Gewicht hat, lastet überall auf uns und auf den Dingen, so auch auf der Wasseroberfläche des das Wasserglas umgebenden Wassers im Einstiegsexperiment. Dieser Widerstand, so

Abb. 3 Beschränkte Vakuumskraft nach Galilei. (Foto: M. Eyer)

könnte eine Erklärung mit den Worten Torricellis lauten, verhindert das Ausfließen des Wassers aus dem Glas. Diese unerhörte Erklärung muss überprüft werden. Hat Luft wirklich ein Gewicht? Wie groß ist es denn? Warum spüren wir nichts davon?

Im **vierten Akt** tritt ein Beobachter und Denker als weiterer, entscheidender Akteur hinzu. Blaise Pascal (1623–1662) beobachtet aus der Ferne die interessante wissenschaftliche Diskussion zwischen Torricelli und Galilei. Er entwirft ein weiteres Experiment, das im wissenschaftlichen Streit zwischen den beiden Erklärungen richten soll. Pascal schreibt seinem Schwager Perrier in Clermont Ferrand einen wissenschaftshistorisch berühmt gewordenen Brief, in dem er ihn darum bittet, mit einer Torricelli'schen Quecksilbersäule den Hausberg von Clermont Ferrand, den Puy de Dome zu besteigen. Das Durchsteigen der gut 1100 Höhenmeter im Luftmeer über Clermont Ferrand sollte dafür ausreichen, dass die geringere Last der Luftsäule auf dem Gipfel des Puy de Dome der Quecksilbersäule einen geringeren Widerstand entgegenbringen würde, womit die Quecksilbersäule während des Aufstiegs etwas zusammenfallen sollte. Damit wäre, so Pascal, der Beweis für den Luftdruck als Ursache des Phänomens gefunden.

Das wollen wir natürlich miterleben. Die Lernenden machen das gleiche Experiment, wenn auch nur über eine Höhendifferenz von rund 20 Metern im eigenen Schulhaus. Und tatsächlich: Die wenigen Meter vom Schulhof bis zum Dach reichen aus, tatsächlich kann ein Unterschied gemessen werden.

Dieser spektakuläre „Beweis“ für den Luftdruck bewegt die Wissenschaft in Europa. Im **fünften Akt** will ein bekannter Politiker aus Magdeburg darüber aufklären. Die Wissenschaft gelangt so vors Volk. Otto von Guericke (1602–1686) erfindet die Luftpumpe und inszeniert spektakuläre Shows, um die Mächtigkeit des Luftdrucks zu demonstrieren. Das berühmteste Experiment von ihm, die Magdeburger Halbschalen, kommt natürlich auch im Unterricht zum Einsatz.

Den **Epilog** des Unterrichts bildet eine Diskussionsrunde, an der die in der Wissenschaftsgeschichte beteiligten Wissenschaftler das Ausgangsexperiment mit dem Wasserglas diskutieren – jeder aus seiner Perspektive mit seinen Konzepten und Erklärungen –, bevor dann ganz zum Schluss die von Robert Boyle (1627–1691) für seine Experimente verwendete Vakuumglocke zum Einsatz kommt. Das Wasserglas-Experiment wird miniaturisiert und unter die Vakuumglocke gestellt (Abb. 4). Nochmals wird die Frage an die Lernenden gerichtet: Und? Was geschieht, wenn wir nun dem Wasserglas-Experiment die umgebende Luft entziehen? Alle meinen es zwar zu wissen, aber nur theoretisch; niemand kann es richtig glauben – und dann wird es zur Tatsache: Das Wasser läuft aus dem Glas!

Abb. 4 Miniaturisiertes Wasserglas-Experiment unter der Vakuumglocke. (Foto: M. Eyer)

Anmerkung

Dieses Lehrstück ist ein Musterbeispiel dafür, wie ein Alltagsphänomen – richtig exponiert und inszeniert – aus sich heraus Fragen evoziert, wie es Sogfragen auslöst, die einen in den Bann ziehen, und Rätsel aufwirft, die gelöst werden wollen. Es bleibt aber nicht beim „lustigen Rätselraten“, vielmehr findet sich in dem einfachen Anfangsexperiment ein Wissenschaftsparadigma mitsamt seiner Kulturgeschichte in verdichteter Form wieder: der Luftdruck. Das Ringen um dessen Verständnis ist 400 Jahre alt und es hat eine eindrückliche Geschichte. Im Lehrstück wird von dieser nicht berichtet, sie wird nicht historisch und anekdotisch erzählt, um Lösungen zu präsentieren oder Wahrheiten zu lehren. Vielmehr werden die Schülerinnen und Schüler durch die kluge Inszenierung des Anfangsphänomens in eine Situation gebracht, die es ihnen ermöglicht, die Wege zur kulturellen Erkenntnis des Phänomens *Luftdruck* gegenstandszentriert und individuell mitvollziehen zu können – genetischer Unterricht par excellence. Dass diese individuelle Genese in Tuchfühlung mit der tatsächlichen Kulturgenese des Unterrichtsgegenstands geschehen kann, ist ein Glücksgriff. Das Kulturbewusstsein für unser Denken und unsere physikalischen Konzepte wird unmittelbar. Nicht die Lehrperson weist den Weg, sondern die Kulturgeschichte, repräsentiert durch die jeweiligen Wissenschaftler. ◀

Prof. Dr. Dr. Marc Eyer ist Leiter des Instituts Sekundarstufe II an der Pädagogischen Hochschule Bern (CH). Er ist Vorstandsmitglied der „Gesellschaft für Lehrkunstdidaktik“ und promovierte 2013 bei Hans Christoph Berg und Heinz Stübig (Philipps-Universität Marburg) zum Thema „Lehrstückunterricht im Horizont der Kulturgenese“.

Wahrscheinlichkeitsrechnung mit Pascal

Bastian Hackler und Alexandra Pötter

▶ *Bei diesem Lehrstück handelt es sich um einen echten Glücksfall: Historisch verbürgt und hochgradig aktivierend präsentieren sich die Anfänge der Wahrscheinlichkeitsrechnung spielerisch und eindrucksvoll zugleich. Der „Chevalier de Méré" (bürgerlich: Antoine Gombaud, 1607–1684) verzweifelt im 17. Jahrhundert an einem Würfelspiel – es droht die Pleite. „Die Mathematik passt nicht zum wahren Leben!", klagt er und wendet sich in seiner Verzweiflung an Blaise Pascal (1623–1662), einen der damals größten Mathematiker. Dieser nimmt sich der Problematik an und entwickelt schließlich die Grundzüge der Wahrscheinlichkeitsrechnung.*

Zu Beginn der **Ouvertüre** erwartet die Lernenden ein vorbereiteter Klassenraum: ein großes Tuch in der Mitte, außen ein Stuhlkreis. Auf dem Tuch liegen verschiedene moderne Würfel und Bonbons sowie antike Würfel, mit denen schon vor Jahrtausenden orakelt und gespielt wurde und die man „Astragali" nennt. Dabei handelt es sich um Sprunggelenksknöchelchen von Paarhufern wie Schafen oder Ziegen – die heutzutage wahlweise echt oder nachgebildet sein können.

Im ersten Schritt werden die Schülerinnen und Schüler für den Zufall sensibilisiert. Bonbons werden als Einsatz gesetzt, Spielregeln vereinbart – und dann wird gespielt: zunächst mit den Astragali, später mit gewöhnlichen Spielwürfeln (Abb. 1).

B. Hackler (✉)
Fritzlar, Deutschland

A. Pötter
Kirchhain, Deutschland

M. Gerwig et al. (Hrsg.), *Sternstunden der Bildung*,
https://doi.org/10.1007/978-3-658-50735-0_32

Abb. 1 Würfelspiele mit Astragali während der Ouvertüre. (Foto: A. Pötter)

Das Material selbst gibt dabei stets Anlass zu der Frage: Wie hoch sind die Gewinnchancen, das heißt, welche Regeln sind fair – und warum? Die Gruppe diskutiert miteinander: Gibt es so etwas wie Glück und Pech im Spiel? Wie wahrscheinlich ist das eigentlich alles, was hier passiert?

Im **ersten Akt** ist der Klassenraum wiederum entsprechend hergerichtet. Begleitet von authentischer Musik der Zeit – etwa von den Hofkomponisten Antoine Boesset (um 1585–1643) und Jean-Baptiste Lully (1632–1687) – springen wir direkt ins Jahr 1654. Begrüßt werden wir – dargestellt durch die Lehrperson – vom Chevalier de Méré persönlich, einem Adligen, der am Hof des Sonnenkönigs Louis XIV. ein- und ausgeht und so wohlhabend ist, dass er nicht arbeiten muss. Stattdessen kann er viel Zeit am Spieltisch verbringen, wo er das folgende Würfelspiel anbietet: *„Jeder von uns setzt ein Goldstück. Dann dürfen Sie einen Würfel viermal werfen. Schaffen Sie es, keine einzige Sechs zu würfeln, haben Sie gewonnen und erhalten den gesamten Einsatz; anderenfalls gewinne ich.“* Ist das fair? Der einfachste Weg, es herauszufinden, ist, selbst zu spielen. In den Gruppen ist es mal de Méré, mal der Mitspieler bzw. die Mitspielerin, die häufiger gewinnt. Insgesamt gewinnt de Méré aber mehr Spiele als er verliert. Eine Computersimulation unterstützt dieses Ergebnis: de Méré gewinnt von 10.000 Spielen etwas mehr als 51 %. Fazit: Er hätte von diesem Spiel gut leben können (Abb. 2).

Jedoch will es de Méré – und hier kann die Lehrperson ihn erneut verkörpern – nicht bei dieser ersten Spielregel belassen und entwickelt nun eine zweite, in der Annahme, die Besucherinnen und Besucher des Salons würden sich ansonsten auf Dauer langweilen. Dabei möchte er aber die Gewinnchancen derart beibehalten,

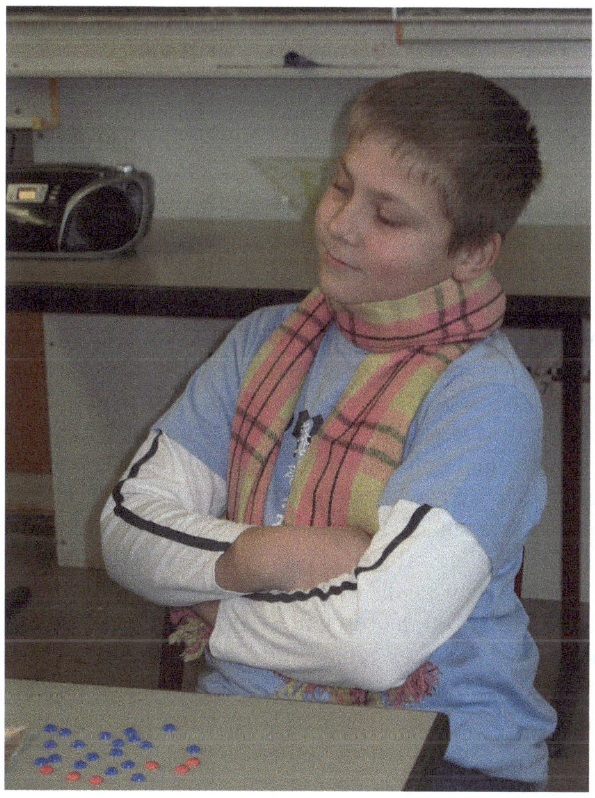

Abb. 2 Das erste Spiel: De Méré ist mit seinem Gewinn zufrieden. (Foto: A. Pötter)

dass das zweite Spiel im Kern unmerklich dem ersten entspricht: De Méré entscheidet sich für das gleichzeitige Werfen von zwei Würfeln. Dabei sind also $6 \cdot 6 = 36$ Ergebnisse möglich und die mitspielende Person soll gewinnen, wenn keine Doppelsechs fällt. Die entscheidende Frage lautet nun: Wie oft müssen die Würfel geworfen werden, damit sich an den mathematischen Bedingungen nichts ändert? Unterschiedliche Varianten werden genannt und gemeinsam diskutiert. Am Ende setzt sich durch: Da sich die Anzahl möglicher Ergebnisse versechsfacht hat (von sechs bei einem zu 36 bei zwei Würfeln), muss sich auch die Anzahl der Versuche versechsfachen. Mathematisch ausgedrückt: $\frac{4}{6} = \frac{24}{36}$. Dies führt zu der neuen Regel: *„Jeder von uns setzt wieder ein Goldstück. Dann dürfen Sie 24-mal zwei Würfel werfen: Fällt dabei keine Doppelsechs, haben Sie gewonnen und erhalten den gesamten Einsatz; anderenfalls gewinne ich."*

Auch dieses Spiel wird nun nachgespielt. Das zusammengefasste Ergebnis der Klasse zeigt – und die anschließende Computersimulation bestätigt: De Méré verliert nun etwas häufiger als er gewinnt! Von 10.000 Spielen gewinnt er nur noch etwas mehr als 49 %.

De Mére ist verzweifelt und sieht seinen Reichtum verrinnen: Was ist bloß schiefgegangen? Er empfindet es als „Skandal“, dass die Mathematik offenbar entweder nicht zur Realität passt oder in sich widersprüchlich sein muss und wendet sich in dieser nachempfindbaren Frustration hilfesuchend an den berühmten Mathematiker Blaise Pascal. Die Lernenden schreiben nun im Namen de Mérés Briefe, in denen sie die Spiele, Überlegungen und inneren Widersprüche umfassend reflektieren und darlegen.

Zu Beginn des **zweiten Aktes** tritt die Lehrperson als Pascal auf. Er betrachtet beide Spiele mit mathematischem Blick, sodass die Lernenden nun gemeinsam mit ihm die Betrachtungs- und Vorgehensweisen der Wahrscheinlichkeitsrechnung entwickeln können. Dazu wird zunächst das erste Spiel analysiert, das de Méré laut Pascal bereits falsch gedeutet hatte: Die Gewinnwahrscheinlichkeit beträgt etwa 52 %. Wie kann man diese ermitteln? Essenziell ist hierbei die Idee, die Spielstruktur im Bezug auf die Einzelwürfe zu betrachten: Stellen wir uns vor, dass 100 Spielerinnen und Spieler gleichzeitig gegen de Méré antreten und vorzeitig ausscheiden, sobald sie eine Sechs würfeln. Dabei verliert jeweils $\frac{1}{6}$ der noch im Spiel befindlichen Personen, die übrigen $\frac{5}{6}$ spielen weiter – wir vernachlässigen der Einfachheit halber mögliche Abweichungen von dieser idealisierten Betrachtung, da es uns um ein Grundverständnis für das Spiel geht. De Méré sieht sich also in den vier Runden jeweils 100, 83, 69 und 58 Personen gegenüber. Am Ende bleiben 48 Personen übrig, denen es gelungen ist, keine einzige Sechs zu werfen, was gerade der 52-prozentigen Gewinnchance de Mérés entspricht. Dieser Wert steht in deutlichem Gegensatz zu der von den Lernenden anfangs oft geäußerten Annahme, er habe insgesamt mit einem Verliereranteil von $\frac{4}{6}$ rechnen dürfen: Dieser entspräche einem Schwund von je $\frac{1}{6}$ der ursprünglich 100 Personen pro Einzelwurf und lässt sich auch auf de Mérés Erweiterungsidee, also auf $\frac{4}{6} = \frac{24}{36}$, beziehen.

Da eine Visualisierung mit den zur anfänglichen Klärung sehr wertvollen Kreisen (Abb. 3) für die weiteren Formalisierungsschritte noch nicht das volle Verallgemeinerungspotenzial hat, suchen wir, ausgehend von Pascals Erläuterungen, nach einer flexibleren und umfassenderen Darstellungsmöglichkeit. Zunächst stellen wir die Struktur des ersten Spiels als „Baum“ dar, wie es bereits der niederländische Mathematiker und Physiker Christiaan Huygens (1629–1695) im direkten Bezug auf Pascals Spielanalysen getan hat: Wir schauen auch hier zu, wie in jeder Runde etwa $\frac{1}{6}$ der verbliebenen Spielerinnen und Spieler wegfällt und $\frac{5}{6}$ weitermachen dürfen. Dann klären wir, wie sich diese Methode auf die 24 Runden des zweiten Spiels übertragen lässt (Abb. 4), sodass wir schließlich auch für Letzteres de Mérés Gewinnwahrscheinlichkeit erhalten: Es sind nur 49,2 %! So also erklärt sich der Unterschied in den Gewinnchancen. Die lineare Intuition, in jeder Runde falle die gleiche Anzahl an Personen heraus, ist so offenbar nicht zielführend: Wir müssen verbleibende Anteile multiplizieren, nicht wegfallende subtrahieren – ein fundamental anderes Denkmuster! Die Lernenden schreiben nun Briefe „von Pascal an de Méré“ und erklären ihm den Sachverhalt geduldig und ausführlich.

Im **dritten Akt** entwickeln die Schülerinnen und Schüler Vorschläge für neue Spiele: De Méré soll bessere Gewinnchancen haben als seine Mitspielerinnen und

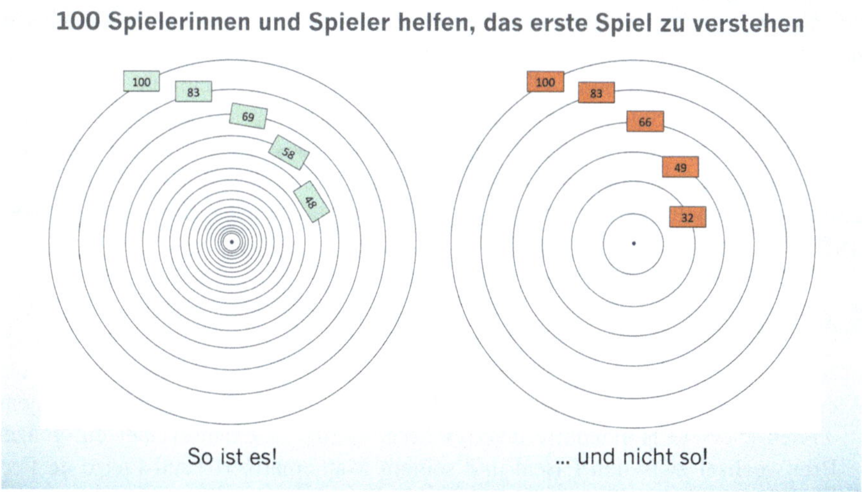

100 Spielerinnen und Spieler helfen, das erste Spiel zu verstehen

100 83 69 58 48

100 83 66 49 32

So ist es! ... und nicht so!

Abb. 3 Schritt für Schritt analysieren wir mit Pascal das erste Spiel. (Grafik: A. Pötter/B. Hackler)

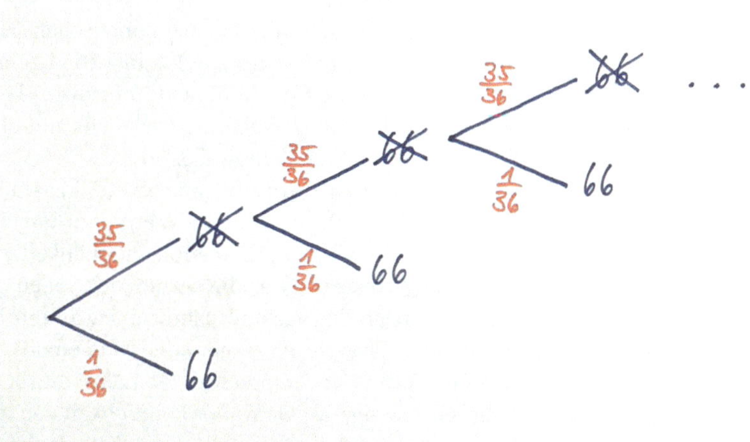

Abb. 4 Ein Baumdiagramm hilft, den Ausgang des zweiten Spiels zu verstehen. (Grafik: A. Pötter)

Mitspieler, gleichzeitig sollen aber auch diese nicht so oft verlieren, dass sie den Salon enttäuscht verlassen und nicht wiederkommen. Mithilfe der Baumdarstellungen, aus denen sich auch die zentralen Rechenregeln systematisch erschließen lassen, ermitteln und begründen sie schließlich ihre Regelempfehlungen.

Im **Epilog** wird das Erarbeitete nun auf weitere Spielgeräte übertragen: Münzen, Urnen, Glücksräder sind berechenbar geworden – sowohl in ein- als auch in mehrstufigen Zufallsversuchen. Auch betrachten wir beispielsweise nochmals die Astragali aus der Ouvertüre: Wie groß sind hier die Wahrscheinlichkeiten für die möglichen Lagen? Schnell wird klar, dass diese nicht a priori berechnet, sondern nur empirisch ermittelt werden können. Am Ende des Stückes liegen damit die Tore zum *Gesetz der großen Zahlen,* zu empirischen und bedingten Wahrscheinlichkeiten, Bernoulliketten, Binomialverteilungen und vielen anderen Zentralbegriffen der Stochastik weit geöffnet vor uns.

Anmerkung

Schriftliche Hilfegesuche von de Méré an Pascal sind nicht erhalten, da der erste Austausch wohl persönlich stattfand, wie wir von Christiaan Huygens wissen (Société Hollandaise des Sciences, 1920). Es existiert aber ein ganzer Briefwechsel zwischen Pascal und seinem Mathematikerfreund Pierre de Fermat (1607–1665) und daran anknüpfende Schriften von Huygens und anderen. Es ist daraus nicht ersichtlich, dass der historische Chevalier de Méré oft an Würfelspielen teilgenommen oder gar einen Spielsalon betrieben hat. Das diesbezügliche Narrativ könnte eine Erfindung der späteren Sekundärliteratur sein, wird hier jedoch bewusst inszenatorisch eingesetzt.

Gesichert ist hingegen, dass de Méré sich auf der mathematischen Ebene mit den genannten Spielregeln beschäftigt hat, denn am 29. Juli 1654 schreibt Pascal an Fermat (Brüngger 2008, S. 13): „[De Méré] sagte mir also, dass er [...] einen Fehler in den Zahlen gefunden habe: Wenn man versucht, mit einem Würfel eine Sechs zu werfen, dann ist es von Vorteil, dies mit vier Würfen zu tun, und zwar wie 671 zu 625. Wenn man versucht, mit zwei Würfeln eine Doppelsechs zu werfen, ist es von Nachteil, dies mit 24 Würfen zu tun. Dennoch verhält sich 24 zu 36 (was die Anzahl der Kombinationsmöglichkeiten der Seiten von zwei Würfeln ist) wie vier zu sechs (was die Anzahl der Seiten eines Würfels ist). Das ist es, woran er so großen Anstoß nahm und was ihn dazu veranlasste, öffentlich zu behaupten, dass die Aussagen, der Mathematik‘ unsicher seien und dass die Arithmetik sich widerspreche.“ Gemeinsam mit Fermat entwickelt Pascal nun die Grundzüge einer Wahrscheinlichkeitsrechnung und resümiert später: „Somit kann diese Lehre, die die Exaktheit der mathematischen Beweisführung mit der Unsicherheit des Zufalls verknüpft und diese vollständig einander widersprechenden Elemente miteinander versöhnt, mit Recht Anspruch erheben auf die folgende, [...] wohl verblüffende Benennung: *Die Mathematik des Zufalls*.“ Den weitläufigen Problemkomplex, den de Méré mit der Erweiterungsregel aufgeworfen hatte, konnte Pascal aufgrund eines Missverständnisses übrigens nur insoweit lösen, wie es aus dem Lehrstück hervorgeht, während eine vollständige Klärung erst mehr als 60 Jahre später durch Abraham de Moivre (1667–1754) gelang (de Moivre, 1718). Allen, die sich näher mit den Hintergründen des Stückes auseinandersetzen möchten, sei daher dringend die Lektüre von Ore (1960), Hald (1990) und de Moivre (1718) nahegelegt. Unschätzbar wertvolle mathematische und didaktische Einsichten in die Theorie der Ereignis- und Wahrscheinlichkeitsbäume liefert außerdem Shafer (1996).

Das Lehrstück, das in der beschriebenen Form etwa zwölf Unterrichtsstunden benötigt, bietet sich in Varianten für einen breiten Einsatz von Jahrgang 6 bis 13 an, da zahlreiche Vertiefungen unterschiedlichster Komplexität möglich sind ◀

Bastian Hackler ist Diplom-Mathematiker und Gymnasiallehrer für Mathematik und Informatik an der König-Heinrich-Schule in Fritzlar. Seit Beginn seines Lehramtsstudiums an der Philipps-Universität Marburg im Jahr 2012 hat er sich eine Vielzahl von Lehrstücken erarbeitet und inszeniert diese regelmäßig in seinem Unterricht. Zusammen mit Hans Christoph Berg und Ulrike Harder gestaltet er das Marburger Seminar „Lehrkunstwerkstatt".

Alexandra Pötter ist Lehrerin für Mathematik, Physik, Informatik und Russisch an der Alfred-Wegener-Schule in Kirchhain. Dort leitet sie als Mitglied der Schulleitung das mathematisch-naturwissenschaftliche Aufgabenfeld. Sie arbeitete gemeinsam mit ihrer 2024 verstorbenen Kollegin Anika Schurich an der Weiterentwicklung des Stücks zur „Wahrscheinlichkeitsrechnung mit Pascal" und setzt diese Arbeit fort.

Die Spiegeloptik

Marc Eyer

▶ *Man kann das Thema „Reflexionsgesetz" mithilfe des Strahlensatzes einführen, den die Schülerinnen und Schüler der Mittelstufe parallel im Mathematikunterricht lernen, und so schreiben es auch die Physikbücher vor. Aber es sollte anders „in den Kopf" der Schülerinnen und Schüler gelangen – und zwar geleitet vom Lichtwegkonzept. Dieses fasst alle Verstehensbereiche zusammen: die Geradlinigkeit, die Reflexion, die Brechung. Es führt bis zu der Erkenntnis Fermats (1607–1665), das Licht, so wie wir es uns theoretisch vorstellen, immer den schnellsten (nicht unbedingt den kürzesten) Weg nimmt. Und darüber hinaus stellt sich dabei vielleicht auch die Frage, die sich Leibniz (1646–1716) einst stellte: Woher weiß „das Licht" eigentlich, welchen Weg es gehen muss? Dieser eng an der Phänomenbeschreibung optischer Erscheinungen orientierte Lernweg umfasst mit Erweiterungen alle Teilphänomene der Optik bis hin zur Quantenphysik. Dabei führt er über Irrtümer und Entdeckerfreuden, über Staunen, Fragen, sich Nähern und wieder Entfernen. Zunächst stellt sich nicht die Frage „Was ist Licht?", sondern „Was macht das Licht?"*

Bei der ersten Exposition als **Ouvertüre** steht in der Mitte des Schulzimmers ein frischer, bunter Blumenstrauß. Die Lernenden sitzen um diesen herum an ihren gewohnten Plätzen. In der vorderen Ecke auf dem Arbeitstisch der Lehrperson brennt eine große Kerze. Vom Blumenstrauß wie von der Kerze wird Licht in alle Raumrichtungen abgestrahlt. Wie ist es möglich, dass sich das Bild vom Blumenstrauß und jenes der Kerze in ihrer Ausbreitung begegnen, kreuzen und durchdringen, ohne dass die beiden Bilder sich stören oder beeinflussen? Was bedeutet Sehen? Warum sehen wir Gegenstände? Wie breitet sich Licht aus und warum stören sich

M. Eyer (✉)
Bern, Schweiz
E-Mail: Marc.Eyer@phbern.ch

M. Gerwig et al. (Hrsg.), *Sternstunden der Bildung*,
https://doi.org/10.1007/978-3-658-50735-0_33

die sich durchdringenden Bilder, die „durch den Raum fliegen“, nicht? Die kurze einleitende Diskussion weckt die Faszination an der Welt des Sehens, des Lichts und der Art seiner Ausbreitung.

Der **erste Akt** beginnt mit einer neuerlichen Exposition. Im abgedunkelten Schulzimmer leuchtet eine kleine Lampe auf einen Spiegel, der auf einem Arbeitstisch liegt. Ein heller Lichtfleck erscheint an der Zimmerdecke und darin, sobald die Lehrperson ihre Hände in das Licht hält, sind unterwartete Schatten zu sehen: Eigentümlich verdoppelt sind sie; anstatt des einen Schattens einer Hand erscheinen zwei Schattenhände, anstatt zweier Hände gleich vier. Das alles fordert zur Untersuchung auf, aber auch zum Nachdenken und Reden. Die Schülerinnen und Schüler stolpern staunend und nachmachend zur ersten Erkenntnis: Die Erscheinung der vier Schattenhände hat damit zu tun, dass jede der beiden über den beleuchteten Spiegel gehaltenen Hände zweimal beleuchtet wird – einmal von der Lichtquelle direkt, zum zweiten Mal durch die gespiegelte Lampe, die sich offensichtlich wie eine reale Lichtquelle verhält. Viele Fragen bleiben offen, müssen offenbleiben; das Phänomen entfaltet seine Sogkraft (Abb. 1).

Ohne große Ankündigung wird die gesamte Anordnung variiert. Der Spiegel steht nun hochkant, vor ihm eine brennende Kerze und zwischen dieser und dem Spiegel eine undurchsichtige Kanne. Der Wiedererkennungswert der einzelnen Teile ist offensichtlich: Die Kerze entspricht der Lampe und die Kanne der Hand. Allerdings hat sich unsere Blickposition verändert: Wir schauen nun in den Spiegel hinein und sehen auch in ihm eine gespiegelte Kanne, eine brennende Kerze und Schatten. Beim genaueren Hinschauen entdecken wir immer mehr Schatten – vor dem Spiegel, im Spiegel, aber auch durch die Spiegelfläche hindurchreichend. Um Übersicht zu gewinnen, stellen wir uns vor, was eine Ameise von den beiden Kerzenflammen – derjenigen vor und derjenigen im Spiegel – sieht, wenn sie die unterschiedlichen Schattenzonen

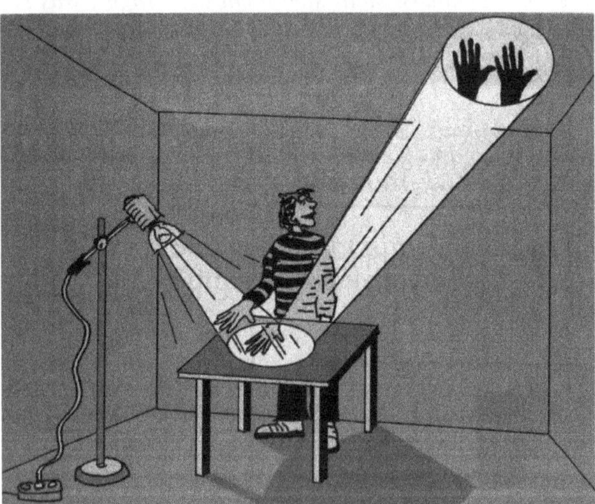

Abb. 1 Prinzipskizze zur Durchführung des Doppelschattenversuchs aus dem ersten Akt (Weber und Schön 2000, S. 33; Zeichnung U. Müßel).

durchquert. Das Ergebnis: Schatten entstehen überall dort, von wo aus geschaut die Sicht auf die Lichtquelle durch einen Gegenstand (die Kanne) verstellt ist. Erstaunlicherweise trifft das auch auf sämtliche Konstellation zu, in die gespiegelte Objekte involviert sind. Wie kann etwas Schatten werfen, das real gar nicht da ist?

Um das Ganze besser zu überschauen, werden im **zweiten Akt** alle Gegenstände von der blanken Tischplatte auf Zeichenkarton gesetzt. Jeweils in Kleingruppen werden auf ihm die Schattengrenzen nachgezeichnet. Dadurch gelingt es, die Entstehung der Schatten und ihre Verläufe genauer nachzuvollziehen. Zusätzlich müssen Vereinbarungen darüber getroffen werden, wie die unterschiedlichen Gegenstände dargestellt werden sollen und was mit den nur gedachten Linien geschieht, die als Verlängerung realer Schattengrenzen bis zu den Lichtquellen führen. Für alles, was sich vor dem Spiegel abspielt, gelingt die Übertragung recht leicht, für die Verhältnisse im Spiegel wird daraus eine geometrische Übung. Gemessen wird zudem, dass die Spiegelbilder so weit *hinter* dem Spiegel stehen wie die realen Gegenstände *davor.*

Im **dritten Akt** folgt ein neuer Anstoß: Wäre es möglich, diese Schatten auch ohne Spiegel genauso hinzubekommen? Mit einer zweiten Kerze und einer zweiten Kanne wird schließlich gezielt ausprobiert. Dabei hilft die eben durch Messung gefundene Gesetzmäßigkeit über die Orte der Spiegelbilder. Sehr genau muss dafür gearbeitet werden, aber es gelingt. Nun stellt die Lehrperson unerwartet wieder den Spiegel dazwischen. Die Lerngruppe wandert langsam nach erfolgter Aufforderung um den Tisch herum. Eben noch war die gespiegelte Kanne sichtbar, jetzt geht sie optisch in die reale zweite Kanne über. Das verblüfft. Das muss wiederholt werden und variiert, indem der Spiegel wie ein Theatervorhang langsam gehoben und wieder gesenkt wird! Was haben wir erreicht? Wir haben das Spiegelbild nach einer selbst gefundenen Theorie nachgestellt – und es stimmt!

Wie entsteht der Eindruck, das Licht käme direkt von einer zweiten Lichtquelle, direkt vom Spiegelbild also? Darum geht es im **vierten Akt.** Wie spiegelt der Spiegel denn? Welchen Weg nimmt das Licht dabei? Wieder wird konstruiert und dabei das Spiegelraumkonzept entdeckt: Es sieht so aus, als käme der Lichtstrahl von der Spiegelkerze geradlinig aus dem Spiegel. Also besteht die Aufgabe doch bloß darin, die Spiegelkerze an den richtigen Ort zu zeichnen! So wird klar, wo auf dem Spiegel der Lichtstrahl reflektiert wird. Aber wie wird er reflektiert, nach welcher Regel? An dieser Stelle ist die Hilfe der Lehrperson nötig. Wir vereinbaren, dass der Winkel zwischen einfallendem Licht und einem senkrecht auf den Spiegelstrich gezeichneten Lot der zu beachtende Winkel ist. Wir nennen ihn Einfallswinkel. Wenn die Winkelgröße gefunden ist, ist das dahinterliegende Naturgesetz gefunden. Erstens wird Licht so reflektiert, als käme es vom Spiegelbild der Lichtquelle. Zweitens ist der Einfallswinkel des Lichts auf den Spiegel genauso groß wie der Reflexionswinkel. Rückblickend wird so auch die Eingangssituation verständlich: Die vier Schattenhände an der Zimmerdecke entstehen dadurch, dass hier einzig die gespiegelte Leuchte optisch wirksam wird. Räumlich befindet sie sich tief unter dem Tisch, von wo aus sie durch den Spiegel wie durch ein Fenster zur Zimmerdecke leuchtet, vorbei nicht nur an den beiden Händen, sondern auch vorbei an ihren beiden Spiegelbildern, die alle vier ihre jeweils eigenen Schatten werfen.

Ist der Lichtweg ein besonderer Weg? Nimmt das Licht also immer den kürzesten Weg? Immer? Hier im **fünften Akt** kann ein kleiner Versuch mit dem „augentäuschenden Wasser“ (Wagenschein) helfen. Eine Schülerin oder ein Schüler soll wie ein Jäger mit dem Speer einen Fisch fangen. Dazu stellt die Lehrperson eine durchsichtige Wanne mit Wasser auf das Pult. Der oder die „Jagende“ soll nun, von oben auf das Wasser blickend, mit einem Stab einen Gegenstand (den Fisch) auf dem Boden der Wanne treffen. Ein durch ein Stativ stabilisiertes Metallrohr dient als Zielvorrichtung. Dieses wird zuerst so gerichtet, dass durch das Metallrohr das Ziel (der Fisch) zu sehen ist. Da sollte nun mit dem Treffen wirklich nichts mehr schieflaufen! Geführt durch das Metallrohr dringt der Speer nun ins Wasser … und verfehlt den Fisch! Beim Eintreten in das Wasser scheint der Speer nach oben „zu knicken“ und trifft dann zu weit hinten am Grund der Wanne auf! Um zu treffen, muss die Schülerin bzw. der Schüler deutlich vor den Fisch zielen, um den „Knick“ zu kompensieren und die Beute zu treffen. Aber was ist hier geschehen? Der Speer knickt doch nicht wirklich? Nein, aber der Lichtweg, auf dem das Bild vom Fisch zum Betrachter gelangt offenbar schon. Das Durchdringen der Wasseroberfläche verändert die Richtung der Lichtausbreitung. Man spricht von Lichtbrechung (Abb. 2).

Dazu das zweite erhellende Beispiel, eine Geschichte von Karl May: Old Shatterhand und ein verfeindeter Häuptling sollen gegeneinander kämpfen. Die Waffen, die ihnen zur Verfügung stehen, befinden sich auf einer Insel am anderen Ende des ovalen Sees. Wie kommt man am schnellsten an die Waffen? Soll Old Shatterhand direkt ins Wasser springen und zur Insel schwimmen oder lieber zum anderen Ende des Sees laufen und die kürzere Strecke schwimmen? Der Häuptling schwimmt. Old Shatterhand läuft zunächst. Auf diese Weise gelangt er als erster auf die Insel. Warum? Weil man schneller laufen als schwimmen kann. Nicht der kürzeste Weg ist entscheidend, sondern der schnellste. So ist es auch beim Licht. In einem homogenen Medium (nur Luft oder nur Wasser) ist der schnellste zugleich der kürzeste Weg, nicht aber, wenn das Medium und damit die Ausbreitungsgeschwindigkeit des Lichts sich ändern. Wie hatte Fermat festgestellt (Fermat’sches Prinzip): „Von allen denkbaren Wegen nimmt das Licht immer den schnellsten.“ Und woher weiß das Licht, welchen Weg es zu nehmen hat?

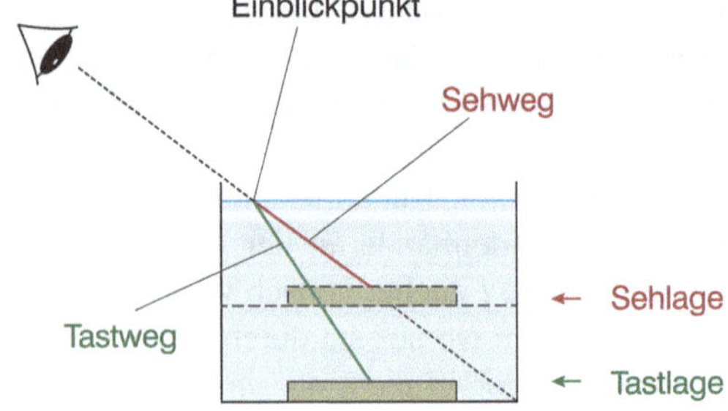

Abb. 2 Zusammenhang von Sehlage und Tastlage eines unter Wasser liegenden, gehoben gesehenen Objekts (Grebe-Ellis 2020, S. 19): Ein genau in Blickrichtung geworfener Speer verfehlt das unter Wasser liegende Ziel.

Der Newton'schen Beschreibung der Natur liegt ein Kausalprinzip zugrunde, das davon ausgeht, dass in jedem Augenblick die vorherrschenden Kräfte den Verlauf der Welt steuern. So auch beim Licht. Zu jedem Zeitpunkt, bei jedem Schritt der Lichtausbreitung wirken die Naturgesetze so, dass der beobachtbare Lichtweg zustande kommt. Das Fermat'sche Prinzip macht bei dieser differenziellen Betrachtung der Geschehnisse letztlich eine Aussage über die Struktur der Naturgesetze. Sie funktionieren so, dass das Licht rückblickend den schnellsten Weg gewählt hat.

Im **sechsten Akt** wird, eher orientierend oder informierend als erkenntnisorientiert, in das moderne Verständnis von Licht eingeführt. Dabei lernen die Schülerinnen und Schüler das wichtige Doppelspalt-Experiment kennen, an dem sich der Welle-Teilchen-Dualismus studieren lässt. Dieser Ausblick dient der Einordnung der geometrischen Optik in das Gefüge der Wissenschaftsgeschichte und macht transparent, dass die modernen Konzepte zur Beschreibung von Licht weder Newton (1643–1727) noch Huygens (1629–1695) recht geben, dass diese allerdings auch kein fassbares, für unseren Verstand greifbares Modell bereitstellen, das uns die Frage danach, was Licht wirklich ist, beantworten würde.

Zum **Epilog** kehren wir wieder zu dem bunten Blumenstrauß zurück, der immer noch im Schulzimmer steht. Licht wird von seinen Oberflächen in alle Raumrichtungen durch das Zimmer gestreut. Wir bewegen uns durch das Schulzimmer und betrachten den Strauß von allen Seiten. Da sind aber auch immer noch die Kerze und die Kanne auf dem Tisch. Auch diese Gegenstände senden ihre Bilder quer durch den Raum überall hin. Wie ist das möglich, dass diese unzähligen Bilder, die da durch den Raum fliegen sich nicht berühren, beeinflussen und stören? Die Lernenden lesen den Text „Bilderlehre" von Lukrez (ca. 99–55 v. Chr.) über die Entstehung von Bildern. Die Schülerinnen und Schüler sollen nun Lukrez in eignen Worten schriftlich ihre Meinung über die Lichtausbreitung mitteilen. Damit treten sie in einen Diskurs mit der Wissenschaftsgeschichte. Was haben Fermat und Huygens herausgefunden und welche Erkenntnisse haben Einstein (1879–1955) und Feynman (1918–1988) geliefert? Schließlich sollen sie aber auch ihr eigenes Verständnis von Licht ausformulieren. Was nehme ich für meinen Alltag mit von all den Lichttheorien? Wagenschein trifft mit seinem Aufsatz „Das Licht und die Dinge" die Alltagserfahrung genau: Licht wird erst durch die Dinge und Dinge werden erst durch das Licht.

Anmerkung

Das Lehrstück hat gesamthaft eher beschreibenden als klärenden Charakter. Es erschließt den Schülerinnen und Schülern wunderbar die Phänomene Schattenwurf, Reflexion und Lichtbrechung und wirft dabei viele Fragen auf, die anregen und Lust auf mehr machen, die aber erst viel später (wenn überhaupt) befriedigend geklärt werden können. Wahlweise kann im fünften Akt das Phänomen der „optischen Hebung" vertieft werden. ◄

Prof. Dr. Dr. Marc Eyer ist Leiter des Instituts Sekundarstufe II an der Pädagogischen Hochschule Bern (CH). Er ist Vorstandsmitglied der „Gesellschaft für Lehrkunstdidaktik" und promovierte 2013 bei Hans Christoph Berg und Heinz Stübig (Philipps-Universität Marburg) zum Thema „Lehrstückunterricht im Horizont der Kulturgenese".

Molières „Bourgeois gentilhomme“

Michael Jänichen

▶ *Jean-Baptiste Poquelin alias Molière (1622–1673) und Jean-Baptiste Lully (1632–1687) haben gemeinsam neun Ballettkomödien geschrieben; den Höhe- und Schlusspunkt stellte 1670* Le bourgeois gentilhomme, „Der Bürger als Edelmann“ *dar. Das Stück ist als Auftragsarbeit entstanden: Louis XIV. (1638–1715) hatte sich über einen missglückten Empfang und den Spott des türkischen Gesandten so sehr geärgert, dass er Molière aufforderte, seinerseits die Türken auf der Bühne zu verulken. Molière ging dabei aber über die gewünschte Propaganda hinaus. Ihm war das doppelbödige Verhältnis von Spiel und Wirklichkeit am absolutistischen Hof bewusst, wo durchgehend nach dramaturgischen Regeln gehandelt, aber auch geschmeichelt, geheuchelt und geblendet wurde. Für den Französischunterricht ergibt sich so eine reichhaltige Ausgangssituation, aus der zum Beispiel eine Auseinandersetzung mit gesellschaftlichen Rahmenbedingungen (dem höfischen Leben, den Ständen und der Rolle des neureichen Bürgertums, aber auch dem opportunistischen Adel), der Literatur (ein klassischer Autor und eines seiner Meisterwerke) sowie diversen sprachlichen und künstlerischen Aktivitäten (Sprechen, Schreiben, Tanzen, Theater spielen) erwachsen kann. Das Stück berührt uns noch heute, wenn wir selbst danach streben, über Geld gesellschaftlich aufzusteigen, oder vermeintlichen Idealbildern, die über soziale Medien verbreitet werden, nacheifern oder sie gar nachäffen.*

M. Jänichen (✉)
Bern, Schweiz
E-Mail: michael.jaenichen@lehrkunst.ch

M. Gerwig et al. (Hrsg.), *Sternstunden der Bildung*,
https://doi.org/10.1007/978-3-658-50735-0_34

In der **Annonce** wird die Klasse über die inhaltliche Ausrichtung der nächsten Wochen informiert. Insbesondere ist es wichtig, die Jugendlichen für den Barocktanz zu gewinnen, da dafür eigens eine Tanzpädagogin angefragt wird. Hier sollte auch schon eine sehr allgemein gehaltene Einführung in die Zeit von Molière und Louis XIV. über Videos oder Sachtexte stattfinden.

In der **Ouvertüre** heißt es nun, sich ganzheitlich auf die Barockzeit einzulassen. Das Lehrstück beginnt mit einem Höhepunkt, den Tanzstunden. Neben dem Tanz kann bereits allgemein auf das Verhalten am Hof von Louis XIV. hingewiesen werden. Das königliche Schreiten im *pas grave* wird ebenso geübt wie die korrekte Verbeugung. Stehen Kostüme zum Beispiel aus der Requisite des Stadttheaters zur Verfügung, wird das Erleben des Barocktanzes noch eindrucksvoller (Abb. 1).

Im anschließenden **ersten Akt** berichtet die Lehrperson als Assistenz von Molière von einem Brief von Louis XIV., der den Autoren auffordert, in kurzer Zeit ein neues Stück zu schreiben. Die Lernenden werden nun als Mitglieder von Molières Schauspieltruppe angesprochen und um Hilfe gebeten: Die grobe Handlung des sich lächerlich machenden Bürgers ist erst einmal klar und leuchtet allen Beteiligten ein – nun sollen die Lernenden für den Autoren Szenen entwickeln, die in das Stück eingebaut werden könnten. Als Impulse stellt die Assistenz höfische Situationen vor, die auch in der Komödie vorkommen. Es ist von entscheidendem Nutzen für die Qualität der Improvisationen, wenn die Lernenden sehr konkrete Vorstellungen davon haben, wie die Gesellschaft zur damaligen Zeit aufgebaut war und mit welchen Aktivitäten man sich bei Hofe die Zeit vertrieb. Dafür braucht es aufschlussreiches Informationsmaterial. Die Lernenden erhalten großzügig Zeit für die Erarbeitung der Szenen und probieren die erfundenen Szenen zum Schluss auch im Spiel vor der Klasse als Publikum aus.

Abb. 1 Schülerinnen in Barockkleidern beim Tanzworkshop. (Foto: M. Weibel)

Der **zweite Akt** fokussiert nun den Anfang des *Bourgeois gentilhomme.* Die Assistenz teilt mit, Molière habe die Improvisationen sehr genossen und unterdessen *„acte 1 et acte 2"* seiner Komödie fertiggestellt. Er bittet nun die Klasse, seine Szenen zu lesen, zu proben und zu spielen. Er werde unterdessen am Stück weiterschreiben. Dann erhalten die Lernenden ausgewählte Szenen, die je nach Niveau der Klasse gekürzt bzw. sprachlich vereinfacht sein können. Die Szenen umfassen etwa ein bis eineinhalb Seiten und richten sich an drei bis fünf Personen. Damit diese Übungen gelingen, sollten zwei Aspekte vorbereitend eingeführt werden: Einerseits benötigen die Lernenden einen Einblick in die Sprache des Barock, andererseits muss die Komik geklärt werden. Um das Spiel insgesamt zu fördern, sind daher auflockernde theaterpädagogische Übungen sinnvoll (z. B. ein barocker Tanz, in dem sich die Gegenüber beim Zusammentreffen laut, leise, schnell, langsam, moduliert, gleichförmig, tief oder hoch beschimpfen, etwa mit *petit impertinent, coquin, grand cheval de carosse* oder *philosophe de chien*). Zusätzlich empfiehlt sich hier die Vorführung der DVD zur Inszenierung des *Bourgeois Gentilhomme* durch die Theatergruppe *Le Poème harmonique* von 2005 (Abb. 2). Derart vorbereitet gelingen die einstudierten Szenen besser als aus der hohlen Hand.

Abb. 2 Cover der DVD zur Inszenierung von Le poème harmonique im Film *Le Bourgeois Gentilhomme* von Martin Fraudreau (2005)

Nun kann auch der **dritte Akt** stattfinden, in dem der Rest der Komödie erschlossen wird. Hier kann wie zuvor szenisch gearbeitet werden, weiterhin benötigt Molière Rückmeldungen zu seinen Entwürfen. Gleichzeitig sollte aber auch die Perspektive von den Szenen auf das Ganze gelenkt werden. So darf eine kritische Betrachtung der gesamten Handlung (und ihrer Nebenhandlungen) bzw. der Personen nicht fehlen. Immerhin soll das Stück ja das Gefallen des Königs wecken. Bei allen diesen Aufgaben hilft aber ebenfalls die erwähnte DVD, aus der nun *acte 3, 4 et 5* betrachtet werden.

Nun ist alles geschafft, der *Bourgeois gentilhomme* ist fertig. Für Molière bleibt aber ein Rest Unsicherheit: Wird der König zufrieden sein? Im **Epilog** schreiben ihm alle Lernenden einen Brief aus der Perspektive eines Mitgliedes seiner Schauspieltruppe, um die Frage zu beantworten, ob er den eingangs erteilten Auftrag des Königs gut erfüllt hat.

Anmerkung

Indem die Klasse konsequent als Molières Ensemble angesprochen wird, wird die Komödie zuerst von innen und erst später von außen erlebt. Damit das überzeugend gelingt, braucht es einen umfangreichen Unterbau an theaterpädagogischen Elementen. Von herausragender Bedeutung für das Lehrstück sind die Tanzlektionen für die Klasse, die tiefen Einblicke in den barocken Alltag am französischen Hof sowie das Zugänglichmachen des älteren Französisch.

Das Lehrstück soll außerdem lustvoll sein. Da es nicht alle Lernenden mögen zu schauspielern, sollte hier kein Zwang ausgeübt werden. Für Personen, die sich vor der Klasse nicht so sehr exponieren wollen, gibt es andere Möglichkeiten: Sie können sich mit einem Kurzauftritt begnügen oder der jeweiligen Gruppe mit Regie oder Soufflieren helfen.

Die erwähnte DVD zum *Bourgeois Gentilhomme* (2005) ist ausgesprochen lohnenswert. Das auf Authentizität ausgelegte Schauspiel beeindruckt, ist leicht verständlich und macht Lust darauf, es selbst auszuprobieren. Obendrein liegt in der gleichen Quelle ein (ebenfalls prämierter) Dokumentarfilm vor, der aufzeigt, in welchem Prozess das Ensemble sich das Stück erschlossen hat. ◀

Dr. Michael Jänichen ist Lehrer für Deutsch und Geographie am Gymnasium Muristalden Bern (CH) sowie Dozent an der Pädagogischen Hochschule Luzern (CH). Er ist Vorstandsmitglied der „Gesellschaft für Lehrkunstdidaktik" und promovierte 2010 bei Hans Christoph Berg und Heinz Stübig (Philipps-Universität Marburg) zum Thema „Dramaturgie im Lehrstückunterricht".

Newton, ein Apfel und der Mond

Daniel Ahrens

▶ *In diesem Lehrstück, das sich an Martin Wagenscheins (1896–1988) Aufsatz* Der Mond und seine Bewegung *(Wagenschein 1967, S. 42–57) orientiert, geht es um Phänomene, Fragen und Erkenntnisse den Mond betreffend: darum, wie groß und wie weit weg er von der Erde ist, wie schnell er sich um die Erde bewegt, um die Entfernungsverhältnisse von Sonne und Mond und nicht zuletzt um die Frage, was den Mond auf seiner Bahn hält. Eine besondere Rolle spielt das berühmte Gedankenexperiment Isaac Newtons (1642–1726), mit dem dieser verständlich machte, dass sich der Mond nicht anders als fallende Gegenstände auf der Erde (zum Beispiel Äpfel) verhält. Er fällt eben nur nicht auf, sondern um die Erde. Diese Erkenntnis ist elementar und in ihrer Exemplarizität hilft sie, eine Vielzahl von Einzelfällen zu verstehen.*

Wagenscheins Aufsatz geht aber, wie so oft, noch „eine Schicht tiefer" (Wagenschein 1997, S. 41). Dort trifft er auf das Fundamentale, das, „was den Menschen und sein Fundament [...] erzittern macht" (ebd.), was nicht nur interessant, sondern aufregend ist und was überhaupt erst den wirklichen Bildungsprozess auslöst. Die Auseinandersetzung mit der Mondbewegung liefert nämlich zusätzlich die epochemachende und fundamentale Erkenntnis, dass auf der Erde und am Himmel die gleichen Gesetze gelten. Die beiden elementaren Einsichten dagegen, dass die Gravitation den Mond und alle um Zentralkörper kreisenden Trabanten auf ihrer Bahn hält und dass sich diese Kraft nach dem quadratischen Gesetz in den Raum verdünnt, wird „unvermeidlich nebenbei" (ebd., S. 42) geliefert. Sie sind keineswegs unwichtig, aber eben nicht fundamental!

D. Ahrens (✉)
Marburg, Deutschland
E-Mail: daniel.ahrens@staff.uni-marburg.de

M. Gerwig et al. (Hrsg.), *Sternstunden der Bildung*,
https://doi.org/10.1007/978-3-658-50735-0_35

Das Lehrstück beginnt mit einer **Ouvertüre,** in der die Schülerinnen und Schüler gemeinsam mit Newton darüber nachdenken, warum wohl ein Apfel vom Baum, der Mond aber nicht vom Himmel fällt: ein sokratisches Gespräch, in dem recht schnell ein Chaos aus falsch, halb und richtig Verstandenem entsteht. Nach einer Weile erklingt aus dem Off die Stimme Aristoteles' (384–322 v. Chr.), der Newton sehr einleuchtend darlegt, dass die Frage schlicht unsinnig ist – schließlich gelten am Himmel vollständig andere Gesetze als auf der Erde. Ratlos, aber gespannt verlassen wir die Ouvertüre.

Im **ersten Akt** lassen die Schülerinnen und Schüler Gegenstände fallen, werfen sie auch und erinnern sich an das, was sie bereits aus Kindertagen wissen: Alles fällt nach unten. Gibt man den Dingen zusätzlich einen Schwung mit, wirft sie also, fliegen sie auf einer gekrümmten Bahn, landen auch auf dem Boden, kommen aber zusätzlich ein Stück nach vorne voran. Nun tritt Newton wieder auf und stellt sein Gedankenexperiment vor: Er wirft den Mond von einem überhohen Berg. Wie ein geworfener Stein landet dieser zunächst ein Stück vom Berg entfernt auf dem Boden. Bei einer bestimmten Abwurfgeschwindigkeit aber krümmt sich die Erdoberfläche gerade im gleichen Maß wie sich die Flugbahn des Mondes krümmt. Er kommt voran, er fällt, schlägt aber nicht mehr auf dem Boden auf. So ist die erstaunliche Erkenntnis: Der Mond ist ein vor Urzeiten geworfener und um die Erde herum fallender Körper (s. Abb. 1).

Hier könnte das Lehrstück enden, ist doch die Frage beantwortet. Wagenschein aber problematisiert: Ja, es könnte die Schwerkraft sein, die den Mond auf seiner Bahn hält. Ist sie es aber wirklich, gibt es einen Beweis? Wir suchen im **zweiten Akt** nun beim „fallenden" Mond nach dem „Fingerabdruck" der Schwerkraft. Dieser lautet, dass alles, „ohne Ansehen der Person", in der ersten Sekunde fünf Meter tief fällt. Zwar lernen wir im Folgenden, dass der Mond einen ganzen Kilometer pro Sekunde auf seiner Bahn vorankommt und dabei nur erstaunliche 1,35 mm von der geraden Bahn „wegkurvt", die erhofften fünf Meter finden wir aber nicht. Also doch nicht die Schwerkraft?

Im nun folgenden **dritten Akt** tritt erneut Newton unterstützend auf. Womöglich verdünnt sich die Schwerkraft in den Raum hinein. Beim (im Vergleich zur Erdoberfläche) 60-mal weiter entfernten Mond könnte also nur ein sechzigster Teil der Erdanziehung herrschen. Aufgeregt und hoffnungsvoll wird gerechnet: Und ... der „Fingerabdruck" passt wieder nicht. Erneut gescheitert?

Eine Skizze aus Wagenscheins Aufsatz hilft weiter: Man sieht, dass alles sich gleichmäßig in alle Richtungen Verteilende in der doppelten Entfernung nicht mehr halb so stark oder hell oder laut, sondern auf ein Viertel seiner Intensität abgefallen ist (erneut eine exemplarische und elementare Erkenntnis!). Herrscht beim 60-mal so weit entfernten Mond vielleicht nur noch ein Sechzigstel eines Sechzigstels der Schwerkraft? Eine kurze Rechnung bestätigt das. Das Ergebnis kann kein Zufall sein, es passt! So wird klar: Die Schwerkraft reicht bis zum Mond (und darüber hinaus). Sie verdünnt sich dabei nach dem „quadratischen Gesetz". Newton notiert: „Jene Kraft, welche den Mond von der geradlinigen Bahn abzieht, ist mit der irdischen Schwerkraft identisch" (Wagenschein 1967, S. 55). Ein einziges Gesetz umschließt den Apfel und den Mond. Die Ansicht der Antike,

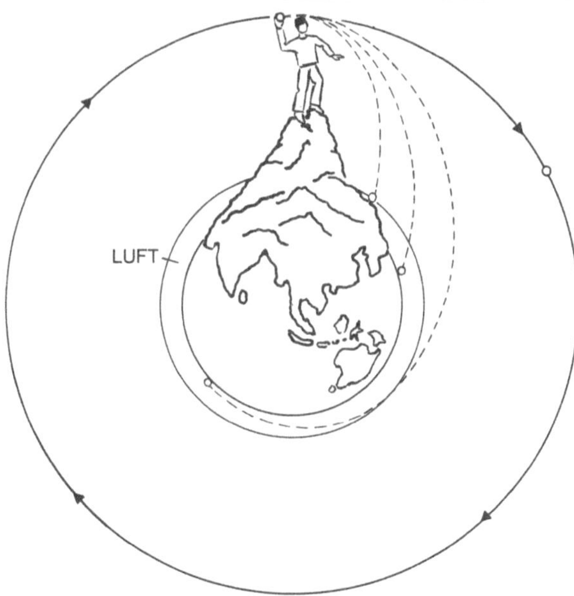

Abb. 1 Vom Gipfel eines hohen, weit über die Lufthülle ragenden Berges, denke man sich Steine geworfen, alle horizontal, immer stärker. „Immer weiter kommen sie, immer mehr aber auch krümmt sich die Erde hinweg unter ihrer Wurfbahn. Bis einmal, bei einer ganz bestimmten Anfangsgeschwindigkeit, der besondere ‚Fall' (und Wurf) erreicht ist, daß der Stein die Erde nicht mehr erreichen kann, obwohl er es ja ständig versucht. Die Bahnkrümmung ist gleich der Erdkrümmung geworden. Der Stein fällt um die Erde herum, und zwar in Ewigkeit. [...] So wird es glaubhaft, daß auch der Mond, da er kreist, ein von Urkräften und zu Urzeiten geworfener und um die Erde herum fallender schwerer Körper sei." (Wagenschein 1967, S. 51f.)

dass es keinen größeren Gegensatz als den zwischen Himmel und Erde gibt, wird abgelöst durch eine fundamentale Erkenntnis, für die Johannes Kepler (1571–1630), den Wagenschein am Ende des Aufsatzes zitiert, noch meinte, sich entschuldigen zu müssen: „Mögen mir die Gelehrten verzeihen, daß ich von Körpern, die man mit Händen greifen kann, auf das Verhalten von Weltkörpern schließe. (...) ich hab (...) erwiesen, daß zwischen Himmel und Erden viel eine größere Verwandtschaft sei als Aristoteles ... meinet" (ebd., S. 55). Wagenschein zitiert aber nicht nur Kepler, sondern – gleich zu Beginn des Aufsatzes – auch Werner Heisenberg (1901–1976), der zu dieser erstaunlichen Verwandtschaft von Himmel und Erde sagt, dass nur derjenige, der „selbst ein wenig von der Bedeutung dieses Wunders verspürt hat", hoffen kann, „etwas vom Geist der modernen Naturwissenschaft zu verstehen" (ebd., S. 42). Seinen Aufsatz abschließend resümiert Wagenschein: So kann „der Lernende (...) einen Hauch der naturwissenschaftlichen Methode verspüren" (ebd., S. 56). Selbstredend kann das Lehrstück auf diese fundamentale Erkenntnis nicht verzichten und umrahmt mit ihr die Newtonsche Mondrechnung.

Das Lehrstück endet mit einem **Epilog,** der das Exemplarische der Thematik verdeutlicht, nämlich dass nicht nur der Mond, sondern auch Satelliten und Raumstationen um die Erde fallen, dass die Erde und alle Planeten um die Sonne herumfallen, dass unser Sonnensystem um das Schwarze Loch im Zentrum unserer Galaxie fällt usw. Es ist in allen! Man möchte mit Rainer Maria Rilke (1875–1926) aus seinem Gedicht „Herbst" ergänzen: „Und in den Nächten fällt die schwere Erde aus allen Sternen in die Einsamkeit" (Rilke 1906, S. 51). Und in der Tat, das tut sie. Resümierend und ergebnissichernd schreiben die Lernenden in der letzten Stunde einen Brief an Rilke, dessen Anfang von der Lehrkraft vorgegeben ist:

> *„Lieber Herr Rilke,*
> *ich weiß, dass Sie sich für Astronomie interessierten und mit einem Astronomen befreundet waren, mit dem Sie einen intensiven Briefwechsel geführt haben. Dass Ihr berühmtes Herbstgedicht eigentlich ein astronomisches Gedicht ist, habe ich erst jetzt gemerkt.*
> *Ach, Sie wissen das gar nicht??? Na, dann lassen Sie sich's mal erklären:...*

Anmerkung

Im Lehrstück gewinnen die Schülerinnen und Schüler *exemplarisch* am Mond und seiner Bewegung die *elementaren* Erkenntnisse, dass neben dem irdischen Fallen auch das zunächst unverständliche Kreisen von Himmelskörpern ein Fallen ist und dass sich die Erdanziehung wie alles sich in den Raum Verteilende quadratisch abschwächt. Wolfgang Klafki (1927–2016) hebt in seinem entscheidenden Aufsatz zur Theorie der kategorialen Bildung (Klafki 1963) genau auf dieses *Elementare* ab und gewinnt exemplarisch an der Mondbewegung die *Kategorie* der Gravitation. Wagenschein (und mit ihm das Lehrstück) zielt dagegen auf das *Fundamentale,* auf die tiefste Stufe des Exemplarischen Verfahrens (vgl. Wagenschein 2009): auf die personenhafte Betroffenheit des Menschen. Diese wissenschaftstheoretische Stufe „ist die eigentlich menschenbildende" (ebd., S. 254) und liegt hinter dem Stoff und den Methoden. Die elementaren Erkenntnisse zum Gravitationsgesetz ergeben sich zwanglos nebenher, quasi als Beifang. Durch die Umrahmung des Wagenschein-Aufsatzes mit Ouvertüre (Aristoteles) und Epilog (Kepler, Rilke) will das Lehrstück fundamentale Erfahrungen vertiefen, welche die Stellung des Menschen in der Welt in einem neuen Licht zeigen. Das scheint mir sehr im Sinne Wagenscheins zu sein. ◄

Dr. Daniel Ahrens war 15 Jahre lang Gymnasiallehrer für Physik und ev. Religion am Ev. Gymnasium Lippstadt und arbeitet seit 2007 in der Gymnasiallehrkräfteausbildung an der Philipps-Universität Marburg. Nebenher unterrichtet er an unterschiedlichen Schulen, zurzeit am Abendgymnasium Marburg. 2006 promovierte er bei Hans Christoph Berg und Heinz Stübig (Philipps-Universität Marburg) zur religiösen Dimension des Physikunterrichts am Beispiel der Himmelskunde.

Molyneux' Gedankenexperiment

Stella Olkus-Wieg, Anna Pickhan und Mario Ziegler

▶ *Stellen Sie sich bitte einen Menschen vor, der blind zur Welt gekommen ist. Wie durch ein Wunder (oder durch hochmoderne Medizin) kann dieser Mensch plötzlich wieder einwandfrei sehen. Ihm werden daraufhin ein Würfel und eine Kugel präsentiert, zwei Gegenstände, die er in seinem Leben schon unzählige Male berührt hat. Könnte er nun, ohne die Gegenstände zu berühren, wissen, welcher der Würfel und welcher die Kugel ist? Dieses Gedankenexperiment, das der irische Philosoph William Molyneux (1656–1698) im Jahr 1688 formulierte, versetzte die damalige Philosophie stark in Aufruhr. Es hat nicht nur eine philosophiehistorische Bedeutung, nämlich, dass die Lernenden daran ein vertieftes Verständnis der beiden erkenntnistheoretischen Positionen des Empirismus und des Rationalismus entwickeln – im Lehrstück exemplarisch vertreten durch John Locke (1632–1704) und René Descartes (1596–1650) –, es reicht darüber hinaus bis in die gegenwärtigen Debatten der Hirnforschung hinein.*

In der **Ouvertüre** werden die Lernenden zuerst mit dem Gedankenexperiment konfrontiert und damit zu einem ersten intuitiven Urteil herausgefordert. Schnell entspinnt sich eine rege Diskussion. Dabei zeichnen sich bereits grobe Begründungsmuster ab, die entweder eine rationalistische Sicht der Dinge bei den „Ja-Sagenden" oder eine empiristische bei den „Nein-Sagenden" beinhalten.

S. Olkus-Wieg · A. Pickhan
Heidelberg, Deutschland
E-Mail: stella.wieg@posteo.de

M. Ziegler (✉)
Jena, Deutschland
E-Mail: mario.ziegler.1@uni-jena.de

M. Gerwig et al. (Hrsg.), *Sternstunden der Bildung*,
https://doi.org/10.1007/978-3-658-50735-0_36

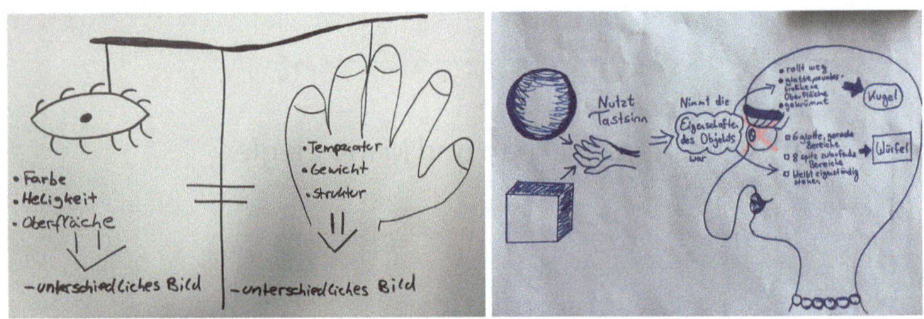

Abb. 1 Ein von Lernenden der gymnasialen Kursstufe im Wahlfach Philosophie entwickeltes Modell der Nein-Sagenden (Empirismus; links) und der Ja-Sagenden (Rationalismus; rechts). (Fotos: S. Olkus-Wieg)

Im **ersten Akt** entwickeln die Lernenden ein anschauliches Modell für ihre Partei. Als Kernargument der „Ja-Sagenden" schält sich heraus, dass der plötzlich Sehende den Würfel von der Kugel unterscheiden kann, weil er durch seinen Tastsinn eine Vorstellung von den Formen der Gegenstände gewonnen hat, die er dann optisch wiedererkennt. Die „Nein-Sagenden" argumentieren dagegen, dass er keine Vorstellung davon hat, wie die Gegenstände aussehen. Seine Tasterfahrungen helfen ihm in der Situation nicht weiter, weil sie von ganz anderer Art sind. Er kann die Gegenstände erst erkennen, wenn er Würfel und Kugel auch berührt (Abb. 1).

Im **zweiten Akt** wird zunächst die empiristische Position von Locke als Antwort auf das Gedankenexperiment erarbeitet. Mithilfe von drei Tast- und Gedankenexperimenten werden die erkenntnisgenerierenden Fähigkeiten unserer Sinne genauer untersucht. Sie verdeutlichen, dass man durch die verschiedenen Sinne zu unterschiedlichen Ideen, Qualitäten, Eigenschaften eines Gegenstandes gelangt (zum Beispiel zur Oberflächenbeschaffenheit durch den Tastsinn, zur Farbe durch den Sehsinn). Nun sind die Lernenden in der Lage, auch in Auseinandersetzung mit einem Text von Locke die empiristische Position noch genauer zu formulieren.

Im **dritten Akt** bringt die Lehrkraft diese eben gewonnene Gewissheit durch ein paar einfache optische und auditive Sinnestäuschungen wieder ins Wanken. Mit der weiteren Inszenierung des „Traumexperiments" schürt die Lehrkraft den frisch gesäten Zweifel an der Erkenntniskraft unserer Wahrnehmung und der Existenz unserer Realität noch weiter. Das Experiment ist eine Anspielung auf Descartes' Traumargument, mit dem er die Gewissheit unserer Erkenntnisse hinterfragt. Bevor die Lernenden jedoch in nihilistischer Verzweiflung versinken, lenkt die Lehrkraft den Blick behutsam auf die für Descartes unbezweifelbare Gewissheit: „Ich denke." „Ich zweifle." Ergo: „Zumindest ich muss real sein, sonst wäre da nichts, was denkt." Für Descartes ergibt sich hier jedoch die argumentative Schwierigkeit, dass er durch die unbezweifelbare Gewissheit des „ego cogito" und den methodischen Zweifel an den Sinnen den Bezug zur Außenwelt (vorerst) verliert, dem er durch den ontologischen Gottesbeweis zu begegnen versucht.

Im **vierten Akt** rekapitulieren die Lernenden in einem fiktiven Streitgespräch zwischen dem Empiristen Locke und dem Rationalisten Descartes in Auseinandersetzung mit dem Molyneux-Experiment den Gedankengang des Lehrstücks. Sie halten das Gelernte in ihrer eigenen Sprache fest und formulieren ein eigenes, philosophisch fundiertes Urteil zum erkenntnistheoretischen Problem.

Im **Epilog** richten die Lernenden den Blick auf moderne neurowissenschaftliche Forschungsergebnisse zu dem erkenntnistheoretischen Problem und setzen sich mit den lebenspraktischen Implikationen eines realen Falls des „wieder sehenden Blinden“ auseinander.

Anmerkung

Wagenscheins (2008, S. 35) provokantes Diktum, dass das „Seltsame uns herausfordert, und wir ihm das Einfache abfordern“, ist auch für philosophische Lehrstücke gegeben. Die forschende Haltung der Lernenden und das Entdecken elementarer und einfacher Erklärungsmodelle bei ihrer Suche, die sie sich selbst gegenseitig verständlich machen und dann auch wieder selbst in Zweifel ziehen, sind große Pluspunkte dieser methodischen Vorgehensweise im Unterricht.

Aus philosophischer Perspektive ist dieses Lehrstück der Ausgangspunkt für viele erkenntnistheoretische Fragestellungen. Aus didaktischer Perspektive leistet es vor allem einen Beitrag zur Urteilskompetenz der Lernenden sowie zu deren präziser sprachlicher Ausdrucksfähigkeit. ◀

Stella Olkus-Wieg ist Gymnasiallehrerin für Mathematik, Ethik und Philosophie an der Stephen Hawking Schule Neckargemünd, einem sonderpädagogischen Bildungs- und Beratungszentrum für körperlich-motorische Entwicklung. Außerdem engagiert sie sich in der Jenaer Schule der Didaktik.

Dr. Anna Pickhan studierte Philosophie und Germanistik auf Lehramt und promovierte in theoretischer Philosophie. Sie ist freie Lektorin und Redakteurin (u. a. für die Zeitschrift Philosophie und Ethik in der Grundschule). Außerdem engagiert sie sich in der Jenaer Schule der Didaktik.

Dr. Mario Ziegler ist wissenschaftlicher Mitarbeiter am Institut für Philosophie der Friedrich-Schiller-Universität Jena. Er leitet den Bereich der Fachdidaktik der Ethik und Philosophie. Zu seinen Arbeitsschwerpunkten zählen u. a. die ethische Urteilsbildung sowie die Lehrkunstdidaktik. Außerdem engagiert er sich im Rahmen der Jenaer Schule der Didaktik.

Linnés Wiesenblumen

Susanne Wildhirt

▶ *Weltweit existieren aktuell schätzungsweise 260.000 Arten von Samenpflanzen. Die Frage, wie deren unüberschaubare Zahl in eine möglichst naturgemäße Ordnung gebracht werden kann, beschäftigt die Menschen seit Jahrtausenden. Der Antwort am nächsten gekommen ist bislang der schwedische Forscher Carl von Linné (1707–1778), Begründer der Systematik der Lebewesen und Mineralien und Wegbereiter der Evolutionstheorie. Seine geniale Idee war es, die Lebewesen und Mineralien in Reiche, Klassen, Ordnungen, Familien, Gattungen und Arten hierarchisch zu ordnen. So schaffte er eine logische und praktikable Möglichkeit, die Lebewesen und Mineralien nach Verwandtschaftsgraden zu sortieren und in binärer Nomenklatur – bestehend aus Gattungs- und Artbenennung – eindeutig zu bezeichnen. Eindrucksvoll spiegelt sich die Biologie als aufkommende Wissenschaft in seinem Lebenswerk* Systema naturae, *das zu seinen Lebzeiten von der ersten Auflage (1735) mit wenigen Dutzend beschriebenen Arten bis zur zweiteiligen zwölften Auflage (1766/1768) mit mehr als 12.000 beschriebenen Arten eine schier unglaublich rasante Entwicklung und Verbreitung erfuhr. Linnés Zeitgenosse und Bewunderer Jean Jacques Rousseau (1712–1778) schreibt zwischen 1771 und 1775* Zehn Botanische Lehrbriefe für eine Freundin *und portraitiert darin als Erster die Pflanzenarten auf Familienebene. Beide Ideen und Werke bilden die Grundlagen des Lehrstücks.*

Irgendwann Mitte Mai, Anfang Juni kommt die beste Zeit im Jahr für eine Leitfrage, welche die Lehrperson den Schülerinnen und Schülern in der **Ouvertüre** stellt: „Wie viele und welche verschiedenen Blumen blühen hier und jetzt auf den

S. Wildhirt (✉)
Luzern, Schweiz
E-Mail: susanne.wildhirt@phlu.ch

M. Gerwig et al. (Hrsg.), *Sternstunden der Bildung*,
https://doi.org/10.1007/978-3-658-50735-0_37

Wiesen?“ Die Schätzungen der Klasse reichen von drei bis 100 (Arten) bis hin zu einer Million (Individuen).

Zur Überprüfung der Leitfrage unternimmt die Klasse **im ersten Akt** des Lehrstücks eine Exkursion zur nächstgelegenen, möglichst naturnahen Wiese, die sie als Ganzes in den Blick nimmt – wie weit reicht sie, woran grenzt sie, wie verlaufen ihre Grenzen? Die Impressionen der Wiese werden unter Anleitung der Lehrperson – zum Mischen der Wasserfarben, zur Kontrastierung – auf mitgebrachtes Zeichenpapier gemalt. Nach einer knappen halben Stunde liegen die fertigen Bilder in der Sonne zum Trocknen aus (Abb. 1). Anschließend suchen die Schülerinnen und Schüler in Gruppen möglichst viele verschiedene Pflanzen, die gerade blühen, pflücken nur je eine von ihnen und kommen nach und nach mit ihren Blumensträußen zum verabredeten Sammelpunkt. Dort verteilen sie ihre Funde auf 20 bis 30 mitgebrachte, mit Wasser gefüllte Glasväschen – so, dass diejenigen Pflanzen, die einander sehr ähneln, zusammen in ein Glas kommen. Die Gläser voller Pflanzen werden vorsichtig in einen großen, mitgebrachten (Wäsche-)Korb gestellt und auf dem Rückweg zur Schule abwechselnd getragen.

Angelangt im Schulzimmer, werden die Glasväschen aus dem Korb auf einem mitten im Raum stehenden Tisch verteilt. **Im zweiten Akt** geht es darum, möglichst genaue Portraits der mitgebrachten Blütenpflanzen zu erstellen. Dazu wählen die Schülerinnen und Schüler eine Pflanze aus, nehmen sie im Glas mit zu ihrem Platz und zeichnen sie möglichst genau. Beim eigenen Zeichnen treten die augenfälligen Pflanzenmerkmale hervor und eine Frage wird immer dringlicher: „Welche Blume habe ich da eigentlich vor mir?“ – „Kükenblume“, „Lanzenbruder“, „Weiße Kugelblume“, „Zwergenhut“ lauten erste, eigens erfundene Namen

Abb. 1 Unter der Anleitung der Kunst-Lehrerin entstandenes Wiesenbild eines Sechstklässlers. (Foto: S. Wildhirt)

für den Zottigen Klappertopf, den Spitz-Wegerich, den Weiß-Klee und die Wiesen-Glockenblume, mit denen die Schülerinnen und Schüler ihre gewählten Blütenpflanzen spontan benennen. Am Beispiel des Gemeinen Löwenzahns kann gezeigt werden, welche Namen der Volksmund für die Pflanzen gefunden hat: Kuhblume, Pusteblume, Mönchskopf, Butterblume, Bettnässer, Milchrohr sind nur wenige der mehr als 500 bekannten Bezeichnungen. Für die Schülerinnen und Schüler, genauso wie für Generationen vor ihnen, spitzt sich damit das Problem zu: „Wie soll ich Informationen über eine Pflanze sammeln, deren Namen ich nicht kenne?" Ein reines Pflanzenlexikon würde auch nicht helfen. Bestimmungsbücher jedoch sind so angelegt, dass auch Unbekanntes aufgefunden werden kann. Neu im Schulzimmer gibt es daher neben dem Pflanzentisch einen zweiten Tisch voller Bestimmungsbücher, Pflanzenführer, Heilpflanzen- und sonstiger Kräuterbücher, mit deren Hilfe sich die Pflanzen bestimmen und portraitieren lassen.

Zuerst werden in der Klasse die charakteristischen Merkmale für ein vollständiges Pflanzenportrait gesammelt: Aussehen der Blätter, Blüten, Stängel, Wurzeln, Früchte und Samen – die im Verlauf des Unterrichts immer deutlicher werden –, Farbe und Größe, Faktoren des Standorts, Gesellschaft, eventuelle Nutzung, Heilwirkung, sonstige Auffälligkeiten. Vervollständigt werden kann die Auflistung der Klasse, indem Leonhart Fuchs (1501–1566), der Autor des *new kräutterbuch* (1553), anhand seines Buchs und gespielt durch die Lehrperson, die Liste kontrolliert, ergänzt und beispielsweise Heilwirkungen von Salbei, Wiesenlabkraut oder Löwenzahn erklären kann. Anschließend werden die Pflanzen bestimmt und ihre Bestimmung wird präzis kontrolliert (ggf. via https://floraincognita.de). Dann wird gründlich recherchiert und die Portraittexte werden geschrieben. Wer fertig ist, beschriftet das Glasväschen mit der wissenschaftlichen (deutschen) Artbezeichnung, stellt es zurück auf den Pflanzentisch und kann eine neue Pflanze auswählen, sie zeichnen und beschreiben. Manche stellen ein, andere zwei Portraits her. Verabredet wird: Ab jetzt sind alle für die Versorgung ihrer Pflanze/n verantwortlich.

Dann geht es hinaus auf den Schulhof, auf dem die Schülerinnen und Schüler die mitgenommenen Artväschen im Abstand von einigen Metern verteilen und zu zweit im Wechsel einen Pflanzenlehrpfad veranstalten, auf dem nun spielerisch möglichst viele Pflanzennamen auswendig gelernt werden sollen: Jemand geht zu einer Pflanze nach Wahl, gefolgt vom Tandem. Beide schauen sich die Pflanze genau an und versuchen, sich ihren wissenschaftlichen Namen (auf Deutsch) einzuprägen. Weiter geht's zur nächsten, gerade freien Pflanzen-Station, das andere Tandem führt an. Wenn die Tandems auf eine hinreichende Anzahl an Wiederholungen achten, erweitern sie ihren Kreis und lernen auf diese Weise die Pflanzennamen immer schneller und sicherer. In der Zwischenzeit legt die Lehrperson Kopien von Zeichnungen aus einem Pflanzenführer unter die Artväschen. Irgendwann sausen die Lernenden nur noch so über den Schulhof, von Pflanze zu Pflanze, und werfen einander abwechselnd die Pflanzennamen zu. Das Spiel endet, wenn alle sich von allen Stationen eine Kopie der Pflanzenzeichnungen abgeholt haben. Zurück im Schulzimmer werden die Abbildungen ausgeschnitten und auf der Rückseite mit den Artnamen beschriftet.

Im **dritten Akt** vollzieht die Klasse das Systematisieren der Pflanzenarten zu ihren Verwandten in actu mit: Gekleidet im roten Gehrock und mit schwarzem Hut sehen sich die Schülerinnen und Schüler ihrer Lehrperson gegenüber, die sich als „Carl von Linné“ vorstellt und sie in eine missliche Lage versetzt:

Entweder, insbesondere im Unterricht mit Jüngeren, steht „Linné“ als Junge vor folgendem Problem: Er hat große Mühe damit, sich die vielen Pflanzen zu merken, die sein Vater im vielbesuchten Pfarrgarten seines Heimatdorfs Råshult in Südschweden pflegt. Immer wieder jätet er die „falschen“ Kräuter aus und lässt die „Unkräuter“ stehen. Häufig gibt es deshalb Schimpfe – und nur mit Glück findet sich im väterlichen Bartschneider ein Unterstützer, der ihm den Weg zur Universität in Uppsala ermöglicht. Linnés Kinderfrage lautet: „Wie kann ich mir die Pflanzen gut merken?“ Oder, insbesondere im Unterricht mit älteren Jugendlichen, schlägt sich „Linné“ mit dem Problem herum, dass sein Herbarium, das er von Kindesbeinen an geführt hat, inzwischen auf fast 9000 Pflanzenarten angewachsen ist. Linnés Erwachsenenfrage lautet: „Wie kann ich meine Pflanzen sortieren, um sie erstens für die Samenaussaat schnell zu finden und um zweitens neue Funde rasch integrieren zu können?“ Im Pantomimenspiel zeigt „Linné“ der Klasse seine Idee, die 20 bis 30 gefundenen Pflanzen nach ihren verwandschaftlichen Beziehungen zu sortieren. Alsbald wandert Linnés Hut durch die Klasse und die Schülerinnen und Schüler schlüpfen nacheinander in seine Rolle (Abb. 2). Intuitiv, doch inzwischen mit geschultem Blick aufs Wesentliche, ordnen sie die Arten dem allgemeineren Taxon zu, indem sie die einzelnen Pflanzen aus den „Artväschen“ in größere Blumenvasen zu fünf bis acht Familien zusammenstellen.

Was haben die Klasse und Linné eigentlich entdeckt? Die Jüngeren schildern unabhängig voneinander ihre Entdeckungen auf einer Postkarte an Linnés Vater, die Älteren verfassen eine kurze schriftliche Reflexion, die sie sich dann in der Klasse vorlesen. Erst im gemeinsamen Gespräch im Anschluss an das eigene Handeln dringt nach und nach die Erkenntnis durch, dass sie hier ein ganz anderes Ordnungssystem gefunden haben, als wir es von unserem täglichen Ordnen nach Größen, Farben, Materialien her kennen: eine Ordnung, in die sich die Pflanzen gemäß ihrer eigenen Natur als weitgehend natürliche Verwandtschaftsgruppen organisch einfügen – lange bevor Darwins Evolutionstheorie zur grundlegenden biologischen Denkart wurde.

Ähnlich wie bereits im zweiten Akt entsteht der Bedarf für Namen: Wie heißen die neu gefundenen Familien eigentlich? Hier hilft Rousseau. Im fünften seiner *Zehn Botanischen Lehrbriefe für eine Freundin* portraitiert er die Familie der Doldengewächse. Die Schülerinnen und Schüler bringen die beschriebene Pflanze mit in den Unterricht – und sie bringen ganz verschiedene Arten, allesamt Vertreter der Umbelliferen, wie die Doldengewächse früher bezeichnenderweise hießen. Die Familienmerkmale werden herausgearbeitet, Blütendiagramme gezeichnet, Familienportraits erstellt.

Nun heißt es: „Hinaus in die Welt!“ Denn nicht nur auf unserer Wiese blühen Pflanzenfamilien in vielfältigen Arten, sondern auch rund um das Schulhaus, an Bachläufen, Ruderalstellen, Schutthaufen, im Wald, am Wegrand. Wir pflücken Familiensträuße mit möglichst vielen Vertretern einer einzigen Familie oder mit

Abb. 2 Benjamin schlüpft als erster in den roten Gehrock, setzt den Hut auf und ist Linné, der zum Gänseblümchen einen zweiten Korbblütler auf dem Wiesentisch sucht – und findet. (Foto: S. Wildhirt)

je einem Vertreter möglichst vieler Familien. Dabei lernt die Klasse sowohl neue Arten als auch neue Familien kennen und übt das In-Beziehung-Setzen durch Anwendung auf neue Lebensräume. Insbesondere mit den Jüngeren lohnt es sich, abschließend alle mitgebrachten Funde auf einem Pflanzenfamilien-Lehrpfad zusammenzustellen. Dabei zeigt sich, dass die Kinder das Rüstzeug erworben haben, neue Pflanzen und noch mehr Familien im eigenständigen Weiterstudium selbst zu finden.

Aus den vorliegenden Portraits gestaltet die Klasse im **Finale** ein gemeinsames Blumenbuch, in dem ihr inzwischen großes Wissen über die Wiese versammelt ist: Mit Linnés Hilfe gelangen die selbst gezeichneten Pflanzenportraits in die richtige Reihenfolge. Rousseaus Familienbeschreibungen gliedern das Ganze in kleine Kapitel (Abb. 3).

Gamander-Ehrenpreis

Die Blüten des Gamander-Ehrenpreises sehen aus
wie kleine, violett-blaue Röschen.
Seine Blätter sind klein, grün und eiförmig.
Die eiförmigen Blätter haben kleine Zacken.
Seine Stengel können bis zu 30cm lang werden,
sind rund und behaart.
Er ist eine ausdauernde Pflanze mit walzenförmigen,
kriechendem, verzweigtem Wurzelstock.
Man findet ihn auf Acker- und Gartenland sehr häufig.
In der Regel blühen sie zu allen Jahreszeiten,
strenge Winter sind jedoch ausgenommen.
Er zeigt an, dass der Boden auf dem er wächst
sauer ist.
Besonders gut wächst er bei uns im Odenwald,
weil wir Buntsandstein haben.

Abb. 3 Portrait der Pflanze Gamander-Ehrenpreis für das Wiesenblumenbuch der Klasse. (Foto: S. Wildhirt)

Als **Epilog** nehmen alle ein gebasteltes, aufklappbares Denkbild mit nach Hause: außen das selbst gemalte Wiesenbild, innen die beschrifteten Pflanzenzeichnungen. Alle vollzogenen Sichtweisen samt den gewonnenen Erkenntnissen für die eigene Erinnerung sind dadurch zusammenfassend dargestellt.

Anmerkung

Ordnung zu schaffen ist eine Grundkategorie der Biologie und des Lebens, an der insbesondere Neun- bis Zwölfjährige ihre helle Freude haben. Am besten ist das Lehrstück daher vom vierten bis siebten Schuljahr angesiedelt. Dabei bietet sich eine Verbindung des Biologie- oder Sachunterrichts mit Kunst oder Deutsch an. Ebenfalls eignet es sich für den Biologieunterricht in der Qualifikationsphase der gymnasialen Oberstufe im Themenbereich „Biodiversität" oder als Auftakt einer ökosystemischen Untersuchung; hier kann es in Verbindung mit Ethik oder Kunst unterrichtet werden. Sein Inhalt ist hochrelevant, um einem Schlüsselproblem der Welt im eigenen Handeln entgegenwirken zu können – dem rasanten Verschwinden der Biodiversität. Der Unterricht erfolgt nach dem Prinzip der natürlichen Differenzierung, das eine gemeinsame inhaltliche Auseinandersetzung auf unterschiedlichen Schwierigkeitsebenen und in verschiedenen Tempi ermöglicht. ◀

Prof. Dr. Susanne Wildhirt ist Dozentin für Bildungs- und Sozialwissenschaften Sekundarstufen 1 und 2 an der Pädagogischen Hochschule Luzern (CH). Sie ist Vorstandsmitglied der „Gesellschaft für Lehrkunstdidaktik" und promovierte 2007 bei Hans Christoph Berg und Wolfgang Klafki (Philipps-Universität Marburg) zum Thema „Lehrstückunterricht gestalten".

Die Entdeckung der Nachhaltigkeit

Christoph Berchtold

▶ *Der Oberberghauptmann am kursächsischen Hof in Freiberg, Hans Carl von Carlowitz (1645–1714), gilt als Begründer des Prinzips der Nachhaltigkeit. Seit dem 16. Jahrhundert zeichnete sich eine Knappheit am Rohstoff Holz ab. Holz lieferte Energie zum Heizen und Kochen, befeuerte Gießereien und Schmieden, wurde als Baumaterial und im Bergbau verwendet. Dies führte zu einer großflächigen Zerstörung des Waldes. In Carlowitz' Werk* Sylvicultura Oeconimica *(1713) begründet er systematisch und wissenschaftlich, weshalb nur so viel Holz geschlagen werden sollte, wie durch planmäßige Aufforstung im gleichen Zeitraum nachwachsen kann. Der Fokus lag schon bei Carlowitz auf stabiler wirtschaftlicher Entwicklung (Ökonomie), aber auch auf gerechter Verteilung der Lebenschancen (Gesellschaft) sowie dem Schutz der natürlichen Lebensgrundlagen (Ökologie). – Als Beispiel wird eine Lehrstückinszenierung im Kanton Bern gewählt, in dem Albrecht Karl Kasthofer (1777–1853) als Pionier der alpinen Forstwirtschaft gewirkt hat. Der Oberförster des Berner Oberlandes war politisch aktiv und wurde später außerordentlicher Professor für Forstwissenschaften. Er kam während seines Studiums an den Universitäten Heidelberg und Göttingen mit Carlowitz' Gedankengut in Berührung und ist daher der lokale Protagonist der Inszenierung.*

Die **Ouvertüre** simuliert folgende historische Situation: Am Ende des 18. Jahrhunderts zeichnet sich im Berner Oberland eine große Holznot ab. Die Wälder sind durch viele Köhlereien, die Kohle für die Stadt Bern produzieren, durch Bevölkerungswachstum und andere Faktoren übernutzt. Die Nutzung der Wälder ist außerdem gesetzlich streng reglementiert. Es gibt viele Konflikte und dokumentierte Prozesse wegen Waldfrevels.

C. Berchtold (✉)
Bern, Schweiz
E-Mail: chberchtold54@bluewin.ch

M. Gerwig et al. (Hrsg.), *Sternstunden der Bildung*,
https://doi.org/10.1007/978-3-658-50735-0_38

Diese Ausgangslage entdeckt die Klasse nach. In einem ausgesuchten, abgesteckten und präparierten Stück Wald sammeln kleine Gruppen von Lernenden Brennholz für ein Feuer, das Wärme spenden und auf dem gegrillt werden soll. Das Holz ist aber knapp; die Gruppen stehlen einander heimlich Bruchholz, es gibt Konflikte. Am Ende sind die zusammengetragenen Holzhaufen nicht sehr eindrucksvoll. Nun tritt Karl Kasthofer auf, stellt sich vor und berichtet von der Situation in seiner Zeit als Oberförster im Berner Oberland am Anfang des 19. Jahrhunderts. Die Konfliktlinien werden zusammengetragen, es wird nach Lösungen gesucht. Eine erste Annäherung an den Begriff der Nachhaltigkeit findet statt. Die Sogfrage taucht auf: Wie können oder müssen wir uns bei Ressourcenknappheit verhalten?

Die abschließende Frage, ob es richtig war, im Wald einfach Holz zu sammeln, um es verbrennen zu wollen, leitet über zum ersten Akt.

Im **ersten Akt** werden in einer Gerichtsverhandlung ökonomische, soziale und auch ökologische Herausforderungen der gewaltigen Übernutzung der Wälder im Berner Oberland in der ersten Hälfte des 19. Jahrhundert inszeniert.

Der arme Bauer Lüthi Hannes ist „rechtsamelos“, das heißt, er hat kein verbrieftes Nutzungsrecht für den Wald. Er hat Holz gefrevelt. In der Klasse werden verschiedene Rollen aufgrund von formulierten Nutzungsrechten und Ansprüchen gezogen. Alle versuchen, ihre Interessen als Grundbesitzer, Alpvogt, Gemeindebehörde, Beistand und anderes durchzusetzen. Kasthofer (meist die Lehrperson) versucht, zwischen den Positionen zu vermitteln, denn in einer Gesellschaft wirken verschiedene Akteure mit ihren Wertvorstellungen und Nutzungsinteressen nebeneinander. Die damit verbundenen (Un-)Gerechtigkeiten werden auch in den folgenden Akten immer wieder aufgegriffen. Der Akt schließt mit einem Urteil der Versammlung.

Der **zweite Akt** greift eine lokale Erzählung auf: *Wassernot im Emmental* von Jeremias Gotthelf (1837). Er schildert darin dramatisch sowohl die Wetterlage einer Hochwasserkatastrophe als auch die Zerstörungswut und das Leid der Betroffenen. Aus ökologischer Sicht lädt Gotthelfs Kritik an der Übernutzung der Wälder ein zu einer gründlichen Analyse der Funktion eines intakten Waldes. Dabei soll mindestens erkennbar werden, dass er den Wasserabfluss reguliert und widerstandskräftiger ist gegen Naturgefahren. Zusätzlich schafft der Text auch einen Bezug zu aktuellen Maßnahmen, die zeigen, wie eine nachhaltige Bewirtschaftung die negativen Folgen von Naturgefahren (Lawinen, Hangrutschungen etc.) eindämmen kann. Die Erzählung lädt geradezu zu lehrreichen Rollenspielen ein, in denen zwischen den Beteiligten verhandelt wird, wie derartige Katastrophen zukünftig verhindert werden könnten. Auch die Frage der Schuld kann ein Thema sein.

Im **dritten Akt** tritt zunächst die Lehrperson als Berner Patrizier Emanuel von Graffenried (1726–1787) auf. Als Jurist und Mitglied der kantonalbernischen Regierung versuchte er, jene Wälder gerecht aufzuteilen, die als Allmenden genutzt wurden. Rechtsamelosen sollten ein Stück der großen Allmenden zur Nutzung überlassen werden. Von Graffenried wollte damit auch erreichen, dass die Allmenden nicht mehr in Dreifelderwirtschaft genutzt, sondern von den armen Bauern dank Stallfütterung (Mist!) ständig intensiv bewirtschaftet werden konnten. Und so hoffte er, dass in der Folge weniger Menschen verarmen würden – denn dies kostete die Gemeinden viel Geld und führte wegen des erwähnten Holzfrevels zu viel Streit. Trotz vieler gescheiterter Versuche in der Sozialpolitik, die immer wieder von der Obrigkeit torpediert wurden, hat von Graffenrieds Reformpolitik prägende Spuren im Sinne der Nachhaltigkeit hinterlassen, indem er sozial Schlechtergestellte förderte.

Nach dieser Einleitung tauchen die Lernenden durch ein Planspiel „Gerechte Allmendenteilung" in ein spannendes Abenteuer ein, in dem sie spielerisch und durch eigenes Handeln erleben können, was Nachhaltigkeit bedeutet. Auf dem Weg durch die Allmendwälder der Gemeinde Wattenwil begegnen die Spieler verschiedenen, oft zufälligen Ereignissen, die den Spielablauf beeinflussen. Dem Gedanken Emanuel von Graffenrieds über eine gerechte Allmendenteilung sowie dem Grundgedanken der *nachhaltigen Entwicklung* in den drei Dimensionen Ökologie, Soziales und Ökonomie kommen die Lernenden im Verlauf des Spieles auf die Spur und können so auf dem bereits erworbenen Vorwissen aufbauen. Sie erkennen, warum die Allmendenteilung als Vorreiter eines nachhaltigen Entwicklungsprozesses verstanden werden kann. An dieser Stelle werden die Reflexionen, die nach jedem Akt stattgefunden haben, in einem Denkbild in Form eines Mobiles veranschaulicht (Abb. 1).

Im **Epilog** sammelt die Klasse nochmals in einem abgesteckten Stück Wald Holz. Am Feuer reflektieren wir erneut, aber umsichtiger gegensätzliche Aspekte wie „gerecht – ungerecht", „miteinander – gegeneinander", „Mangel – Überfluss" oder „vorausblickend – kurzfristig" und verallgemeinern, was nachhaltiges Wissen und Handeln bedeuten könnte. Spätestens hier muss die ursprüngliche Sogfrage um langfristiges Handeln präzisiert und erweitert werden: Wie können wir unsere heutigen Bedürfnisse decken, ohne für künftige Generationen die Möglichkeit zu schmälern, ihre eigenen Bedürfnisse decken zu können?

Anmerkung

Das Lehrstück sollte einen möglichst hohen lokalen Bezug haben und an die örtlichen oder regionalen Gegebenheiten aus der Zeit der Entdeckung der Nachhaltigkeit angepasst werden. Es ist darauf zu achten, dass alle drei Dimensionen der Nachhaltigkeit berücksichtigt werden. Im ersten Akt steht der wirtschaftlich übernutzte Wald mit seinen sozialen Folgen im Zentrum. Im zweiten Akt spielen ökologische Konsequenzen und denkbare Lösungen die entscheidende Rolle. Im dritten Akt werden soziale Perspektiven eingenommen und Handlungsmuster reflektiert und entworfen.

Die hier dargelegte Visualisierung der Nachhaltigkeit entspricht dem Drei-Säulen-Modell, das seit den 1990er-Jahren große Bekanntheit und Verbreitung erlebte. In einer weiterführenden Auseinandersetzung mit dem Thema

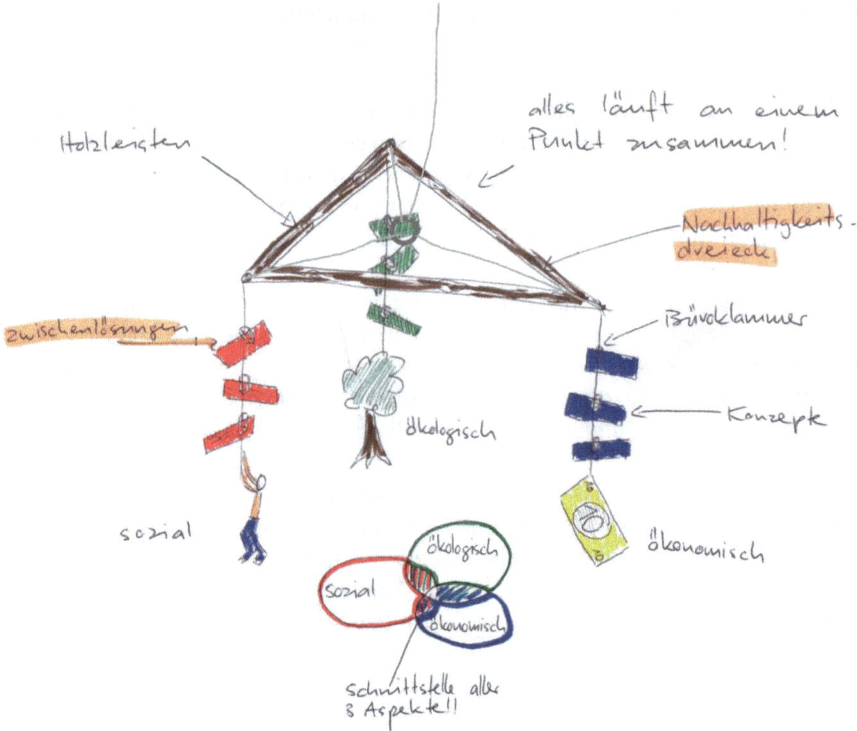

Abb. 1 Nachhaltigkeits-Mobile. (Entwurf: R. Künti)

Nachhaltigkeit kann dieses Modell wissenschaftlich begründet und mit erweiterter globaler Perspektive zu anderen Modellen weiterentwickelt werden. Ihnen allen gleich sind die drei Dimensionen Ökologie, Soziales und Ökonomie sowie die generationenübergreifende Perspektive. ◀

Christoph Berchtold war Dozent für die Didaktik der Naturwissenschaften an der Pädagogischen Hochschule Bern (CH). Zusammen mit Michael Jänichen hat er bewährte Lehrstücke für die Volksschule zugänglich gemacht sowie mit Studierenden neue Lehrstückentwürfe erarbeitet und in der Praxis erprobt.

Kanonkünste mit Bach

Jürg Peter und Marc Müller

▶ *Um die 800 Jahre ist der Kanon alt. Trotzdem gilt er Uneingeweihten mitunter als bloße „Fingerübung“ für Chor und Unterrichtsfach. Dabei verdankt er seine Entwicklung von „Geburt“ bis „Meisterschaft“ kulturhistorischen Bedingungen, wie alle anderen musikalisch-kompositorischen Gattungen auch. Es gibt einen ältesten Kanon („Sumer is icumen in“) und es gab (und gibt weiterhin) Meisterleistungen im Kanonfach, zum Beispiel bei Johann Sebastian Bach (1685–1750). Und dann ist da noch der Musikunterricht selbst: In allen Klassenstufen geht es dort freilich ums Singen, aber auch um Rhythmus, ums Notenlesen und Notenschreiben, ums Musizieren und Konzertieren, ums Komponieren, um Musikgeschichte und um was alles noch. Wie wäre es, wenn sich all das nicht nur an verstreuten Gelegenheiten, sondern auch an einem originär Zusammengehörenden lernen, üben, ausprobieren und erleben ließe?*

Die **Ouvertüre** bildet die musikalische Durchsicht des „Kanonschatzes“, den die Jugendlichen über die Jahre bereits angelegt haben, ob er ihnen bewusst ist oder auch nicht. Über das Singen der verschiedensprachigen Klassiker hinaus werden erste Elemente der Kanonkunst erschlossen. Mit dem zu enträtselnden Jagdkanon, wie er sich 1549 als Zirkelkanon auf dem Titelblatt von Erasmus Rotenbuchers *Schöne und liebliche Zwiegesänge* findet (Abb. 1), mündet alles ins Erkennen der ersten Kompositionsform: dem Kreiskanon. Weitere einfache Kanone kommen hinzu und werden erprobt.

J. Peter
Bern, Schweiz

M. Müller (✉)
Berlin, Deutschland
E-Mail: mueller.marc@hu-berlin.de

M. Gerwig et al. (Hrsg.), *Sternstunden der Bildung*,
https://doi.org/10.1007/978-3-658-50735-0_39

Abb. 1 Jagdkanon. (Rotenbucher 1549, Ausschnitt Titelbild)

Mit dem **ersten Akt** stellt sich dann alles auf den Kopf. Schienen die Kanonspiele bis hierhin noch simpel, geradezu harmlos und naiv, fordert jetzt einer der Meister heraus. Auf einem 1746 vollendeten Porträt Johann Sebastian Bachs hält dieser wie nebenher ein Notenblatt (Abb. 2). Doch was Titel und Notation versprechen, scheint nicht haltbar zu sein: Das angebliche Kanon-Sextett klingt nicht. Historisch verging fast ein Jahrhundert bis zur Lösung dieses Rätsels. Im Lehrstück wird ein Krebskanon aus den Goldberg-Variationen zu Hilfe geholt. Anhand weiterer, anspruchsvoller Kanonvarianten sowie wiederholten Ausprobierens von neugelernten Möglichkeiten gelingt jetzt auch die Lösung des „Porträt-Kanons", der schließlich auch gesungen werden kann. Und dann klingt er doch!

Herauszufinden, was einen Kanon von einem gewöhnlichen Lied unterscheidet und wie er geschrieben sein muss, damit es gut tönt, steht im Zentrum des **zweiten Aktes.** Die Bassstimme aus Bachs Porträtkanon dient nun als Ausgangspunkt für eigene Schreibversuche in Partiturform. Dabei sollen Schritt für Schritt die einfachsten Regeln des Kontrapunktierens erprobt werden: Note gegen Note (punctus contra punctum) ohne Dissonanzen; freiere Rhythmen zum Bass, ohne Dissonanzen; dann mit einfachen (unbetonten) Dissonanzen. Jedesmal soll jeweils zu Bachs Bass eine eigene Oberstimme gefunden werden. Was aus diesem einfachen Bass einstmals geworden ist, zeigt dann eindrücklich ein Blick in die Goldberg-Variationen von Johann Sebastian Bach: Es ist das vermutlich längste und großartigste Werk, bei dem die Idee „Kanon" wie ein roter Faden alles zusammenhält. Glenn

Abb. 2 Johann Sebastian Bach mit Kanonrätsel, porträtiert 1746 von Elias Gottlob Haussmann. (Quelle: Wikipedia, gemeinfrei)

Goulds Aufnahmen zeigen dann eindrücklich, dass damit der Kanon auch in den großen Konzertsälen der Welt angekommen ist.

Jetzt wird selbst komponiert. Die Hauptaufgabe im **dritten Akt** lautet: Schreibe deinen eigenen Kanon. Ausgangspunkt ist dabei ein Harmonieschema, das am Klavier oder an der Gitarre erprobt und dann in ein Metrum gekleidet wird. Über dieser Grundlage werden Melodien improvisiert, frei von der Leber weg, doch die Regeln des Kontrapunktes in Sichtweite wahrend. Ob dies als kollektive Leistung der ganzen Klasse, als Gruppen- oder Einzelarbeit geschieht, muss von den Fähigkeiten der Klasse abhängen. Das Stück mag textiert werden oder nicht, erklingen soll es auf jeden Fall. Am erstaunlichsten für alle ist wohl, dass dieses einfache Komponieren tatsächlich möglich ist.

Ein Schlusskonzert macht nochmals alle Aspekte des Kanons hörbar: die großen Epochen der europäischen Kunstmusik, die verschiedenen Satztechniken, Tra-

Abb. 3 Kanonhaus. (Wohlfender und Sommer Nold 2004, S. 108)

diertes und Selbstgeschriebenes in instrumentaler und vokaler Ausführung. Dazu werden im **vierten Akt** alle Kanonarten zusammengefasst und kommentiert. Das kann in Gruppen geschehen, sodass ein Buch für die ganze Klasse entsteht, oder anhand individueller Einträge im eigenen Heft. In beiden Fällen sollen alle zum Schluss eine kommentierte, bebilderte und geheftete Sammlung von 20 bis 30 Kanons, von kleinen Kapiteln über die Geschichte, den Formenreichtum und die Kompositionsmethoden des Kanons in den Händen halten. Zudem werden aus den überlieferten, neu kennengelernten und selbst geschriebenen Kanons die schönsten ausgewählt und richtig geübt. Schließlich wird gemeinsam das **Finale** geplant und einstudiert: die öffentliche Aufführung, mit der das Lehrstück schließt.

Die sechs Akte sind in ihrer Idee zu trennen, nicht aber in ihrer zeitlichen Abfolge. Das Singen und Spielen trägt das gesamte Lehrstück und muss *ostinato* durch das ganze Stück hindurchlaufen.

Anmerkung

Wer einwendet, dies alles mag sich zwar an die Jugendlichen der Sekundar- und Oberstufe richten, die Kinder der Primarstufe, für die das Singen im Kanon gang und gäbe ist, jedoch überfordern, hat Recht. Für die Primarstufe liegt deshalb ein alternatives Lehrstück bereit, mit dem der „Kanonschatz" (Abb. 3), auf dem die „Kanonkünste" (Abb. 4) später bauen werden, erschlossen wird.

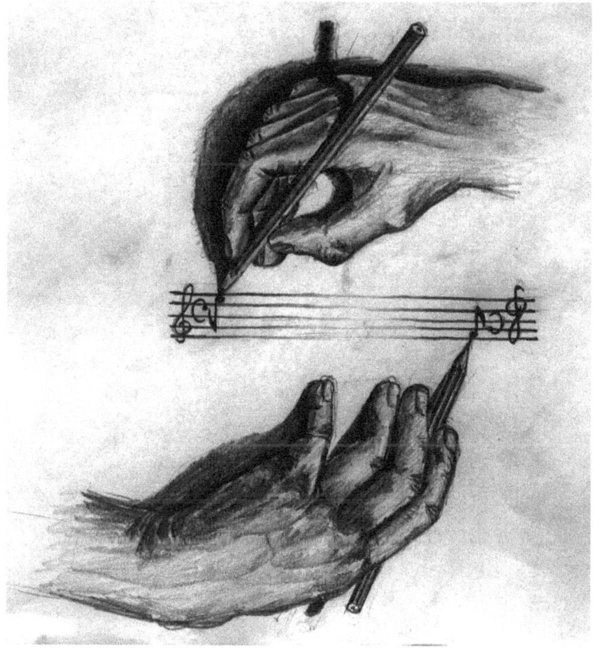

Abb. 4 Titelbild der Kanonkünste von Simon Spring. (Peter 1998, S. 137)

Während sich die Kinder diesen über mehrere Monate aneignen, lernen und üben sie einen Großteil dessen, worum es im Musikunterricht der Primarstufe sowieso und überhaupt geht. In einer ersten Variante füllt der Schatz nach und nach einen Kalender, in einer zweiten wird ein fiktives Haus nach und nach musikalisch eingerichtet. In beiden Fällen liegt „das zu Füllende" haptisch in der Klasse vor, bietet Halt, gibt Struktur und schafft Identifikationspotenzial. Gleichzeitig gewähren die anfangs noch leeren Stellen eine ahnungsvolle Vorausschau auf das, was noch kommt: Da wird es mit uns noch überall hingehen, da überall kannst du dich einbringen! ◄

Jürg Peter war Chorleiter und Musiklehrer am Gymnasium Biel-Seeland (CH) und an der Rudolf-Steiner-Schule Berner Oberland (CH). Ein wichtiges Anliegen waren ihm Musiktheater- und Opernproduktionen für junge Menschen.

Dr. Marc Müller ist wissenschaftlicher Mitarbeiter am Arbeitsbereich Sachunterricht und seine Didaktik an der Humboldt-Universität zu Berlin. Er ist Vorstandsmitglied der „Gesellschaft für Lehrkunstdidaktik" und promovierte 2016 bei Johannes Grebe-Ellis (Bergische Universität Wuppertal) und Lutz Helmut Schön (Humboldt-Universität zu Berlin) zur „Grammatik der Natur".

Lessings Nathan

Michael Jänichen und Stephan Schmidlin

▶ Nathan der Weise *ist sicher ein Werk des literarischen Kanons, das aus den Gymnasien der Gegenwart kaum wegzudenken ist. Die allgemeinbildenden Schulen haben sich selbst der Idee der Aufklärung verpflichtet und deren – auf die Epoche bezogen – typischer Literat ist nun einmal Gotthold Ephraim Lessing (1729–1781). Darüber hinaus ist das Werk aber auch der Toleranz verpflichtet, die doch einen Bildungswert an sich darstellt. Das heutige, passive Verständnis von Toleranz – eher ein Laisser-faire bzw. eine relative Gleichgültigkeit – steht aber Lessings Verständnis von aktiver, aufeinander zugehender Toleranz vehement entgegen. Daher müssen hier bestehende Präkonzepte gründlich hinterfragt werden, wenn tatsächlich etwas von ihm für unsere heutige Lebensführung gelernt werden soll. Zwei weitere Aspekte müssen aber die Sternstunde des Ideendramas „Nathan der Weise" zusätzlich erhellen: die biographische Dimension der Personen des Stücks und die Widersprüchlichkeit Lessings in Anbetracht seiner nahezu zeitgleich verfassten* Erziehung des Menschengeschlechts *sowie der* Palastparabel.

In der **Ouvertüre** wird die Klasse direkt mit dem zentralen Gedanken konfrontiert, der sich durch das gesamte Lehrstück ziehen wird. In frisch zusammengesetzten Paaren stellen sich die Lernenden die aus Goethes Faust bekannte Gretchenfrage („Wie hast du's mit der Religion?") und tauschen sich dem Impuls folgend über ihr Verhältnis zur Religion und ihre Religiosität aus. So wird bereits unmerklich praktiziert, was erst im Lauf des Unterrichts als Lessings Methode erarbeitet wird:

M. Jänichen (✉) · S. Schmidlin
Bern, Schweiz
E-Mail: michael.jaenichen@lehrkunst.ch

M. Gerwig et al. (Hrsg.), *Sternstunden der Bildung*,
https://doi.org/10.1007/978-3-658-50735-0_40

Wer Toleranz lebt, geht aufeinander zu! Die Gretchenfrage wird auch den Personen des Dramas und seinem Urheber Lessing gestellt werden.

Der **erste Akt** des Lehrstücks ist davon geprägt, die Örtlichkeiten und die Personen genauer zu verstehen. Zuerst geht es um die Räume im Drama. Dieser Aspekt ist recht einfach zu erschließen und hat gleichzeitig große Bedeutung, da ja die Toleranzauffassung Lessings heißt: „Draußen sein und aufeinander zugehen." In einer gemeinsam entwickelten tabellarischen Übersicht zu den Personen und den Räumen aus dem Dramentext erhält der Weg Nathans, der Weg der Aufklärung, besonders viel Aufmerksamkeit. Dabei wird sichtbar: Nathan ist nie vollständig im Privaten und tritt fast nur im Halböffentlichen bzw. Öffentlichen in Erscheinung.

Als Nächstes werden die Personen beleuchtet. Die Lernenden suchen dazu zuerst entsprechende Textstellen auf und charakterisieren die Personen entlang von Selbstbekundungen und Aussagen der anderen. Mit dieser selbst erarbeiteten Grundlage wird auch das folgende szenische Spiel solider, denn zu jeder Person wird im Anschluss eine Schlüsselszene gespielt – in der Reihenfolge ihres Erscheinens entlang des Wegs von Nathan (Abb. 1). Entgegen der Dramengestaltung besucht die Klasse auch den Patriarchen im Kloster sowie Sittah im Harem; die Begegnung von Nathan und dem Klosterbruder wird vorgezogen. Am Ende des jeweiligen Kurzauftritts wird die vierte Wand, also die unsichtbare Wand zwischen Bühne und Publikum, aus dem Publikum heraus durchbrochen, wenn zwei Lernende die Bühne betreten und jeder Person ebenfalls die Gretchenfrage stellen. Aus der Rolle heraus geben die Jugendlichen eine Antwort. Spätestens hier wird erkennbar, dass alle Personen irgendwelche Defizite haben – bis auf Nathan, der im Kontrast zu ihnen umso stärker glänzt durch seine den Menschen zugewandte, humane Haltung.

Abb. 1 Im Denkbild sitzen die Lernenden inmitten der biografisch gelesenen Personen des Stücks. (Grafik: illdesigns)

Der **zweite Akt** des Lehrstücks fokussiert die Ringparabel. Zu der eher undramatischen Lehrszene lädt Nathan die „ganze Welt“ zum Zuhören ein. Zwei Aspekte müssen zuvor geklärt werden: 1. Wer spricht hier genau mit wem und warum in dieser Form? Und 2. Wie hat Lessing Boccaccios (1313–1375) Vorlage im *Dekameron* variiert? Die zweite Frage kann mit einem Vergleich der beiden Texte einfach beantwortet werden. Es wird auch erwogen, was Lessing zu den Änderungen motiviert haben könnte. Briefe von Lessing geben Aufschluss über die erste Frage: „Ich habe vor vielen Jahren einmal ein Schauspiel entworfen [eine Vorstufe des Nathan], dessen Inhalt eine Art von Analogie mit meinen gegenwärtigen Streitigkeiten hat“, schreibt er am 11. August 1778 an seinen Bruder. Und mit den Streitigkeiten meint er seine Auseinandersetzung mit dem Pastor Johann Melchior Goeze (1717–1786) um die Berechtigung der bibelkritischen Schriften von Hermann Samuel Reimarus (1694–1768), die Lessing herausgab. Der Streit gipfelte 1778 im drastischen Publikationsverbot durch Lessings „Arbeitgeber“ und Landesherrn, Herzog Karl I. von Braunschweig (1735–1806). Das Schauspiel *Nathan der Weise* ist Lessings künstlerische Antwort. Die biografische Spur enthüllt darin nun sein poetisches Verfahren: Um die Gretchenfrage zu beantworten, versammelt er 1778 die Abbilder der wichtigen Menschen aus seinem Leben und konfrontiert sie auf der Bühne (Abb. 2).

Die Ringparabel als Lehr-Szene in der Stückmitte gerät so zu einer Lektion für „seinen“ Herzog Karl I., der jetzt als Sultan Saladin zuhören muss. Und Lessing vermittelt seine Botschaft nicht direkt, sondern lässt das seinen Juden Nathan tun, der ein ins mittelalterliche Jerusalem verpflanzter Moses Mendelssohn

Abb. 2 Ein Schüler tritt in der Rolle des Tempelherrn auf. (Foto: S. Schmidlin)

(1729–1786) ist, ein Freund und Mitstreiter Lessings. Auch die anderen Figuren des Stücks haben Entsprechungen. Wird nun zum Schluss die Ringparabel im Bewusstsein um diese biografische Dimension und die veränderte Vorlage szenisch gespielt, wird die Antwort Lessings auf die Gretchenfrage deutlich. Saladin wird sich nach der Begegnung mit Nathan bewusst, dass er die Ringparabel nun seiner Schwester Sittah nacherzählen muss – und genau diesen Auftrag, den Saladin sich selbst erteilt, erfüllen nun die Lernenden schriftlich.

Im **dritten Akt** ringen wir um das Verständnis der beiden letzten Aufzüge: Weshalb ist das Stück nach der Ringparabel nicht zu Ende? Wir haben ja Nathans Antwort auf die Gretchenfrage des Sultans: Keine Religion ist wahrer als die andere, also sind wir tolerant und lassen allen Gläubigen ihr Bekenntnis. Wichtiger ist ohnehin, den aus dem Glauben gewonnenen moralischen Impetus täglich unter Beweis zu stellen. Warum es also dennoch im Drama weitergeht, ist eine Knobel-Aufgabe, die schriftlich bearbeitet das produktive Denken befördert. So könnte zum Beispiel erkannt werden, dass der Tempelherr ja noch gar nichts von der Ringparabel weiß oder dass gemäß der Parabel ja nun erst noch die Taten folgen müssen. Im Drama fehlt unterdessen nicht nur eine Reihe von Personen (der Patriarch, Al-Hafi, Klosterbruder und Daja haben offenbar ihre dramatische Funktion erfüllt), sondern die verbliebenen durchlaufen auch massive Identitätskrisen: Aus Recha wird Prinzessin Blanda; ihre Verliebtheit zielt auf ihren Bruder Leu, der vormals Curd hieß und überzeugt rein christlicher Tempelherr war; beide haben jetzt Sittah als Tante und ihr neuer Onkel Saladin bietet sich gar als Vater an. Auch dies wird im Klassenzimmer inszeniert. Anschließend fällt die vierte Wand erneut und die Figuren stellen sich noch einmal den Fragen der Klasse. Die Fortsetzung des Gesprächs aus dem Vorspiel beschließt diesen Akt. Und hier können nun auch Fragen eine Rolle spielen wie „Wo sehe ich mich in Lessings Nathan?“, „Wo stehen meine Freundinnen und Freunde und meine Familie in diesem Stück?“ und „Was trage ich eigentlich zum Religionsfrieden bei?“.

Der **Epilog** führt schließlich in eine letzte rätselhafte Begegnung mit Lessing. Etwa zeitgleich zum Nathan entsteht *Die Erziehung des Menschengeschlechts,* in der Lessing darstellt, dass die Religionen unterschiedlich weit entwickelt seien. Auch die *Palastparabel,* die allen einen individuellen Zugang zu Gott gewährt, muss einbezogen werden. Beide liefern ja ganz unterschiedliche Antworten auf die Gretchenfrage. Und hier sollte, sobald der Inhalt der Texte vor Augen steht, noch einmal klar gemacht werden, dass Lessing uns die Antwort vorenthält, wie er nun die Gretchenfrage beantworten würde.

Anmerkung

Das Lehrstück baut darauf auf, dass die Lernenden den Text kennen, bevor es losgeht. Es bietet sich an, früh gemeinsam eine Inszenierung im Theater oder als Aufzeichnung zu sehen. Das szenische Spiel verdeutlicht die Haltung der Personen und klärt viele weitere Aspekte, wenn es direkt in ein freundlich-investigatives Gespräch übergeht. ◄

Dr. Michael Jänichen ist Lehrer für Deutsch und Geographie am Gymnasium Muristalden Bern (CH) sowie Dozent an der Pädagogischen Hochschule Luzern (CH). Er ist Vorstandsmitglied der „Gesellschaft für Lehrkunstdidaktik" und promovierte 2010 bei Hans Christoph Berg und Heinz Stübig (Philipps-Universität Marburg) zum Thema „Dramaturgie im Lehrstückunterricht".

Dr. Stephan Schmidlin war Gymnasiallehrer für Deutsch und Englisch an der Berner Maturitätsschule für Erwachsene und am Freien Gymnasium Bern (CH). Er war bis zu seinem plötzlichen Tod am 14. November 2019 Vorstandsmitglied der „Gesellschaft für Lehrkunstdidaktik".

Die Geburt von Mozarts Figaro

Jürg Peter und Mario Gerwig

▶ *Die Oper gehört seit ihrer Entstehung Ende des 16. Jahrhunderts zu den wichtigsten musikalischen Gattungen. Doch wohl keine andere Musikgattung bedarf einer so ausführlichen Hinführung, um verstanden und geliebt zu werden. Mit einer Oper muss man sich intensiv beschäftigen, versuchen, die Intentionen des Komponisten, Librettisten und Arrangeurs herauszulesen. Das Lehrstück zur* Geburt von Mozarts Figaro *zeigt exemplarisch, wie man sich über ein Halbjahr hinweg in drei großen Abschnitten die Grundlagen der Gattung Oper anhand des Vierakters* Le Nozze di Figaro *(1786) von Wolfgang Amadeus Mozart (1756–1791) erarbeiten kann. Dabei handelt es sich um eine der kulturgeschichtlich und musikalisch bedeutendsten sowie vollkommensten musikalischen Komödien der Operngeschichte und es gibt wohl kein musikalisches Unterrichtsthema, das im Rahmen des „Figaro" nicht zu behandeln wäre. Die Schülerinnen und Schüler lernen die Oper im Lehrstück nicht vom Zuschauerraum aus kennen, sie nähern sich ihr vielmehr von der Bühne her. Zudem fokussiert das Lehrstück neben der Oper selbst auch die ungewöhnlichen Umstände, die zu deren Entstehung geführt haben, und es strebt die Aufführung eines in großen Teilen selbst komponierten Opernstücks über diese an: „Figaros Geburt".*

Im **ersten Akt** des Lehrstücks steht vor allem die Beschäftigung mit Mozarts Oper selbst im Zentrum. Aber auch das als Vorlage dienende französische Lustspiel *La folle journée, ou Le marriage de Figaro* (1778) von Pierre Augustin Caron de

J. Peter (✉)
Biel/Bienne, Schweiz
E-Mail: juerg.felix.peter@bluewin.ch

M. Gerwig
Basel, Schweiz

M. Gerwig et al. (Hrsg.), *Sternstunden der Bildung*,
https://doi.org/10.1007/978-3-658-50735-0_11

Beaumarchais (1732–1799) sowie die Entstehungsgeschichte des Librettos von Lorenzo Da Ponte (1749–1838) werden von Beginn an berücksichtigt, sodass sich die Oper von Anfang an aus verschiedenen Perspektiven heraus erschließt.

Dazu betreten die Schülerinnen und Schüler in der ersten Stunde den vorbereiteten Musikraum: Gedämmtes Licht, eine kleine Bühne ist eingerichtet, auf den Plätzen liegen kurze Portraits der in der Oper vorkommenden Personen, in denen auch deren Verwicklungen mit anderen Figuren beschrieben werden. Die Lernenden studieren schweigend die Portraits und befinden sich so schon mitten in der Oper, ohne es zu wissen.

Langsam nähern sie sich auch dem ersten Duettino in der ersten Szene, in der Figaro am Boden hockend das Zimmer vermisst, während Susanna vor dem Spiegel steht und einen Hut anprobiert. In der nächsten Stunde – bisher wurde nur gesprochen – verstehen alle nur noch die Sprache des Gesangs: Die Lehrperson fasst singend, während im Hintergrund endlos die Akkorde des ersten Rezitativs laufen, die vergangene Stunde zusammen, baut dabei kleine Fragen ein, die von den Schülerinnen und Schülern singend zu beantworten sind, sodass sich eine Art rezitativischer Dialog entwickelt. Ein weiterer Schritt zum selbstständigen Ersingen der Oper, deren erste Szene nun einige Male durchgespielt und durchgesungen wird.

In den nächsten Stunden hört die Klasse nochmals die ganze Ouvertüre und vertieft sich dabei weiter in die Rollenportraits. Es werden auch bereits Szenen improvisiert. Danach begegnen die Lernenden erstmals dem Mann, der diese Figuren erschaffen hat: Beaumarchais. Gemeinsam wird die erste Szene der Oper mit der Originalszene aus dem vorrevolutionären Beaumarchais-Stück verglichen. Dieses wurde in den 1780er-Jahren heiß diskutiert: Ein Diener lehnt sich gegen seinen Herrn auf, Gräfin und Zofe machen gemeinsame Sachen gegen den Gatten und Grafen. Man kann durchaus behaupten, dass der *Figaro* bzw. das Originalstück von Beaumarchais die Französische Revolution und damit die Abschaffung des feudalabsolutistischen Ständestaats vorwegnahm. Der Weg führt weiter über den Librettisten Da Ponte, der aus der Szene bei Beaumarchais die Szene im *Figaro* schuf. Nun also rückt auch die Musikgattung Oper ins Zentrum. Bei der Lektüre des Beaumarchais-Stücks werden Möglichkeiten der musikalischen Ausgestaltung diskutiert: Wo passt eine Arie, ein Rezitativ oder ein Ensemble? Und wie hat Da Ponte dies umgesetzt? In drei intensiven Arbeitstagen wird schließlich das Finale des vierten Aktes, das aus acht verschiedenen, ein- bis fünfstimmigen Sätzen besteht, erarbeitet. Zudem werden der zweite und dritte Akt der Oper in ähnlicher Weise erarbeitet, wie dies mit dem ersten Akt geschehen ist. Darüber hinaus werden verschiedene Teile sehr genau analysiert, um Mozart etwas tiefer in die Werkstatt zu schauen: Was tun die Instrumente? Welche spielen wann zusammen, mit welchen Sängern, zu welcher Handlung? Immer werden die Teile dabei zunächst theoretisch betrachtet, bevor die entsprechenden Stellen gehört werden. Den ersten, einige Wochen dauernden Akt des Lehrstücks beschließt dann der gemeinsame Besuch einer *Figaro*-Inszenierung.

Im **zweiten Akt** des Lehrstücks geht es nun fast ausschließlich um die drei Personen, denen der *Figaro* zu verdanken ist: Mozart, Da Ponte, Beaumarchais. Zu Beaumarchais wird eine kleine Szene aus der Verfilmung seiner Biografie *Beaumarchais l'insolent* gezeigt, in welcher der Richter Goëzman Beaumarchais im Gerichtssaal der Korruption beschuldigt. Doch Beaumarchais kann diesem Vorwurf mittels raffinierter Intrigen die juristische Substanz nehmen und durch sein Reden das ganze Volk auf seine Seite ziehen. Zu Da Ponte wird die Stelle aus dem Buch *Mozart und Da Ponte* (1934) von Günther Andrees gelesen, in welcher beschrieben wird, wie Da Ponte an der Seite von Giacomo Casanova (1725–1789) Venedig durchstreift, bis er fliehen muss, um einer Verhaftung wegen seines unsittlichen Lebenswandels zu entgehen. Diese Flucht führt ihn nach Wien, wo er dank seiner dichterischen und ausdrucksvollen Begabung zu Ruhm und Ehre kommt. Dort beginnt auch die kongeniale Zusammenarbeit zwischen ihm und Mozart: Sobald Da Ponte die Bearbeitung einer Textpassage für den *Figaro* abgeschlossen hatte, wurde sie von Mozart umgehend vertont. Gemeinsam überarbeiteten sie die Handlung, milderten die gesellschaftliche Brisanz der Charaktere, kürzten die Anzahl der handelnden Personen von 16 auf elf und passten die Dramaturgie des Stücks den Bedingungen des Musiktheaters an, ohne dabei die Bedeutung der Vorlage zu verleugnen. Gemeinsam erschufen sie so eine der vollkommensten musikalischen Komödien der Operngeschichte: zeitlos in ihrer Menschlichkeit, raffiniert und voller überraschender Wendungen im Aufbau und in der Handlung und nicht zuletzt von einem überwältigenden musikalischen Reichtum, der jede einzelne Figur in ihrem Verhältnis zu sich selbst wie auch zu den anderen lebendig werden lässt.

Über Mozart erfahren die Schülerinnen und Schüler, dass er ein überaus fleißiger Komponist war und seine Werke in einer atemberaubenden Geschwindigkeit schrieb. In seinen nur 35 Lebensjahren hat er 21 Opern, 18 Messen, 17 Kirchensonaten, zahlreiche Litaneien, Kantaten und Oratorien, mehr als 40 Sinfonien, Klavier-, Violinen-, Oboen-, Fagott-, Flöten- und Hornkonzerte, Requien, Serenaden, Märsche, Lieder und vieles mehr geschrieben. Doch die Zuneigung und Anerkennung, die Mozart heute genießt, hat er zu Lebzeiten nie erfahren dürfen. Dennoch überdauerte seine Musik. Er erfuhr nie eine Renaissance, seine Musik wird durchweg bis in die heutige Zeit gespielt. Schließlich schauen wir gemeinsam die 30-minütige Szene aus dem Film *Amadeus* (1984), in der es um die Entstehung der Figaro-Oper geht. Denn hier hat Autor Peter Shaffer etwas getan, was die Klasse als Nächstes auch tun soll: genauestens recherchiert und dann aufgrund der Resultate ein eigenes Stück geschrieben, in dessen Rahmen die Werke von Mozart verständlicher und zugleich noch erstaunlicher werden. Dabei werden auch die musikalischen Neuerungen, die Mozart mit dem *Figaro* einführte, deutlich: die Erweiterung der Aktfinali und der Introduktionen sowie die ausgiebig zelebrierten Kettenfinale, bei denen neue Personen auftreten, um den musikalischen Gestus aus einer neuen szenischen Situation heraus zu ändern. So wird beispielsweise bei Mozart im zweiten Akt aus einem Duett (Graf/Gräfin) ein Terzett (Susanne), dann ein Quartett (Figaro), Quintett (Antonio), Sextett, Septett, Oktett (Marcellina, Bartolo, Basilio), was insgesamt 151 Partiturseiten einnimmt und über 20 Minuten lang zelebriert wird.

Da am Ende des Lehrstücks die Aufführung eines eigenen Bühnenstücks stehen soll, in dem Mozarts Oper, aber auch dessen Entstehungsgeschichte thematisiert wird (Abb. 1), müssen nun wenige, entscheidende Szenen der Oper ausgelesen und einstudiert werden. Und weitere sind noch zu schreiben: Ein Dialog zwischen Mozart und Da Ponte, Mozart beim Komponieren, Da Ponte am Schreibtisch – vieles ist möglich. Die anfallenden Arbeiten – Szenen schreiben, Musik komponieren, Teile des Beaumarchais-Stücks in Verse umschreiben – werden arbeitsteilig erledigt. Zwischenstände werden regelmäßig präsentiert, sodass am Ende dieses fünf Wochen dauernden Akts die Rollen für das Abschlussstück besetzt werden können.

Im **dritten Akt** kommt das eigene Stück schließlich auf die Bühne, der *Figaro* wartet auf seine Wiedergeburt. Wieder stehen eine Menge Arbeiten an: Programmheft gestalten, zeitgenössische Kleider auftreiben und anpassen, Bühnenbild entwerfen, Requisiten finden, Proben absprechen, eine Bühne organisieren und besichtigen, Plakate entwerfen und verteilen, Reservationen ermöglichen, Finanzen beschaffen, Unterrichtsstunden verschieben, sodass nach einem halben Jahr Arbeit am Ende tatsächlich die zu großen Teil selbst komponierte Oper *Geburt des Figaro* als eigene, selbstständige und kreative, schöpferische, erfinderische, forschende, geist- und ideenreiche, künstlerische Arbeit aufgeführt werden kann (Abb. 2).

Anmerkung

Die meisten Lehrpläne betonen die Bedeutung des in der heutigen, mediengeprägten Kulturwelt allgegenwärtigen, akustische und visuelle Eindrücke verbindenden Musiktheaters. Musikalische Bühnenwerke bieten durch ihre komplexe Verknüpfung von Musik mit Text, Handlung, schauspielerischer Darstellung und Bühnenbild zahlreiche Anknüpfungspunkte und Lernmöglichkeiten. Allein durch die Analyse eines solchen Musik- oder Bühnenstücks lässt sich die besondere Faszination von Musiktheater jedoch kaum erschließen. Viel eher eignet sich dazu ein handlungs- und erlebnisorientierter Zugang, bei dem die Lernenden selbst aktiv werden. Sei es durch Singen und Musizieren von arrangierten Musikbeispielen, durch Bewegen und Tanzen zur Musik, durch Einfühlen in die Rollen der Hauptpersonen, durch Entwerfen von Opernplakaten, Kostümen und Bühnenbildern oder durch szenische Darstellung von Handlungsabschnitten. Das Lehrstück zur *Geburt von Mozarts Figaro* bietet all dies an. Zudem handelt es sich hier wahrlich um eine Sternstunde der Musik: Was hier verarbeitet wurde, war nicht nur Gegenwart, sondern auch Geschichte, bot politischen Zündstoff und ist musikgeschichtlich durch die Vermischung der ernsten und der komischen Oper sowie die von Mozart eingeführten Neuerungen bis heute bedeutsam. ◀

THEATRE DE POCHE

• LA NASCITA DI FIGARO •

AUFGEFUERT VON 1a/f DES DEUTSCHEN GYM.
24.-25.-26. MAERZ 1998
JEWEILS 20⁰⁰, EINLASS AB 19³⁰
EV. NOCTURE DONNERSTAG 21³⁰
RESERVATIONEN: TEL 079/439 43 67

Abb. 1 Plakat zur Aufführung der Oper *Figaros Geburt*. (Entwurf: H. Nidecker)

Abb. 2 Szene aus der Opernaufführung, die am Ende des halbjährigen Lehrstücks steht: Cherubino, Susanna und Figaro (v. l.), vorne die Gräfin und der Graf. (Foto: aus der Schülerschaft)

Jürg Peter war Chorleiter und Musiklehrer am Gymnasium Biel-Seeland (CH) und an der Rudolf-Steiner-Schule Berner Oberland (CH). Ein wichtiges Anliegen waren ihm Musiktheater- und Opernproduktionen für junge Menschen.

Dr. Mario Gerwig ist Lehrer für Mathematik und Chemie am Gymnasium Leonhard in Basel (CH) sowie Buch- und Schulbuchautor. Er ist Präsident der „Gesellschaft für Lehrkunstdidaktik" und promovierte 2014 bei Hans Christoph Berg und Norbert Hungerbühler (ETH Zürich, CH) zum Thema „Beweisen verstehen im Mathematikunterricht".

Goethes „Italienische Reise"

Ulrike Harder

▶ *1786 reiste Johann Wolfgang von Goethe heimlich nach Italien. Als er 1788 zurück nach Weimar kam, war aus dem einstigen Dichter der Sturm- und Drangzeit ein Klassiker geworden. Viele Früchte unterschiedlicher Art brachte er den Daheimgebliebenen mit, von denen sich bis heute zehren lässt. Was auf seiner Bildungsreise geschehen ist, beschreibt Goethe in seinem Tagebuch, das er 1816 überarbeitet und publiziert hat. – In diesem Lehrstück geht es um diese „Italienische Reise" als Dokument von Goethes Bildung. Bemerkenswert ist dabei sein Blick auf die Kunst, den er als Naturforscher bei der vergleichenden Betrachtung von Gestalten, Gestaltbildungen und -umbildungen entwickelt hat. Das Lehrstück lässt diesen Gestaltbildungsblick und damit die Morphologie entdecken und erhellt, wie sich Goethe an antiker Kunst zum Klassiker gebildet hat und welches Kunstverständnis damit verbunden ist.*

Wenn die Schülerinnen und Schüler in der **Ouvertüre** den Raum betreten, sehen sie in der Mitte einen gedeckten Tisch mit Teeservice und fünf Stühlen. Für jeden leeren Platz steht stellvertretend ein Porträt: Die Weimarer Herzogin Anna Amalia (1739–1807), ihr Sohn Herzog Carl August (1757–1828), Charlotte von Stein (1742–1827), Johann Gottfried Herder (1744–1803), Martin Wieland (1733–1813). Auf dem Tisch liegen farbige Kopien einer groben Landkarte Italiens, die mit dicken Pfeilen markiert sind, außerdem zwei Bücher von Goethe: die *Italienische Reise* (1816) und das *Tagebuch der Italienischen Reise 1786*.

Im großen Kreis setzen sich die Jugendlichen um den Tisch herum und erfahren, dass in der Nacht zum 3. September 1786 etwas Seltsames im böhmischen Kurort Karlsbad geschah: Der bekannte Dichter Johann Wolfgang von Goethe,

U. Harder (✉)
Marburg, Deutschland

M. Gerwig et al. (Hrsg.), *Sternstunden der Bildung*,
https://doi.org/10.1007/978-3-658-50735-0_42

Staatsminister im Herzogtum Sachsen-Weimar-Eisenach, hatte sich heimlich von der Gesellschaft weggestohlen, während diese seinen Geburtstag groß feierte. Die innere Sehnsucht nach Italien und die Hoffnung auf Selbstfindung war so stark geworden, dass er aus seinem Leben ausbrach und inkognito gen Süden abreiste. Es wurde die Reise seines Lebens. Der Freundeskreis in Weimar blieb irritiert zurück, erhielt aber nach einigen Wochen Briefe von ihm. So entstanden Briefwechsel. Eine kleine Auswahl davon kann man im *Tagebuch der Italienischen Reise 1786* nachlesen.

Mit den Adressaten dieser Briefe müssen sich die Schülerinnen und Schüler zunächst bekanntmachen. Zu den Porträts gibt es Kurzbiografien, die in Gruppen erarbeitet und vorgestellt werden. Auch die Reiseroute wird zur Hand genommen, die Entfernungen werden abgeschätzt: von Karlsbad über den Brenner nach Norditalien, dann Rom, ein Abstecher nach Neapel und Sizilien, dann wieder Rom, bevor es schließlich auf schnellerer Route zurück nach Weimar ging.

Anhand zweier Bilder wird anschließend vertieft, was es mit dieser Bildungsreise auf sich hat: Links auf einer Projektionsfläche erscheint Goethe auf einer skizzenhaften Tuschzeichnung. In legerer Hauskleidung lehnt er sich aus dem Fenster und blickt auf die sonnenbeschienene Via del Corso in Rom (Abb. 1). Rechts erscheint das bekannte Gemälde „Goethe in der Campagna di Roma“, auf dem der Dichter in Hut und Reisemantel auf antiken Überresten sitzt und in die römische Landschaft schaut (Abb. 2). Beide Bilder hat Johann Heinrich Wilhelm Tischbein (1751–1829) im Jahr 1787 gemalt, in dessen Wohnung Goethe untergekommen war. In welchem Verhältnis stehen diese beiden Bilder? Darüber tauschen sich die Schülerinnen und Schüler in kleineren Gruppen aus, versuchen dabei die kontrastive Wirkung in Worte zu fassen und zu deuten: Links auf der kleinen Tuschzeichnung sieht man eine recht authentisch wirkende Alltagssituation, in der Goethe ungezwungen, jung, neugierig erscheint. Rechts auf dem übergroßen Gemälde wirkt er „in Szene gesetzt“; hier zeigt er sich als „Klassiker“, zu dem er sich inmitten von Natur und antiker römischer Kultur gebildet hat.

Die *Italienische Reise* ist Zeugnis dieses Bildungsprozesses und als Werk eines seiner Früchte. Daraus entsteht die Leitfrage, die zur Entdeckung seines Gestaltbildungsblicks führen wird: Wie und wodurch hat sich Goethe in der Begegnung mit der antiken Kunst zum Klassiker gebildet?

Der **erste Akt** führt zum Amphitheater nach Verona. Goethe begegnete dort dem ersten antiken Bauwerk und beschreibt in der Aufzeichnung vom 16. September 1786 genau, wie er sich dessen Gestalt erschlossen hat. Dies ist eine Aufforderung an die Adressaten! Das sind jetzt die Schülerinnen und Schüler, die sich wieder in kleinen Gruppen zusammenfinden. Sie bekommen den Text und außer-

Abb. 1 Goethe am Fenster seiner Wohnung am Corso in Rom. (1787 gemalt von J. H. W. Tischbein)

dem etwa zehn durcheinandergemischte Fotografien im DIN-A4-Format mit unterschiedlichen Aspekten des Amphitheaters. Darauf sieht man beispielsweise die Außenmauern des antiken Monuments, dessen oberen Rand, die Stufen, eine Inschrift, das Amphitheater aus der Vogelperspektive. Wie passen die Fotos zu den im Text beschriebenen „Wahrnehmungsschritten"? Gibt es für jeden „Wahrnehmungsschritt" eine passende Fotografie?

Nachdem der Textauszug gelesen worden ist, kommen die Gruppen ins Gespräch. Es dauert nicht lange, bis die ersten Bildreihen in der Mitte des Klassenraums ausgelegt werden. Die ersten sowie die letzten drei, vier Fotografie-Auslagen ähneln einander, denn Goethe beschreibt, wie er zunächst die Stufen hoch zum Rand erklommen hat, um sich von dort einen Überblick zu verschaffen. Am Ende erst studiert er die verschiedenen Details wie die Inschrift, die besondere Farbe der Stufen und andere.

Abb. 2 Goethe in der römischen Campagna. (1787 gemalt von J. H. W. Tischbein)

Was dazwischen geschah, ist allerdings etwas Ungewöhnliches. Das spiegelt sich auch in den voneinander abweichenden Bildreihenfolgen auf dem Boden des Klassenraums. Denn beim Eintreten in das bedeutende Amphitheater in Verona war Goethe zunächst irritiert. Das beschreibt er so: „Als ich hineintrat, mehr noch aber, als ich oben auf dem Rande umher ging, schien es mir seltsam, etwas Großes und doch eigentlich nichts zu sehen. Auch will es nicht leer gesehen sein, sondern ganz voll von Menschen." Und weiter: „Denn eigentlich ist so ein Amphitheater recht gemacht, dem Volk mit sich selbst zu imponieren, das Volk mit sich selbst zum Besten zu haben. – Wenn irgend etwas Schauwürdiges auf flacher Erde vorgeht und alles zuläuft, suchen die Hintersten auf alle mögliche Weise sich über die Vordersten zu erheben: man tritt auf Bänke, rollt Fässer herbei, fährt mit Wagen heran, legt Bretter hinüber und herüber, besetzt einen benachbarten Hügel, und es bildet sich in der Geschwindigkeit ein Krater. – Kommt das Schauspiel öfter auf derselben Stelle vor, so baut man leichte Gerüste für die, so bezahlen können, und die übrige Masse behilft sich, wie sie mag. Dieses allgemeine Bedürfnis zu befriedigen, ist hier die Aufgabe des Architekten. Er bereitet einen solchen Krater durch Kunst, so einfach als nur möglich, damit dessen Zierat das Volk selbst werde."

Das ist eine Schlüsselstelle – und es kommt im Unterricht darauf an, bei Goethes Irritation einzuhaken. Wenn er etwas enttäuscht das Paradox bemerkt, einerseits etwas Großes und andererseits „doch eigentlich nichts zu sehen", fällt ihm die Leblosigkeit des antiken Theaters auf, wenn es seiner Bestimmung bzw.

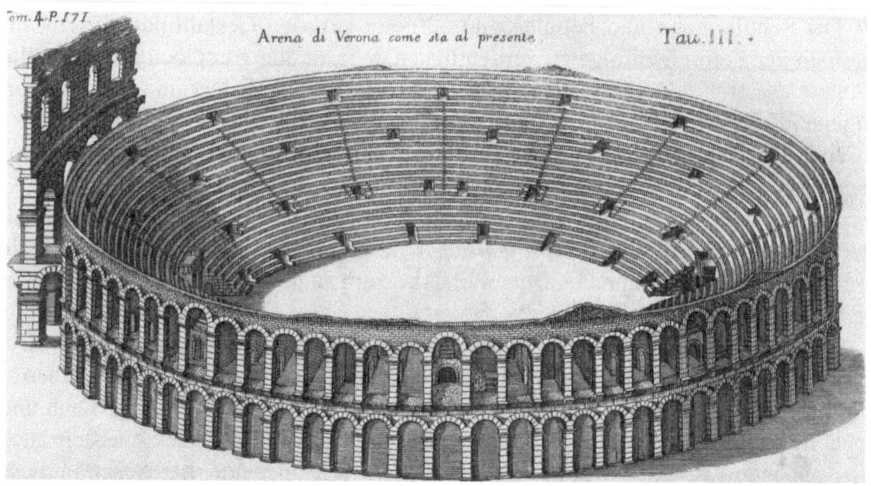

Abb. 3 *Verona illustrata*, Kupferstich von Scipione Maffei (1731)

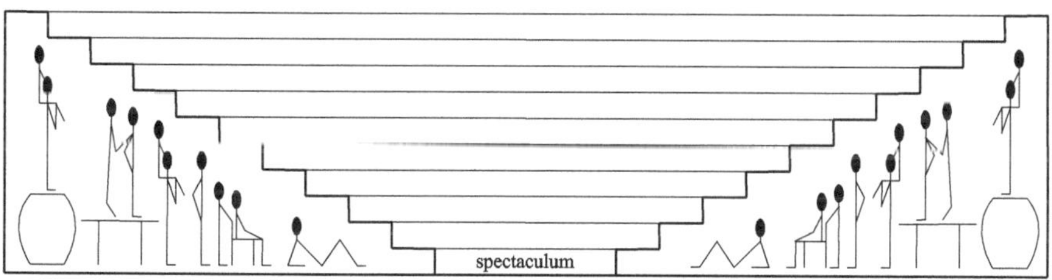

Abb. 4 Die „Urgestalt" eines Amphitheaters, entstehend durch menschliche Schaulust. (Skizze: M. Hermes)

Funktion beraubt ist. Die Menschen fehlen! Auf die kommt es an – und aus ihrem Bedürfnis nach Schaulust entsteht die schlichte ovale Gestalt dieses Bauwerks (Abb. 3). In der sichtbaren Gestalt dieses Ovals lebt die Urgestalt des „Kraters", der sich bildet, wenn „etwas Schauwürdiges auf flacher Erde vorgeht" und auf diese Weise ein „natürliche(s) zufällige(s) Amphitheater" entsteht (Abb. 4). Goethe hat diese Genese der architektonischen Gestaltbildung aus der „Urgestalt" innerlich vor Augen und denkt Prozess und Funktion zusammen. „Groß" ist diese antike Architektur, weil sie „eine wahre innere Existenz" hat. Das stellt er sechs Wochen später in Terni fest und notiert dort am Abend des 27. Oktober: „Eine zweite Natur, die zu bürgerlichen Zwecken handelt, das ist ihre Baukunst, so steht das Amphitheater, der Tempel und der Aquadukt." Eine „klassische" Gestalt kann nicht veralten. Das einfache Oval des Amphitheaters finden wir heute in jedem Fußballstadion – und auch das „will nicht leer, sondern voller Menschen" gesehen werden.

Die Schülerinnen und Schüler sind aufgefordert, den Gestaltbildungsblick innerhalb der Fotoreihenfolge zu verdeutlichen. Wie sie die von Goethe vorgestellte Genese der architektonischen Gestaltbildung des Amphitheaters umsetzen, ob mit eigenen Zeichnungen auf Papier oder mit einer kurzen Filmsequenz, ist ihrer Kreativität überlassen. Je klarer zum Ausdruck kommt, dass hierbei etwas Bestehendes in seinem Werden und Gewordensein erkannt wird, desto besser ist es.

Im **zweiten Akt** geht es um die Frage, ob sich Goethes Gestaltbildungsblick auch an anderen Stellen der *Italienischen Reise* finden lässt. Drei Textbeispiele werden an je zwei Gruppen ausgeteilt, sodass am Ende jeweils eine Gruppe referiert und die andere ergänzt oder korrigiert.

Ein erstes Beispiel bezieht sich auf den zweiwöchigen Venedig-Aufenthalt. Die Gestalt der Lagunenstadt bezeichnet Goethe am 28. September 1786 als „Biberrepublik". Wie aber konnte sie in einer eigentlich so unvorteilhaften Lage reich und mächtig werden? Ähnlich wie bei der Gestalt des Amphitheaters mussten auch hier bildende Kräfte gewirkt haben. Nur die Not war imstande, Menschen in diese sumpfigen Lagunen zu verschlagen. Die nachteilige Wasserlage konnte jedoch zum Vorteil genutzt werden: Der irgendwann florierende Seehandel verschaffte Reichtum, die Häuser drängten sich dichter und dichter, die Gassen wurden enger und enger. Goethe schaut hier denkend die Genese der Stadt ähnlich einem Naturvorgang. Die Historie selbst interessiert ihn nicht.

Dieser Gestaltbildungsblick zeigt sich auch im Hinblick auf die Stadtentwicklung Roms, über die er am 25. Januar 1787 Betrachtungen anstellt. Nicht Rom als historisch Gewordenes interessiert ihn, sondern allein dessen Gestalt. Denn sie gibt Hinweise darauf, wie sie zu dem geworden ist, wie sie sich ihm im Jahr 1787 zeigt.

Das dritte Textbeispiel vom 13. Mai 1787 ist etwas ungewöhnlich, weil es sich um den morphogenetischen Blick auf die weiße Flagge eines Passagierschiffs handelt. Ein französisches Schiff hatte sie gehisst und sich überladen, denn zu viele Menschen waren davon angezogen worden, um Schutz vor Seeräubern zu finden. Goethe erinnert diese einfache weiße Flagge an weiße Taschentücher, die beim Abschied mit dem Gefühl der Freundschaft und Verbundenheit geschwungen werden, und er sieht in ihr diesen „Ursprung geheiligt; eben als wenn einer sein Taschentuch an eine Stange befestigte, um der ganzen Welt anzukündigen, es komme ein Freund über Meer."

Besonders bei dem morphogenetischen Blick auf eine Stadtentwicklung wird deutlich, dass die Bildekräfte der Natur auch die von Kultur sein können, dass menschliche Kultur und Natur einander nicht wesensfremd sind, sondern in einer Beziehung stehen.

Der gedeckte und mit Blumen geschmückte Teetisch begrüßt die Schülerinnen und Schüler wieder im **dritten Akt.** Jetzt geht es darum, Alltagsgegenstände morphogenetisch zu betrachten. Die zur Teegesellschaft geladenen Schülerinnen und Schüler können sich gleich auf dem gedeckten Tisch umschauen. Meistens geht es dann recht schnell, bis der Blick auf einen Löffel, eine Kuchengabel, einen Becher, eine Tasse oder einen Teller fällt. In den Formen dieser Gegenstände erkennen sie am eigenen Körper Gestalten wieder, wenn zum Beispiel ihre Hände eine

Hohlform bilden, um Wasser zu schöpfen, oder wenn sie die Hand ausstrecken, um ein Gebäckstück darauf abzulegen. Auf diese Weise wird der morphogenetische Blick geübt, um ihn zu zweit oder dritt an selbst gewählten Gegenständen weiter auszuprobieren.

Im Plenum wird dann nur eine Gestalt genannt, beispielsweise das Auto, und überlegt, ob sie auf eine andere Form, eine Art „Urgestalt“ zurückgeführt werden kann. Wird in dem Fall die Kutsche genannt, muss überprüft werden, welche Teile einer Kutsche welchen Teilen eines Autos entsprechen. Einmal in Fahrt gekommen, fällt den Schülerinnen und Schülern meistens sehr viel ein: die Morphogenese des Füllfederhalters aus der Schreibfeder, die „Urgestalt“ der Feuerstelle in Gestalt des Kamins oder Kachelofens und vieles mehr.

Im **Epilog** verfassen die Schülerinnen und Schüler einen Brief an Goethe und schildern darin ihren morphogenetischen Blick auf einen ausgewählten Alltagsgegenstand. „Goethe“ wird übrigens darauf antworten, wenn er alle Briefe erhalten hat, und auf die Erklärungen eingehen.

Anmerkung

Das Lehrstück ist für den Deutschunterricht in der Oberstufe konzipiert. Es kann aber auch fächerverbindend mit dem Biologieunterricht unterrichtet werden, wenn nach dem ersten Akt Goethes Entdeckung der Pflanzenmetamorphose thematisiert wird. Dies war ebenfalls eine „Frucht“ der Italienreise und eine „Sternstunde“ der Biologie. Denn Goethe beschreibt, wie sich die drei Grundorgane Wurzel, Spross und Blatt durch Anpassung an besondere Lebens- und Umweltbedingungen umwandeln und variieren können. Er folgerte daraus, dass es eine „Urpflanze“ geben müsse, auf die sich alle Pflanzen zurückführen ließen. Im Unterricht lässt sich Goethes Gedankengang zum Beispiel an den Blattgestalten einer Knoblauchsrauke oder Freilandrose nachvollziehen. Dabei sollte ein Ausblick auf die wissenschaftsgeschichtliche Entwicklung der von Goethe maßgeblich geprägten Lehre der Morphologie und ihrer Ausfächerung als Teildisziplin der Biologie und anderer Wissenschaften – Geographie, Linguistik, Sportwissenschaften und andere – nicht fehlen. ◀

Dr. Ulrike Harder ist Lehrerin für Deutsch und Geschichte an der Elisabethschule in Marburg. Sie ist Vorstandsmitglied der „Gesellschaft für Lehrkunstdidaktik“ und leitet gemeinsam mit Hans Christoph Berg und Bastian Hackler das Marburger Seminar „Lehrkunstwerkstatt“. 2012 promovierte sie bei Hans Christoph Berg und Heinz Stübig (Philipps-Universität Marburg) zum Thema „Lehrkunstdidaktik und Klafkis frühe Bildungsdidaktik“.

Goethes Pflanzenmetamorphose

Dirk Rohde

▶ *Johann Wolfgang von Goethe (1749–1832) ist als Dichter weltberühmt geworden. Weniger bekannt ist, dass er auch großes Interesse an den Naturwissenschaften hatte und intensiv vielfältigen Forschungsfragen nachging. In der Botanik gehört seine Entdeckung der Pflanzenmetamorphose neben der Entwicklung der binären Nomenklatur durch Carl von Linné (1707–1778), dem grundsätzlichen Verständnis des Prinzips der Fotosynthese durch Jan Ingenhousz (1730–1799) und der Begründung der Blütenökologie durch Christian Konrad Sprengel (1750–1816) zu den vier großen wissenschaftlichen Durchbrüchen im 18. Jahrhundert. Da Pflanzen ihre Gestalt sukzessive aufbauen und alle Stadien über längere Zeit sichtbar bleiben, kann man die Gesetzmäßigkeiten ihres Wachstums an ausgewachsenen Exemplaren quasi wie in einem Buch im wahrsten Sinne des Wortes von Blatt zu Blatt ablesen. Dazu eignen sich einjährige blühende Kräuter besonders gut. Die ersten Erkenntnisschritte lassen sich daran selbstständig und erfolgreich durchführen.*

Als **Auftakt** des Lehrstücks werden einige Wachstumsprinzipien höherer Pflanzen im Unterschied zu denen von Kristallen und Tieren anhand konkreter Beispiele vergleichend herausgearbeitet: Was ist aus dem Chemieunterricht vom Züchten von Salzkristallen bekannt? Welche Beobachtungen wurden beim Heranwachsen von Haustieren gemacht? Wie ist man selber groß geworden? Bei Pflanzen ist das alles irgendwie anders, es läuft auf eine ganz eigene Weise ab. Die Sogfrage entsteht: Wie können wir herausfinden, wie eine Pflanze zu ihrer vollen Größe heranwächst? Goethe schlägt vor: „Werdend betrachte sie nun …"

D. Rohde (✉)
Marburg, Deutschland
E-Mail: d.rohde@waldorfschulemarburg.de

M. Gerwig et al. (Hrsg.), *Sternstunden der Bildung*,
https://doi.org/10.1007/978-3-658-50735-0_43

Im **ersten Akt** wenden wir uns dazu den Laubblättern zu. Von einer blühenden Knoblauchsrauke wurden alle 17 Blätter der Sprossachse abgepflückt, gepresst und einzeln auf Papier kopiert. Mehrere Sätze von jeweils 17 Seiten wurden angefertigt und wie ein Kartenspiel gemischt. Diese gilt es nun in Gruppenarbeit in die richtige Reihenfolge zu bringen, in der sie nacheinander von der Pflanze ausgebildet wurden. Das Ergebnis überrascht in der Regel viele: Es gibt meist nur zwei Lösungsvorschläge, wobei die meisten die richtige (und wenige andere die entgegengesetzte) Reihenfolge wählen. Woran liegt das? Offenbar haben wir eine Art inneres Gefühl für die Gesetzmäßigkeiten des Wachstums der Pflanzenorgane. Das wird an weiteren Beispielen überprüft, indem nur die Anfänge solcher Laubblattreihen gezeigt werden, die mit eigenen Zeichnungen zu vervollständigen sind (Abb. 1). Das gefundene Prinzip (klein und rundlich > groß und differenziert > klein und spitz) ist immer dasselbe, wird aber je nach Pflanzenart sehr verschieden interpretiert. Worauf wollen die Pflanzen mit dieser Abfolge der Laubblätter hinaus?

Die Untersuchung von Rosenblüten offenbart im **zweiten Akt,** dass nun etwas Neues ansteht: Nach den sie ernährenden Laubblättern gehen die Pflanzen mit den Kelch- und Blütenblättern zur Fortpflanzung über. Auch dies sind Blätter, die nacheinander in einer bestimmten, gut erkennbaren Reihenfolge ausgebildet werden. Daraus lassen sich sehr schöne Herbarbögen gestalten (Abb. 2). Was aber bleibt in der Blütenmitte übrig?

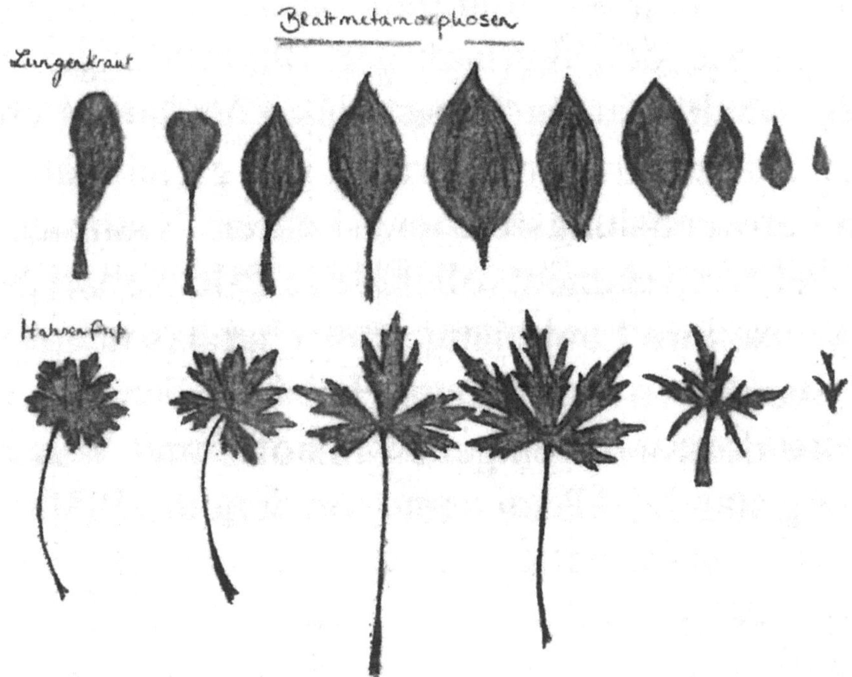

Abb. 1 Zwei Laubblattreihen, gezeichnet in einem Heft. (Foto: D. Rohde)

Abb. 2 Die Blattreihe einer Rosenblüte. (Foto: D. Rohde)

Im Zentrum des **dritten Akts** stehen die merkwürdigen Gebilde, die auf die Blütenblätter folgen. Es sind die Staub- und Fruchtblätter, die ihre Details erst in der Vergrößerung mithilfe von Lupen und Mikroskopen offenbaren. Die der Rosenblüte werden mit denen anderer Pflanzenarten verglichen, wobei eine Fülle von Variationen zutage tritt.

Der **vierte Akt** widmet sich Goethes Aufsatz von 1790 zu seiner Entdeckung der Pflanzenmetamorphose. Dessen Aussagen werden mit eigenen Beobachtungen an unterschiedlichsten Früchten verglichen, um anschließend ausführlich zu diskutieren, was Goethe mit Begriffen wie „Ausdehnung" und „Zusammenziehung" gemeint haben könnte.

Im **fünften Akt** wird dann die Ernte eingebracht: Goethe kommt ausführlich zu Wort, und die Erkenntnis kann aufleuchten, warum er gerade von einer „Metamorphose" der Pflanzen spricht. Das wird in einem **Abschluss** nochmals überprüft: Beispielsweise kann eine Serie von Kunstdrucken von Alexej von Jawlensky

(1864–1941) ausgeteilt werden, die – wie im ersten Akt die Laubblattkopien – zu ordnen sind. Es handelt sich um verschiedene farbige Darstellungen des menschlichen Antlitzes. Es sind jedoch Variationen, keine Metamorphose. Sie lassen sich demnach nicht in eine solche Reihenfolge bringen, wie es mit den Laubblättern möglich ist.

Im **Epilog** tritt mit dem sich weitenden Metamorphose-Begriff eine menschheitsgeschichtlich wesentliche Erkenntnisperspektive mitten in den Unterrichtsraum: Die Unterscheidung zwischen Homologie und Analogie, also der zwischen tatsächlicher und scheinbarer näherer Verwandtschaft. Eigene Aufsätze, die die Entdeckungsreise zusammenfassen, können sehr poetisch ausfallen.

Anmerkung

Johann Wolfgang von Goethe ist es gelungen, an Pflanzen exemplarisch zu zeigen, wie man Metamorphosen bei Lebewesen entdecken, sie denkend nachvollziehen und Konsequenzen aus ihnen ableiten kann. Alle Lebewesen zeigen und unterliegen im Lauf ihrer Existenz Metamorphosen. Man kann sie eigentlich nur richtig verstehen, wenn man gelernt hat, in Metamorphosen zu denken und diese von einfachen Veränderungen zu unterscheiden. Hat man aber dies erst einmal verstanden, entdeckt man Metamorphosen auch in anderen, nicht biologischen Zusammenhängen (Goethe weist zum Beispiel auf den Bereich der menschlichen Beziehungen hin). Es ist ein weittragendes Prinzip, das in viele Richtungen Ausstrahlungskraft besitzt.

Das Lehrstück eignet sich für die Schwerpunkte Ökologie und Botanik im Biologieunterricht ab der 9. Klasse. Gut geeignet ist es auch für verschiedene Formen projektartigen Unterrichts. Darüber hinaus bietet sich für die Oberstufe ein fächerverbindender Unterricht mit den Fächern Deutsch, Sprachen, Kunst, Musik und Darstellendes Spiel an; denn Goethe beschreibt in seinem bekannten Reisebericht *Italienische Reise* (1816), wie er seiner „Idee“, dass es so etwas wie eine Urpflanze geben könnte, in der südlichen Natur nachgeht und dabei die Pflanzenmetamorphose entdeckt. ◄

Prof. Dr. Dirk Rohde, Alanus Hochschule Alfter, ist Fachlehrer für Biologie, Chemie und fachübergreifende Naturwissenschaften, zunächst langjährig an der Freien Waldorfschule Marburg, aktuell in der weltweiten Waldorfschulbewegung. Hier ist er insbesondere tätig in der Bildungsforschung sowie in der Aus- und Fortbildung der Lehrkräfte. Darüber hinaus ist er innerhalb der Landesarbeitsgemeinschaft der hessischen Freien Waldorfschulen zuständig für Bildungspolitik. 2003 promovierte er bei Hans Christoph Berg und Wolfgang Klafki (Philipps-Universität Marburg) zum Thema „Lebendiger Unterricht“.

Knigges „Über den Umgang mit Menschen"

Horst Leps

▶ *Das Lehrstück thematisiert das Buch* Über den Umgang mit Menschen *(1788) von Adolph Freiherr Knigge (1752–1796). Noch bis heute wird das Werk häufig als „Benimmfibel" missverstanden – dabei ist es tatsächlich ein früher Versuch, den Alltag zum Ausgangspunkt soziologischer Einsichten für pädagogische Zwecke zu machen. Knigge richtet sich darin ausdrücklich an junge Männer – für junge Frauen hätte nach seinem Wunsch eine erfahrene Dame einen ähnlichen Text schreiben sollen –, die lernen wollen, in der Gesellschaft ihren Weg zu gehen, ohne übersehen oder ausgeschlossen zu werden und dabei dennoch ihren Teil zur Verbesserung des Lebens der Menschen zu leisten. Er beobachtet, dass viele junge Leute durchaus über Talent und guten Willen verfügen, aber nicht wissen, wie sie sich richtig verhalten sollen. Knigge geht es in seinem Buch nicht um strenge Regeln; man kann und soll vielmehr die Kunst des menschlichen Umgangs lernen, indem man bereit ist, eigene Erfahrungen zu reflektieren und sich weiterzuentwickeln. Dabei eröffnen sich auch zahlreiche Gelegenheiten, Situationen zu üben.*

Die **Ouvertüre** beginnt mit einem exemplarischen Konflikt zwischen Jugend- und Erwachsenenwelt, den die Heranwachsenden selbst erlebt haben oder auch nur selbst erlebt haben könnten oder der gerade in den Medien angesprochen wird. Jugendliche bringen eigene Ansprüche und Ideale mit, doch sie werden oft von der älteren Generation zurückgewiesen. Ein solches unerfreuliches Aufeinandertreffen, wie es Knigge in jungen Jahren selbst erlebt hat und in seinem Buch schildert (es handelt sich um den Zusammenstoß mit einem alten Landwehrkommandeur), eignet sich als Einstieg. Es wirft grundsätzliche Fragen zum Miteinander auf: Woran scheitert die Verständigung zwischen den Generationen? Was ist nötig, um

H. Leps (✉)
Hamburg, Deutschland
E-Mail: horstleps@gmx.de

M. Gerwig et al. (Hrsg.), *Sternstunden der Bildung*,
https://doi.org/10.1007/978-3-658-50735-0_44

sich in sozialen Strukturen zurechtzufinden? Diese Ausgangslage konfrontiert die Lernenden mit ihrer eigenen Erfahrung – und bereitet den Boden für eine tiefere Auseinandersetzung mit ihren sozialen Bezügen und ihrer angemessenen Bewältigung.

Der **erste Akt** führt hinein in die Vielzahl der alltäglichen Situationen, wie sie Jugendliche selbst erleben: Freundschaft, Schule, erste Liebesbeziehungen, Konflikte mit Autoritäten, Unsicherheiten im Betrieb. Die Schüler und Schülerinnen zeigen sie in kleinen Szenen im Klassenzimmer. Nachdem ihnen Knigge und sein Ratgeber in einem Referat von der Lehrkraft vorgestellt wurde, beginnen sie, im Text von Knigge nach Antworten, Impulsen oder Parallelen zu suchen und entwickeln Lösungen. Knigges historische, teils auch vergangene Lebenswelt trifft so auf heutige Fragen – und diese Begegnung löst Erstaunen aus: Viele Situationen lassen sich tatsächlich mit dem Buch von 1788 klären. Aber nicht überall ist dies der Fall. Daher kann die Lehrkraft je nach Lerngruppe zusätzlich moderne soziologische Theorien ins Spiel bringen, die helfen, gewählte Situationen zu analysieren und einzuordnen.

Ein Beispiel verdeutlicht, wie eine Situation bearbeitet wird: Beim „Umgang mit Geringeren" geht es um Statusunterschiede, die damals wie heute – auch subjektiv – existieren. In Knigges Vorlage geht es konkret um Reiche und Arme. Dies wird modernisiert und in eine Autowerkstatt der Gegenwart übertragen: Ein wohlhabender Kunde unterhält sich mit einer finanziell weniger gut gestellten Kundin. Als ein ebenso vermögender Freund des Kunden hinzutritt, wendet Letzterer sich abrupt von der Kundin ab und ignoriert sie fortan. Knigge korrigiert: „Man sey höflich und freundlich gegen solche Leute, denen das Glück nicht grade eine so reichliche Summe nichtiger zeitlicher Vortheile zugeworfen hat, als uns, und ehre das wahre Verdienst, den ächten Werth des Menschen, auch im niedern Stande!" (1788, Bd. 2, S. 34) Der Mann sollte die Frau also nicht vernachlässigen. Die Klasse entwickelt eine Lösung: Der Kunde macht die Kundin mit seinem Freund bekannt und das Gespräch wird zu dritt fortgesetzt. Beim szenischen Spiel der Situation wird allen deutlich, wie unangenehm und schmerzhaft das Abwenden wirkt (Abb. 1 und 2).

Der **zweite Akt** bringt die Reflexion auf eine höhere Ebene. Ausgehend von konkreten Fällen und den zuvor damit gesammelten Erfahrungen entwickeln die Schülerinnen und Schüler in der Auseinandersetzung mit Knigge nun übergeordnete Prinzipien für das Miteinander. Dabei geht es weniger um feste Regeln als um Einsichten in menschliches Verhalten: Wie sollte man generell mit anderen umgehen – und warum? Welche Rolle spielen Rücksicht, Selbstachtung, Offenheit, aber auch Abgrenzung? Entscheidend ist hier nicht, wie man sich „richtig" verhält, sondern wie man sich reflektiert – mit Blick auf die jeweilige Situation und das soziale Gegenüber. Die Jugendlichen entwickeln über die vielfachen Perspektivwechsel Empathie, werden aber auch fähiger, eine gewisse Distanz zu sich selbst aufzubauen und das eigene Verhalten zu bewerten. Die Lernenden handeln die übergeordneten Prinzipien untereinander aus und halten sie als gemeinschaftlich errungene Erkenntnisse und Einsichten fest.

Abb. 1 Im szenischen Spiel wird die unangenehme Vorgehensweise offensichtlich. (Foto: H. Leps)

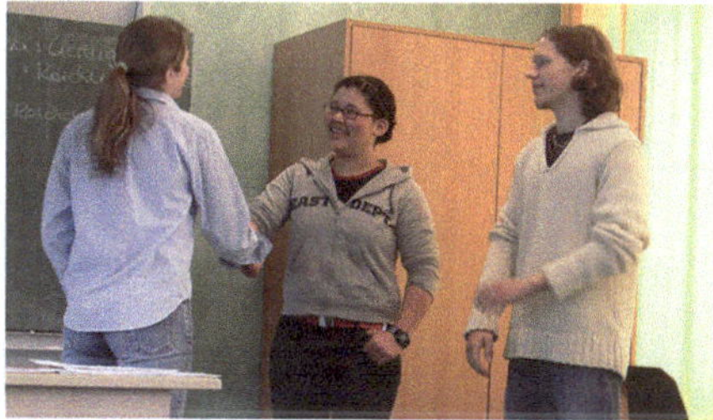

Abb. 2 Die zweite Variante zeigt, wie die Situation höflich und freundlich fortgesetzt werden kann. (Foto: H. Leps)

Das **Finale** kann in ein eigenes Buch münden: „Knigge heute“. Die übergeordneten Prinzipien aus dem zweiten Akt werden darin zu einer Einleitung verarbeitet. Die Jugendlichen schreiben außerdem in einzelnen Abschnitten oder Kapiteln auf, was sie selbst als grundlegend für das Zusammenleben in ihrer Gegenwart erachten. Das kann zum Beispiel in kleinen Redaktionsgruppen geschehen. Es können beispielsweise die vorher behandelten Fälle skizziert werden, aber es dürfen auch neue hinzukommen. So entsteht ein Buch über den Umgang mit Menschen – geschrieben von jungen Menschen für junge Menschen.

Im **Epilog** wird das Gelernte produktiv gewendet: Aus der Beobachtung wird Haltung, aus der Reflexion Verantwortung.

Anmerkung

Das Lehrstück kann schon in der Sekundarstufe I durchgeführt werden und eignet sich auch für neu zusammengesetzte Klassen, um Leitlinien des Miteinanders partizipativ zu erarbeiten. Dabei sollten Knigge und sein Buch aber immer Teil der Lernhandlungen sein. Das Lehrstück stärkt zahlreiche persönlichkeitsbezogene und sozial-kommunikative Kompetenzen und kann fächerverbindend auch mit Geschichte und Deutsch unterrichtet werden. ◄

Dr. Horst Leps war Lehrer für Politik und ev. Religion am Gymnasium Hamburg-Ohlstedt und Lehrbeauftragter für die Didaktik der sozialwissenschaftlichen Fächer an der Universität Hamburg. 2006 promovierte er bei Hans Christoph Berg und Tilman Grammes (Universität Hamburg) zum Thema „Lehrkunst und Politikunterricht“.

Howards Wolken

Michael Jänichen

Dass der englische Apotheker Luke Howard (1772–1864) durch seine 1802 vorgestellte Wolkenklassifikation Wissenschaftsgeschichte geschrieben hat, war schon seinem Bewunderer Goethe (1749–1832) deutlich. Der Vortrag On the modification of clouds *des schüchternen Autodidakten überzeugte dreifach durch seine klare Taxonomie nach dem Muster von Carl von Linné (1707–1778), die wissenschaftliche Benennung in lateinischer Sprache sowie die naturwissenschaftliche Erklärung des Entstehens, Vergehens und der Übergänge der Wolkenformen. Mit der Ausweitung der Newton'schen Physik auf die Atmosphäre markiert dieser Durchbruch die Geburtsstunde der Meteorologie. Das Lehrstück stellt die Erkenntnis Howards von 1802 ins Zentrum. Es zeigt einerseits auf, wie durch Beobachtung, Sammlung und Systematisierung Wissen und Wissenschaft entstehen, andererseits aber auch, wie die Ergebnisse der Forschung validiert werden. Da Howards Ergebnisse auch Erschütterungen in der Kultur auslösten – der naturwissenschaftliche Ausgriff auf den „freien" respektive den dem Göttlichen nahen Himmel erregte Empörung –, drängt es sich auf, das wissenschaftspropädeutisch aufschlussreiche Thema mit Bezügen zur Kunst, aber auch zum Literatur- und Sprachunterricht oder zur Religion in den Unterricht zu tragen.*

Die **Ouvertüre** führt direkt zum Schauplatz und Ursprungsort des Themas. Die Lernenden werden an einen möglichst wolkennahen Ort gebracht, zum Beispiel auf ein nahe gelegenes Hochhausdach oder eine Anhöhe. Der weite Horizont lässt den Blick auf zahlreiche Wolken zu, die mit wasserlöslichen Wachskreiden auf azurblauen Kärtchen skizziert werden (Abb. 1). Beim Versuch, die Wolken auf diese Art einzufangen, wird deutlich, welche Dynamik am Himmel insgesamt und

M. Jänichen (✉)
Bern, Schweiz
E-Mail: michael.jaenichen@lehrkunst.ch

M. Gerwig et al. (Hrsg.), *Sternstunden der Bildung*,
https://doi.org/10.1007/978-3-658-50735-0_45

Abb. 1 Wolkenskizze einer Schülerin. (Foto: M. Jänichen)

innerhalb jeder Wolke besteht – der Einsatz der Handykamera gilt als Schummeln. Unwissentlich folgt die Klasse bereits Howards Spuren. Auch sein Durchbruch begann mit der Beobachtung des Himmelsgeschehens. Um eine größere Palette verschiedener Wolken zu erhalten, bekommen alle die Hausaufgabe, noch mindestens drei weitere Wolken an verschiedenen Tagen zu skizzieren.

Im **ersten Akt** werden die zahlreichen Wolkenskizzen auf einer Ausstellungsfläche im Klassenzimmer ausgebreitet. Die Vielfalt der Gestalten und die bemerkenswert ästhetischen Bilder verdienen anerkennende Worte. Schließlich werden zwei Dutzend Kunstpostkarten mit Wolkendarstellungen dazugelegt: Von mittelalterlichen Heiligenbildern über William Turner (1775–1851) und John Constable (1776–1837), Hans Arp (1886–1966) und René Magritte (1898–1967) bis in die Gegenwart kann alles vertreten sein. Es ist aber doch ein ziemliches Durcheinander. Die Klasse erhält den Auftrag, alle Skizzen und Bilder nachvollziehbar zu sortieren. Dies kann auch in Gruppen geschehen, was später zu interessanten Diskussionen über die Qualitäten der jeweiligen Klassifikationen führt. Am Ende einigen sich alle auf ein System, die Kategorien werden sorgfältig beschrieben und auf diese Weise definiert.

Nach dieser errungenen Systematik tritt im **zweiten Akt** Luke Howard als Experte auf. Es hat sich bewährt, ihn durch die Lehrperson szenisch zu verkörpern. Er begutachtet zuerst würdigend die zahlreichen Wolkenskizzen der Lernenden und hält dann pantomimisch den Kern seines Vortrags *On the modification of clouds* (Abb. 2). Seine drei Wolkenkategorien und ihre vier Modifikationen werden mithilfe seiner eigenen Bilder und Benennungen an der Wandtafel, vor allem aber mit deutlich vorgeführten und einprägsamen ikonischen Gesten vorgestellt.

An einzelnen der vorhandenen Skizzen zeigt Howard, wie diese mühelos einen eindeutigen Platz in seiner Systematik finden. Er lädt zum erneuten Einsortieren aller vorhandenen Wolkenskizzen ein und geht zufrieden ab, als alles am rechten Ort liegt. Im anschließenden Gespräch wird das Geschehen verarbeitet. Dabei

Abb. 2 Der Lehrer im Howard-Spiel beim Vortrag. (Foto: M. Jänichen)

werden auch die Vorzüge und Nachteile von Howards Ansatz gegenüber jenem der Klasse herausgearbeitet. Zum ersten Mal tritt hier Goethe auf, der 1820 zu dessen Nomenklatur feststellte: „Wenn ich Stratus höre, so weiß ich, dass wir in der wissenschaftlichen Wolkengestaltung versieren, und man unterhält sich darüber nur mit Wissenden."

Zum Abschluss wird der Weg von Howards Vortrag bis zur seit 1901 offiziell gültigen Wolkenklassifikation der neu gegründeten *World Meteorological Organisation* referiert. Immerhin 99 Jahre lang hat es gedauert, bis sich die Fachleute über die international verbindliche Systematik einig waren. Howards Klassifikation wurde dabei im Wesentlichen bestätigt, gleichzeitig aber auch etwas erweitert und in wenigen Details korrigiert.

Nach Möglichkeit und Interesse können blitzlichtartige Ausblicke in die Atmosphären- und Wolkenforschung der Gegenwart angeschlossen werden.

Howards Zeitgenossen aus Kunst und Kultur stehen im Zentrum des **dritten Aktes**. Goethe tritt erneut in Erscheinung, wenn er fachliches Interesse an Howards Leistung zeigt und Gedichte zu dessen „Ehrengedächtnis" verfasst. Ihm verdanken wir auch eine zeitgenössische Biographie des Engländers, über den Goethe so viel wie möglich herausfinden wollte. In der bildenden Kunst waren die Reaktionen vielfältig: Der Romantiker Caspar David Friedrich (1774–1840) war entsetzt ob der Entzauberung des Himmels. John Constable kann als Gegenpol betrachtet werden: Er verband aufgrund von Howards Erkenntnissen Wissenschaft und Kunst, indem er ganze Serien von Wolkenstudien anfertigt und sie mit Datum, Zeit und Wetterdaten beschriftet. Thornes zitiert ihn 2004 (S. 146): „Malerei ist

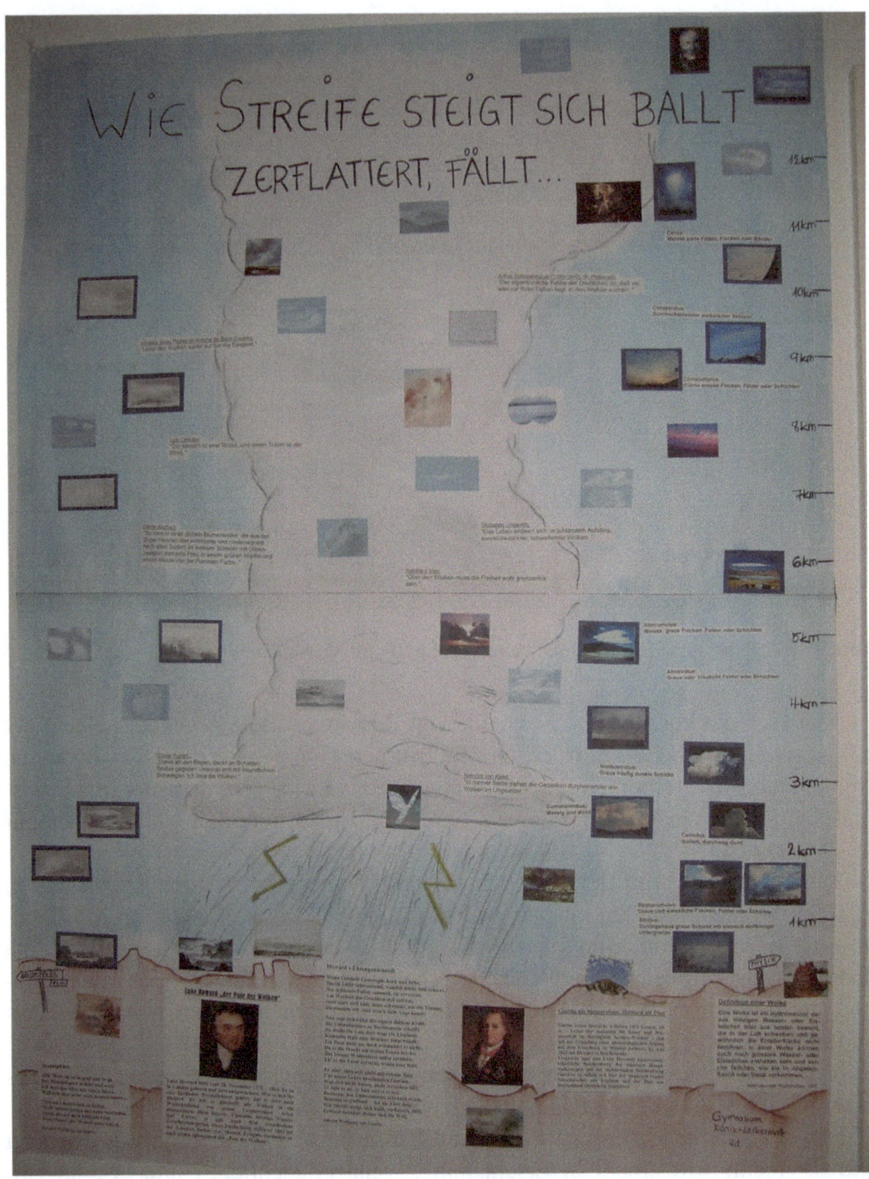

Abb. 3 Ein zusammenfassendes Poster. (Foto: M. Jänichen)

eine Wissenschaft und sollte als Erforschung der Naturgesetze betrieben werden. Warum will man also die Landschaftsmalerei nicht als einen Zweig der Naturphilosophie ansehen, dessen Experimente die Gemälde sind?“

Die Erkenntnisse des Lehrstücks werden im **Epilog** auf einem Poster versammelt und für die Schulöffentlichkeit ausgestellt (Abb. 3).

Anmerkung

Howards Wolken benötigt mindestens einen ganzen Tag Zeit, besser zwei. Das Lehrstück kann aber auch über einen längeren Zeitraum im regulären Unterricht inszeniert werden. Der Unterrichtsraum sollte bewegliche Möbel haben, damit die Tische bei der Klassifikationsübung nach Howard im zweiten Akt auseinandergezogen werden können. Das szenische Spiel von Luke Howard muss gut geübt werden. Wesentlich sind hier die morphologischen Gesten zu den drei elementaren Grundgattungen Stratus, Cumulus und Cirrus im pantomimischen Spiel, damit sich diese als orientierendes Wissen erst einmal verstehend festigen. Später kann bei Bedarf differenziert werden. Die Gesten sollten nicht nur die Form, sondern auch das jeweilige atmosphärische Stockwerk in der Höhe veranschaulichen. Es ist überraschenderweise möglich, eine vom Thema eingenommene Klasse der Sekundarstufe I oder II eine ganze Lektion pantomimisch zu unterrichten und schweigend an Howards Klassifikation arbeiten zu lassen.

Das Lehrstück bietet Möglichkeiten für die Einbindung weiterer, eher lose verbundener Perspektiven: Die Wolken spielen auch zum Beispiel in der Religion, in der Theatergeschichte sowie in Lyrik und Prosa eine Rolle. Da Luke Howard von Carl von Linné inspiriert wurde, bietet sich auch ein Blick in die naturwissenschaftlichen Nachbardisziplinen an (vgl. Kap. „Linnés Wiesenblumen").

Die Lektüre von Hamblyns *Die Erfindung der Wolken* (2001) wird dringend zur Vorbereitung empfohlen. ◀

Dr. Michael Jänichen ist Lehrer für Deutsch und Geographie am Gymnasium Muristalden Bern (CH) sowie Dozent an der Pädagogischen Hochschule Luzern (CH). Er ist Vorstandsmitglied der „Gesellschaft für Lehrkunstdidaktik" und promovierte 2010 bei Hans Christoph Berg und Heinz Stübig (Philipps-Universität Marburg) zum Thema „Dramaturgie im Lehrstückunterricht".

Annings steinerne Kuriositäten

Helene Michelle Bumann

▶ *In der Naturwissenschaft gibt es faszinierende Entdeckungen, die über Jahrhunderte hinweg die Menschheit beschäftigt haben. Eine dieser Entdeckungen ist die Welt der Fossilien, insbesondere der Fossilien von Sauriern. Mary Anning (1799–1847), eine englische Paläontologin, spielte dabei eine zentrale Rolle. Ihre Entdeckungen und Arbeiten haben nicht nur die damalige Wissenschaft geprägt, sondern auch die Fantasie von Generationen beflügelt. Die „steinernen Kuriositäten", mit deren Sammlung sie bereits als Kind begann, sind dabei Fenster in die Vergangenheit, die uns helfen, die Geschichte unseres Planeten zu verstehen. Annings Entdeckungen bieten eine Fülle von Möglichkeiten, wissenschaftliche Forschungsmethoden zu erkunden. Die Kinder lernen in diesem Lehrstück nicht nur, was Fossilien sind, sondern auch, wie sie entstehen, wie sie gefunden und rekonstruiert werden. Sie erfahren, wie in der Paläontologie gearbeitet wird und aus einzelnen Fundstücken ganze Saurierskelette rekonstruiert werden.*

Zu Beginn der **Ouvertüre** liegt auf jedem Tisch ein Gesteinsstück mit einer versteinerten Muschel darin (Abb. 1). Ist es möglich, herauszufinden, was dieses seltsame Objekt ist und wie es entstand? Die Kinder beginnen, Fragen zu stellen: Woher kommt diese Muschel? Wie ist sie zu Stein geworden? Diese Fragen führen uns direkt in das Thema der Fossilien und ihrer Entstehung. Mit der erfolgreichen Beantwortung dieser Fragen ist der Grundstein für das Verständnis der Jahrmillionen alten Geschichte unseres Planeten gelegt – zwar noch nicht vollständig erklärt, aber die Neugierde der Kinder ist geweckt.

H. Michelle Bumann (✉)
Bern, Schweiz
E-Mail: helene_bumann@hotmail.com

M. Gerwig et al. (Hrsg.), *Sternstunden der Bildung*,
https://doi.org/10.1007/978-3-658-50735-0_46

Abb. 1 Zwei Schülerinnen untersuchen ein Fossil. (Foto: H. Bumann)

Dass es sich bei den gefundenen Objekten tatsächlich um Fossilien handelt, wird im **ersten Akt** bewiesen. Nun erhält auch die 11-jährige Halbwaise Mary Anning ihren Platz im Zentrum der Aufmerksamkeit. Ihre Geschichte und ihre spektakulären Entdeckungen intakter Saurierskelette an der Küste vor Lyme Regis in England werden zum Ausgangspunkt für die weitere Erkundung des Themenfelds.

Der **zweite Akt** stellt den eigentlichen Kern des Lehrstücks dar. Im Zentrum stehen nun die Saurier, die als eine besondere Art von Fossilien behandelt werden. Die Kinder erfahren durch die Lehrperson und Vorträge, wie Paläontologinnen und Paläontologen arbeiten, wie sie Fossilien ausgraben und rekonstruieren. In Kleingruppen werden unterschiedliche Aspekte der Saurierforschung diskutiert, nachvollzogen und allmählich verstanden. In darauf folgenden Präsentationen durch die Figur Mary Anning, gespielt von der Lehrperson, geht es intensiv um die zentrale wissenschaftliche Kategorie des Forschens an sich. Dabei wird deutlich, was es heißt, sich einer Sache gewiss zu sein. Damit ist die Tür zur Wissenschaftsgeschichte geöffnet. Mary Annings Entdeckungen und die paläontologische Arbeit werden im sokratischen Gespräch analysiert. So wird das wissenschaftliche Vorgehen in der Paläontologie evident und die Arbeit der Forschenden zu einem Muster für Entdeckungen, an dem exemplarisch erkannt werden kann, wie wissenschaftliche Erkenntnisse aufeinander aufbauen und was es mit dem Forschen in der Wissenschaft auf sich hat.

Im **Epilog** wird das zuvor entdeckte wissenschaftliche Vorgehen – das Fragenstellen, Suchen, Finden, das Bilden von Hypothesen und deren Überprüfung – noch einmal bewusst gemacht und in eine persönliche Ausdrucksform überführt: Die Kinder schreiben einen Brief an Mary Anning. Darin fassen sie ihre eigenen Erkenntnisse zusammen, formulieren neue Fragen und bringen zum Ausdruck, was sie an Annings Forschergeist beeindruckt hat. So wird deutlich, wie eng wissenschaftliches Denken mit Neugier, Ausdauer und der Bereitschaft verbunden ist, Wissen immer wieder zu hinterfragen und weiterzuentwickeln.

Anmerkung

Das Lehrstück eignet sich für Kinder und Jugendliche der Primar- und Sekundarstufe 1 (Abb. 2). Es liegen einige englischsprachige Bilderbücher vor, die die Geschichte von Mary Anning anschaulich vermitteln. Es gehört auch zu ihrer Geschichte, dass ihre originären Entdeckungen stets mit Vertretern der Royal Academy in Verbindung gebracht wurden, die durch sie international bekannt geworden sind. Anning dagegen geriet trotz ihrer eminenten Bedeutung für die Paläontologie nach ihrem Tod ein Jahrhundert lang in Vergessenheit. Dass die Protagonistin des Lehrstücks selbst noch ein Kind ist, sorgt für eine einmalige Qualität, die intensive Identifikation auslösen kann.

Es ist wesentlich für dieses Lehrstück, originale Fossilien zur Hand zu haben, im besten Fall auch Gestein (Kreide, Kalk), das Fossilien enthält und im Unterricht von den Lernenden aufgebrochen werden kann. Insbesondere mit Leihgaben aus Sammlungen ist dabei größte Vorsicht geboten, damit die Kostbarkeiten nicht beschädigt werden. ◀

Helene Michelle Bumann unterrichtete von 2018 bis 2024 erst als Klassenlehrerin, dann als schulische Heilpädagogin, Lernatelier- und Teilpensenlehrerin auf der Primarstufe in Belp (CH). Seit 2024 ist sie als schulische Heilpädagogin und Lehrerin auf der Primarstufe in Burgdorf (CH) tätig.

Abb. 2 Das Denkbild entsteht während des Unterrichts und zeigt die wichtigsten Erkenntnisse im Verlauf des Lehrstücks. (Foto: H. Bumann)

Das chemische Gleichgewicht

Markus Emden

▶ *Das chemische Gleichgewicht ist eines der zentralen Themen der Chemie als Wissenschaft, bleibt in den Lehr- und Bildungsplänen aber dem Unterricht der Sekundarstufe II vorbehalten. Warum eigentlich? Hat es mit der Verschiedenheit von chemischem (dynamischem) und alltäglichem (statischem) Gleichgewicht zu tun? Das Phänomen selbst ist, ausgestattet mit einem grundlegenden Atom- und Stöchiometrie-Verständnis, ansprechend einzuführen, wie das Lehrstück zeigt. Die Schwierigkeiten, die es der Sekundarstufe II vorbehalten, liegen an anderer Stelle.*

Den Ausgangspunkt des Lehrstücks stellt in der **Ouvertüre** die genaue Beobachtung der Reaktion zwischen Eisen-III- (Fe^{3+}) und Thiocyanat-Ionen (SCN^-) dar: Farblose Salzlösungen färben sich beim Zusammengeben blutrot (*Theaterblutreaktion*). Was mag geschehen, wenn man einer stöchiometrisch perfekten Mischung, in der sich alle Ionen miteinander verbinden können sollten, zusätzlich Fe^{3+}- oder SCN^--Ionen zusetzt? Die Erwartung, dass nichts geschehe, da ja keine freien Ionen mehr zur Reaktion vorliegen, wird widerlegt: Es bildet sich sowohl bei Zusatz von Fe^{3+} als auch von SCN^- weiteres „Theaterblut": Die Lösung wird dunkler (Abb. 1, 2 und 3). Ist die vermeintlich perfekt eingestellte Reaktion doch nicht komplett abgelaufen? Zerfallen die Verbindungen etwa wieder, sodass doch freie Ionen vorliegen? Ist es vielleicht wie im echten, menschlichen Leben, wo Heirat – Trennung – Wiederverheiratung zu immer neuen Verbindungen führen? Diese Modellierung vollbringen die Lernenden im sokratischen Gespräch selbst und gewinnen so einen neuen Blick auf mögliche Abläufe auf der molekularen Ebene.

M. Emden (✉)
Pädagogische Hochschule Zürich, Zürich, Schweiz
E-Mail: markus.emden@phzh.ch

M. Gerwig et al. (Hrsg.), *Sternstunden der Bildung*,
https://doi.org/10.1007/978-3-658-50735-0_47

Abb. 1 „Theaterblutreaktion": Farblose Eisen(III)-nitrat-Lösung reagiert mit farbloser Kaliumthiocyanat-Lösung zu rotem Eisen(III)-thiocyanat. (Foto: P. Aebli)

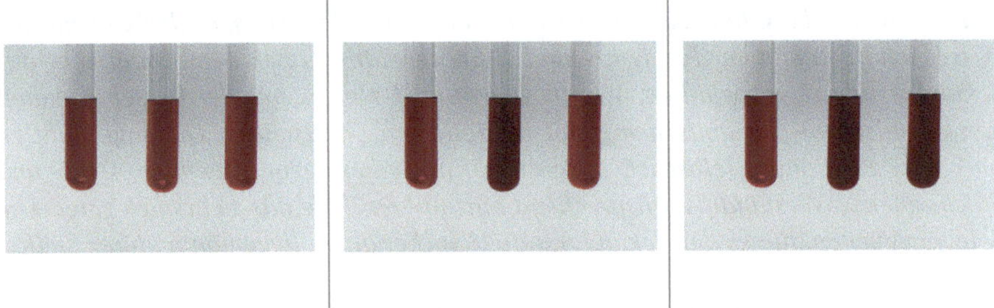

Abb. 2 Wird zu diesem Produkt (Eisen(III)-thiocyanatlösung) nun mehr von einem der Edukte gegeben – mittleres Bild: Zugabe von Eisen(III)-nitratlösung in das mittlere Reagenzglas, rechtes Bild: Zugabe von Kaliumthiocyanatlösung in das rechte Reagenzglas –, so ergibt sich überraschenderweise in beiden Fällen eine intensive Rotfärbung, obwohl die Reaktion zuvor stöchiometrisch ausgeglichen war. Wie ist das zu erklären? (Fotos: P. Aebli)

Aber wie „entscheiden" sich chemische Stoffe, eine Verbindung einzugehen? Der **erste Akt** führt die Lernenden in das chemische Denken des frühen 19. Jahrhunderts ein, indem die Lernenden das chemische Gespräch aus Goethes *Wahlverwandtschaften* (1809) in verteilten Rollen lesen und die vorgestellten Reaktionen theoretisch sowie experimentell nachvollziehen. Dort dient die Theorie der chemischen Reaktion als Fabel für menschliche Beziehungen: Zwei Stoffe reagieren, wenn sie besonders hohe Affinitäten zueinander haben, sich also – menschlich gesprochen – besonders anziehen. Wie bereits in der Ouvertüre empfiehlt sich die Analogiebildung zwischen menschlichem Verhalten und Ionenvorgängen.

Dieses Verständnis der chemischen Reaktion leitet im **zweiten Akt** über zum Naturforscher Claude-Louis Berthollet (1748–1822), der im späten 18. Jahrhundert in Napoleons Auftrag Ägypten erforscht. Die Lehrperson nimmt die Lernenden in einem Vortrag gedanklich mit auf dessen Expedition; dabei lernen sie die Natronseen nördlich von Suez kennen. Dort entdeckt Berthollet Natronausblühungen an Salzwasser, die es gar nicht geben dürfte. So widerspricht am See

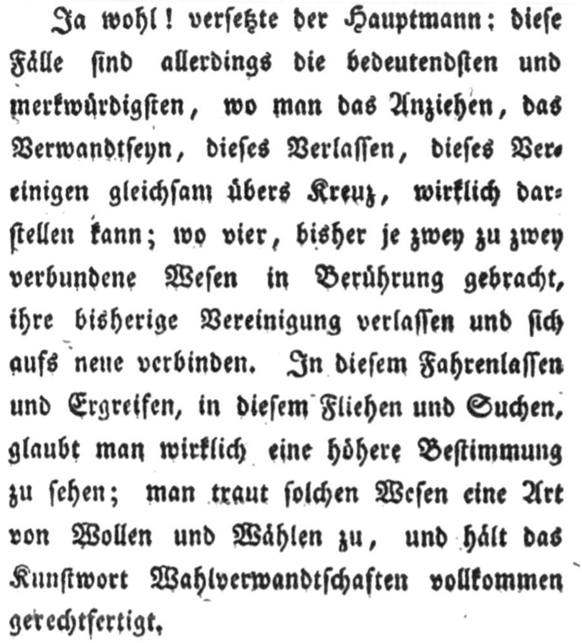

Ja wohl! versetzte der Hauptmann: diese Fälle sind allerdings die bedeutendsten und merkwürdigsten, wo man das Anziehen, das Verwandtseyn, dieses Verlassen, dieses Vereinigen gleichsam übers Kreuz, wirklich darstellen kann; wo vier, bisher je zwey zu zwey verbundene Wesen in Berührung gebracht, ihre bisherige Vereinigung verlassen und sich aufs neue verbinden. In diesem Fahrenlassen und Ergreifen, in diesem Fliehen und Suchen, glaubt man wirklich eine höhere Bestimmung zu sehen; man traut solchen Wesen eine Art von Wollen und Wählen zu, und hält das Kunstwort Wahlverwandtschaften vollkommen gerechtfertigt.

Abb. 3 Auszug aus der Ausgabe der *Wahlverwandschaften* Goethes von 1809 (S. 88)

die *Bildung* von Natron aus Kalkgestein und Salzwasser ($CaCO_3 + 2\ NaCl_{(aq)} \rightarrow Na_2CO_3 + CaCl_{2(aq)}$) scheinbar der im Labor von den Lernenden selbst beobachtbaren Wahlverwandtschaft zwischen Natron- und Calciumchlorid-Lösung, an deren *Ende* Kalk und Salzwasser stehen ($Na_2CO_{3(aq)} + CaCl_{2(aq)} \rightarrow CaCO_3 + 2\ NaCl_{(aq)}$). Die *Wahlverwandtschaften* verstehen die chemische Reaktion eigentlich als Einbahnstraße. Plötzlich sei diese hier aber in beide Richtungen befahrbar? Nun müssen sich die Lernenden mit Berthollets theoretischem Aufsatz zum chemischen Gleichgewicht auseinandersetzen. Sie erkennen, dass gebildete Stoffe – wenn sie nicht durch Ausfällen oder Ausgasen dem System entfliehen – immer auch wieder zum Teil zerfallen. So regeln sich Bildung und Zerfall gegenseitig dynamisch. Keine Einbahnstraße!

Im **dritten Akt** erkunden Lernende, wie der äußere Anschein eines Stillstands in einer Reaktion zur Vorstellung eines regen Bildens und Zerfallens auf molekularer Ebene passt. Wieder hilft ihnen die Analogie menschlicher Partnerschaft. Wenn Eheschließung und Scheidung in jährlichen Raten beziffert werden, zeigt sich, dass recht bald ebenso viele Ehen geschlossen wie geschieden werden. Das kann man mit dem Taschenrechner selbst herausfinden. Die Veränderung in menschlichen Partnerschaften steht sinnbildlich für Veränderungen auf Ionenebene: Ionen der Theaterblutreaktion vereinen sich in festen Verbindungen, die aber auch wieder zerfallen können; das Hinzufügen neuer Reaktionspartner erlaubt daher die Bildung von zusätzlichen Produkt-Verbindungen.

Im **Epilog** wird die Entstehung von Natron am See in Berthollets eigenen Worten nachvollzogen und ebenso als chemisches Gleichgewicht erkannt.

Anmerkung

Die hier beschriebenen Abschnitte sind der Kern des Lehrstücks und können in Pro- oder Epilogen durch Betrachtungen zu anderen Gleichgewichten abgerundet werden. Denn die Vorstellung eines *dynamischen* Gleichgewichts liegt uns Menschen nicht sonderlich nahe. Das ist auch genau der Spagat, den das Lehrstück meistern muss: Schülerinnen und Schüler müssen lernen, die vertraute Vorstellung einer in sich abgeschlossenen Reaktion (1. Akt) loszulassen und sie gegen einen inhärent unabgeschlossenen Prozess zu ersetzen (Ouvertüre). Dies wird durch Bewusstmachung, Problematisierung (2. Akt) und Neu-Erfindung (3. Akt) der eigenen Weltsicht unterstützt. Dieser Prozess ist allerdings so anspruchsvoll und komplex, dass er sich nicht gut in die Linearität des klassischen Dramas in fünf Akten übersetzen lässt.

Das Drama des chemischen Gleichgewichts *muss* die Einheit von Zeit und Raum aufgeben und zwischen den Jahrhunderten und Betrachtungsebenen springen. Nur so kann das Lehrstück episodenhaft, konkurrierende Perspektiven aufarbeiten und zugleich die heutige Aktualität aufzeigen. Daher auch Sekundarstufe II und nicht Eingangsunterricht – nicht-lineare Erzählungen fordern den Lernenden Vertrauen in die Lehrperson ab, ebenso wie eine Bereitschaft, ungewohnte Wege zu gehen. Erschwerend hinzu kommt, dass das Lehrstück nur das *Phänomen* des chemischen Gleichgewichts einzuführen vermag. Die thermodynamischen Zusammenhänge, die sein Zustandekommen auf molekularer Ebene erklären, müssen im folgenden Unterricht notwendig ergänzt werden. Das Lehrstück kann also nur der Auftakt zu einer vertieften und abstrakten Auseinandersetzung mit chemischen Gleichgewichten in der Sekundarstufe II sein. ◄

Prof. Dr. Markus Emden lehrt seit 2018 Naturwissenschaftsdidaktik an der Pädagogischen Hochschule Zürich (CH). Zuvor studierte er Chemie und Englisch an der Philipps-Universität Marburg, wo er auch die Lehrkunstdidaktik in Seminaren von Hans Christoph Berg kennenlernte. 2011 wurde er an der Universität Duisburg-Essen mit einer Arbeit zur Bewertung prozessbezogener Kompetenzen im naturwissenschaftlichen Arbeiten promoviert.

Im Varieté der Regenbögen

Marc Müller

▶ *Seit Menschengedenken fasziniert der Regenbogen! Bis in die Moderne hinein blieb er Gegenstand wissenschaftlicher Debatten, auch wenn die grundsätzlichen Bedingungen seines Erscheinens in freier Natur bereits in der Antike verstanden waren. Die Wissenschaftsgeschichte dieses Zentralphänomens der Optik ist jedoch nicht nur lang und komplex, sondern überdies mit einer methodischen Schwierigkeit belastet: Während für alle Beschreibungen des Regenbogens stets zur Regenwand hin und quasi ins Farbspektakel hineingeblickt wird, wird für dessen Erklärung von der Seite her auf Szenerie und Tropfenquerschnitt geschaut, um unbunte Strahlengänge zu verfolgen. Dabei bleibt gerade dasjenige unbeachtet, was zuvorderst interessieren sollte: Was genau leuchtet in den fallenden Tropfen der regenbogenverzierten Regenwand eigentlich farbig auf? Was wäre in den Tropfen, auf die wir aus so weiter Ferne blicken, überhaupt zu sehen? So ergibt sich letztlich eine Lehrstückdramaturgie, die den Regenbogen zuerst anhand „eingebundener" Beobachtungen an klaren Kugeln verständlich macht, um ihn erst danach in seinen unterschiedlichen optischen Facetten aus der „abgelösten" Perspektive her zu erklären.*

Zur **Ouvertüre** hängen oder liegen „Regenbogengemälde aus zig Jahrhunderten" aus, wie sie sich beispielsweise in der *malereigeschichtlichen Studie* Susanne Rothers finden (vgl. Rother 1992). Die Vielfalt dieser Regenbogendarstellungen quer durch die Kulturgeschichte verblüfft, wie auch die Vielfalt der von der Klasse mitgebrachten eigenen Zeichnungen von Regenbögen aus Erinnerung und Vorstellung. Nach ersten Versuchen, hier Ordnungen zu finden, drängen sich unterschiedlichste

M. Müller (✉)
Berlin, Deutschland
E-Mail: mueller.marc@hu-berlin.de

M. Gerwig et al. (Hrsg.), *Sternstunden der Bildung*,
https://doi.org/10.1007/978-3-658-50735-0_48

Fragen auf, die im Plenum gesammelt und im weiteren Verlauf ergänzt werden. Auch Fragen zu natürlichen Regenbögen sind dabei, ganz verlässlich die Frage nach deren Aussehen.

Im **ersten Akt** wird genau dieser Frage nachgegangen. Im Dialog mit ausgewählten Stellen aus der *Meteorologie* des Aristoteles (384–322 v. Chr.) werden Regenbögen auf dem Schulhof zur Erscheinung gebracht, beobachtet und beschrieben, bis die Bedingungen, unter denen natürliche Regenbögen erscheinen, formuliert sind. Das ist durchaus herausfordernd und verlangt andauernde Versicherungen im Plenum. Den Abschluss bilden Beobachtungen vollständig kreisrunder Regenbögen an einer Schicht winziger Glaskügelchen (vgl. Wilhelm et al. 2014). Als Naturphänomen ist der Regenbogen damit quasi erkundet, zumal aus eigener Anschauung und von eigener Erfahrung her. Verstanden, wie er zustande kommt, ist allerdings noch wenig: Wieso kommt es überhaupt zu dem Farbspektakel „auf" der Regenwand, wenn hinter uns die Sonne steht? Der Aristoteles-Kommentator Alexander von Aphrodisias (um 200 n. Chr.) stellt die Frage auf seine Weise: Wenn, wie Aristoteles es gemeinhin lehrt, alle Veränderungen in der Natur kontinuierlich geschehen, wie kann sich die Farbigkeit des Regenbogens dann vom Blau übers Grün bis hin zum leuchtenden Rot steigern, um dann abrupt ins Dunkel abzufallen, noch dazu von beiden Seiten des dunklen Bandes her? Die Antwort überlässt Alexander explizit den nach ihm Kommenden. Also auch uns.

In freier Natur erscheint der Regenbogen fern und flüchtig. Und bringen wir ihn selbst hervor, dann anhand winziger, herumfliegender Tropfen. Dass sich der Regenbogen nicht greifen lässt, macht alles so schwierig, verführt gar zum Spekulieren: Wenn das alles nur zur Ruhe käme! Im **zweiten Akt** begegnen wir einem, dem dies gelang: Dietrich von Freiberg (ca. 1240–1320), einem Dominikanermönch des späten Mittelalters. Auf seinen Spaziergängen stolperte Dietrich quasi über den Taubogen, wie er sich manchmal morgens auf mit Tau benetzten Wiesen zeigt, und erkannte in ihm einen Regenbogen an ruhenden Wassertropfen. Also, so lauteten seine Schlussfolgerungen, kommt es beim Regenbogen erstens auf die einzelnen Wassertropfen an und können diese zweitens als kleine Wasserkugeln aufgefasst werden. Was wiederum drittens heißt, dass sich an klaren Kugeln, wie wassergefüllten Glaskolben oder Kristallkugeln, alles für den Regenbogen Wichtige beobachten lässt. Kurzum: All das Flüchtige am Naturphänomen lässt sich an geeigneten Repräsentanten bannen, an Modellen also, und dort in Ruhe untersuchen – ein nobelpreiswürdiger Gedanke (vgl. Harré 1981)!

Das muss jetzt auch in der Klasse versucht werden! Wie also, wird überlegt, könnte am Modell beobachtet werden? Eine Lösung besteht in der Nutzung einer großen Menge hohler Kunststoffkugeln, die mit Wasser gefüllt auf eine über der Tafel befestigte Stoffbahn gehängt und im abgedunkelten Raum mit einer Taschenlampe beleuchtet werden. Von der gegenüberliegenden Wand aus geschaut, verwandelt sich die Tafel in ein Meer funkelnder Lichter. Vor ihr hin- und herlaufend gleitet dieses Lichtermeer ebenfalls hin und her. Ein Modellregenbogen, wenn auch nicht ohne Einschränkung: Er funkelt zwar eindrücklich, aber so schön wie der natürliche ist er längst nicht. Trotzdem: Dieses Leuchten und Glitzern – wo kommt das her? Hier ist eine der entscheidenden Stelle des Lehrstücks erreicht, weil sich jetzt ein methodischer Scheideweg auftut: Bleiben wir hinten an der Wand stehen, um gemeinsam über Strahlengänge im Tropfen zu spekulieren? Oder verlassen wir die Gruppe, schleichen im Dunkeln vor zur Tafel und suchen dort in den Kugeln nach den farbigen Lichtern? Hier soll die Lehrkraft, falls nötig, zu Letzterem ermuntern, quasi zum Blick in die Tautropfen hinein. Denn dabei wird unmittelbar klar, woher die Farbigkeit des Regenbogens stammt: von winzig kleinen, blendend hellen Spiegelbildern der Beleuchtung, die im Inneren eines jeden einzelnen Tropfens schweben.

Um die Untersuchung dieser Spiegelbilder geht es im **dritten Akt**. Beobachtet wird in Zweiergruppen an jeweils einer Kristallkugel, in der sich eine Kerzenflamme spiegelt. Verglichen wird mit einem der letzten Briefwechsel Goethes (1749–1832), den er 1832 mit Sulpiz Boisserée (1783–1854), einem Kölner Architekturhistoriker, führte. Boisserée hatte Goethe zuvor gefragt, wieso in dessen umfangreicher *Farbenlehre* (1791) so wenig zum Regenbogen steht und ob er ihm nicht mehr zu dem Thema schreiben könne. Goethe rät ihm, in einen beleuchten Glaskolben zu schauen und die kopfstehenden Spiegelbilder in dessen Rückseite zu verfolgen. Kurz darauf antwortet Boisserée bereits mit einer umfassenden Anleitung: einem Rundgang um die sonnenbeschienene Kugel (Abb. 1). Wir folgen ihr und entdecken das Spiegelbildpaar kopfstehender Kerzenflammen, das unter bestimmten geometrischen Bedingungen miteinander verschmilzt und dabei nacheinander alle bekannten Regenbogenfarben aufleuchten lässt (Abb. 2). An den Wasserkugeln aus dem zweiten Akt lassen sich diese geometrischen Verhältnisse den bekannten geometrischen Verhältnissen des Regenbogens zuordnen. Der Regenbogen, so wird jetzt verständlich, ist also ein besonderes Spiegelbild der

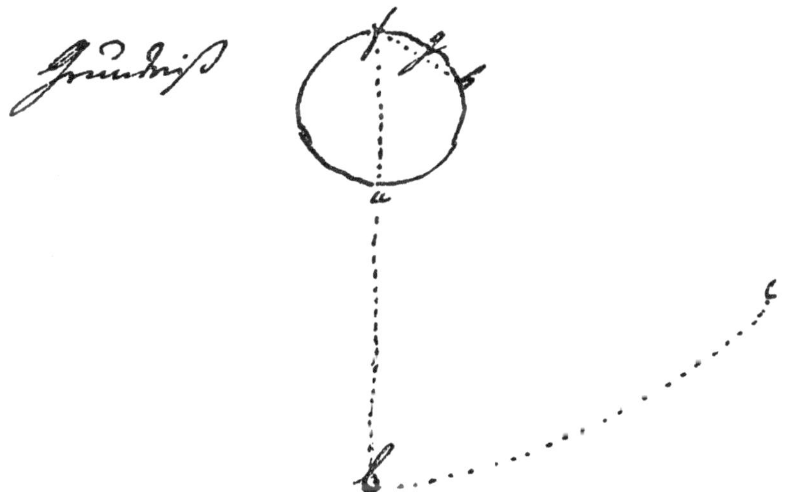

Abb. 1 Skizze aus der Antwort von Sulpiz Boisserée vom 2. Februar 1832 mit der er andeutet, wie um die von der Sonne beleuchtete Glaskugel herum gegangen werden musste. (Goethe 2006, 559)

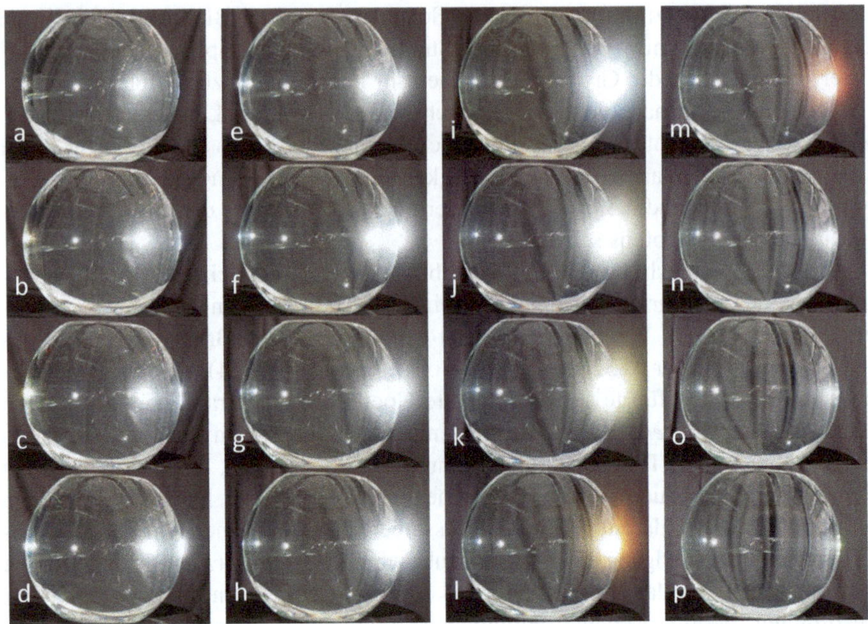

Abb. 2 Rundgang um eine beleuchtete, mit Wasser gefüllte Glasvase: Paarweise, rückseitige Spiegelbilder der Leuchte nähern sich dabei Schritt für Schritt einander an und verschmelzen schließlich miteinander in einem Farbentaumel. (Fotos: M. Müller)

Sonne: In jedem einzelnen fallenden Regentropfen leuchtet ein winziges Sonnenbildpaar farbig auf. Alle gemeinsam bilden sie einen Regenbogen. Diese Verbindung zwischen Modellversuch und natürlichem Regenbogen wird in dem durch Goethes Tod abbrechenden Briefwechsel nicht mehr gezogen. Deshalb schließt dieser Akt mit der eigenen Formulierung einer entsprechenden Antwort an Boisserée.

Bis zu dieser Stelle wurde eingebunden beobachtet, jetzt wird in die abgelöste Perspektive gewechselt. Dazu wird im **vierten Akt** eine Menge an Freiheit gewährt – und auch zugemutet. In Klein- und Kleinstgruppen geht es um all die Aspekte, die weiterhin noch interessieren. Angeboten wird Material zu Descartes' (1596–1650) Strahlengängen im Tropfen, Newtons (1642–1726) prismatischen Farben, Thomas Youngs (1773–1829) Interferenzerscheinungen, Louis Malus' (1775–1812) Arbeiten zur Polarisation, George B. Airys (1801–1892) Untersuchungen zu den Tröpfchengrößen usw. – immer in Rückbindung an den Regenbogen. Es besteht Freiheit der Wahl, auch zur Wahl weiterer und nicht zwingend nur physikalischer Aspekte, vor allem auch solcher aus der nach und nach gewachsenen Fragensammlung vom Anfang. Beschlossen werden die vielen einzelnen Arbeitsphasen durch Präsentationen und Diskussionen im Plenum. Als physikalischer Gegenstand verändert sich das Naturphänomen Regenbogen dabei noch einmal: Schritt für Schritt wird es zu einem „Zentralphänomen der Optik", weil für sein Verständnis und seine Erklärung nach und nach auf alle Bereiche der Optik zurückgegriffen wird. Als Kulturphänomen freilich reicht er gar noch weiter.

Beim **Epilog** hängen wieder die Gemälde vom Anfang aus, bereichert um Fotographien, die inzwischen entstanden sind oder dazugeholt werden. In der Mitte stehen die Kristallkugeln als Repräsentanten einzelner Wassertropfen, draußen scheint im besten Fall die Sonne. Nachdem in der Mitte des Lehrstücks Boisserée einen fiktiven Brief Goethes erhalten hatte, darf jetzt noch einmal ein fiktiver Boisserée antworten: Angenommen, Boisserée hätte, angeregt durch die Briefe der Klasse, seine Untersuchungen des Regenbogens fortgeführt und zusätzlich angenommen, er hätte all das, was im vierten Akt zusammengetragen wurde, verfolgt: Wie würde er wiederum jetzt Goethe über den Regenbogen als „Zentralphänomen der Optik" berichten? In individuellen Briefen wird dies ausformuliert, mit jeweils exemplarischem Fokus auf den in der eigenen Gruppe vertieften Aspekt.

Anmerkung

Aus didaktischen Gründen zweigt die Dramaturgie des Lehrstücks im mittleren Bereich vom erkenntnishistorischen Weg ab. Das betrifft zum Teil die wissenschaftshistorische Einordnung der Leistungen Dietrichs von Freiberg im zweiten Akt, vor allem aber den Exkurs zu Goethe und Boisserée im dritten. Anstatt bereits dort den Überlegungen von Descartes und Newton zu folgen, wird geduldig nachgeholt, was auch in der gesamten folgenden westeuropäischen Forschungslinie versäumt wird: in die fallenden Tropfen (bzw. deren Repräsentanten) hineinzusehen und nach einem eingebundenen Verständnis des Zustandekommens des Regenbogens und seiner Farbigkeit zu suchen. Den Lernenden wird damit ermöglicht, dem einmal eingeschlagenen Denkweg bis zu einem befriedigenden Ende zu folgen, bevor sie mit dem Perspektivwechsel der frühen Neuzeit konfrontiert werden. Dort erst wird der Regenbogen Schritt für Schritt zum Zentralphänomen der klassischen Optik.

In seiner gesamten Fassung ist das Lehrstück auf etwa 15 Lektionen in der Oberstufe angelegt. Es kann jedoch ebenso für die Grundschule wie für die Mittelstufe adaptiert werden. So folgt der erste Akt inklusive der Ouvertüre weitestgehend dem Grundschullehrstück „Zeige mir den Regenbogen!" (siehe in diesem Band). Für die Mittelstufe endet das Lehrstück nach dem dritten Akt.

Dr. Marc Müller ist wissenschaftlicher Mitarbeiter am Arbeitsbereich Sachunterricht und seine Didaktik an der Humboldt-Universität zu Berlin. Er ist Vorstandsmitglied der „Gesellschaft für Lehrkunstdidaktik" und promovierte 2016 bei Johannes Grebe-Ellis (Bergische Universität Wuppertal) und Lutz-Helmut Schön (Humboldt-Universität zu Berlin) zur „Grammatik der Natur".

Landvermessung mit Dufour

Philipp Spindler

Wie sieht es auf dieser Welt aus? Wie weit ist es von Punkt A zu Punkt B? Wie groß ist mein eigenes Stück Land, das ich beackere? Wie groß ist das Land, in dem ich lebe? Welche Form haben die Kontinente? Welche Form hat die Erde? Ist sie weit vom Mond entfernt? Und wie weit ist es bis zur Sonne? – Seit der Mensch sich auf diesem Planeten auszubreiten begann, musste er sich immer wieder von Neuem orientieren. Er tat dies anhand markanter Gegebenheiten in der Landschaft, die er in Wegbeschreibungen von Ortskundigen an nachfolgende Generationen weitergab. Irgendwann begann der Mensch auch Karten zu zeichnen (als älteste erhaltene Karten gelten zwei Tontafelscherben aus Mesopotamien; die ältere datiert auf 2250 v. Chr.) und entwickelte dabei immer raffiniertere Verfahren, um diese Orientierungshilfen auf Tontafeln, Pergament oder Papier zu verbessern. Denn bessere Orientierung verschafft mehr Sicherheit. Die 1865 fertiggestellte Dufourkarte ist das älteste Kartenwerk, das die Topographie der modernen Schweiz korrekt darstellte. Anhand der Entstehung dieses Meilensteins der Kartographie lässt sich wunderbar verstehen, mit welchem Vorgehen und mit welchen Techniken der Mensch versucht, sich in der Welt besser zurechtzufinden und damit eine Antwort auf die Menschheitsfrage zu finden: Wo bin ich?

Die **Ouvertüre** beginnt eindrucksvoll: Zu dramatischer Musik wird rund drei Minuten lang eine Bilderserie gezeigt, die mit dem letzten, gewaltigen Orchesterschlag auf dem Konterfei eines friedlich dreinblickenden Mannes stehenbleibt. Die Bilder werden danach eines nach dem anderen durchgegangen, es kristallisieren sich die historischen Geschehnisse heraus. Es geht um die Schweiz, die sich zwischen dem Wiener Kongress 1814/15 und 1848 vom Staatenbund zum Bun-

P. Spindler (✉)
Luzern, Schweiz
E-Mail: philipp.spindler@sluz.ch

M. Gerwig et al. (Hrsg.), *Sternstunden der Bildung*,
https://doi.org/10.1007/978-3-658-50735-0_49

desstaat wandelte. Diese Entwicklung verlief nicht ohne militärische Auseinandersetzung: Im November 1847 wurde der Sonderbundskrieg ausgefochten zwischen den konservativen (katholischen) Kantonen, die eine Staatenbund-Lösung bevorzugten, und den liberalen (mehrheitlich reformierten) Kantonen, die für den Bundesstaat eintraten. Es war der letzte Krieg, der auf Schweizer Staatsgebiet stattfand, und er verlief erstaunlich kurz. Dies hatte zu tun mit dem Mann, der auf dem letzten Bild zu sehen ist: Guillaume-Henri Dufour (1787–1875), ein blendender Ingenieur und Befehlshaber der liberalen Truppen. 1848 konstituierte sich die Schweiz als Bundesstaat und hatte (bis auf minimale Abstriche) ihre endgültigen Grenzen gefunden. Als Symbol einer „geeinten Schweiz“ sollte nun unter der Leitung Dufours die erste Landeskarte entstehen (Abb. 1). Doch wie vermisst man ein Land?

Damit ist der Einstieg in den **ersten Akt** gegeben. Den Lernenden, die in das Projektteam Dufours eingegliedert werden, stellen sich nun zahlreiche Fragen. Warum will man überhaupt Karten erstellen? Die Schülerinnen und Schüler nennen verschiedene Gründe: Karten sind eine Orientierungshilfe in der Welt, sie vermitteln Wissen über die Entfernungen von Orten sowie über die Topographie der Landschaft, helfen somit beim Planen von (Handels-)Reisen, beim Bauen von Straßen-, Bahn- oder Stromnetzen. Landesgrenzen können auf Karten festgehalten werden, ihre Flächeninhalte hiermit leichter berechnet werden. Militärstrategen können mit Karten ihre taktischen Züge vorbereiten.

Das Ziel, eine Karte herzustellen, erweist sich somit als sinnvoll. Doch wie geht man vor? Der erste Schritt ist das Vermessen einer Strecke, die möglichst gerade, flach und geländetechnisch unproblematisch zu beschreiten ist. Ein Versuch vor dem Schulgelände mit Messlatten und Messbändern (Abb. 2) zeigt auf, dass eine

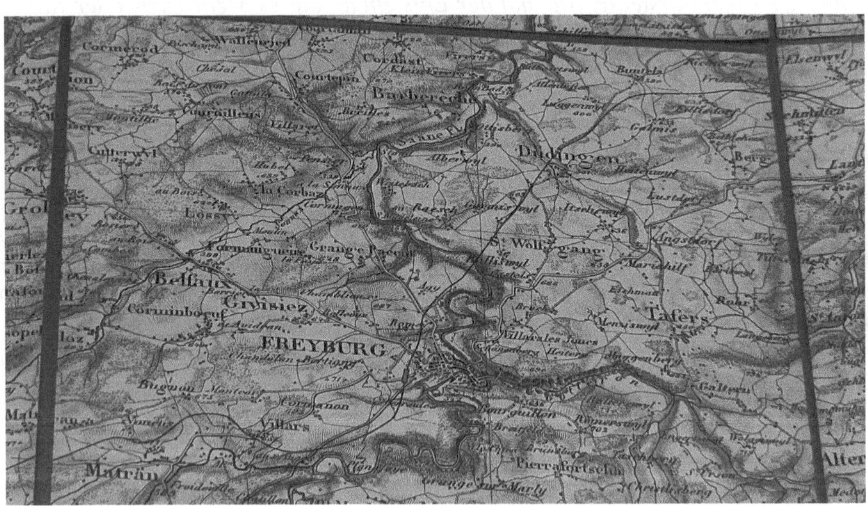

Abb. 1 Ausschnitt aus der Dufourkarte. (Foto: P. Spindler)

Abb. 2 Vermessung einer Strecke mit Messbändern. (Foto: P. Spindler)

solche Streckenmessung schwieriger als erwartet zu bewerkstelligen ist: Die Ergebnisse differieren recht stark. Bei den Lernenden reift die Erkenntnis, dass das Vermessen von Strecken bei der Herstellung einer Karte möglichst auf ein Minimum reduziert werden sollte. Der zweite Schritt ist nun naheliegend: Das Messen von Winkeln ist viel praktischer, da hierbei auch unzugängliche Landschaften (Sümpfe, Seen, Schluchten) überstrichen werden können. Mit einer gemessenen Strecke und zwei daran angrenzenden Winkeln können die Seitenlängen des daraus entstehenden Dreiecks ermittelt werden, indem das Dreieck im Kleinformat aufgezeichnet und auf die richtige Größe umgerechnet wird. Das Prinzip der Ähnlichkeit erweist sich hier als nützlich. Und: An ein Dreieck kann ein neues Dreieck angelegt werden, an dieses wiederum weitere. Das Land kann somit mit Dreiecken überzogen werden. Die Idee der *Triangulation* ist geboren. Der dritte Schritt: Das Höhenproblem. Eine Landkarte sollte auch über Höhenangaben verfügen. Die Höhe eines Gebäudes zu ermitteln, ist nicht schwierig: Man entfernt sich vom Fuß der senkrecht aufragenden Wand um eine Strecke, die man vermisst, und bestimmt auch den Höhenwinkel zum höchsten Punkt. Wiederum folgen das Aufzeichnen des Dreiecks im Kleinformat und das Hochrechnen, schon hat man die Gebäudehöhe. Ein Versuch zur Bestimmung der Höhe des Schulgebäudes mittels

Abb. 3 Messung des Höhenwinkels mit einem Schultheodoliten. (Foto: P. Spindler)

einfacher, handlicher Schultheodoliten (Abb. 3) erweist sich als erfolgreich. Doch Berge fallen nicht senkrecht auf die Ebene. Der vierte Schritt: Der Wasserturm in der Luzerner Altstadt steht mitten im Fluss, seinen Fußpunkt kann man also nicht erreichen. Die Klasse überlegt, wie die Höhe des Turms bestimmt werden könnte. Die Lösung ist einfach: Eine Strecke am Ufer wird gemessen und ebenso die Horizontal- sowie Höhenwinkel von den Endpunkten zu Turmfuß und Turmspitze (Abb. 4). Die daraus entstehenden Dreiecke lassen sich wieder im Kleinformat aufzeichnen und auf die Originalgröße umrechnen. Eine Messung vor Ort ergibt für den Turm eine Höhe von ungefähr 37 Metern. Es entwickelt sich die spannende Diskussion über die wahre Höhe des Turms mit dem Konsens, dass wir sie gar nie exakt kennen werden, da jede Messung letztlich ungenau ist. Im Rahmen unserer Möglichkeiten wird das ermittelte Resultat als genau genug empfunden.

Damit ist das Grundprinzip des Landvermessens klar. Doch auf Dauer wird das ständige „Dreiecke klein aufzeichnen und hochrechnen" mühsam und unpraktikabel, da für ein ganzes Land sehr viele Dreiecke zu bestimmen sind. Zudem werden doch immer wieder gleiche Winkel in den Messungen auftauchen, das lässt sich doch sicherlich nutzen. Der **zweite Akt** kümmert sich deshalb um die Systematisierung und die Genauigkeit der Berechnungen. Das Höhenproblem motiviert das Erstellen einer Tabelle, welche das Verhältnis von Höhe zu Horizontaldistanz in Abhängigkeit des Höhenwinkels enthält. Damit wird das Berechnen der Höhe stark vereinfacht: Bei einem gegebenen Höhenwinkel muss nur die Horizontaldistanz mit dem Faktor aus der Tabelle multipliziert werden. Die Klasse erstellt eine Tabelle für die Höhenwinkel im Abstand von 5° mittels Zeichnen von Dreiecken und Mittelwertberechnung der Ergebnisse. Diese werden offiziell „Tangens" genannt, wie in der Trigonometrie üblich, der mathematischen Disziplin, die sich um das Berechnen von Dreiecken kümmert. Nun ist auch der Moment gekommen,

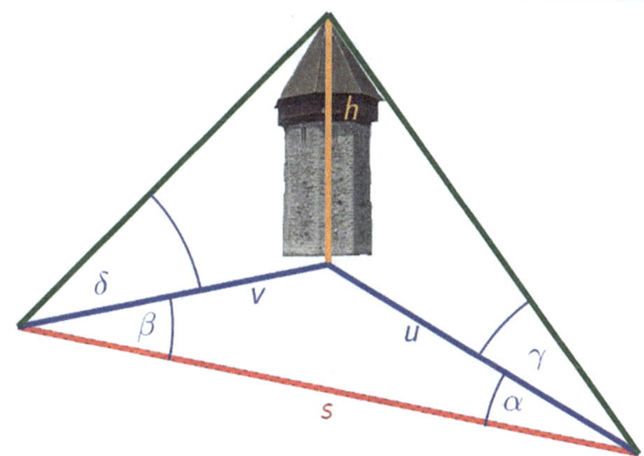

Abb. 4 Wie der Luzerner Wasserturm vermessen wird. (Grafik: P. Spindler)

„Sinus" und „Cosinus" am rechtwinkligen Dreieck zu definieren. Diese neuen Begriffe und Rechenkonzepte werden in der Folge eingeübt. Die Aufgabenstellungen reduzieren sich noch auf rechtwinklige Dreiecke. Der Taschenrechner dient als Tabelle für die benötigten Sinus-, Cosinus- und Tangenswerte.

Doch die Dreiecke, die beim Landvermessen vorkommen, sind selten rechtwinklig. Im **dritten Akt** wird deshalb die Frage gestellt, ob Berechnungen mithilfe der Sinus-, Cosinus- und Tangenstabelle auch möglich sind, wenn kein Winkel im Dreieck ein rechter ist. Zwei Probleme werden den Schülerinnen und Schülern gestellt: „Gegeben sind eine Dreiecksseite, einer der anliegenden Winkel sowie der gegenüberliegende Winkel. Gesucht ist eine der anliegenden Dreiecksseiten." Und: „Gegeben sind zwei Dreiecksseiten sowie der dazwischenliegende Winkel. Gesucht ist die gegenüberliegende Dreiecksseite." Die Lernenden machen sich auf die Suche und finden nach erstaunlich kurzer Zeit mit dem Sinussatz und dem Cosinussatz zwei Beziehungen, die zu den wichtigsten Werkzeugen der Trigonometrie gelten. Spätestens jetzt müssen die trigonometrischen Funktionen auch für stumpfe und überstumpfe Winkel eingeführt werden. Es folgen Übungen.

Seit Hunderten, ja Tausenden von Jahren hat der Mensch versucht, die Erde zu vermessen und im Weltall zu verorten. Im **Epilog** treten einige der wichtigsten Meilensteine beim Vermessen der Welt in ein Scheinwerferlicht. Dazu gehören unter anderem die Bestimmung des Erdumfangs durch Eratosthenes um 240 v. Chr., die Berechnung des Erdradius von Al-Biruni (973–1048), das von Kopernikus (1473–1543) propagierte heliozentrische Weltbild, die Berechnung des Abstands von der Erde zum Mond durch die Franzosen Lalande und Lacaille (1752), die Bestimmung des Urmeters durch die Franzosen Delambre und Méchain (1792–1799), die Vermessung des indischen Subkontinents durch George Everest (1790–1866) sowie das *Global Positioning System* (GPS) als eine moderne Vermessungsmethode, die aus unserem Alltag nicht mehr wegzudenken ist. Und selbstverständlich wird auch die 1865 fertiggestellte Dufourkarte noch einmal zum Thema: ein Meisterwerk der Kartographie, das als Symbol der Einheit zur nationalen Einigung der Schweiz beigetragen hat.

Anmerkung

Dufour hat mit seiner Vermessung der Schweiz ein Meisterwerk der Genauigkeit mit weltweiter Strahlkraft erschaffen, wobei die Mittel, auf die er sich dabei stützte – Trigonometrie, Triangulation, kartographische Verfahren –, seinerzeit bereits bekannt waren. Gleichwohl handelt es sich bei dieser Sternstunde um eine vor allem lokal bedeutsame, sodass man sich bei einer Inszenierung des Lehrstücks fernab der Schweiz auf die Suche nach einer anderen Zentralfigur begeben muss. Solche können sein: Willebrord Snellius (1580–1626) für die Niederlande (er war auch der Erste, der die Methode der Triangulation in die Praxis umsetzte), Carl Friedrich Gauß (1777–1855) für Deutschland, Jean-Dominique und Jacques Cassini (1625–1712 bzw. 1677–1756) für Frankreich, George Everest (1790–1866) für Indien bzw. Großbritannien.

Im zweiten Akt und dritten Akt dieses Lehrstücks werden trigonometrische Werte (Sinus, Cosinus, Tangens) für Berechnungen an rechtwinkligen und allgemeinen Dreiecken verwendet. Sie können mithilfe von Zeichnungen bestimmt werden, allerdings sind diese Werte relativ ungenau. Der Taschenrechner behebt das Problem der Ungenauigkeit und wird in diesen Situationen in gleicher Weise verwendet wie die Tabellenwerke, die vor einigen Jahrzehnten noch üblich waren. Doch es bleibt die Frage, wie die Werte exakt berechnet werden können. Eine beeindruckende Antwort liefert Regiomontanus (1436–1476) mit seiner 1462 geschaffenen Sinustafel, in welcher er 5400 Sinuswerte auflistet. Diese und die damit verwandte Tangenstabelle des Regiomontanus wurden von Kolumbus (1451–1506) und Vasco da Gama (um 1469–1524) für die Navigation auf hoher See während ihren Fahrten nach Amerika bzw. Indien verwendet. In der Einleitung erklärt Regiomontanus gut nachvollziehbar, wie er zu seinen Ergebnissen gekommen ist. Seine Erläuterungen lassen ein profunderes Verständnis mehrerer trigonometrischer Aspekte zu und führen letzlich zu den Additionstheoremen. Die *Sinustabelle des Regiomontanus* ist ein eigenes Lehrstück, das bereits mehrfach zur Inszenierung gelangt ist und entweder in das Dufour-Lehrstück eingebaut (langer 5. Akt) oder eigenständig traktandiert werden kann (vgl. Kap. „Die Sinustabelle des Regiomontanus“). ◀

Dr. Philipp Spindler ist Lehrer für Mathematik an der Kantonsschule Alpenquai Luzern (CH) sowie Dozent am Departement Mathematik der ETH Zürich (CH). 2023 promovierte er bei Hans Christoph Berg (Uni Marburg), Uwe Hericks (Uni Marburg) und Norbert Hungerbühler (ETH Zürich, CH) zum Thema „Bildung im Mathematikunterricht“.

Die Bassermanns – Bürgertum in Deutschland durch neun Generationen

Ulrike Harder

▶ *Vorlage für dieses Lehrstück ist die ungewöhnliche Geschichtsstudie* Bürgertum in Deutschland *(1989) des namhaften Historikers Lothar Gall (1936–2024). Warum ungewöhnlich? Es ist eine „Familiengeschichte in allgemeiner Absicht", die an einem konkreten Beispiel nach den wirtschaftlichen Voraussetzungen für den gesellschaftlichen und politischen Aufstieg und nach den Ursachen für die Krise und den Niedergang des deutschen Bürgertums fragt. Im Mittelpunkt stehen neun Generationen der Mannheimer Kaufmannsfamilie Bassermann. Ihre gut dokumentierte Familiengeschichte erstreckt sich über einen Zeitraum von 300 Jahren, beginnend im Dreißigjährigen Krieg und endend nach dem Zweiten Weltkrieg. Man kann in ihr eine Art historischer Parallelstudie zu Thomas Manns (1875–1955) literarischem Meisterwerk* Die Buddenbrooks *sehen. Thematisch führt sie in das Zentrum des Liberalismus und der Herausbildung der bürgerlichen Gesellschaft im 19. Jahrhundert, welche die ständisch-korporativen Strukturen des Spätfeudalismus abgelöst und die Grundlagen für unsere jetzige Gesellschaft gelegt hat. Das Lehrstück nimmt Galls exemplarischen Ansatz auf und verdichtet ihn. Die Lernenden eignen sich die Biografien der neun für die jeweilige Generation repräsentativen Vertreter an und betten diese in die entsprechenden Zeitereignisse und historischen Entwicklungen ein. So eröffnet sich, vom individuellen Leben ausgehend, ein „Fenster" in die allgemeine Geschichte, insofern diese für die Formierung des Bürgertums relevant war.*

U. Harder (✉)
Marburg, Deutschland

M. Gerwig et al. (Hrsg.), *Sternstunden der Bildung*,
https://doi.org/10.1007/978-3-658-50735-0_50

Die **Ouvertüre** besteht aus einer bebilderten und zum Teil auch szenisch gestalteten Erzählung. Sie gibt einen ersten Überblick über die für das Lehrstück ausgewählten neun Persönlichkeiten und wird am Ende in schriftlicher Fassung als „Leitfaden" ausgeteilt.

Die Erzählung beginnt mit den ersten drei Generationen, dem Müller Dietrich (1615–1682), dem Bäcker Johannes (1648–1704) und dem Mehlhändler Johann Philipp (1677–1727), die es als erstrebenswert ansahen, das Bürgerrecht einer Stadt zu erhalten. Sowohl der Müller als auch der Mehlhändler waren jedoch nicht oder nur zum Teil ständisch-korporativ gebunden und gehörten dadurch einer „Zwischenschicht" an, aus der das neue Wirtschaftsbürgertum hervorgehen sollte. Das galt auch für Johann Christoph (1709–1762) aus der vierten Generation, der durch Heirat den florierenden Heidelberger Gasthof „Zu den drei König" übernahm und in Zeiten von Absolutismus und Merkantilismus Teilhaber einer Seidenmanufaktur wurde. Das dadurch erwirtschaftete Vermögen legte den Grundstock für den wirtschaftlichen Aufstieg der Familie. Es wurde vom Sohn in der fünften Generation vermehrt und in der sechsten Generation von dem exzellent ausgebildeten Enkel Friedrich Ludwig (1782–1865) durch sein bekanntes Handelshaus in Mannheim um ein Vielfaches gesteigert. Die Familiengeschichte erlaubt bis hierhin bereits, aufzuzeigen, wie mit dem wirtschaftlichen Erfolg auch der Anspruch auf politische Mitsprache und Macht zugenommen hat.

Die Revolution von 1848 gilt als Höhe- und Wendepunkt in der Geschichte des deutschen Bürgertums. Hier steht in der siebten Generation Friedrich Daniel Bassermann (1811–1855) als liberaler Paulskirchenabgeordneter im Zentrum, der sein Leben der Revolution verschrieben hatte. An seinem Beispiel und den Vorgängen im revolutionären Mannheim wird deutlich, was die Liberalen von den Demokraten trennte, warum die Idealpolitik (die Vorstellung einer klassenlosen Bürgergesellschaft) scheiterte und weshalb sie nach 1848 von einer Realpolitik abgelöst wurde, wie sie im Kaiserreich später die Nationalliberalen vertraten. Deren Fraktionsvorsitzender wurde 1898 Ernst Bassermann (1854–1917), Friedrich Daniels Neffe in der achten Generation. Er war Repräsentant eines Großbürgertums, das sich als gesellschaftliche Klasse nach unten gut abzugrenzen wusste. Dagegen „rebellierte" eine Generation später dessen Neffe Albert (1867–1952), der die Schauspielleidenschaft der Familie zum Beruf gemacht hatte. Auf den großen Bühnen Berlins stellte er in gesellschaftskritischen Stücken dem Publikum vor Augen, welche sozialen Folgen Hochindustrialisierung, Macht- und Kriegspolitik hatten. In seinem antibürgerlichen Habitus verkörperte er, was das in der Aufklärung wurzelnde Bürgertum einmal ausgemacht hatte: Selbstständigkeit, Mündigkeit, Risikobereitschaft. Während des Nationalsozialismus verweigerte er nach einer Aufführung öffentlich den Hitlergruß und exilierte daraufhin mit seiner jüdischen Frau in die USA. Dort fing er noch einmal von vorne an. Das materielle Fundament der Bassermanns wurde durch den Zweiten Weltkrieg weitgehend zerstört, einige Unternehmen allerdings überlebten bis in die Gegenwart: Bekannt sind zum Beispiel die Konserven der Firma *Sonnen-Bassermann* oder der Buchverlag *Bassermann*.

Im **ersten Akt** verschafft eine Zeitleiste mit drei Bändern eine inhaltliche Vorstrukturierung, um überhaupt mit der Monografie in der Schule arbeiten zu können. Wollte man den fachlichen Inhalt „schichten", könnte man eine erste Schicht in der Erzählung der Biografien sehen, eine zweite in jener der historischen Vorgänge und Ereignisse und eine dritte in der Entwicklung des deutschen Bürgertums. Galls These vom Aufstieg und Niedergang des deutschen Bürgertums wird auf diese Weise visualisiert: In der Mitte der Zeitleiste verläuft das rote auf- und absteigende Biografie-Band der neun Generationen, gerahmt oben von einem blauen Zeit-Band zur allgemeinen Geschichte und unten von einem gelben Theorie-Band zur Geschichte des deutschen Bürgertums. Dazwischen befinden sich blau-rote *Zeitfenster* mit historischen Begriffen (zum Beispiel Absolutismus, Liberalismus), um die jeweilige Verknüpfung von allgemeiner und individueller Geschichte sichtbar zu machen (Abb. 1).

Die gesamte Zeitleiste wird im Verlauf des Lehrstücks inhaltlich erarbeitet. Im ersten Akt werden bereits die wichtigsten Informationen der Erzählung arbeitsteilig und überblicksartig auf dem roten Biografie-Band festgehalten.

Die Theorie zur Entwicklung des deutschen Bürgertums wird im **zweiten Akt** anhand von zwei Texten von Jürgen Kocka (*1941) und Hanno Drechsler (1931–2003) erarbeitet und dann auf der Zeitleiste in Beziehung zu Galls Darstellung der Familiengeschichte gesetzt. Dadurch wird exemplarisch der „wechselseitige Blick" auf Geschichte eingeübt. Am Ende dieses Aktes ist die gelbe Zeitleiste gefüllt: Unter jeder Bassermann-Generation zeigt ein rotes Kärtchen, inwiefern diese Gall zufolge charakteristisch für das Bürgertum ihrer Zeit war. Darunter befinden

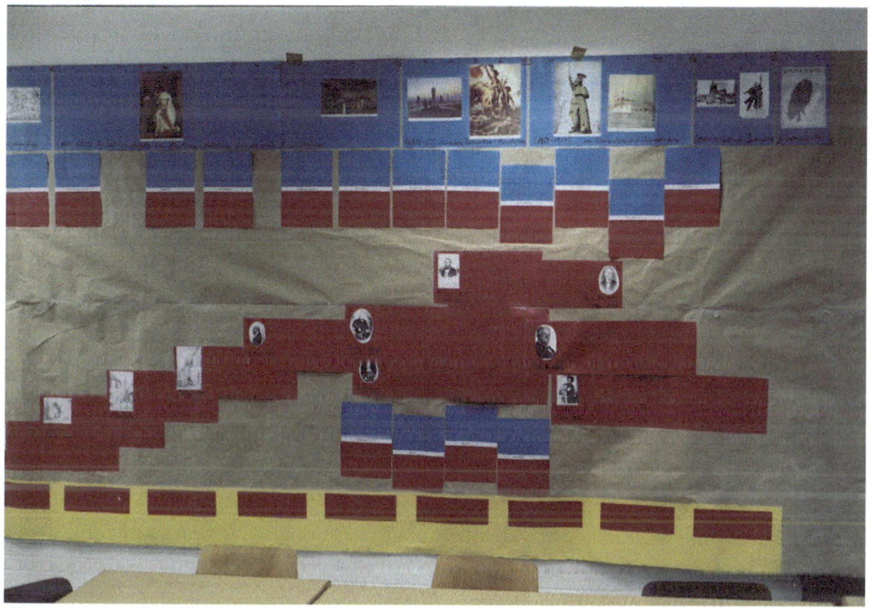

Abb. 1 Struktur der Zeitleiste. (Foto: U. Harder)

sich die Ergebnisse der beiden theoretischen Schriften. So wird auf den ersten Blick zum Beispiel deutlich, was das alte Stadtbürgertum von dem neuen Bürgertum unterschied.

Im Zentrum des **dritten Aktes** steht die bürgerliche Revolution von 1848, die gemeinsam am Beispiel von Friedrich Daniel Bassermann und den Revolutionsorten und -kräften in Mannheim und Frankfurt erarbeitet wird. Die liberalen Forderungen der Bassermanns werden dabei zum Beispiel mit den demokratischen Forderungen von Friedrich Hecker und Gustav Struve kontrastiert, die in Mannheim politisch zeitweise recht einflussreich waren. Die inneren Probleme der Bürgerrevolution, die sich insbesondere an dem Begriff des Volkes entzündeten, werden hieran besonders deutlich. In diesem Akt werden die ersten *Zeitfenster* gefüllt.

Im **vierten Akt** beginnt die Gruppenarbeit zu den einzelnen Generationen; dabei wird der entsprechende Platz auf jedem Band der Zeitleiste ausgefüllt (analog und/oder digital).

Die Ergebnisse werden im **fünften Akt** präsentiert und mit einer Reflexion und Auswertung abgeschlossen, vor allem im Hinblick auf die Relevanz für die Gegenwart.

Anmerkung

Das Lehrstück eignet sich für Geschichtskurse der Oberstufe, insbesondere Leistungskurse. Es ist aber auch schon im Wahlunterricht einer 7. Klasse unterrichtet worden, unter dem Aspekt der „Familien-Saga“ und des Unternehmergeistes. In ähnlicher Weise könnte es auch in der Gesellschaftslehre unterrichtet werden. Aus allgemeinbildender Perspektive ist besonders der „wechselseitige Blick“ produktiv, weil er zu einer Fragehaltung auffordert und in den Lebenshorizont der Lernenden hineinwirkt. ◄

Dr. Ulrike Harder ist Lehrerin für Deutsch und Geschichte an der Elisabethschule in Marburg. Sie ist Vorstandsmitglied der „Gesellschaft für Lehrkunstdidaktik“ und leitet gemeinsam mit Hans Christoph Berg und Bastian Hackler das Marburger Seminar „Lehrkunstwerkstatt“. 2012 promovierte sie bei Hans Christoph Berg und Heinz Stübig (Philipps-Universität Marburg) zum Thema „Lehrkunstdidaktik und Klafkis frühe Bildungsdidaktik“.

Die Dorfgründung – ein soziales Experiment mit Smith, Burke, Marx und Proudhon

Andreas Petrik

Inselgeschichten gelten spätestens seit Daniel Defoes Robinson Crusoe *von 1719, aber eigentlich schon seit Thomas Morus' Insel* Utopia *von 1516, auf der ein „goldenes Zeitalter" gelebt wird, als Inbegriff des experimentellen gesellschaftlichen Neuanfangs. Eduard Spranger (1882–1963) hat die didaktische Kraft imaginärer Inseln 1963 im Nachwort seiner prägenden Nachkriegsschrift zur staatsbürgerlichen Erziehung begeistert skizziert: In jedem Menschen stecke das Politische in Form kontroverser Vorstellungen von Freiheit, Gleichheit, Macht und Recht, in Inselspielen könnten diese sichtbar gemacht und verhandelt werden. Der Weg zum sozialen Experiment* Dorfgründung *war geebnet.*

Die Dorfgründung beginnt in der **Ouvertüre** mit einer Phantasiereise durch den typischen Alltag der Teilnehmer und Teilnehmerinnen bis ins Pyrenäendorf Marignac (vgl. Abb. 1). Auf dessen Marktplatz angekommen erzählen sich die Reisenden, was sie an ihrem bisherigen Leben, zum Beispiel in Deutschland, stört, was sie deshalb im Dorf ganz anders oder viel konsequenter machen wollen als bisher und welche Probleme es in der Dorfgemeinschaft geben könnte. Dieser Dreischritt der Selbstreflexion ist angelehnt an Robert Jungks (1913–1994) *Zukunftswerkstatt: Kritik – Utopie – Realisierung*.

In zwei Dorfversammlungen, die nicht von der Lehrperson moderiert werden, versuchen die Dorfbewohner und Dorfbewohnerinnen im **ersten Akt**, einen Plan aufzustellen, wie sie leben und arbeiten wollen. Es liegt dabei völlig in ihren Händen, wie sie mit den ungleichen Ausgangsbedingungen der verschieden ausgestatteten Häuser (Bürgermeisterhaus, Handwerker- und Hirtenhäuser) und mit dem

A. Petrik (✉)
Halle, Deutschland
E-Mail: andreas.petrik@politik.uni-halle.de

M. Gerwig et al. (Hrsg.), *Sternstunden der Bildung*,
https://doi.org/10.1007/978-3-658-50735-0_51

ausgelosten unterschiedlichen Einkommen umgehen, das sie für sechs Monate erhalten, um danach autark wirtschaften zu müssen. In den Dorfdebatten entdecken die neuen Bewohnerinnen und Bewohner selbstständig, worum es in politischen Auseinandersetzungen geht: Um Machtfragen, Güterverteilung, Steuern, Gesundheitsversorgung, Geschlechterverhältnisse, Justiz, Umwelt, Religion und andere Fragen, ohne deren Beantwortung kein Gemeinwesen auskommt. Diese Fragen „werfen sich auf", weil das Dorfmodell bewusst eine Ursprungssituation, eine leere Hülle der alten Gesellschaft repräsentiert.

Erfahrungsgemäß läuft die erste Dorfversammlung sehr chaotisch ab. Genau diese „produktive Verwirrung" nutzt die Lehrperson dann in der Zwischenauswertung, um faire, also demokratische Regeln des Zusammenlebens anzuregen. Es entsteht der Rahmen einer Geschäftsordnung für das Dorf, die bereits Grundzüge einer Dorfverfassung tragen kann. Idealerweise prägt diese Geschäftsordnung dann die zweite, hoffentlich konstruktivere und produktivere Dorfversammlung.

Dann befördert die Lehrperson, die hier Coach und zugleich Realitätswächterin ist, das Dorf in seine Zukunft fünf Monate später: Leider ist das Geld der Anschubfinanzierung fast verbraucht. In dieser manifesten Dorfkrise „passieren" viele höchst kontroverse Situationen, die auf einer Streitlinie (Pro und Kontra sowie jeweils die Zwischenstufe „mit Einschränkungen") diskutiert werden: Rettet uns ein machtvoller Bürgermeister? Oder die Aufnahme hochgebildeter muslimischer Flüchtlinge? Oder der Investor mit seinen Hotelbauplänen? Oder eine Reichensteuer? Die Streitlinie macht typische Konfliktlinien unserer Gesellschaft nicht nur sichtbar, sie lässt Individuen politische Standpunkte im wörtlichen Sinne ausprobieren und gegebenenfalls wechseln.

Die Kontroversen der Reisegruppe sind nun sehr deutlich geworden – aber was heißt das für die ganze Gesellschaft? Wie können unsere teils kontroversen, teils konsensuellen Werte zu umfassenden Gesellschaftsvorstellungen ausgebaut werden? Und wie kann man dafür und dagegen argumentieren? Genau hier kommen im **zweiten Akt** historische Berater ins Spiel, die jeweils Gründerväter einer politischen Grundhaltung sind, die auch heute noch als Kern des politischen Wertehorizonts von Individuen, sozialen Bewegungen und Parteien gelten: Adam Smith (1723–1790) als Erfinder des wettbewerbsorientierten Liberalismus, Edmund Burke (1729–1797) als Erfinder des demokratischen Konservatismus, Karl Marx (1818–1883) als Erfinder des demokratischen Sozialismus und schließlich Pierre Joseph Proudhon (1809–1865) als Erfinder des Anarchismus, dessen Basisideen sich heute primär in antiautoritären und postmaterialistischen Bewegungen und Parteien realisieren. Die Dorfbewohnerinnen und Dorfbewohner zeigen sich nun gegenseitig im Rollenspiel, wie das Dorf aussähe, wenn einer der Gründerväter (nach Gründermüttern suchen wir noch) es nach seinen Ideen gestalten würde. Und entwickeln dann – ähnlich, wie es Spranger schon tat – einen politischen Kompass, der die Gemeinsamkeiten und Unterschiede der vier politischen Theorien für die Herrschafts- und die Verteilungsfrage visualisiert: Anarchismus als Selbstbestimmung (schwacher Staat) plus Gleichverteilung, Liberalismus als Selbstbestimmung mit Ungleichverteilung per Leistungsprinzip, Sozialismus als

Umverteilung plus starkem Staat und Konservatismus als starker Staat plus Ungleichverteilung. Die zentrale Rolle von Modellen für Sozialwissenschaften wird hier deutlich.

Die Dorfbewohnerinnen und Dorfbewohner fragen sich nun im **dritten Akt**, wo sie selbst politisch stehen, zumindest tendenziell, also bei einer Vielzahl politischer Kontroversen. Erst dann erarbeiten sie die typischen Standpunkte einflussreicher politischer Parteien und lernen dabei auch, demokratische von nicht-demokratischen Werten und Forderungen streng zu unterscheiden. Anders gesagt lernen sie zu verstehen, dass diese Vielfalt kontroverser Werte, die sich im Klassenraum und in der ganzen Gesellschaft zeigt, nur im Rahmen demokratischer Werte wie Vielfalt und Toleranz friedlich gemeistert werden kann: Mit gleichen Grundrechten für alle, die nie abgeschafft werden dürfen, und mit Entscheidungsverfahren, die alle akzeptieren, egal, ob sie nach einer Entscheidung zu den Gewinnern oder Verlieren gehören. Parteien, deren Politik gegen die freie Entfaltung der Persönlichkeit gerichtet ist oder gegen die Würde des Menschen, unabhängig von seiner Herkunft, oder die politische Mitsprache- und Minderheitenrechte einschränken wollen, werden schließlich konsequent außerhalb der „Grenze der Demokratie" platziert (vgl. Abb. 2).

Nach der Rückreise nach Deutschland denken im **Epilog** alle Mitreisenden darüber nach, was sie aus der Dorfbesiedelung in ihr Alltagsleben mitnehmen wollen: Was habe ich gelernt über (mein Verhältnis zu) Politik und Demokratie? Was über meine eigenen und über fremde Werte? Was über meinen Umgang mit Andersdenken? Und was über gesellschaftlichen Zusammenhalt?

Anmerkung

Die sokratische Rolle der Lehrperson ist vor allem in den Dorfversammlungen anspruchsvoll. Leicht greift man zu früh ein und würgt den Prozess ab oder zu spät, wenn der Frust der Dorfgemeinschaft schon sehr groß ist. Die Balance aus ungeahnter Freiheit der Schülerinnen und Schüler und politischen Erkenntniszielen wird am besten dadurch gerahmt, dass die Lehrperson sich zu Beginn als Coach für das politische Trainingslager „Dorf" vorstellt und damit den zentralen Stellenwert der Auswertungsphasen aufzeigt – eben ähnlich wie beim Mannschaftssport. Dies legitimiert auch ihre Rolle als Realitätswächterin („Würdet Ihr das im richtigen Leben auch machen?") und als *Advocatus Diaboli*, um Positionen zu verstärken, die sonst untergehen würden („Man könnte auch die Häuser streng nach Einkommen verteilen!" oder „Ihr könntet auch euer ganzes Geld in einen Topf werfen!").

Für die Rollenspiele ist die Doppelaufgabe zentral, die Ideen der vier Gründerväter sowohl auf heute als auch auf eine kleine Gemeinschaft zu übertragen. Dann erst kommt der Transfer auf die große aktuelle Politik. Dort gibt es zwar konservative, liberale und demokratisch-sozialistische Parteien, aber keine explizit anarchistische, wohl aber antiautoritäre und postmaterialistische, die von Proudhons Graswurzelideen direkt oder indirekt inspiriert wurden. ◀

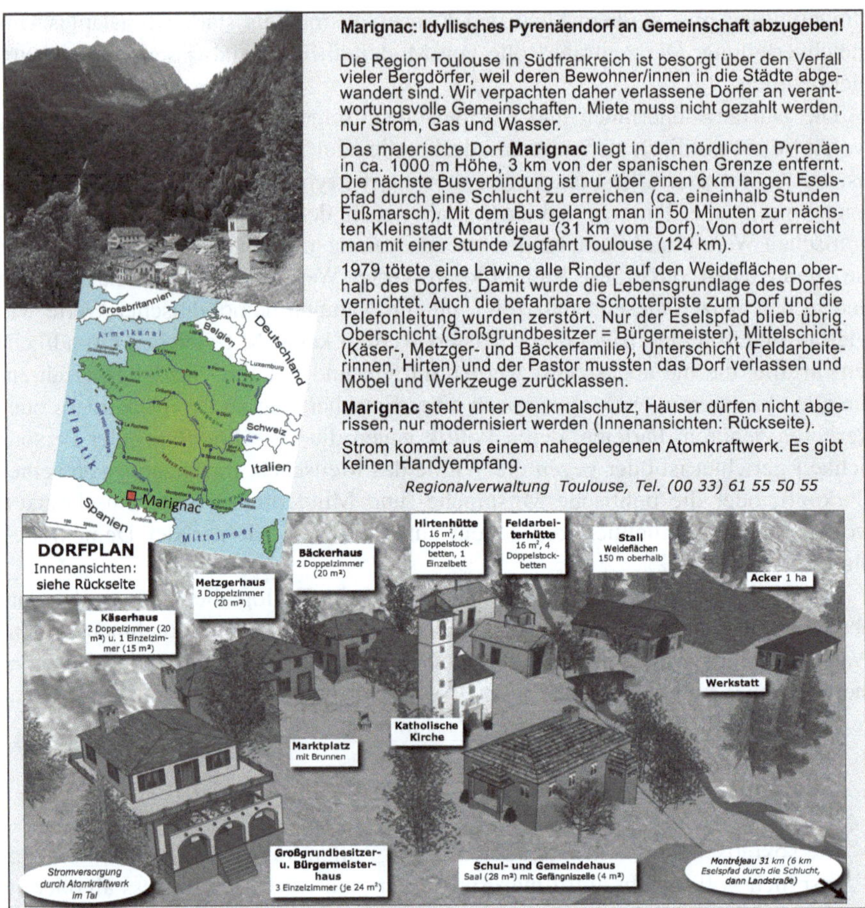

Abb. 1 Kurzbeschreibung des Dorfs Marignac, in das die Lernenden in der Ouvertüre gedanklich reisen. (Grafik: A. Petrik)

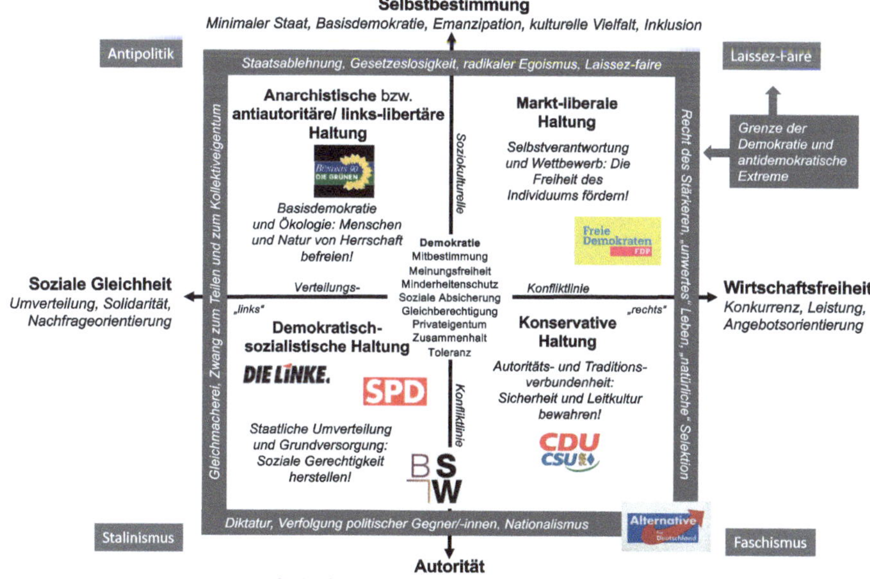

Abb. 2 Der politische Kompass, der am Ende des zweiten Akts erarbeitet wird und der die Gemeinsamkeiten und Unterschiede der vier politischen Theorien für die Herrschafts- und die Verteilungsfrage visualisiert. (Grafik: A. Petrik)

Prof. Dr. Andreas Petrik arbeitete einige Jahre lang als Lehrer für Deutsch, Politik, Geschichte und Darstellendes Spiel. Er ist Professor für die Didaktik der Sozialkunde und der politischen Bildung an der Martin-Luther-Universität Halle-Wittenberg. 2006 promovierte er im Graduiertenkolleg Bildungsgangforschung bei Tilman Grammes (Universität Hamburg) und Hans Christoph Berg zum Thema „Von den Schwierigkeiten, ein politischer Mensch zu werden".

Die Entdeckung der Geologie

Peter Ungar und Michael Jänichen

▶ *Die Landschaft, die uns umgibt, erscheint uns als gegeben; selten nehmen wir sie als etwas Gewordenes und Werdendes wahr. Geomorphologie ist die Lehre von diesem Werden, einem Prozess, der unablässig um uns herum stattfindet. Im Lehrstück wird eben dieser Prozess zu einer existenziellen Erfahrung der Lernenden. Er ist aber auch schon im 18. und 19. Jahrhundert von James Hutton (1726–1797) und Charles Lyell (1797–1875) zum Schlüssel eines modernen Verständnisses der Erdgeschichte geworden. Im von ihnen skizzierten geologischen Aktualismus wird davon ausgegangen, dass der heute ablaufende Prozess dem entspricht, der auch in der Vergangenheit abgelaufen ist. Dieses Denken erforderte, in ganz neuen zeitlichen Dimensionen über die Erdgeschichte nachzudenken. Und diese denkbar gewordenen Jahrmillionen waren sogar entscheidend dafür, dass Charles Darwin (1809–1882) seine Evolutionstheorie entwickeln konnte.*

In der **Ouvertüre** wird eine ungeordnete Bildfolge von Erosions- und Sedimentations-Prozessen gezeigt, wie sie beispielsweise bei Gletschern, Felsstürzen, Brandungsküsten und Flussdeltas sichtbar werden (Abb. 1 und 2). Zusätzlich werden auch andere Zugänge ermöglicht: Eine Geländeexkursion zeigt steile Erosionsrinnen, die bei einer meditativen Landschaftsbetrachtung zum Rätseln auffordern. Es können auch Bildergeschichten erstellt werden. Am Ende steht das vorwissen-

P. Ungar
Marburg, Deutschland
E-Mail: peter.ungar@gmx.de

M. Jänichen (✉)
Bern, Schweiz
E-Mail: michael.jaenichen@lehrkunst.ch

M. Gerwig et al. (Hrsg.), *Sternstunden der Bildung*,
https://doi.org/10.1007/978-3-658-50735-0_52

Abb. 1 Schluchten in den Kalken der spanischen Pyrenäen. (Foto: P. Ungar)

Abb. 2 Granitverwitterung an der Südflanke des Antiatlas. (Foto: P. Ungar)

schaftliche Staunen, das sich zum Beispiel in diesen Feststellungen und Fragen äußert: „Alles geht zu Tal. Wie soll das enden? Wird eine Zeit ohne Bergen kommen?“

Das sorgsame Erwägen einer solchen Perspektive in einer offenen Diskussion wird im **ersten Akt** unterbrochen durch Bilder von Vulkanen, die zum Beispiel auf Java ganze Gebirgsketten bilden. Gibt es also eine Gegenkraft, die der Einebnung fortwährend entgegenwirkt? Sind vielleicht alle Gebirge Vulkane?

Im **zweiten Akt** wird diese Hypothese überprüft. Dies kann über die Betrachtung von Gesteinen geschehen und erfordert eine kleine Einführung in die Genese derselben. Tatsächlich kann man den Gesteinen ansehen, ob sie aus einer Schmelze stammen, die in der Tiefe oder an der Oberfläche erstarrte, ob sie aus der Ablagerung von Sediment resultieren oder ob sie – was in jedem der genannten Fälle passieren kann – nachträglich unter Druck und Hitze umgewandelt wurden. Mit dieser Kompetenz ausgestattet werden Gesteinsproben der heimatlichen Umgebung oder das Baumaterial der vertrauten Siedlung untersucht. Das Ergebnis zeigt: Vulkane sind eher Ausnahmeerscheinungen, dagegen sind Ablagerungsgesteine – inklusive fossiler Reste mariner Organismen – recht häufig.

Das erstaunliche Phänomen mariner Fossilien in den Gesteinen vieler Hochgebirge treibt den Denkprozess weiter. Als Vertreter der Katastrophen-Theorie tritt der Naturforscher Georges Cuvier (1769–1832) in Erscheinung, in diesem Zusammenhang wird auch die Sintflut in Anlehnung an biblische Texte vorgestellt. Eine Diskussion entsteht darüber, wie Korallen auf alpine Höhen gelangten. Stimmt man Cuvier zu, der im Anbetracht alpiner Gebirge an den Formen der Höhenzüge sowie den zerrissenen, gebogenen und gekippten Gesteinen Spuren der „Gewalt und Heftigkeit der Bewegung" (Cuvier 1830, S. 15) zu erkennen meint, oder hält man eine biblische Überflutung selbst der höchsten Gipfel für wahrscheinlicher?

Mitten in dieser Auseinandersetzung beginnt der **dritte Akt**. Beispiele langsamer Hebungen, wie zum Beispiel an einigen Küstenabschnitten des indonesischen Inselbogens, zeigen, dass es langsame Prozesse gibt, die in langer Zeit zur Erhebung von Hochgebirgen führen können. Belege dafür sind etwa Korallenriffe, die heute auf verschiedenen Niveaus trockenliegen. Unterstützt wird dies durch Berichte von Fischern, die diesen Prozess seit Generationen beobachten. Damit sind die Lernenden beim Aktualismus des Geologen Charles Lyell angelangt: Es irritiert ihn, dass „frühere Geologen auf Jahrtausende schlossen, wo die Sprache der Natur auf Jahrmillionen hindeutet (...). Der Forscher gelangt zu der Überzeugung, dass die wirkenden Ursachen immer dieselben bleiben" (Dannemann 1922, zitiert nach Wagenschein 1965, S. 85). Die Erde ist ruhelos, alle Landschaften wandeln sich fortlaufend – und die Ursachen waren und sind immer gleich.

Am Ende steht die Rückkehr an den Ausgangspunkt. Im **Epilog** betrachten wir erneut die uns umgebende Landschaft. Dabei wird nun deutlich: Wir stehen auf Boden, der sich unmerklich hebt, während er – und dies ist deutlicher beobachtbar – gleichzeitig durch verschiedene Prozesse wieder abgetragen wird. Wir sind Zeugen eines ewigen Schauspiels, in dessen Wechselspiel sich unsere Umgebung formt.

Anmerkung

Das Lehrstück basiert auf einer Lehrgangsskizze zur Erdgeschichte von Martin Wagenschein (1896–1988), die 1965 als Beispiel für „Genetisches Lehren" veröffentlicht wurde. Danach wurde es unter dem Namen „Wettersteine" weiterentwickelt. Das Lehrstück bietet sich als voraussetzungsfreie Einführung in Geologie und Geomorphologie in unteren Klassen an, kann aber auch in höheren Klassen durchgeführt werden. Dort folgt am Ende sicher ein Ausflug in die Erkenntnistheorie: Wirklich widerlegt ist die Katastrophentheorie ja nicht, denn die Konstanz der Naturgesetze ist nicht Resultat, sondern Prämisse der Naturwissenschaften.

Sofern die Umgebung dies ermöglicht, kann die intensive erste Auseinandersetzung mit der Landschaft auch zeichnerisch erfolgen. Die auf diese Weise präzise wahrgenommenen Strukturen werden dann zum Auslöser für die anschließenden Überlegungen zu den dahinterliegenden Prozessen. Dies wurde beispielsweise am Schweizer Alpstein erfolgreich realisiert (Abb. 3).

Abb. 3 Der Stockberg im Schweizer Kanton St. Gallen wird während einer geologischen Exkursion gezeichnet. (Foto: H. Aeschlimann)

Das vorliegende Lehrstück kann als Teil einer Trilogie aufgefasst werden, wobei der zweite Teil die Entwicklung der Theorie der Kontinentaldrift durch Alfred Wegener (1830–1930) beinhaltet. Der dritte Teil dreht sich um das Indizienpuzzle entlang diverser Daten aus der Mitte des 20. Jahrhunderts, die zur Bestätigung der Kontinentaldrift führten. Herausragend sind in diesem Zusammenhang die ozeanographischen Leistungen von Harry Hess (1906–1969) und Mary Tharp (1920–2006) sowie die Überlegungen zum Paläogeomagnetismus um Drummond Matthews (1931–1997). ◀

Dr. Peter Ungar war Gymnasiallehrer unter anderem am Wetzlarer Oberstufengymnasium (GOW). In den 1990-iger Jahren beschäftigte er sich an der Philipps-Universität Marburg mit der Analyse von Satellitendaten und arbeitete auf Borneo als Geograph bei „Badan Pertanahan Nasional“ (BPN), der indonesischen Behörde für Landnutzungsplanung. Seit 1988 ist er mit Hans Christoph Berg in verschiedenen Lehrkunst-Projekten tätig.

Dr. Michael Jänichen ist Lehrer für Deutsch und Geographie am Gymnasium Muristalden Bern (CH) sowie Dozent an der Pädagogischen Hochschule Luzern (CH). Er ist Vorstandsmitglied der „Gesellschaft für Lehrkunstdidaktik“ und promovierte 2010 bei Hans Christoph Berg und Heinz Stübig (Philipps-Universität Marburg) zum Thema „Dramaturgie im Lehrstückunterricht“.

Faradays Kerze

Susanne Wildhirt

Was ist nur los auf Londons weihnachtlichen Straßen? Im dichten Gedränge vor dem ehrwürdigen Gebäude der Royal Institution *fahren alle plötzlich nur noch „one way". Zuhauf werden Kinder dorthin kutschiert, soeben entsteht eine Einbahnstraße. Wir schreiben das Jahr 1860. Während draußen Rußflöckchen als sichtbare Zeichen wärmender Holzkohle durch die vorabendliche Schneeluft treiben, beginnt Michael Faraday drinnen gerade bei Kerzenschein eine* Christmas Lecture *über* die Naturgeschichte einer Kerze, *deren Betrachtung er für den allerbesten Einstieg in das Studium der Naturwissenschaften hält. Ein „niedliches Experiment" möchte er gerade zeigen. In aller Gemütsruhe pustet er die Kerze aus und führt mit ruhiger Hand einen brennenden Holzspan – nein, nicht direkt zum Docht, sondern in gehörigem Abstand darüber. Ein Wimpernschlag später, begleitet von zahlreichen „Ahs" und „Ohs" der Kinder, teilt sich das Holzspan-Flämmchen und eines der beiden scheint förmlich auf den Docht hinunter zu springen. Erneut breitet sich warmer Kerzenschein im Hörsaal aus.*

In der **Ouvertüre** des Lehrstücks werden aus den Erinnerungen heraus brennende Kerzen gezeichnet und Informationen zu Faradays Leben und Wirken gegeben, da er die Lernenden künftig begleiten wird. Wenn er als Autodidakt in Sachen Logik und naturwissenschaftliches Experimentieren große Vorhaben zur Vereinfachung in kleinere zerlegt, etwas mehrfach ausprobiert und immer genau hinschaut, was passiert, wenn er seine Beobachtungen in Worte fasst, statt gleich wild drauflos zu spekulieren, wohin alles führen könnte, und wenn er streng logisch nur aus gesichertem Wissen heraus neue Fragen oder Ideen generiert, so ist er ein Vorbild,

S. Wildhirt (✉)
Luzern, Schweiz
E-Mail: susanne.wildhirt@phlu.ch

M. Gerwig et al. (Hrsg.), *Sternstunden der Bildung*,
https://doi.org/10.1007/978-3-658-50735-0_53

so will das auch von uns ausprobiert werden. Also wird berechnet, überschlagen, recherchiert, wie viele Flugkilometer ein Bienenvolk ungefähr zurücklegen muss, um all das Wachs zu produzieren, aus dem Faradays Kerze hauptsächlich besteht. Wie der Docht genau aussieht, woher die Kerze kommt, ist bald klar. Und allmählich breitet sich eine Frage aus, deren Lösung Ziel und Richtung weist, aber erst ganz am Ende des Lehrstücks vollständig beantwortet werden kann: Wenn von einer Kerze am Ende nur ein winzig kleines Docht-Aschehäufchen zurückbleibt – wohin verschwindet sie eigentlich, wenn sie verbrennt?

„Wow, noch einmal!", tönt es von allen Seiten, nachdem die Lehrperson im **ersten Akt** Faradays Flammensprung im abgedunkelten Raum ein zweites und drittes Mal gezeigt hat. Schon heißt es: „Dürfen wir auch mal?" Rasch sind Haushaltskerzen, Ständer, Zündholzschachteln, feuerfeste Unterlagen, Schälchen für den Abfall verteilt und kurz darauf werden Tipps ausgetauscht, wie der höchste Flammensprung gelingen kann. Lineale zum Messen werden hervorgeholt. Lässt sich die Rekord-Sprunghöhe von 23 Zentimetern übertreffen? In eigenen Worten wird ein erstes Protokoll verfasst, dann taucht eine Frage auf, die sämtliche Lernhandlungen in Schwung bringt: „Was genau brennt da eigentlich, wenn eine Kerze brennt?" Erst wird nachgedacht, dann gefolgert: Der Brennstoff muss etwas mit dem weißen Rauch zu tun haben, der vom Docht aufsteigt, wenn die Kerze ausgepustet wird. Denn nur, wenn das brennende Streichholz in die hell aufsteigende Rauchfahne gehalten wird, beginnt die Kerze wieder zu brennen. Ergo muss entweder der Docht oder das Wachs der Brennstoff der Kerze sein! Enttäuschend fällt der Versuch aus, einen Baumwolldocht zu entflammen. Er glimmt nur vor sich hin. Doch auch das feste Wachs brennt nicht, sonst stünde der Kerzenkörper in Flammen. Der Vorschlag, das Wachs in einem Metallgefäß über dem Bunsenbrenner zu erhitzen, findet Anklang, weil sich auch zwischen dem Wachskörper der Kerze und der Flamme ein kleiner Wachs-See bildet, kurz nachdem sie angezündet wurde. Gesagt, getan! Das erhitzte Wachs schmilzt und bald zeigen sich weiße Schwaden über der Wachsflüssigkeit, die sich von selbst entzünden. Ein Flammen-Meer lodert über dem See aus Wachs und es steht fest: Der Brennstoff der Kerze ist das Wachs.

Ein Wunsch kommt auf: „Man müsste in die Flamme hineinschauen können, um den Brennstoff darin zu finden." Vermutlich ist er im Flammenzentrum, denn dort erscheint die Flamme etwas dunkler als in ihrem hell leuchtenden Mantel. Mit einem Glasröhrchen lässt sich der weiße Rauch tatsächlich aus dem Flammenzentrum ableiten und außerhalb der Flamme wieder entzünden (Abb. 1). Durch ein gebogenes Glasröhrchen in ein Becherglas geleitet, wallt er hinein (Abb. 2). Schüttet man ihn über der Flamme wieder aus, so dringt die Flamme mit einem „Flop" hell aufleuchtend ins Glas hinein (Abb. 3), erlischt und hinterlässt an der Innenwand einen weißen Niederschlag aus fest gewordenem Wachs. Mit einem horizontal knapp über dem Docht in die Flamme gehaltenen Drahtgitters schauen die Lernenden schließlich wie einst Faraday von oben in einen Flammenkelch, aus dem weißer Rauch aufsteigt. Wer ihn anzündet, kann über dem Gitter das Hütchen einer Tochterflamme tanzen sehen (Abb. 4).

Abb. 1 Der Brennstoff lässt sich durch ein Glasröhrchen ableiten und an dessen Ende erneut anzünden. (Foto: M. Gerwig)

Schwarzer Rauch hingegen steigt auf, sobald das Drahtgitter ein klein wenig höher gehalten wird; die Tochterflamme erlischt. Diese Feststellung markiert den Beginn des **zweiten Akts**, den Übergang von der physikalischen zur chemischen Betrachtung der Kerze. Immer, wenn die Flamme in ihrem Brennen gestört wird, ist dieser schwarze Rauch plötzlich da. Auf dem Drahtgitter hinterlässt er schmutzige Spuren, auch die Enden der Glasröhrchen färbt er schwarz. Doch warum kommt schwarzer Rauch aus einer weißen Kerze? Unglaublich! Auf hellem Karton, den die Lernenden knapp oberhalb des Dochts horizontal in die Kerzenflamme führen und schnell wieder herausziehen, hinterlässt er schwarze Ringe, weiter oben schwarze Kreise. Nun müsste man die brennende Kerze durchleuchten können! Und auch das geht: Angestrahlt von einer hellen Experimentierlampe sind auf ihrem Projektionsbild an der gegenüberliegenden Wand Luftströme zu erkennen, die entlang des Kerzenkörper-Bildes emporstreben, sich über dem Flammenbild verdrillen und der Flamme offenkundig ihre Form geben. Doch ausgerechnet dort im Mantel, wo die Flamme selbst am hellsten leuchtet, zeigt ihr Bild einen umgekehrt v förmigen Schatten auf der Wand, der von festen Teilchen stammen muss.

Abb. 2 Der Brennstoff kann mithilfe eines gebogenen Glasröhrchens auch direkt in ein Becherglas geleitet werden, er „fließt" förmlich hinein. (Foto: M. Gerwig)

Abb. 3 Wird der im Becherglas gesammelte Brennstoff in eine Flamme geschüttet, entzündet er sich mit einer Stichflamme. Was im Glas zurückbleibt, ist festes Wachs. (Foto: M. Gerwig)

Abb. 4 Die Vermutung, dass sich der Brennstoff der Kerzenflamme in deren Mitte befindet, kann bestätigt werden, indem er über einem Drahtgitternetz entzündet wird: Thomas und Alina erzeugen eine Tochterflamme. (Foto: S. Wildhirt)

Zur eingehenden Untersuchung müssen die Teilchen eingefangen werden. Gelingen könnte dies mit den Glasröhrchen, deren Enden inzwischen längst schwarz geworden sind. Tatsächlich: In den Flammenmantel getaucht, setzen sie sich außen an der Glaswand fest und bilden größer werdende Wülste, die sich mühelos in eine Petrischale schnippen lassen. Dort entstehen nach und nach lauter schwarze Häufchen. Das althochdeutsche Wort für den dunklen Schmutz heißt „Ruß".

In eine nichtleuchtende Bunsenbrennerflamme geschüttet, leuchten die Rußteilchen orangefarben auf, genau wie die Kerzenflamme. Woraus besteht der Ruß? Um das herauszufinden, wird mit verschiedenen Pulvern aus der Chemie-Sammlung, die nacheinander in die nichtleuchtende Bunsenbrennerflamme gepustet werden, ein wahres Feuerwerk veranstaltet. Eisen glüht in roten Schnuppen auf, Magnesium erzeugt eine gellend-weiße Stichflamme, Kupferspäne färben sie grün. Lediglich das Kohlenstoffpulver leuchtet so gemütlich orangefarben wie der Ruß und die Kerzenflamme. Erkenntnis breitet sich aus: Die Rußteilchen aus dem Flammenmantel sind elementarer Kohlenstoff, der aus der immer kleiner werdenden Kerze stammen muss, die Flamme orange färbt und in ihrer Hitze verglüht. Aus und vorbei!

Stimmt das wirklich? Kann es sein, dass Nichts aus Etwas wird? Zu Beginn **des dritten Akts** notieren die Lernenden all die Gedanken, die in ihren Köpfen herumschwirren, und einige erinnern sich an die aufstrebenden Luftströme, die im Projektionsbild der brennenden Kerze zu sehen waren. Was passiert eigentlich mit der Luft, wenn die Kerze brennt? Auch sie lässt sich einfangen, und zwar mit dem größtmöglich auffindbaren Becherglas, das nun im abgedunkelten Raum über die brennende Kerze gestülpt wird. Ruhe kehrt ein, wenn beobachtet wird, wie die Flamme immer kleiner wird, sich zu runden beginnt, noch einmal kurz flackert, sich schließlich vom Docht löst, nach oben entfleucht und erlischt. Nun ist es stockdunkel, doch sonnenklar: Die Kerzenflamme braucht den Strom frischer Luft zum Brennen, genauer gesagt, den Sauerstoff der Luft, wie die Kienspan- oder Glimmspanprobe zeigt.

Jetzt muss oberhalb der Kerzenflamme weitergeforscht werden. Der heiße Luftstrom über der Flamme müsste mit einem Glastrichter aufgefangen und untersucht werden. Und siehe da: Über die brennende Kerze gehalten, beschlägt die Innenseite des Trichters sofort, und zwar gerade so, wie Fensterscheiben beschlagen, wenn wir Luft ausatmen, oder wie die Innenseite eines Topfdeckels beim Kochen beschlägt und beim Abkühlen Kondenswassertropfen erzeugt. Eine Kühlfalle lässt sich leicht mit einem Aquarium voller Eiswasser und mit einem Trichter konstruieren, der über Gummischläuche mit einer Wasserstrahlpumpe verbunden wird. In der Mitte der Anlage befindet sich ein gläsernes U-Rohr, das in das Eiswasser getaucht wird. Nun wird die heiße Luft über der Kerze durch das kalte U-Rohr geleitet. Tatsächlich: Nach etwa einer halben Stunde hat sich im U-Rohr eine klare Flüssigkeit gesammelt, die den gleichen Siedepunkt hat wie Leitungswasser – über der Flamme gewonnenes echtes „Feuer-Wasser"!

Ist das alles? Nein, noch ein zweiter Stoff entsteht neu bei der Verbrennung. Er lässt sich nachweisen, wenn wir reines Kohlenstoffdioxid aus der Chemiesammlung oder unsere Ausatemluft durch eine mit Calciumhydroxid gefüllte Waschflasche leiten. Sofort färbt sich die klare Flüssigkeit milchig-trüb. Genau dasselbe passiert, wenn die heiße Luft über der Flamme durch die klare Flüssigkeit in der Waschflasche geleitet wird. Damit ist auch klar: Bei der Verbrennung der Kerze entsteht Kohlenstoffdioxid.

Folglich muss es so sein, rekonstruieren die Lernenden: In der Hitze der Kerzenflamme löst sich die enge Verbindung des Kohlenstoffs und des Wasserstoffs aus dem Wachs und sie beide gehen neue Verbindungen ein: Der Luftsauerstoff verbindet sich mit dem Kohlenstoff zu Kohlenstoffdioxid und mit dem Wasserstoff zu Wasser. Die Chemie bezeichnete man früher auch als „Scheidekunst", weil sie Stoffe in ihre elementaren Bestandteile zerlegen und neue kreieren kann. Die Produkte der vollständigen Verbrennung und der Atmung sind Kohlenstoffdioxid und Wasser.

Moment einmal: Was – auch darüber sprachen wir in der Ouvertüre – brauchen die grünen Pflanzen, um leben zu können? **Im dritten Akt** entdecken die Lernenden das weltweite Kreisen der Stoffe. Sie finden heraus, dass eine Kerze länger brennen kann in einem mit Kohlenstoffdioxid und Wasser gefüllten Glasbehälter, wenn sich darin zusätzlich eine grüne Pflanze befindet, die mehrere Stunden lang von der Sonne beleuchtet wurde. Dem in der Chemie als Pyrolyse, deutsch „Feuer"-„(Auf-)lösung", bezeichneten Vorgang steht die Photosynthese bzw. „Licht"-„Verbindung" der grünen Pflanzen gegenüber. Die Pflanze produziert mithilfe des Sonnenlichts Kohlenwasserstoff-Verbindungen, die wiederum die Menschen und Tiere zu ihrem Leben brauchen. Die Erkenntnis breitet sich aus, dass dieses sensible ökologische System nicht aus dem Gleichgewicht geraten sollte.

Im **Epilog** kann in Stationen gearbeitet werden: Hier muss noch ein Protokoll ergänzt werden, dort sind die Versuchsmaterialien zu reinigen, woanders können Kerzen gegossen oder gezogen werden. Insbesondere beteiligen sich alle an der Gestaltung eines gemeinsam verabredeten Denkbilds, das als Erinnerung an den Unterricht in Kopie mit nach Hause genommen werden darf, und alle verfassen eine kurze Geschichte über den Kerzenkreislauf.

Anmerkung

„Wachsdampf", „-nebel" und „-rauch" sind die häufigsten Benennungen der Schülerinnen und Schüler für den Brennstoff der Kerze. Die Pädagogin, der Pädagoge lässt diese Vielfalt zunächst zu, statt sofort korrigierend einzugreifen. Es geht ja darum, dass die Lernenden ihren eigenen Augen trauen.

Im ersten Akt verhält sich der Brennstoff der Kerze am ehesten wie „Dampf"; in der Chemie wird so ein gasförmiger Reinstoff bezeichnet. „Nebel", der ein Gemisch aus einem flüssigen und einem gasförmigen Stoff darstellt, kommt am ehesten in Betracht, wenn beobachtet wird, wie der Brennstoff in das Becherglas strömt. Erst wenn im Verlauf des zweiten Akts die festen Teilchen in der Flamme entdeckt werden, kommt „Rauch", ein Gemisch aus festen und gasförmigen Stoffen, als die korrekte Bezeichnung für den Brennstoff in Betracht. Folglich klärt sich erst am Ende die korrekte Bezeichnung des Brennstoffs. Dann kann erst eindeutig von „weißem Rauch" und „schwarzem Rauch" gesprochen werden.

Anhand einer Kerze lässt sich der gesamte Prozess der chemischen Verbrennung durchgängig beobachten, erkunden und erschließen. Selbst die Sekundenschnelle, in der eine chemische Reaktion abläuft, zeigt sich hier in der kurzen Strecke, die der Kohlenstoff und der Wasserstoff vom inneren bis zum äußeren Mantelrand der Kerzenflamme zurücklegen.

Faradays Kerze ist ein Musterbeispiel interdisziplinären Unterrichts zu physikalischen, chemischen und ökologischen Erkenntnissen und eignet sich hervorragend zur Einführung in die naturwissenschaftliche Arbeitsweise und in das Fach Chemie. Das Lehrstück kann aber genauso auch am Ende stehen, quasi als Zusammenfassung, Über- oder Rückblick und dauert dann nur ein oder zwei Doppelstunden. Auch kurz vor dem Abitur kann es sehr gewinnbringend sein, mit den bis dahin doch beträchtlichen chemischen Kenntnissen einen so grundlegenden Prozess zu durchdenken und zu beschreiben.

Das Lehrstück sensibilisiert ohne moralischen Apell für Fragen des ökologischen Gleichgewichts und die notwendige Einsicht, Kohlenstoffdioxid nicht im Übermaß durch unkontrollierte Verbrennungsvorgänge in Haushalt, Verkehr und Industrie freizusetzen und damit die Lebensgrundlagen zu zerstören. ◄

Prof. Dr. Susanne Wildhirt ist Dozentin für Bildungs- und Sozialwissenschaften Sekundarstufen 1 und 2 an der Pädagogischen Hochschule Luzern (CH). Sie ist Vorstandsmitglied der „Gesellschaft für Lehrkunstdidaktik" und promovierte 2007 bei Hans Christoph Berg und Wolfgang Klafki (Philipps Universität Marburg) zum Thema „Lehrstückunterricht gestalten".

Die Entdeckung der Mendelschen Regeln

Hannah Wildhirt

Der Augustinermönch und Naturforscher Gregor Mendel (1822–1884) legte mit seinen quantitativen und statistischen Auswertungen einer bis dato unbekannt hohen Zahl systematischer Versuche zur Vererbung den Grundstein für die moderne Genetik. Seine Arbeiten, die zu Lebzeiten nur geringe Beachtung fanden, wurden Anfang des 20. Jahrhunderts aufgegriffen, gelten heute als ein Meilenstein der Biologie und bilden das Fundament für unser Verständnis der Vererbungslehre. Mendels Werk verdeutlicht, dass hinter den vermeintlichen Zufälligkeiten der Natur Gesetzmäßigkeiten stehen, die sich durch Beobachtung, Experiment und mathematische Analyse entschlüsseln lassen. Seine Methodik – präzises Beobachten, systematisches Experimentieren und mathematisches Auswerten – wurde zum Vorbild wissenschaftlicher Praxis und zeigt, dass bedeutende Erkenntnisse auch unter einfachen Bedingungen entstehen können.

Die **Ouvertüre** beginnt mit der gemeinsamen Betrachtung eines Fotos. Darauf ist eine Hundefamilie zu sehen: Der Rüde trägt ein braunes Fell, die Hündin ein weißes, die vier Welpen im Hintergrund sind nahezu weiß. Das Staunen über das „Unerwartete im Alltäglichen" löst Irritationen und Fragen aus: „Wie – alle Welpen haben die gleiche, sehr helle Fellfarbe und sind nicht braun-weiß gescheckt? – Der Rüde kann nicht der Vater der Welpen sein!" Oder: „Wenn alle Welpen einer Familie ein helles Fell haben, dürfte es keine Hunde mehr mit braunem Fell geben!" Die Lehrperson lässt diese Fragen und Einwürfe unkommentiert stehen.

H. Wildhirt (✉)
Rotkreuz, Schweiz
E-Mail: hannah.wildhirt@gmx.ch

M. Gerwig et al. (Hrsg.), *Sternstunden der Bildung*,
https://doi.org/10.1007/978-3-658-50735-0_54

Und schon beginnt die **erste Szene:** Die Lehrperson setzt eine Nickelbrille auf, schlüpft in einen schwarzen Mantel und ist von nun an Gregor Mendel: Er stellt sich den Schülerinnen und Schülern vor als Priester des Augustinerklosters und Naturgeschichtslehrer an der Realschule von Brünn, einem Städtchen in der heutigen Tschechischen Republik. Er zeigt der Klasse, wo er lebt und wirkt: eine zeitgenössische Postkarte vom Kloster und ein Bild vom windgeschützten Klostergarten, auf dessen gutem Boden die Ordensbrüder seit Jahrhunderten Gemüse, Obst und Heilkräuter anbauen. Das ist ein idealer Ort für Pflanzenexperimente.

Rasch wird der Klasse erklärt, warum sich Pflanzen so viel besser als beispielsweise Hunde für Vererbungsversuche eignen: Sie bilden viele Früchte mit einer hohen Zahl an Samen, aus denen im nächsten Jahr wieder neue Pflanzen mit wieder vielen Früchten und Samen wachsen. Mendel erklärt auch, dass er sich für die Gartenerbse *Pisum sativum* entschieden hat, weil sich ihre Samen mit bloßen Augen gut untersuchen lassen und nur wenig voneinander unterscheiden. Als Grund dafür nennt Mendel die Fähigkeit der Pflanzen zur Selbstbestäubung.

Das muss natürlich überprüft werden. Je nach Jahreszeit nehmen die Lernenden entweder echte Erbsenpflanzenblüten und mitgebrachte Erbsen unter die Lupe oder behelfen sich mit Fotos oder Zeichnungen. Die Blüten müssen erst geöffnet werden, damit die männlichen Staubblätter und der weibliche Fruchtknoten zum Vorschein kommen. Und nun kommt Mendels Trick: „Um auszuschließen, dass Hummeln oder Bienen die Pflanzen fremdbestäuben, habe ich mehrere Jahre hintereinander die Blüten mit einem feinen Pinsel künstlich selbstbestäubt. Nach ein paar Jahren habe ich nur noch Erbsen einer Sorte an den Pflanzen gefunden, entweder grüne runde oder gelbe runde oder grüne runzlige oder gelbe runzlige.“ Die Lehrperson stellt Gläser mit den vier Samensorten aufs Pult. „Danach habe ich acht Jahre lang gezielt mit den Erbsenpflanzen experimentiert und die Sorten miteinander gekreuzt. Mit einem feinen Pinsel habe ich den Pollen von Pflanzen, die grüne Erbsen hervorbringen, auf die Blüten von Pflanzen übertragen, die gelbe Erbsen hervorbringen, und umgekehrt. Ich habe also künstlich ‚Hybridpflanzen‘ – griechisch für ‚Gemisch‘ – erzeugt und gespannt bis zur Fruchtreife abgewartet. Die Früchte aller Hybridpflanzen habe ich gesammelt, die Hülsen aufgebrochen, die Erbsen gezählt. Hier ist das Ergebnis.“ Die Lehrperson hält ein Glas mit dem Resultat hoch. Es ist bis zum Rand vollgefüllt mit runden, gelben Erbsen. Keine einzige ist grün oder runzlig. Die Lernenden beginnen zu diskutieren. Bei der Hundefamilie vorhin war es doch genau dasselbe! Sollte das immer so weitergehen, dürfte es irgendwann gar keine grünen Erbsen mehr geben! Mendel bestätigt: „Genau das habe ich mir auch gedacht. Deshalb habe ich das Experiment auch mit den runzligen und glatten Erbsen durchgeführt und bin zum gleichen Ergebnis gekommen: Die Nachkommen aus beiden Versuchen sehen gleich aus.“ – Die Uniformitätsregel ist gefunden.

Im Klassengespräch taucht irgendwann der Vorschlag auf, die Kreuzungsversuche nochmals durchzuführen, und zwar mit den Nachkommen. In der **zweiten Szene** werden Mendels Ergebnisse aus genau diesen Experimenten präsentiert und berechnet: In einem Versuch hat er 5.474 runde und 1.850 runzlige, im anderen 6.022 gelbe und 2.001 grüne Erbsen gezählt. Die Klasse berechnet die Verhältnisse

2,96: 1 und 3,01: 1, also rund 3: 1. – Die zweite Gesetzmäßigkeit, die Spaltungsregel, ist gefunden.

„Was passiert, wenn die Nachkommen der Nachkommen miteinander gekreuzt werden?" In der **dritten Szene** werden Mendels Ergebnisse in einer Tabelle präsentiert und diskutiert. Von 556 Samen, die Mendel von 15 Erbsenpflanzen erntet, sind in der Enkelgeneration 315 rund und gelb, 101 runzlig und gelb, 108 rund und grün, 32 runzlig und grün. Die Klasse rechnet: Das ergibt ein ungefähres Verhältnis von 9: 3: 3: 1. Die Farbe Gelb ist dominant über Grün, die runde dominant über die runzlige Form. Beide Merkmale, Farbe und Form, sind unabhängig voneinander an die Enkelgeneration weitervererbt worden. Die dritte Gesetzmäßigkeit ist gefunden und die Lernenden folgern: Es muss eine „Vererbungseinheit" geben!

1909, also mehr als 40 Jahre nach Mendels Entdeckung, wird der dänische Botaniker Wilhelm Johannsen dafür die Bezeichnung „Gen" (griechisch genos: Geschlecht, Abstammung) einführen. Die Gene sind für bestimmte Merkmale der Nachkommen verantwortlich, können in ihren Merkmalsausprägungen, den „Allelen" (griechisch allos: anders), jedoch variieren. Die Nachkommen erben von den Eltern beide Merkmale, von denen sich eine Ausprägung in ihrer Gestalt – im Phänotyp – zeigt, die andere hingegen im Verborgenen bleiben und erst in der Enkelgeneration wieder auftauchen kann – der Genotyp. Nur so lässt sich erklären, dass alle Erbsen der ersten Nachkommengeneration rund und gelb aussehen und alle Welpen der Hundefamilie ein helles Fell tragen.

Das einaktige Lehrstück endet mit einem **Epilog**, bei dem die Schülerinnen und Schüler aus der Perspektive von Gregor Mendel eine Postkarte an den Naturforschenden Verein in Brünn schreiben (Abb. 1). Sie bitten auf dieser Karte darum, die neuen Erkenntnisse, die im Text kurz genannt werden sollen, vorstellen zu dürfen.

Anmerkung

Im Lehrstück können die Lernenden den naturwissenschaftlichen Erkenntnisprozess – vom Beobachten über das Hypothesenbilden und das sorgfältige Experimentieren bis hin zur regelhaften Verallgemeinerung – authentisch mitvollziehen. Sind die Gesetzmäßigkeiten der Vererbung verstanden, eröffnen sich vielfältige Anschlussmöglichkeiten: Simulationen weiterer Kreuzungsexperimente – auch mit digitalen Tools –, Stammbaumanalysen zur Vererbung von Krankheiten, Blutgruppen oder Begabungen, Diskussionen über Fragen der Identität, genetische Erkrankungen usw.

Das Lehrstück leistet einen wichtigen Beitrag zur *Scientific Literacy*: Es stärkt die Urteilskompetenz für agrarökonomische und medizinisch-ethische Fragen, fördert die Reflexion über Wissenschaft und ermöglicht eine kritische Teilnahme an gesellschaftlichen Debatten rund um Genetik und Biotechnologie. Durch die spätere Entdeckung der Struktur der DNA entwickelte sich die klassische Genetik weiter zur Molekulargenetik, die heute eine zentrale Rolle in zahlreichen Disziplinen spielt und direkt im Anschluss thematisiert werden kann. ◀

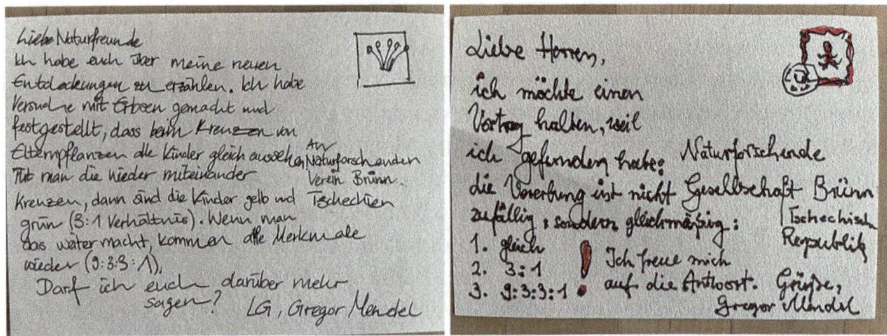

Liebe Naturfreunde
Ich habe euch über meine neuen
Entdeckungen zu erzählen. Ich habe
Versuche mit Erbsen gemacht und
festgestellt, dass beim Kreuzen von
Elternpflanzen alle Kinder gleich aussehen.
Tut man die wieder miteinander
kreuzen, dann sind die Kinder gelb und
grün (3:1 Verhältnis). Wenn man
das weiter macht, kommen alle Merkmale
wieder (9:3:3:1).
Darf ich euch darüber mehr
sagen? LG, Gregor Mendel

An
Naturforschenden
Verein Brünn
Tschechien

Liebe Herren,
ich möchte einen
Vortrag halten, weil
ich gefunden habe:
die Vererbung ist nicht
zufällig, sondern gleichmäßig:
1. gleich
2. 3:1
3. 9:3:3:1
! Ich freue mich
auf die Antwort. Grüße,
Gregor Mendel

Naturforschende
Gesellschaft Brünn
Tschechisch
Republik

Abb. 1 Zwei Postkarten eines Schülers und einer Schülerin des achten Schuljahrs. (Foto: H. Wildhirt)

Hannah Wildhirt ist Sekundarschullehrerin im Kanton Zürich (CH). Sie unterrichtet Naturwissenschaften, Mathematik, Deutsch und Informatik.

Die Kongokonferenz

Gian-Luca Durrer

▶ *Berlin, Reichskanzlerpalais, am 15. November 1884: Die Tore des Palasts sind für die Repräsentanten aus 14 kolonisierenden Ländern geöffnet. Sie strömen nun in den Konferenzsaal, um über ihr künftiges Vorgehen auf dem afrikanischen Kontinent zu beraten. Auf der Agenda stehen die Festlegung der Handelsfreiheit im Kongodelta und die Schifffahrtsrechte auf den Flüssen Kongo und Niger. Ziel der Konferenz ist, Regeln zu schaffen, um künftige Krisen und Konflikte zwischen den Kolonialmächten zu umgehen. Der deutsche Reichskanzler Otto von Bismarck hatte zur Kongokonferenz eingeladen. Die Vertretungen des Kontinents Afrika, um den es hier geht, stehen nicht auf der Teilnehmerliste! Eine große Karte Afrikas hängt prominent an der Wand.*

Im Geschichtsunterricht liegt der Fokus auf der Beschreibung und Deutung historischer Medien. Folglich beginnt die **Ouvertüre** des Lehrstücks mit der großformatigen Projektion des zeitgenössischen Kupferstichs von Adalbert von Rößler, der das Setting der Berliner „Kongokonferenz" (Abb. 1) veranschaulicht. Zunächst beschreiben die Lernenden das Bild und versuchen anhand steckbriefartig zusammengestellter Informationen, die dargestellten Persönlichkeiten zu identifizieren und eine erste Deutung der Situation zu wagen. Die Eröffnung ermöglicht die Aktivierung bereits vorhandenen historischen Wissens zum 19. Jahrhundert sowie zur Auseinandersetzung mit Quellentexten und Illustrationen. Im Anschluss daran werden die Lernenden in die politische und wirtschaftliche Ausgangssituation der Kongokonferenz eingeführt.

G.-L. Durrer (✉)
Luzern, Schweiz
E-Mail: gl.durrer@prehisto.ch

M. Gerwig et al. (Hrsg.), *Sternstunden der Bildung*,
https://doi.org/10.1007/978-3-658-50735-0_55

Abb. 1 Adalbert von Rößlers berühmte Darstellung der Kongokonferenz vom November 1884. (Bild: Wikimedia Commons. Nachweis: Deutsches Historisches Museum, Berlin. Sign.-Nr.: ZB 399-53/54)

Im **ersten Akt** eröffnet die Lehrperson die „Konferenz", indem sie Passagen aus Bismarcks Eröffnungsrede zitiert. Anschließend bilden die Lernenden möglichst gleichgroße Gruppen und erhalten jeweils ein Informationsdossier zu „ihrer" Nation, das sie möglichst sorgfältig für sich lesen sollen. In Abhängigkeit von der Klassengröße sind fünf bis sieben unterschiedliche Dossiers nötig, die grundlegende Informationen und Quellentexte zu den Nationen und deren imperialistischen Interessen beinhalten. Dramaturgische Anmerkungen sind mit „Directors Infos" betitelt. Sie machen auf größere, historisch verbriefte Konfliktlinien, wie beispielsweise den Interessenkonflikt zwischen dem British Empire und Frankreich, aufmerksam. Danach setzen sich die Schülerinnen und Schüler in den „Nationengruppen" zusammen, überprüfen ihr Verständnis des Gelesenen, setzen Fokuspunkte und schmieden gemeinsam einen Plan für die anstehende Konferenz. Schneller vorankommende Gruppen analysieren zusätzlich Karikaturen aus zeitgenössischen Zeitungen, die Bezug auf die Berliner Kongokonferenz nahmen und später ins Plenum eingebracht werden können.

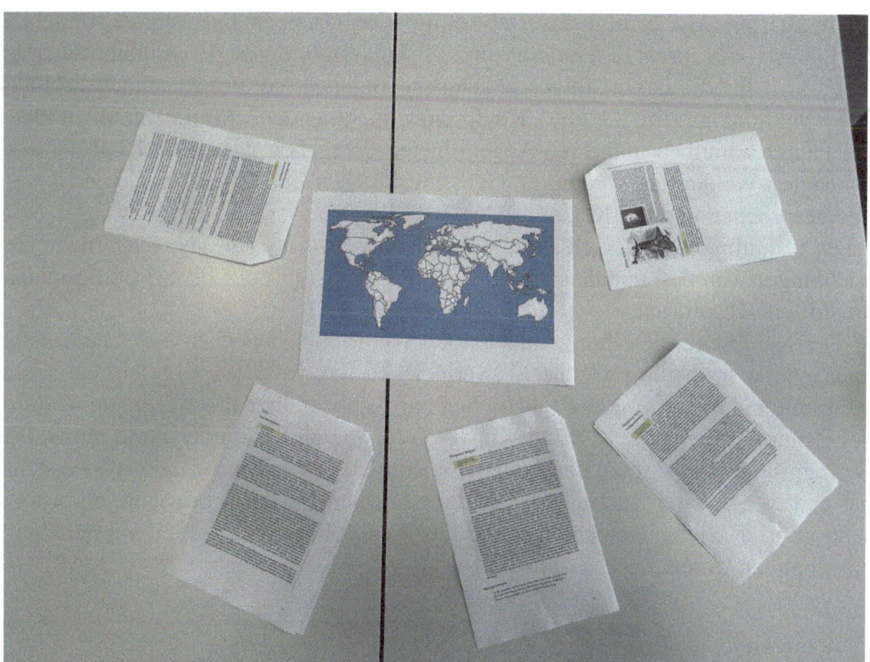

Abb. 2 Ein Konferenztisch mit fünf Rollendossiers. (Foto: G.-L. Durrer)

Im **zweiten Akt** simulieren die Schülerinnen und Schüler die historische Kongokonferenz, um im eigenen Mit- und Nacherleben ein vertieftes Verständnis der historischen Ereignisse zu erlangen. An drei bis vier Konferenztischen (Abb. 2) liegen große Weltkarten und verschiedenfarbige Stife bereit. Die Lernenden nehmen nun die Position „ihrer" Nation ein, argumentieren und diskutieren, wie sie den afrikanischen Kontinent und gegebenenfalls andere Regionen der Welt gemäß der nationalen Interessen aufteilen wollen. Die Lehrperson wechselt unterdessen von Konferenztisch zu Konferenztisch, um die Schülerinnen und Schüler, falls nötig, in ihren Argumentation zu unterstützen oder durch Einwände und Rückfragen anderwertige Hilfestellungen zu geben. Am Ende des Diskurses werden die von den Ländern ausgehandelten Territorien in den länderspezifischen Farben auf der Weltkarte eingezeichnet. Die Lernenden verstehen durch das eigene Aushandeln und Diskutieren allmählich immer besser, wo die Konfliktlinien der jeweiligen Nationen historisch betrachtet lagen, inwiefern sich damalige Interessen überschnitten und wie sie begründet wurden. Abschließend werden an jedem Konferenztisch ein bis zwei Abgeordnete für die anschließende Präsentation der Gruppenresultate gewählt.

Im **dritten Akt** erfolgt das Debriefing: Die Gruppenabgeordneten berichten im Plenum von ihren Ergebnissen und Diskurserfahrungen. In größeren Klassen bietet sich für die darauf folgende kritische Beleuchtung der Resultate die Fishbowl-Methode an, für die alle „Konferenzteilnehmenden" Argumente oder Ideen auf Papier schreiben und ihren Abgeordneten übergeben dürfen. Anhand der ausgehängten Weltkarten werden die Gemeinsamkeiten und Unterschiede der Resultate besprochen und die Klasse erfährt, wie die Diskussionen an den Konferenztischen verlaufen ist. Unterschiedliche Resultate verweisen auf unterschiedliche Gewichtungen von Argumenten in den Gruppen und somit auf historisch besonders umstrittene Territorien.

Der Konferenzdarstellung von Adalbert von Rößler begegnen die Schülerinnen und Schüler im **Epilog** wieder. Sie vergleichen ihre Resultate mit dem historisch verbrieften Konferenzverlauf und ziehen zur Analyse ihrer Resultate den Wortlaut der Generalakte aus der Konferenz in vereinfachter und gekürzter Form hinzu. Die Beweggründe der Akteure der damaligen Konferenz werden auf diese Weise sichtbar und es zeigt sich auch, wie aktiv die einzelnen Nationen in wichtigen historischen Entscheidungsmomenten in die Diskussion über die „Aufteilung der Welt" eingebunden waren.

Anmerkung

Die kolonialistische und imperialistische Vorgehensweise, die sich ab dem Ende des 15. Jahrhunderts in vielen Nationalstaaten manifestierte, verdichtet sich in der Kongokonferenz und in deren Verlauf. Sie illustriert beispielhaft die Problematik einer gesamten Epoche mit weltweiten Auswirkungen bis hinein in die Gegenwart und die Zukunft.

Die Kongokonferenz, auch als „Westafrika-Konferenz" bezeichnet, dauerte in Wirklichkeit vom 15. November 1884 bis zum 26. Februar 1885. Sie zielte darauf ab, die rasante Besetzung afrikanischer Territorien durch Großbritannien und Frankreich zu bremsen und mit den Interessen anderer Kolonialländer zu vereinen. Auch wenn sich die Konferenz ursprünglich nur um die Schifffahrt und den Handel drehen sollte, führte sie effektiv nicht nur zur Aufteilung des Kongo-Deltas, sondern zu der ganz Afrikas – mit Ländergrenzziehungen, wie sie heute noch weitgehend auf der Afrika-Karte wiederzufinden sind.

Das Lehrstück ist in der Form eines Gruppenpuzzles gestaltet. Für die Länderdossiers im zweiten Akt empfiehlt es sich, neben den im 19. Jahrhundert imperialistisch besonders aktiven Großmächten Großbritannien, Frankreich und Russland auch ein oder zwei Nicht-Großmächte wie die Niederlande, Spanien oder Portugal auszuwählen, die ihre früher geknüpften kolonialen Netze weiterhin unterhielten. Ein Dossier zum Deutschen Reich sollte ebenfalls nicht fehlen, um die besondere Rolle Deutschlands und insbesondere Bismarcks zu beleuchten. Als kolonialer Akteur betrat Deutschland erst 1884 die Weltbühne und betrieb damals noch keine Weltpolitik.

Insbesondere in den obersten Klassen des Gymnasialunterrichts kann ein (Aus-)Blick auf weitere Konfliktregionen und beanspruchte Interessengebiete der Großmächte erfolgen, beispielsweise auf China oder die Karibischen Inseln. Die Bearbeitung von imperialistischen Karten Afrikas aus der Zeit von 1880 und 1914 ermöglicht außerdem die Thematisierung des „Scramble for Africa" anhand von Konflikten, Krisen und Aufständen in den Kolonien, die letztendlich den Ersten Weltkrieg begründeten und Aufschluss über heutige Interessenkonflikte geben. Im Rückblick auf die damaligen Ereignisse ist es durchaus legitim, wenn im Lehrstück nicht nur die Afrika-, sondern die Weltkarte Verwendung findet. ◀

Gian-Luca Durrer ist angehender Kantonsschullehrer für Französisch und Geschichte aus Obwalden und Luzern (CH). In seinem Unterricht setzt er auf spielerische, handlungsorientierte Lernformen und innovative didaktische Ansätze, um Inhalte und Kompetenzen für die Schülerschaft (er-)lebbar zu machen.

Der Teich als Biozönose nach Junge

Michael Jänichen und Susanne Wildhirt

▶ *„Alles ist Wechselwirkung", stellt Alexander von Humboldt (1769–1859) in seinen Tagebüchern der Amerikanischen Reise von 1803 fest. Indem sein gedanklicher Enkel Friedrich Junge (1832–1905) diese Aussage seinem Lehrbuch* Der Dorfteich als Lebensgemeinschaft *(1885) als Motto voranstellt, ehrt er neben Humboldt auch seinen direkten Lehrer Karl August Möbius (1825–1908). Dieser hatte bei der Beobachtung von Austernbänken festgestellt, dass die vielfältigen Lebensformen, die sie besiedeln, in zahlreichen Abhängigkeiten und Beziehungen wechselwirken. Er findet dafür den Begriff „Biozönose", Lebensgemeinschaft, und legt damit die Grundlagen für die Synökologie. – An dieser Stelle setzt Junge ein, der den großen Bildungsgehalt dieser Idee erkennt und sie breitenwirksam zugänglich machen möchte – als Schulbuch, aber auch als Pflanzen- und Tierporträtsammlung für fachlich und pädagogisch Interessierte. Junges Werk ist 150 Jahre später immer noch überraschend anregend für Einführungen in gewässerökologische Untersuchungen. Zwei Änderungen sind aber notwendig: Zum einen müssen die Inhalte fachlich aktualisiert werden – die ökologische Wissenschaft hat inzwischen ja gewaltige Fortschritte gemacht. Zum anderen stellt Junge zwar die autökologischen Anpassungen bis ins Detail der einzelnen Lebewesen überzeugend und charmant dar – der synökologische Gemeinschaftsgedanke bleibt aber vergleichsweise blass.*

M. Jänichen
Bern, Schweiz
E-Mail: michael.jaenichen@lehrkunst.ch

S. Wildhirt (✉)
Luzern, Schweiz
E-Mail: susanne.wildhirt@phlu.ch

M. Gerwig et al. (Hrsg.), *Sternstunden der Bildung*,
https://doi.org/10.1007/978-3-658-50735-0_56

Auf Ernst Haeckels (1834–1919) Begriffsverständnis von „Ökologie“ wird im **Prolog** des Lehrstücks Bezug genommen. Als Namensgeber der neuen Disziplin verstand er darunter die „Lehre vom Haushalt der Natur“. Den Schülerinnen und Schülern wird daher von vornherein das (große) Haus, der *oikos*, mit seinen Bewohnerinnen und Bewohnern und ihren vielfältigen Beziehungen ins Bewusstsein gerückt. Dies erfolgt, indem sie eine menschliche Lebensgemeinschaft – eine Kloster-, Burg-, Schiffs- oder Zirkusgemeinschaft – näher betrachten, innerhalb derer die Beteiligten Aufgaben und Bedürfnisse haben, aber auch in Beziehung zur Umgebung stehen. Im offenen Gespräch wird deutlich, dass es Regeln des Zusammenlebens gibt, die für alle gelten, aber auch Auseinandersetzungen. Vor allem aber sind alle voneinander abhängig und aufeinander angewiesen – es besteht ein vielfältiges, unsichtbares Netz von Beziehungen.

Im **ersten Akt** wird der Teich besucht. Seine Größe ist nicht entscheidend, vor allem sollte er ökologisch intakt sein. Vor Ort erforschen die Lernenden den Teich und sein Ufer und schließen Freundschaft mit selbstgewählten Tieren und Pflanzen. Bevor sie ausschwärmen, wird mindestens an einem Beispiel aufgezeigt, wie Friedrich Junge die Autökologie von Arten in seinem Lehrbuch vorstellt, und es werden Anleitungen zum Fangen von Wassertieren sowie die dazugehörigen Materialen verteilt: Petrischalen, Lupen, Käscher, kleinere und größere Wassergefäße, falls möglich, zwei, drei Binokulare für kleinere Tiere. Die Lernenden beobachten, wo sich die Tiere aufhalten, was sie tun, wie sie sich ernähren, wie und wo sie sich bewegen, wo sie sich verstecken usw. Auch die Pflanzen werden genau angeschaut. Nun muss das Gesehene noch in Worte gefasst und so genau wie möglich gezeichnet werden (Abb. 1). Vielleicht findet sich auch ein eigener, passender Name für die Pflanzen und Tiere.

Abb. 1 Schülerinnen und Schüler zeichnen und recherchieren Pflanzen und Tiere am Teich. (Foto: R. Schaufelberger)

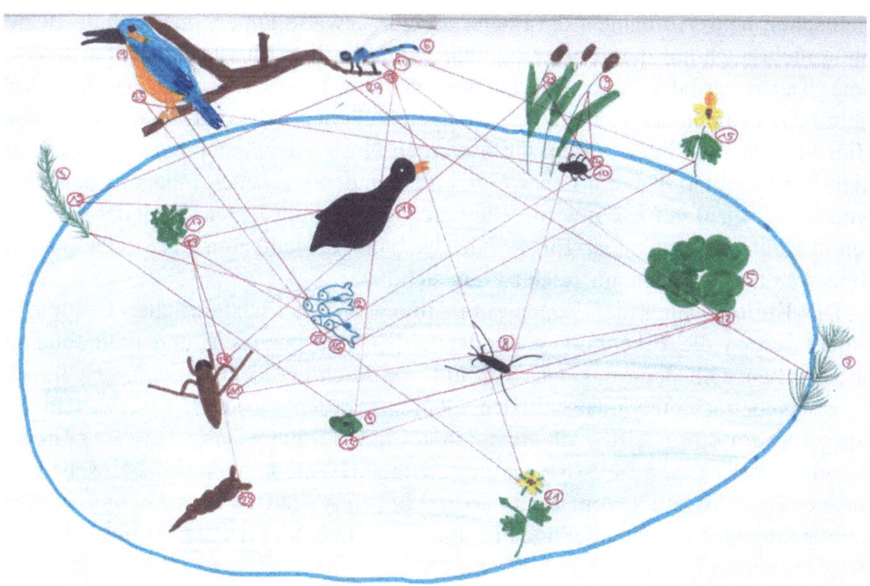

Abb. 2 Das Beziehungsgeflecht im Teich ausgehend vom Eisvogel. (Foto: R. Schaufelberger)

Im **zweiten Akt** wird ein Abbild des Teichs ins Schulzimmer geholt. Gemeinsam wird der Teich mit seinen Uferzonen und -gewächsen und mit verschiedenen Tiefen im Groben auf ein großes Poster gemalt. Zahlreiche Fachbücher voller Informationen zu allen Lebewesen im und am Teich enthüllen Details zu den Tieren und Pflanzen und helfen dabei, nach eigener Wahl differenzierte Steckbriefe oder Porträts zu erstellen. In denen werden die artspezifischen Eigenheiten der Tiere und Pflanzen, deren autökologischer Nutzen für den See und die mannigfaltigen synökologischen Beziehungen, die zwischen ihnen und anderen Arten bestehen, herausgearbeitet. Auch können an dieser Stelle die im ersten Akt hergestellten Zeichnungen überarbeitet, verfeinert oder auch korrigiert werden.

Im dritten Akt wird in einer großen Präsentationsrunde am Teich-Poster aufgezeigt, was da alles zusammengekommen ist (Abb. 2). Neben den steckbriefartigen Beschreibungen der Tiere und Pflanzen werden stets auch ihre Beziehungen zu den anderen Lebewesen herausgestellt. Dabei werden die sogenannten „Gesetze" angewendet, die Junge aus verschiedenen Quellen zusammengetragen hat: Die Gestalt der Pflanzen und Tiere und ihre Lebensweise sind funktional aufeinander bezogen; die Tiere und Pflanzen geben dem Teich und nehmen aus dem Teich, was sie zum Leben brauchen; die Lebewesen passen sich den vorhandenen Lebensbedingungen im Teich an; die Pflanzen und Tiere entwickeln sich von einfacheren zu komplexen Formen und differenzieren in den verschiedenen Entwicklungsstadien ihre Organe entsprechend ihrer Lebensweisen aus; die Lebewesen der Lebensgemeinschaft hängen wechselseitig voneinander ab. Mit jeder Kurzpräsentation füllt sich das Poster allmählich mit ausgeschnittenen Tier- und Pflanzenzeichnungen. Vielleicht ergibt sich schon beim Aufhängen die Frage, ob eine gewisse Futter- oder Schutz-Beziehung nicht auch auf dem Poster sichtbar werden sollte. Müsste diese Pflanze oder jenes Tier näher oder ferner vom anderen Tier angebracht werden? Aber nur durch räumliche Nähe lassen sich die Beziehungen nicht deutlich genug sichtbar machen. Hier können Wollfäden helfen. Grün werden Nutz- oder Schutzbeziehungen markiert, rot bedeutet, dass ein Lebewesen einem anderen schadet, indem es beispielsweise (teilweise) gefressen wird. Alle befestigen reihum Fäden, bis jedes Lebewesen mit anderen vernetzt ist. Ein Teil des bis dahin unsichtbaren Netzes der synökologischen Beziehungen am Teich ist nun sichtbar.

Der **Epilog** schlägt den Bogen zum Anfang. In einer ausführlichen Gesprächsrunde werden die Erkenntnisse der letzten Zeit ausgetauscht und untereinander abgeglichen: Gilt denn das, was von uns am Teich entdeckt wurde, auch für die eingangs betrachteten menschlichen Gemeinschaften? Und ist das, was in der Burg oder im Zirkus gilt, auch am Teich gültig? Wer hat welche Aufgabe? Gibt es Regeln? Was passiert bei Auseinandersetzungen? Was können wir Menschen für unsere Gemeinschaften vom Teich lernen? In den Austausch eingeflochten werden kann gerne auch das ein oder andere Zitat von Junge, Möbius ober Humboldt.

Anmerkung

Wenn das Untersuchungsgebiet nicht allzu weit von der Schule entfernt liegt, bieten sich mehrmalige Untersuchungen am Teich an. In dem Fall kann zu Beginn ein Überblick gewonnen werden. So können zuerst die größeren Tiere und Pflanzen untersucht werden, später die kleineren bis Kleinstlebewesen. Die gewonnenen Erkenntnisse und Einsichten können am Ende anderen Klassen oder an einem Elternabend vorgestellt und vermittelt werden. Im Idealfall passiert das am Teich selbst.

Im Anschluss an das Lehrstück bieten sich weitere synökologische Vertiefungen an. Inhalte wie Räuber-Beute-Beziehungen, Konkurrenzverhältnisse, Symbiosen oder populationsökologische Simulationen lassen sich direkt anknüpfen. Außerdem lohnt es sich, nach Abschluss des Lehrstücks im Lauf des Jahres weitere kurze Besuche am Teich zu planen – es treten ja jedes Mal weitere Beziehungen zutage, die die Lernenden entdecken und nun auch einordnen können. ◀

Dr. Michael Jänichen ist Lehrer für Deutsch und Geographie am Gymnasium Muristalden Bern (CH) sowie Dozent an der Pädagogischen Hochschule Luzern (CH). Er ist Vorstandsmitglied der „Gesellschaft für Lehrkunstdidaktik" und promovierte 2010 bei Hans Christoph Berg und Heinz Stübig (Philipps-Universität Marburg) zum Thema „Dramaturgie im Lehrstückunterricht".

Prof. Dr. Susanne Wildhirt ist Dozentin für Bildungs- und Sozialwissenschaften Sekundarstufen 1 und 2 an der Pädagogischen Hochschule Luzern (CH). Sie ist Vorstandsmitglied der „Gesellschaft für Lehrkunstdidaktik" und promovierte 2007 bei Hans Christoph Berg und Wolfgang Klafki (Philipps-Universität Marburg) zum Thema „Lehrstückunterricht gestalten".

Lernen lernen mit Ebbinghaus und Aebli

Christoph Berchtold und Michael Jänichen

▶ *Üben wird häufig mit Drill und Druck in Verbindung gebracht. Und dies, obwohl die Lernforschung zeigt, wie relevant das Üben für vollständige Lernprozesse ist und Kinder alle möglichen Tätigkeiten immer wieder und gerne wiederholen. – Gegen Ende des 19. Jahrhunderts erforschte der Psychologe Hermann Ebbinghaus (1850–1909) in seinen berühmt gewordenen Selbstexperimenten Lern- und Gedächtnisvorgänge. Zur Untersuchung wählte er das statistische Verfahren. So entdeckte er unter anderem die Lernkurve und die Vergessenskurve, die immer wieder untersucht und bestätigt werden konnten. Wäre es nicht spannend, wenn nun Kinder und Jugendliche den gefundenen Lerngesetzen selbst auf die Schliche kämen, sie selbst entdeckten und so das Lernen lernen könnten? Der Pädagoge und Psychologe Hans Aebli (1923–1990) hat in seinem Standardwerk* Zwölf Grundformen des Lehrens *(1983) dem Üben als einem zentralen Prinzip des Lernens ein eigenes Kapitel gewidmet. Halten die gefundenen Regeln dem Vergleich mit Aeblis Werk stand?*

Zum **Auftakt** des Einakters erhalten die Lernenden in einem Referat oder szenischen Spiel der Lehrperson grundlegende Informationen zu Ebbinghaus und seiner Forschungsmethode. Wird er von der Lehrperson gespielt, kann aufgezeigt werden, wie Ebbinghaus an seinem Studiertisch sitzt und irgendwelche Silben vor sich hinmurmelt, die er für seine Lernforschungen lernt, während ein Metronom

C. Berchtold · M. Jänichen (✉)
Bern, Schweiz
E-Mail: michael.jaenichen@lehrkunst.ch

C. Berchtold
E-Mail: chberchtold54@bluewin.ch

M. Gerwig et al. (Hrsg.), *Sternstunden der Bildung*,
https://doi.org/10.1007/978-3-658-50735-0_57

den Takt dazu vorgibt. Fragen tauchen auf, die von der der Klasse ungefähr so formuliert werden: „Wie lernen wir? Gibt es Gesetzmäßigkeiten? (Wie) kann Lernen erforscht werden? Wie lässt sich Lernen verbessern?"

Nun ergeht an die Schülerinnen und Schüler der Auftrag, innerhalb der nächsten zehn Minuten beispielsweise 18 tschechische Vokabeln oder ein kurzes fremdsprachiges Gedicht zu lernen und ihre Vorgehensweise sowie ihren Lernerfolg zu beschreiben. Erst danach werden sie in die Forschungsmethode von Ebbinghaus eingeführt: Eine Frage wird gestellt, ein Versuchsplan zu deren Beantwortung erarbeitet, eine Hypothese zum vermuteten Ausgang des Experiments formuliert. Dies können die Lernenden im szenischen Spiel direkt von Ebbinghaus erfahren.

Als Beispiel für den Versuchsplan dient der Auftrag, eine Strophe eines fremdsprachigen Lieds zu erlernen. Die Lernenden klären zu zweit, wie die drei Schritte des Lern-Experiments konkret aussehen sollen, und machen abwechselnd einen ersten Versuch. In der Auswertung berichten sie einander von den eigenen Lernerfahrungen und besprechen die Beobachtungen der anderen Person, um die Fremd- und die Selbstwahrnehmung untereinander abzugleichen. Die Beobachtungen werden notiert (Abb. 1).

Abb. 1 Die individuellen Erkenntnisse einer 5. Klasse zum Lernen werden an der Wandtafel strukturiert. (Foto: J. Christen)

Das Experiment wird anschließend optimiert und ein zweites Mal durchgeführt. Ob die Ergebnisse des zweiten Durchlaufs jeweils mehr überzeugen, wird in einem munteren Gespräch mit der ganzen Klasse geklärt. Es ist damit zu rechnen, dass erste selbst entdeckte Tipps und Tricks auftauchen. Sie sind sehr willkommen als Hinweise für erfolgreiches Lernen, auch wenn es noch nicht *Lerngesetze* im Sinn von Ebbinghaus sind.

Die Lern-Experimente werden noch mindestens zwei weitere Male durchgeführt. Mit jedem weiteren Mal pocht „Herr Ebbinghaus" zunehmend auf die naturwissenschaftliche Vorgehensweise, Exaktheit und Disziplin. Immerhin geht es hier nicht einfach um die persönlichen Vorlieben beim Lernen, sondern um die Erkenntnis, dass Lernvorgänge systematisch erforscht und verstanden werden können. Wesentlich für die Versuche ist ein ausreichend breites Angebot an Lernmaterialien – neben Vokabeln auch Lieder oder Gedichte unbekannter Sprachen. Dies wird immer verbunden mit dem Hinweis an die Teams, ihrer selbst gewählten Herausforderung möglichst treu zu bleiben. Die Tandems notieren ihre gewonnenen Lerntipps selbstständig.

Zuletzt werden die gemachten Lernerfahrungen und gefundenen Hinweise zum effektiven und effizienten Üben in der Klasse gemeinsam besprochen und systematisch nach Ähnlichkeiten gebündelt. So ergeben sich fünf bis sieben *Goldene Regeln des Lernens und Übens*, die auf einem Plakat an der Wand des Unterrichtszimmers für alle dauerhaft sicht- und verfügbar gemacht werden.

Der Akt schließt, indem Ebbinghaus die wesentlichen Erkenntnisse seiner eigenen Forschung vorstellt (Abb. 2). Hier drängen sich die Lernkurve und die Vergessenskurve auf.

Im **Finale** tritt Hans Aebli auf und stellt den Lernenden sich selbst und sein Buch vor, in dem er zwölf Grundformen des Lernens unterscheidet. Im elften Kapitel geht es um das *Üben*. Wichtig beim Üben sind unter anderem die Anzahl von Wiederholungen, die zeitlichen Abstände zwischen Wiederholungen, die Untergliederung dessen, was gelernt werden soll, die Lernmotivation, die Wirkungen von Erfolgserlebnissen, die Aussicht auf Belohnungen, die Kurve des Vergessens. Fortlaufend werden Aeblis Ratschläge zum Üben mit den gefundenen *Goldenen Regeln* abgeglichen. Dabei stellt die Klasse fest, dass sie einige davon in den eigenen Experimenten selbst entdeckt hat, andere jedoch nicht – Zeit, um nun auch Ebbinghaus' Forschungsmethode kritisch zu würdigen. Er hat gezielt mit sinnfreien Silben in einer künstlichen Lernsituation und nur in kurzen Zeitintervallen experimentiert, um Störfaktoren wie Gefühle und Assoziationen, die sich aus Erfahrungen mit den Inhalten ergeben, bewusst ausschließen und Lernfehler leichter und schneller messen zu können. Deshalb können Schlussfolgerungen beispielsweise für das Langzeitgedächtnis oder das kontextbezogene Lernen aus den Experimenten nicht abgeleitet werden.

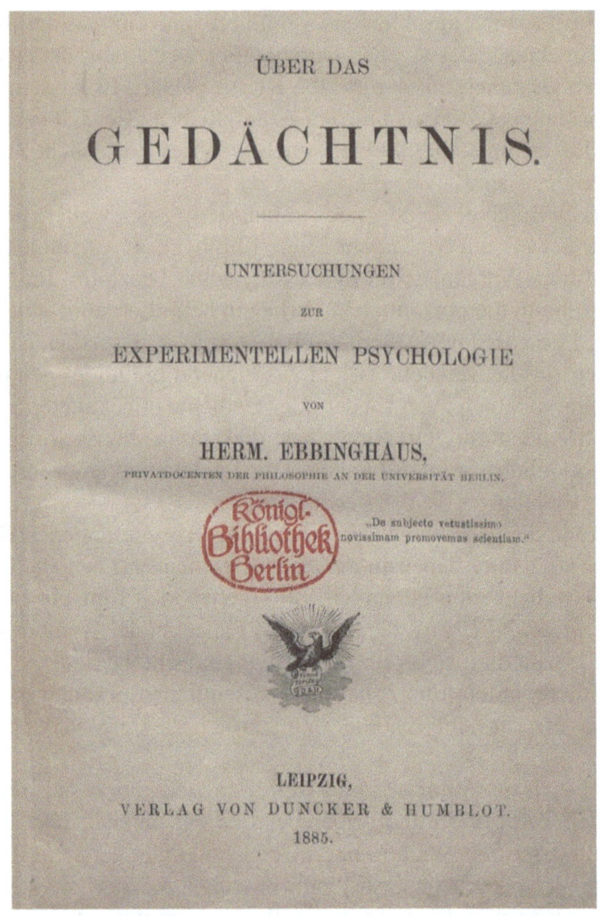

ÜBER DAS

GEDÄCHTNIS.

UNTERSUCHUNGEN

ZUR

EXPERIMENTELLEN PSYCHOLOGIE

VON

HERM. EBBINGHAUS,

PRIVATDOCENTEN DER PHILOSOPHIE AN DER UNIVERSITÄT BERLIN.

„De subjecto vetustissimo novissimam promovemus scientiam."

LEIPZIG,
VERLAG VON DUNCKER & HUMBLOT.
1885.

Abb. 2 Titelseite der Erstausgabe von Ebbinghaus' *Über das Gedächtnis* (1885). Das Werk wird bis heute immer wieder neu aufgelegt. (Quelle: https://www.deutschestextarchiv.de/book/show/ebbinghaus_gedaechtnis_1885)

Anmerkung

Das Lehrstück kann mit Lehramtsstudierenden, aber auch mit Grund- und Sekundarschulklassen durchgeführt werden. Selbstverständlich muss es jeweils an die Lerngruppe angepasst werden. So könnten junge Erwachsene als Ergänzung auch mit psychologischen Grundlagen oder pädagogischen Konsequenzen konfrontiert werden, indem sie zum Beispiel die 25 Seiten zum Üben und Wiederholen aus dem Buch Aeblis lesen (Aebli 2006, S. 326–350) und auch in der Originalarbeit von Ebbinghaus stöbern können. Kindern hingegen würden derartige Details den Blick verstellen. Wenn sie die Herren Ebbinghaus und Aebli als strenge, aber vor allem wohlwollende Ratgeber und Begleiter gewinnen und das Spielerisch-Experimentelle am Lernen für sie sichtbar wird, ist der Erfolg des Lehrstücks wohl am größten. ◀

Christoph Berchtold war Dozent für die Didaktik der Naturwissenschaften an der Pädagogischen Hochschule Bern (CH). Zusammen mit Michael Jänichen hat er bewährte Lehrstücke für die Volksschule zugänglich gemacht sowie mit Studierenden neue Lehrstückentwürfe erarbeitet und in der Praxis erprobt.

Dr. Michael Jänichen ist Lehrer für Deutsch und Geographie am Gymnasium Muristalden Bern (CH) sowie Dozent an der PH Luzern (CH). Er ist Vorstandsmitglied der „Gesellschaft für Lehrkunstdidaktik" und promovierte 2010 bei Hans Christoph Berg und Heinz Stübig (Philipps-Universität Marburg) zum Thema „Dramaturgie im Lehrstückunterricht".

Wie springt ein Ball?

Marc Müller

▶ *Weitgehend gefahrlos lässt sich behaupten, dass alle Kinder Bälle kennen. Mehr noch: dass Bälle für die meisten von ihnen zu den allerersten Spielzeugen überhaupt zählen, dass sie weiterhin mit Bällen spielen und dass Bälle für sie im Grunde die Spielzeuge schlechthin darstellen. Warum dann nicht an Bällen das Experimentieren erlernen? Und zwar an einer über die Jahre des Spielens fast verdrängten Frage: Wie macht der Ball das überhaupt, dass er springt? – Die Vorlage für dieses Lehrstück entwickelte Siegfried Thiel (1938–2023) bereits im Lauf der 1960er-Jahre, und zwar in direkter Anlehnung an die für höhere Klassenstufen vorgeschlagenen Unterrichtsexempel Martin Wagenscheins (1896–1988). Danach hatte er „seinen Ball" immer wieder und über Jahrzehnte hinweg mit Grundschulkindern unterschiedlicher Klassenstufen durchgeführt. Davon existieren auch Protokolle und Videoaufnahmen. Als Unterrichtsarrangement ist „Thiels springender Ball" ein Klassiker der naturwissenschaftlichen Bildung in der Grundschule.*

Der exponierende **Einstieg** in diesen zwei bis drei Lektionen umfassenden Einakter ist simpel: Gleichzeitig werden ein Ball und ein Kittbatzen fallengelassen. Der eine springt vom Boden hoch, der andere bleibt liegen. Mehrmals, und immer stumm, wird die Demonstration wiederholt. Erste Ideen und Vermutungen zu den ungleichen Verhalten drängen sich auf, von denen manche an weiteren Bällen sofort überprüft werden – beispielsweise, ob das Ventil des Balls eine Rolle spielt oder sein Gewicht.

Die beharrliche Vermutung, dass das Nicht-Springen des matschig anmutenden Kitts daher rührt, dass er am Boden kleben bleibt, ist Gegenstand der **ersten Szene**. Methodisch geht es ums *Überprüfen* selbst, also darum, was überhaupt

M. Müller (✉)
Berlin, Deutschland
E-Mail: mueller.marc@hu-berlin.de

M. Gerwig et al. (Hrsg.), *Sternstunden der Bildung*,
https://doi.org/10.1007/978-3-658-50735-0_58

zu leisten wäre, um etwas *zu beweisen* oder *zu widerlegen*. Die Kinder gehen in Kleingruppen ihren Einfällen nach und stellen ihre Erfahrungen im Plenum vor (Abb. 1). Gemeinsam wird klar: Am Kleben liegt es nicht.

Vielleicht aber hat es mit der Eindellung am Kitt zu tun, die sich am Ball gerade nicht zeigt? Ob es so eine Delle am Ball auch gibt? Ob wir sie sichtbar machen könnten? Und wie? Darum geht es in der **zweiten Szene**. Wieder wird gruppenweise experimentiert. Hier und da sind Tipps nötig, die in verrätselten Alltagsgeschichten gegeben werden. Etwa derjenigen von der Bäuerin, die den Dieb ihrer Hühner überführen wollte und dazu nach einer Möglichkeit suchte, Fuchs oder Sperber zum Hinterlassen eindeutiger Spuren zu zwingen. Der **Höhepunkt** des Lehrstücks wird erreicht, wenn es durch den trickreichen Einsatz einer gerußten Platte gelingt, die Eindellung während des Springens von Bällen nachzuweisen. Jetzt kann die Antwort formuliert und an unterschiedlichsten Arten von Bällen demonstriert werden.

Allerdings: Ist es wirklich so, wie eben gedacht? Schließlich gibt es auch harte Kugeln, beispielsweise solche aus Holz. Die springen zwar ähnlich wie Bälle, nur anscheinend ganz ohne sich dabei einzudellen. Denn wie sollte eine so harte Kugel sich dellen? Also wird in der **dritten Szene** noch einmal experimentiert und dabei mit der bereits erprobten Methode nachgewiesen, dass sich auch Holz- und sogar

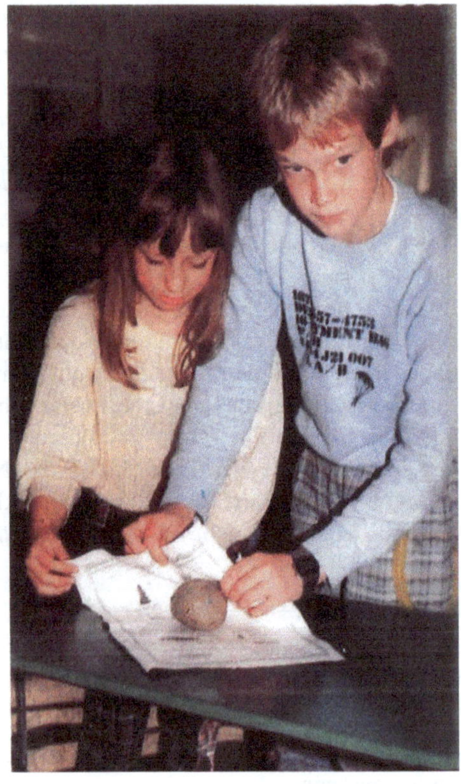

Abb. 1 Zwei Kinder stellen die Ergebnisse ihrer Gruppenversuche aus der ersten Szene vor: Trotz Einwickelns des klebrigen Kittbatzens in unklebriges Papier ist er nicht zum Springen zu bringen. (Thiel 1987, S. 22)

Stahlkugeln während des Springens eindellen. Das zu akzeptieren grenzt schon an Zumutung, weil davon ja nichts direkt zu sehen ist. Trotzdem muss es so sein: Die Rußspuren beweisen es!

Im **Finale** kommen noch weitere Bälle hinzu und auch neue Fachbegriffe („plastische“ vs. „elastische“ Verformungen). An und mit all dem kann die Antwort noch einmal neu formuliert werden. Vor allem aber kommt ein neues Spielzeug hinzu, das sich als clevere Variante des springenden Balls erweist: Der luftgefüllte Fahrradreifen – zuerst als Kutschenreifen erfunden und erprobt vom schottischen Unternehmer Robert William Thomson (1822–1873), dann, vor inzwischen bald anderthalb Jahrhunderten, noch einmal erfunden vom ebenfalls schottischen Tierarzt John Boyd Dunlop (1840–1921), um für seinen kleinen Sohn dessen Dreirad bequemer zu machen. Der Luftreifen entpuppt sich im Grunde als schlauchförmiger Ball. Von hier aus und mit der weltweiten Erfolgsgeschichte von Dunlops Fahrradreifen schweift der Blick vom eigenen Ballspiel hinaus in die Welt.

Anmerkung

Den herausfordernden Experimentierphasen zum Trotz ist das Lehrstück kurz und prägnant. Zwei bis drei Lektionen, mehr sind nicht nötig. Dabei hängt viel von den Bällen ab: Bälle und harte Kugeln jeglicher Arten und Größen, von denen nach und nach immer mehr hinzukommen. Für den Anfang ist (Fenster-) Kitt nötig, der, auch wenn es naheliegt, besser nicht durch Knete ersetzt wird. Die ist nämlich für die fragliche Demonstration bzw. die sich anschließenden Überlegungen zu wenig klebrig. Es lohnt sich zudem, in einen Raum mit hartem Boden (Beton, Hartholz) auszuweichen, damit die Aufmerksamkeit ungestört beim Verhalten der Bälle und Kugeln liegt, anstatt sich zusätzlich in Fragen der Bodenbeschaffenheit, also der Art der Stoßpartner zu verfangen. Weiter braucht es noch Sägespäne, Papierschnipsel oder Zeitungspapier für die Überprüfungen in der ersten Szene sowie Kerzen und Glasplatten (alternativ: Spiegelkacheln) für die zweite und dritte, wobei sich notfalls auch mit Durchschlagpapier Spuren der Eindellungen beim Springen der Bälle und Kugeln gewinnen lassen (Abb. 2). Für das Finale sollte auch ein Fahrradreifen griffbereit sein, der womöglich gemeinsam bzw. vor aller Augen aufgepumpt wird. So muss er sich nicht nur in Gedanken als „schlauchförmiger Ball“ bewähren, sondern kann auch „in echt“ als solcher ausprobiert werden.

Aus lernpsychologischer Sicht ist die Dramaturgie geradezu vorbildlich: Die eigentliche, gewinnbringende Einsicht wird bereits nach der Hälfte erreicht; danach folgen bis zum Schluss mehrere, immer weiter vom Zentrum her hinaus in die Welt strahlende Transfers, mit denen wiederholt das Kernkonzept sowohl plausibilisiert als auch in seiner Anwendbarkeit erweitert – und darüber hinaus kulturhistorisch und lebensweltlich verankert wird. ◄

Abb. 2 Der Nachweis der Eindellungen beim Springen einer Holzkugel mit einem Durchmesser von etwa 3,5 Zentimetern auf Durchschlagpapier: Von oben nach unten verläuft die Sprungspur, rechts ist der Abdruck erkennbar, den die Kugel beim bloßen Auflegen hinterlässt. (Foto: M. Müller)

Dr. Marc Müller ist wissenschaftlicher Mitarbeiter am Arbeitsbereich Sachunterricht und seine Didaktik an der Humboldt-Universität zu Berlin. Er ist Vorstandsmitglied der „Gesellschaft für Lehrkunstdidaktik“ und promovierte 2016 bei Johannes Grebe-Ellis (Bergische Universität Wuppertal) und Lutz-Helmut Schön (Humboldt-Universität zu Berlin) zur „Grammatik der Natur“.

Unser heimatliches Rathaus

Stephan Benzmann

▶ *Rathäuser gehören weltweit zu den grundlegenden baulichen Ensembles menschlicher Siedlungen. Sie sind Ausdruck einer friedlichen Organisation und Regelung des sozialen Zusammenlebens. Oft empfinden die Einwohnerinnen und Einwohner eine emotionale Verbundenheit zu diesem Gebäude, da es ihre Heimat symbolisiert. Viele Rathäuser sind älter als die Verfassungen der Staaten, in denen sie stehen. Zudem sind sie kunstvoll gestaltet. Architektonisch codierte Botschaften, Symbole, Statuen sowie zusammenhängende und übergeordnete Konzepte sind jedoch auf den ersten Blick nicht unmittelbar verständlich. Ein Rathaus als Gegenstand eines Lehrstückes regt dazu an, die gebaute heimatliche Umwelt bewusst zu erschließen, Fragen zu stellen, zu forschen und aktiv zu gestalten. Durch die Erkundung des heimatlichen Rathauses und seiner Bedeutung lernen die Menschen das gemeinsame Gestalten solcher Gebäude als politische Architektur exemplarisch kennen und begreifen deren Bedeutung.*

Die **Ouvertüre** findet vor dem Rathaus der Heimatgemeinde statt. In diesem Beispiel geht es um das Hamburger Rathaus. Die Schülerinnen und Schüler machen Fotos von Elementen, die verdeutlichen, dass sie sich vor einem Rathaus befinden. Betrachtet man die fotografierten Objekte im Vergleich zu anderen Gebäuden, wird schnell klar, dass sie nicht eindeutig auf ein Rathaus hinweisen; eine große Uhr und einen Turm findet man ja beispielsweise auch an Kirchen. Die Schwierigkeit, ein passendes Symbol für ein Rathaus auszuwählen, führt unmittelbar zur Sogfrage, was ein Rathaus eigentlich ist.

S. Benzmann (✉)
Hamburg, Deutschland
E-Mail: stephan.benzmann@uni-hamburg.de

M. Gerwig et al. (Hrsg.), *Sternstunden der Bildung*,
https://doi.org/10.1007/978-3-658-50735-0_39

Im **ersten Akt** wird aus der Perspektive des Rathausbaumeisters Martin Haller (1835–1925) die Architektur des Hamburger Rathauses sokratisch decodiert. Auf diese Weise sind historische Umstände zur Zeit des Baus Teil der Begegnung. Darüber hinaus werden auch aktuelle mediale Auseinandersetzungen thematisiert, zum Beispiel, ob das Rathaus eine Visitenkarte der Stadt ist, und das Rathaus wird auf Aussagen zur gegenwärtigen politischen Ordnung der Stadt befragt.

Auf diese Weise werden Brüche zwischen historischen politischen und sozialen Verhältnissen inszeniert und dadurch fortlaufend Irritationen erzeugt. Es werden viele Frage gestellt, die zu einer Auseinandersetzung anregen: Soll zum Beispiel die Statue von Karl dem Großen, der zentral über dem Eingang steht und der eine Taufkirche in der Hand hält, deren Bau er in Hamburg initiiert haben soll, ersetzt werden? Er war nach neusten historischen Erkenntnissen nie auf dem Gebiet des heutigen Hamburgs und hat den Bau einer Kirche hier auch nicht initiiert. Warum hat das Hamburger Verfassungsgericht, das heute das dritte Verfassungsorgan ist, seinen Sitz nicht im Rathaus? Soll der Kaiseradler, der die Spitze des Rathauses krönt, durch den Bundesadler ersetzt werden?

Abschließend werden zeitgeschichtliche Veränderungen des Rathausmarktes anhand historischer Postkarten präsentiert und mit nichterfolgten Veränderungen des Rathauses seit seinem Bau konfrontiert.

Im **zweiten Akt** wird thematisiert, ob sich durch die politische Architektur des Rathauses das politische System, das sie repräsentiert, entschlüsseln lässt (Abb. 1). Hierfür wird das politische Programm des Rathauses anhand der zuvor gemachten Fotografien sowie der Verfassungen aus der Bauzeit systematisch analysiert. Anschließend wird es mit der heutigen Situation verglichen. Muss die bestehende Architektur auf die heutigen Verhältnisse angepasst werden?

Der **dritte Akt** und damit der Höhepunkt wird durch die Frage eingeleitet, warum es das heimatliche Rathaus und auch anderswo Rathäuser überhaupt gibt. Rathausbauten aus allen Zeiten und aus der ganzen Welt werden gründlich betrachtet, ihre Fassaden werden decodiert und ihre baulichen Veränderungen werden mit sozialen und politischen Brüchen kontextualisiert. Neben dem antiken Bouleuterion Athens werden unter anderem das Rathaus von Los Angeles in den USA, das Rathaus von Nagoya in Japan und das alte sowie neue Rathaus von Göttingen sokratisch im Sinne der oben genannten Fragen analysiert.

Im **vierten Akt** werden als Antwort auf die Frage, ob das heimatliche Hamburger Rathaus so bleiben soll, wie es ist, dann Optionen erörtert, ob es am heimatlichen Rathaus Veränderungen, einen Neubau oder eine Umwidmung geben sollte. Hierbei können sich die Schülerinnen und Schüler an den historischen und weltweiten Beispielen orientieren. Als **Lösung** diskutieren die Schülerinnen und Schüler, ob das Hamburger Rathaus verändert werden soll oder ob es so bleiben soll, wie es ist.

Im **Epilog** haben sie anschließend die Gelegenheit, einen Entwurf für ihr heimatliches (Hamburger) Rathaus zu erstellen – im Bewusstsein um die politische

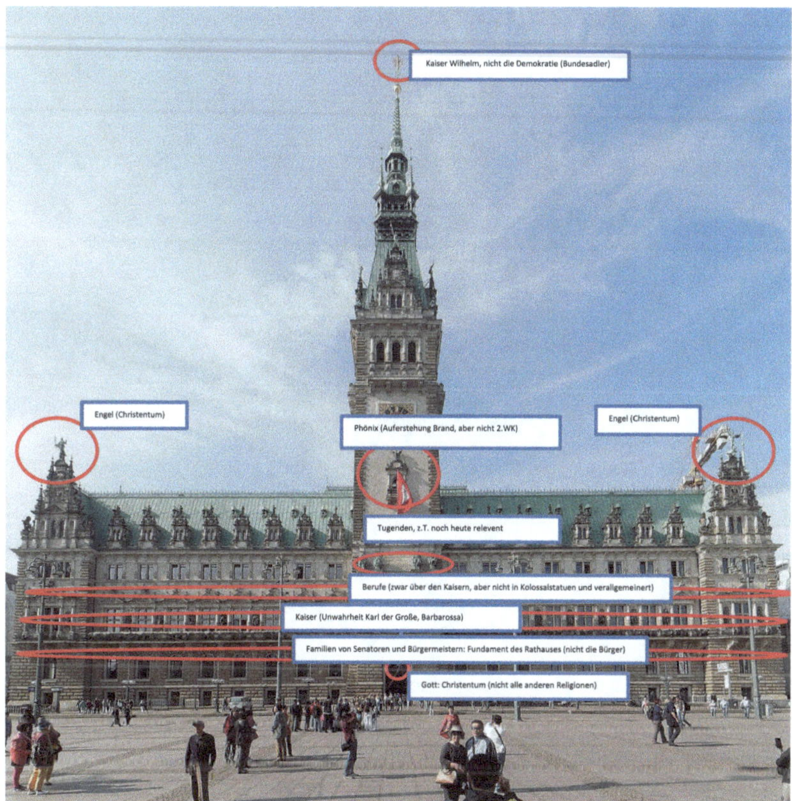

Abb. 1 Dekodierung der Elemente des Hamburger Rathauses. (Grafik: S. Benzmann)

und soziale Gegenwart und vielleicht auch mit einem Blick in eine vorstellbare Zukunft (Abb. 2). Ihre Entwürfe präsentieren sie in einer Ausstellung.

Anmerkung

Die Durchführung des Lehrstücks zeigt eine bemerkenswert hohe Beteiligung aller Schülerinnen und Schüler. Dabei wird deutlich, dass die heimatliche Verbundenheit nicht auf Schülerinnen und Schüler, die bzw. deren Familien lange vor Ort wohnen, beschränkt ist. Auch hinzugezogene Schülerinnen und Schüler verknüpfen heimatliche Gefühle mit dem Rathaus, da es ihren neuen Wohnort versinnbildlicht.

Unser heimatliches Rathaus erfüllt den Bildungsanspruch an eine politisch-soziale Bildung. Es stellt Relationen zwischen lebensweltlichen, intenti-

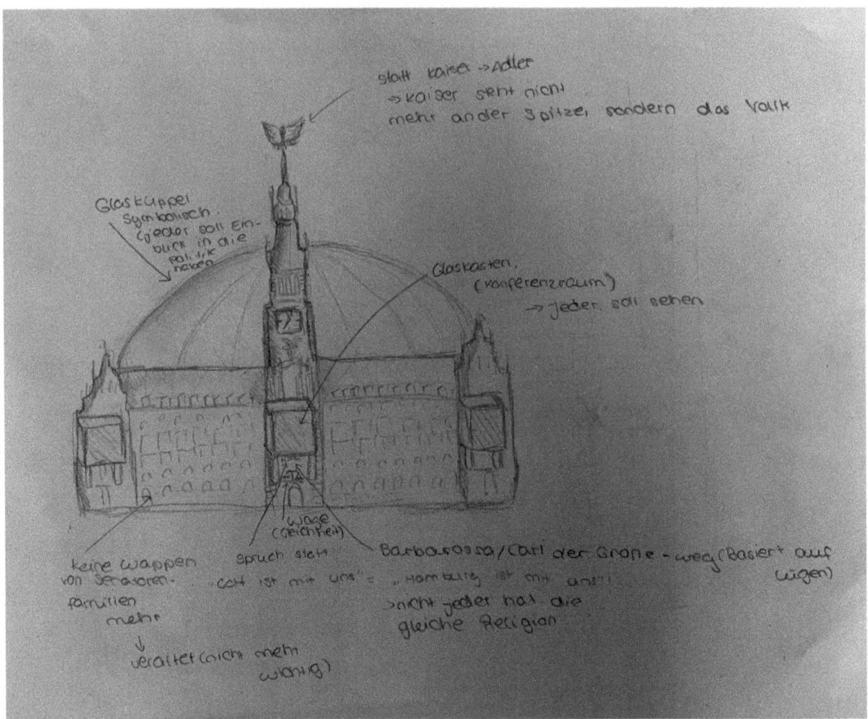

Abb. 2 Entwurf einer Veränderung des Hamburger Rathauses von einer Schülerin. (Foto: S. Benzmann)

onellen und sozialwissenschaftlichen Wissensbereichen her und bestärkt durch sein identifikationsstiftendes Potenzial, dass Schülerinnen und Schüler die bauliche Umwelt und das, was im Rathaus geschieht, mitgestalten: ein Überdauern der Sternstunde „Rathaus“ als *work in progress*. ◀

Dr. Stephan Benzmann ist Lehrer für Deutsch, Politik-Gesellschaft-Wirtschaft und Geschichte (bilingual auf Englisch) an einem Gymnasium in Hamburg. Er ist Dozent am Arbeitsbereich Didaktik der Sozialwissenschaften an der Universität Hamburg, Herausgeber und Autor von Politikschulbüchern und Unterrichtsmaterialien sowie Vorsitzender des Hamburger Landesverbands der „Deutschen Vereinigung für Politische Bildung“ (DVPB). Im Jahr 2025 promovierte er bei Tilman Grammes (Universität Hamburg) zum Thema „Lernnarratologische Politikdidaktik“.

Mein eigenes Kunsthaus bauen mit van Gogh und Picasso

Werner Meier

▶ *Das Lehrstück gibt in seiner Struktur und Anlage in überschaubarer Form einen kunstgeschichtlichen Einblick in die spannende und bewegte Zeit vom Impressionismus bis zur Klassischen Moderne und führt so zu einer intensiven Begegnung mit einer künstlerisch bewegten Epoche.* „Mein eigenes Kunsthaus bauen" *versteht sich als Bild, als Metapher für das Kennenlernen, Begreifen und Schätzenlernen, aber auch für die Fähigkeit, etwas zu ordnen bzw. einzuordnen, analog zu den einzelnen Sälen in einer Kunstsammlung oder im Kunstmuseum. Eine Schülerin schrieb dazu einmal passend in ihr Kunsttagebuch: „Am Anfang bestand ‚mein Haus' aus nur einer Etage, das Kunst hiess. Jedoch war diese Etage nicht in Räume aufgeteilt, sondern nur ein Ganzes, ein grosses Durcheinander. Mit der Zeit nahm mein Haus immer mehr Gestalt an."*

In der **Ouvertüre** des Lehrstücks liegen ein gutes Dutzend Künstler- und Künstlerinnentagebücher sowie Studienbücher auf den Tischen des Schulzimmers: beispielsweise Paul Klee, Edgar Degas, Pablo Picasso, Ernst Ludwig Kirchner, Eva Aepli und andere.

Im Zuge der eingehenden Betrachtung dieser künstlerischen Studien (und Texte) befinden wir uns nach und nach in den Ateliers und Werkstätten und in den Gedanken der Künstlerinnen und Künstler. Ihre Schaffensprozesse und das Entstehen von Kunstwerken werden greifbar. Die stilistische und methodische Vielfalt der Tagebücher findet im Weiteren auch eine Entsprechung im Gestalten eines eigenen Kunsttagebuches, das die Lernenden begleitend zum Kunstunterricht erarbeiten und gestalten.

In einer folgenden Unterrichtsstunde wird die Schulklasse begrüßt mit einem Arrangement von diversen Objekten. Der **erste Akt** beginnt. Im Raum befinden

W. Meier (✉)
Trogen, Schweiz

M. Gerwig et al. (Hrsg.), *Sternstunden der Bildung*,
https://doi.org/10.1007/978-3-658-50735-0_60

sich eine Feldstaffelei, ein Ölfarbenmalkasten, eine Palette, Pinsel, ein Paar alter Schuhe, vertrocknete Sonnenblumen, ein Verbandstuch und ein Strohhut, bestückt mit Kerzen (Abb. 1). Das Rätseln beginnt, das Deuten und Zuordnen, das Erfragen. Zu welchem Maler passen diese Objekte, was soll der Kerzenhut? Ein Briefausschnitt, der die Begeisterung Vincent van Goghs (1853–1890) im Anblick der Farben am Nachthimmel über Arles beschreibt, bestätigt die Vermutungen.

Hat er tatsächlich bei Nacht gemalt? Funktioniert das mit dem Kerzenhut? Das Zimmer wird verdunkelt und die Lehrperson malt Preußischblau, Kobaltblau, Sternengoldgrüngelb im Kerzenlicht (Abb. 2). In der Klasse entstehen anschließend Farbstudien zu Gemälden van Goghs, die nachträglich Eingang finden in das Tagebuch, zusammen mit der gewählten Bilderproduktion (Abb. 3). Natürlich darf der Brief van Goghs mit den begeisternden Farbschilderungen am Nachthimmel darin nicht fehlen.

Diese geschilderte Unterrichtssequenz ist ein einzelnes Beispiel aus jener Reihe von losen Szenen im Hauptteil des Lehrstücks, die zugeschnitten sind auf den jeweiligen Künstler, die Künstlerin oder die Kunstrichtung, der oder die im Zentrum steht. Stets sind aufschlussreiche Texte sowie praktische Übungen und eigene Umsetzungen Teil dieser Szenen.

In einer anderen Szene sitzt beispielsweise die Klasse im Kreis um einen Tisch. Darauf befindet sich ein Stillleben, bestehend aus einer Gitarre und zwei, drei Tonkrügen. Die Schülerinnen und Schüler beginnen mit dem Zeichnen der Formen (Abb. 4). Nach einer gewissen Zeit wird das Zeichenblatt weitergegeben im Kreis und eine zweite Zeichnung wird mit dem Bleistift und Farbstiften über die erste gelegt. Und noch einmal: Eine dritte Zeichnung kommt auf die gleiche Weise

Abb. 1 Arrangement in der Van-Gogh-Szene. (Foto: W. Meier)

Abb. 2 Der Lehrer malt in der Rolle von van Gogh. (Foto eines Schülers)

Abb. 3 Malerische Studien von Schülerinnen und Schülern zu van Gogh. (Foto: W. Meier)

Abb. 4 Kubistisches Atelier in der Picasso-Szene. (Foto: W. Meier)

Abb. 5 Schülerinnen- bzw. Schüler-Zeichnungen mit einem kubistischen Gemälde. (Foto: W. Meier)

hinzu und das „kubistische" Formengefüge wird erkennbar. Das Thema der mehreren, gleichzeitig vorhandenen Perspektiven in Bildern Picassos und das Spiel mit der Abstraktionsform ist eröffnet. Seine Überlegungen dazu können aus seinen Tagebüchern erschlossen werden.

Mit dem Besuch des nahe gelegenen Kunsthauses im **zweiten Akt** begegnen wir den Originalwerken (Abb. 5). In Zürich treffen wir zum Beispiel van Gogh in einem Selbstportrait, wir entdecken im Pinselduktus von Claude Monet (1840–1926) die reinen Farben und wir sehen Bezüge zu unseren Übungen zum Kubismus in der Betrachtung wichtiger kubistischer Kompositionen von Pablo Picasso (1881–1973).

Zur Abrundung im **Epilog** gehört auch die gegenseitige Betrachtung der nun fertig gefügten eigenen Kunsttagebücher mit den dokumentierten Unterrichtsteilen, ergänzt mit individuellen Beobachtungen, Skizzen und Gedanken. Ein eigenes gedankliches Kunsthaus im Sinn eines Gedankenpalastes ist lebendig eingerichtet.

Anmerkung

Gewichtige, prägende Künstlerpersönlichkeiten wie Vincent van Gogh, Claude Monet, Wassily Kandinsky, Ernst Ludwig Kirchner, Salvador Dalí und Pablo Picasso stehen mit gutem Grund im Zentrum der Betrachtung. Die Auswahl der Künstler bzw. auch Künstlerinnen und der Epochen ist aber nicht festgelegt und kann sich neben Aspekten der Zugänglichkeit von Text- und Bildmaterial auch nach einem gegebenen Zeitbudget richten. ◀

Werner Meier war Lehrer für Bildnerisches Gestalten an der Kantonsschule Trogen (CH). Zwischen 2003 und 2007 gehörte er zu den Mitwirkenden der dortigen Lehrkunstwerkstatt. Heute geht er vor allem seinen großen Leidenschaften nach: Kunst und Musik.

Fontanes „Effi Briest"

Stephan Schmidlin und Michael Jänichen

▶ *Theodor Fontane (1819–1898) ist der berühmteste Realist der deutschen Literatur im 19. Jahrhundert. Sein erfolgreichstes Werk unter den rund zwei Dutzend Romanen, Reisebeschreibungen und Erzählungen ist* Effi Briest *(1895). Fontane schreibt dazu in seinem Tagebuch, die Buchausgabe brachte es „in weniger als Jahresfrist zu fünf Auflagen – der erste wirkliche Erfolg, den ich mit einem Romane habe". – Die Genese des Romans ist inspirierend und lädt zum Mitmachen ein. Zwei Jahre nach dem Beginn der Arbeit an* Effi Briest *wird Fontane krank und sein Arzt empfiehlt ihm, statt an der „Effi" an seiner Autobiographie weiterzuschreiben. So entsteht der autobiographische Roman* Meine Kinderjahre *(1893), in dem Fontane nicht nur Vorbilder und Motive für seinen Roman erarbeitet, zum Beispiel den Spuk oder das Schaukeln, sondern an dem er sich auch wieder im wahrsten Wortsinn gesundgeschrieben hat. Anschließend geht es fast wie von selbst, Fontane schreibt „träumerisch und fast wie mit einem Psychographen". Nach insgesamt fünf Jahren Arbeit und drei Jahre vor seinem Tod ist* Effi Briest *fertig. Das Buch stellt somit eine Art Bilanzroman von Fontanes Lebens dar. An ihm kann erkundet werden, auf welche Weise er entstanden ist. Es ist also wegen der guten Dokumentation quasi möglich, der Genese des Werkes während der Genesung des Autors beizuwohnen. So offenbaren einige von Fontanes Briefen, wie der Roman zu lesen ist und wo in der Arbeit am Text Akzente zu setzen sind. Sie zeigen, wo sich die Lernenden mit Aufträgen in den Roman einschreiben sollen, also durch eigene aktive Textproduktion den Gestus der Vorlage nachentdecken.*

S. Schmidlin (✉) · M. Jänichen
Bern, Schweiz

M. Jänichen
E-Mail: michael.jaenichen@lehrkunst.ch

M. Gerwig et al. (Hrsg.), *Sternstunden der Bildung*,
https://doi.org/10.1007/978-3-658-50735-0_61

In der **Ouvertüre** werden die Lernenden mit einer Erinnerung an einen Lieblingsort der eigenen Kindheit konfrontiert. Alle erzählen einer anderen Person von diesem Lieblingsort und zeichnen ihn auch auf Papier, um die Erzählung zu veranschaulichen.

Der **erste Akt** kreist um die zentrale „Effi, komm"-Szene aus dem Film von Rainer Werner Fassbinder (1945–1982) (Abb. 1). Zu Beginn werden die ersten beiden Kapitel szenisch gelesen. Dazu wird auch ein Grundriss von Effis Kindheitsort Hohen-Cremmen gezeigt. Am Ende steht Herthas Ausruf „Effi, komm", der den biographischen Wendepunkt zwischen der kindlich-jugendlichen Effi und der zukünftigen Ehefrau markiert. Dies wird im Klassengespräch erarbeitet, zum Beispiel auch an der Bekleidung Effis (sie trägt ein Matrosenkleid, als sie von der Verlobung erfährt). Fontane schreibt zu dieser Situation an den Schriftsteller Friedrich Spielhagen (1829–1911): „Das Auftauchen der Mädchen an den mit Wein überwachsenen Fenstern, die Rotköpfe, der Zuruf und dann das Niederducken und Verschwinden machten solchen Eindruck auf mich, dass aus dieser Szene die ganze lange Geschichte entstanden ist." An den entsprechenden Passagen aus der (beinahe psycho-analytischen) Aufarbeitung seiner Jugend in Fontanes *Meine Kinderjahre* wird diese Urszene von *Effi Briest* vollumfänglich erschlossen. Eine ähnliche biographische Wende haben die Lernenden am Ende ihrer Kindheit erlebt – bei Erwachsenen könnte es auch das Ende der Jugend sein. Ein erster Schreibauftrag wird erteilt zum Thema: „Wie meistern wir die Vertreibung aus unserem Kindheits-(Jugend-)Paradiesgärtlein?"

Der **zweite Akt** stellt nun das Ganze mit Fassbinders filmisch-literarischer Umsetzung des Romans aus dem Jahr 1974 auch bildlich vor Augen. Begleitend zur

Abb. 1 Standbild der „Effi, komm"-Szene in R. W. Fassbinders Film „Fontane Effi Briest" (0:05:36).

Lektüre des ganzen Romans erhalten die Lernenden einen Auftrag: „Die Kapitel sollen Überschriften erhalten." So hat es Fontane auch in seinen früheren Romanen gemacht, in diesem aber nicht. Während der nächsten Wochen, in denen der Roman gelesen wird, werden verschiedene Aspekte in Gruppen oder im Plenum erarbeitet: Fontanes und Effis Lebensorte, die Ehebruchsgeschichte („wie hundert andere mehr") um Elisabeth von Ardenne (ledig „von Plotho") (1853–1952), die biographischen oder historischen Vorlagen für andere Hauptfiguren.

Ein besonderes Augenmerk erhält dabei das Thema des Chinesenspuks, das Fontane zufolge einen herausragenden Stellenwert hat. „Ich begreife nicht, wie man daran vorbeisehen kann, denn erstlich ist dieser Spuk, so bilde ich mir wenigstens ein, an und für sich interessant, und zweitens, wie Sie hervorgehoben haben, steht die Sache nicht zum Spaß da, sondern ist ein Drehpunkt für die ganze Geschichte", schreibt er an den Schweizer Schriftsteller Joseph V. Widmann (1842–1911). Auch in Fontanes „Kinderjahren" gibt es eine Spukepisode, auf die nun hingewiesen wird. Der zweite biographische Schreibauftrag „Mein Chinesenspuk" führt zu einer Erinnerung an eine Angst oder eine Begegnung mit dem Unheimlichen in der Kindheit.

Unterdessen ist die Lektüre des Romans abgeschlossen. Der **dritte Akt** fokussiert eine weitere einflussreiche Dimension für Fontanes Effi, nämlich Fontanes Eltern. Auch hier gibt „Meine Kinderjahre" an vielen Stellen Einblick, wie der Roman – die erzählte Geschichte – durch die Biographie – die erinnerte „Wirklichkeit" – authentischer und anschaulicher gemacht wurde. Das Verhältnis zu den Eltern bietet eine weitere Gelegenheit, uns in den Effi-Briest-Komplex einzuschreiben, damit wir uns sein Thema zu eigen zu machen. Der dritte Schreibauftrag heißt entsprechend „Ich und meine Eltern".

Der **Epilog** schließlich zeigt die breite Palette von weiteren Themen, Motiven, Figuren und Stilfragen des materialreichen Romans auf. So könnten das Duell, die Ehe, die Adelsherrschaft, Ehre, das Preußentum, die Gottesmauer oder die vielen weiteren Personen und Orte genauer betrachtet werden. Hier werden diese Türen aber nur kurz geöffnet und es wird ein kurzer Blick auf den einen oder anderen Aspekt geworfen. Es wären auch noch viele weitere Schreibaufträge denkbar. Aber mit dem erfolgreichen Einschreiben in den Effi-Komplex ist ein umfangreiches Meisterwerk des deutschen Realismus von innen erschlossen worden. Das soll hier genügen.

Anmerkung

Das Lehrstück eignet sich für die gymnasiale Oberstufe, die daran erkennbare Vorgehensweise – der Fokus auf die Genese des Werkes – lässt sich aber grundsätzlich auf viele andere Texte übertragen. Bei den Vergleichen zwischen Fontanes „Quelle" und dem Roman im Klassengespräch sowie auch bei den Einschreibe-Texten geht es in dem Lehrstück nicht primär darum, Identisches, Parallelen oder Differenzen aufzuspüren. Das Entscheidende ist hier, das (Weiter-)Erzählen aus dem gleichen genetischen Gestus und der gleichen begleitenden Erzähl-Perspektive zu entdecken. Dieser Gestus steht dafür, dass Fontanes Geschichten, aber auch unsere eigenen, eine biographisch verbürgte Authentizität gewinnen. Dabei wird die klassische Differenz der Erzählperspektiven in einer umfassenden Ich-Perspektive aufgehoben. ◄

Dr. Stephan Schmidlin war Gymnasiallehrer für Deutsch und Englisch an der Berner Maturitätsschule für Erwachsene und am Freien Gymnasium Bern (CH). Er war bis zu seinem plötzlichen Tod am 14. November 2019 Vorstandsmitglied der „Gesellschaft für Lehrkunstdidaktik".

Dr. Michael Jänichen ist Lehrer für Deutsch und Geographie am Gymnasium Muristalden Bern (CH) sowie Dozent an der Pädagogischen Hochschule Luzern (CH). Er ist Vorstandsmitglied der „Gesellschaft für Lehrkunstdidaktik" und promovierte 2010 bei Hans Christoph Berg und Heinz Stübig (Philipps-Universität Marburg) zum Thema „Dramaturgie im Lehrstückunterricht".

Erd-Erkundung mit Hedin

Michael Jänichen

▶ *Als Sven Hedins (1865–1952) Schulbuch* Von Pol zu Pol *1911/1912 erscheint, liegen die großen Erschütterungen in Europa noch in der Zukunft. Das dreibändige Werk des Schweden ist eine globalgeografische Fortsetzung von Selma Lagerlöfs Heimatkunde-Lesebuch* Nils Holgerssons wunderbare Reise durch Schweden *und führt die Leserinnen und Leser der Sekundarstufe I auf eine Reise auf den Spuren des wohl letzten klassischen, landreisenden Entdeckers durch Europa, durch Asien und um die ganze Welt.* Von Pol zu Pol *entfaltet auf der Grundlage selbst gemachter Reiseerfahrungen, lebendiger Nacherzählungen und imaginativer Teile ein vollständiges und kohärentes Bild der „alten Welt", das in authentischen, spannenden und reichhaltigen Lesetexten dargeboten wird. Dass dieses Bild in einem vielerorts spannungsvollen Verhältnis zur Gegenwart steht, kann produktiv genutzt werden: Die Geschichte des 20. Jahrhunderts bis zur Gegenwart sowie die physische und die Humangeographie vereinen sich zu einer tiefenscharfen und umfassenden 360-Grad-Weltkunde. Hedin hat sich nicht nur als Kartograph und Entdecker einen Namen gemacht, auch seine zeichnerischen Leistungen werden ausgiebig gewürdigt (Abb. 1).*

Die **Eröffnung** findet um eine ausgerollte Wandkarte der Welt statt. Zahlreiche originale Gegenstände aus allen Erdteilen werden darauf platziert und laden zum Erzählen ihrer Geschichten ein. Sven Hedin stellt sich vor und motiviert die Anwesenden zu einer Reise „Von Pol zu Pol". An den Wänden des Unterrichtsraumes hängen leere Poster zu den verschiedenen Stationen der geplanten Reiseroute. Sie werden im Verlauf der nächsten Wochen und Monate nach und nach gefüllt.

M. Jänichen (✉)
Bern, Schweiz
E-Mail: michael.jaenichen@lehrkunst.ch

M. Gerwig et al. (Hrsg.), *Sternstunden der Bildung*,
https://doi.org/10.1007/978-3-658-50735-0_62

Abb. 1 Wann immer sich eine Gelegenheit bot, suchte Sven Hedin ein Modell, das sich für ein Porträt vor ihn setzte. Als Dankeschön erhielt diese junge Mongolin eine kleine Halskette. Edsin Gol, Innere Mongolei, Oktober 1927. (Foto: Paul Lieberenz. Mit freundlicher Genehmigung der Sven-Hedin-Stiftung und des Ethnografischen Museums Stockholm)

Der **erste Teil** der Reise aus einer Reihe von Stationen in Europa und Asien. Hedin führt über Wien und Konstantinopel nach Persien, in den Pamir, nach Tibet, Indien und China, bis zur Rückreise mit der Transsibirischen Eisenbahn in die Heimat. An jeder Station beleuchten die Originaltexte die natur- und kulturgeographischen Eigenheiten der jeweiligen Räume, sodass zum Beispiel das Klima, die Vegetation, die Höhenstufen, die Glaziologie, die Landwirtschaft, die Siedlungsstruktur, aber auch die lokalen Bräuche, Traditionen und Religionen zugänglich werden. Auch zwischen den Stationen geschieht Gehaltvolles, nicht zuletzt, wenn die durchquerten Räume mit topographischen Merkbildern einprägsam vermittelt werden. All dies, und insbesondere die Veränderungen in den letzten rund 115 Jahren, wird gemeinsam auf den Postern an der Wand und in kontinuierlich wachsenden Portfolios im Sinn individueller Reisetagebücher dokumentiert (Abb. 2).

Nach der umfangreichen Durchquerung Asiens gönnt sich die Reisegruppe einen **Zwischenhalt** zur Nachbereitung des Erlebten und zur Vorbereitung der Stippvisi-

Abb. 2 Reisetagebuch-Seiten zweier Schülerinnen aus der 9. Klasse

ten auf den anderen Kontinenten. Bald übernehmen die Mitglieder der Klasse in Gruppen selbst die Reiseleitung, um die anderen Weltteile zu erschließen – dafür wird Zeit im Unterricht zur Verfügung gestellt.

Im **zweiten Teil** der Reise, werden von den Jugendlichen auch eigene Akzente gesetzt. Hedin erfreut sich an den anschaulichen Beiträgen der Leitungsteams, wenn sie in Afrika, Nord- und Südamerika, Australien und den Polarregionen zeigen, was sie im ersten Teil gelernt haben. Hedin erzählt zwischendurch unvergesslich, wie ein Albatros im Rundflug die Meere und Inselwelten der Südhalbkugel überquert. Hier wird überdeutlich, dass Hedin für sein Schulbuch auch bei Selma Lagerlöf gelernt hat.

Der Abschluss der Reisen ist ein meisterlicher Streich. Im **Finale** trägt Hedin die Reisegruppe gedanklich auf den Mond. Mit der Sonne im Rücken während eines Neumondes erstrahlt die Erde als voll beleuchtete Halbkugel und dreht sich von der glänzend beschienenen Wasserhalbkugel des Pazifiks aus einmal um ihre Achse. Alles Gesehene und Gehörte und „Erlebte“ kann in einer Gedankenreise, geführt durch die Lehrperson, noch einmal aus der Distanz Revue passieren.

Eine Ausstellung oder ein bunter Abend für ein weiteres Publikum gibt als Nachklang Einblick in die Erlebnisse der Reisegruppe.

Anmerkung

Hedins Biografie ist nicht unproblematisch, da er sich durch den Nationalsozialismus naiv, eitel und opportun hat vereinnahmen lassen. Dies muss auch im Unterricht kritisch thematisiert werden. Die frühen Ausgaben von „Von Pol zu Pol" können mit Hinweisen auf das damalige völkerkundliche Verständnis für den Unterricht weitgehend unverändert verwendet werden. Spätere Ausgaben wurden teilweise von staatlichen Stellen redigiert.

Sven Hedin kann im Unterricht durch die Lehrperson szenisch dargestellt werden und immer wieder persönlich auftreten und von seinen Erlebnissen aus erster Hand erzählen. Dies schafft auch Gelegenheiten für eine dialogische Auseinandersetzung mit der Person und den geographischen Themen. Eine intensive Auseinandersetzung mit Hedin im Rahmen der Unterrichtsvorbereitung ist in jedem Fall, aber speziell dafür unerlässlich. Auch Lernende können in die Rolle schlüpfen.

Das Lehrstück kann ein halbes Jahr füllen; die in ihm liegende Spannung trägt mühelos. Die Vielzahl möglicher Vertiefungsthemen an allen Stationen, insbesondere im Hinblick auf die Veränderungen während rund 115 Jahren, sind verführerisch, können aber sowohl einzelne Stationen wie das Ganze überladen. Dennoch sollten Lehrpersonen unter Wahrung eines hohen Reisetempos nicht zögern, auch eigene Erfahrungen einzubringen und individuelle Akzente zu setzen. ◄

Dr. Michael Jänichen ist Lehrer für Deutsch und Geographie am Gymnasium Muristalden Bern (CH) sowie Dozent an der Pädagogischen Hochschule Luzern (CH). Er ist Vorstandsmitglied der „Gesellschaft für Lehrkunstdidaktik" und promovierte 2010 bei Hans Christoph Berg und Heinz Stübig (Philipps-Universität Marburg) zum Thema „Dramaturgie im Lehrstückunterricht".

Walsers Spaziergang

Susanne Wildhirt und Michael Jänichen

▶ *„Eines Vormittags, da mich die Lust, einen Spaziergang zu machen, ankam, setzte ich den Hut auf den Kopf, lief aus dem Schreib- oder Geisterzimmer weg und die Treppe hinunter, um auf die Straße zu eilen." So beginnt Robert Walser (1878–1956) – der „Schweizer Kafka" – sein 1917 erschienenes Prosastück* Der Spaziergang. *Es verkörpert eine Verwandlung, denn das direkte Erleben des spazierenden Ichs wird unmittelbar darauf zu Text. „‚Dies alles', so nahm ich mir fest vor, ‚zeichne und schreibe ich demnächst in ein Stück oder in eine Art Phantasie hinein, die ich ‚Der Spaziergang' betiteln werde'", heißt es später weiter in Walsers exemplarischem Text, dessen Poetik so gut zu erfassen ist. Wenn nun die Jugendlichen selbst „walsern" werden, heißt das: Spazierengehen mit wachen Sinnen durch die Umgebung und nach der Rückkehr das Erleben der Verwandlung dieses Spaziergangs auf dem Papier mit dem Stift in der Hand. Dabei findet eine dreifache Förderung der ästhetischen Wahrnehmungs- und Gestaltungsfähigkeit statt. Zum Ersten wird die Umgebung intensiver und bewusster wahrgenommen – mitunter wird Spazierengehen sogar als neuentdeckte Ressource angesprochen. Zum Zweiten wird die Textvorlage von Walser als vielschichtiges und sprachlich wie formal geschickt konstruiertes Werk entschlüsselt. Und zum Dritten wird im Gestalten eines eigenen Spaziertextes auch das eigene ästhetische Schaffen gefördert. Daher lohnt es sich, zu „walsern" und sich seine Methode anzueignen.*

S. Wildhirt (✉)
Luzern, Schweiz
E-Mail: susanne.wildhirt@phlu.ch

M. Jänichen
Bern, Schweiz
E-Mail: michael.jaenichen@lehrkunst.ch

M. Gerwig et al. (Hrsg.), *Sternstunden der Bildung*,
https://doi.org/10.1007/978-3-658-50735-0_63

Apropos: Methode bedeutet auf Deutsch „Nach-Gang“ – und wenn wir auf Robert Walsers Weise spazieren, lässt sich dieses Nach-Gehen ausgesprochen aufschlussreich und produktiv erleben.

Im **ersten Akt** modelliert die Lehrperson im szenischen Spiel Walsers Ausgangssituation: Sie setzt sich ans Lehrpersonenpult, sucht nach Einfällen und Worten, ringt um einen Einstieg ins Schreiben, bis sie schließlich am Rand der Verzweiflung mit Hut und Regenschirm das Klassenzimmer verlässt. Kurz darauf kehrt sie zur Verblüffung der Schülerinnen und Schüler in das „Schreib- oder Geisterzimmer“, sprich: ins Klassenzimmer zurück und beginnt, den Anfang der Erzählung „Der Spaziergang“ für alle sichtbar und hörbar aufzuschreiben (Abb. 1). Ohne weiter auf den Text einzugehen, wechselt die Lehrperson die Rolle und erteilt den Auftrag, ebendies auch zu tun. „Geht, spaziert, schaut, erlebt – und kommt in 45 Minuten wieder.“ Wer nach dem dreiviertelstündigen Spaziergang zurückkehrt, beginnt mit dem spontanen Schreiben. Die frisch gesammelten Eindrücke werden verschriftlicht und bilden Fragmente eines ersten Textes. So erleben die Jugendlichen Walsers Spaziergang von Beginn an von innen und von außen.

Im **zweiten Akt** nehmen wir ein „Walser-Bad“ und verschaffen uns bei der gründlichen Lektüre im Unterricht und außerhalb einen Überblick über seinen schlanken Text. Wie ist er gebaut? Wo sind darin Außenräume, wo Innenräume zu entdecken? Wie stehen Form und Inhalt zueinander? Wie klingt der Text, wenn wir ihn laut lesen? Und natürlich nehmen wir auch einzelne Passagen genauer unter die Lupe und durchleuchten sie, zum Beispiel in Bezug auf ihre Historizität.

Abb. 1 Videostill aus dem Film *Lehrstückunterricht* (2023), in welchem fünf Lehrstücke – darunter *Walsers Spaziergang* – und eine Lehrkunstwerkstatt dokumentiert werden. In dieser Szene tritt Stephan Schmidlin während des ersten Akts als Robert Walser auf. (https://www.youtube.com/@Lehrkunst)

Gleichzeitig verdeutlicht das weitere eigene Spazieren und Schreiben, wie anregend das äußere Erleben für das Produzieren eigener Texte ist. Im Wechselspiel der Analyse von Walsers Text und der Erfahrungen der Jugendlichen entsteht nach und nach eine Sammlung von Anregungen für das eigene Schreiben.

Der **dritte Akt** fokussiert nun vollends das kreative Arbeiten am eigenen Text. Die zu Beginn spontan entstandenen und unterwegs gewachsenen Werke werden nun beständig überarbeitet. Zunehmend wird erkennbar, dass sie durch das gegenseitige Vorlesen, Darüber-Sprechen, Verändern und Ergänzen stetig besser, stimmiger, stimmungsvoller, schöner werden. Die Jugendlichen üben sich dabei auch darin, Feedback zu geben und Feedback anzunehmen. Die Stationen des eigenen Spaziertextes werden zuletzt noch mit besonderen Elementen angereichert, beispielsweise „Der Ich-Erzähler versinkt in Träumereien" oder „Der Ich-Erzähler begegnet einer imaginären Figur", wie sie im *Spaziergang* zutage treten und im zweiten Akt aus Walsers Erzählung ermittelt wurden. So wird Robert Walser zum direkten Lehrmeister für eigenes literarisches Schaffen. Und besonders schön ist es, in diesem Lehrstück zu sehen, dass auch Jugendliche, die bislang nicht so gerne geschrieben haben, im Rahmen dieses Unterrichts Texte erstellen, die wunderbare Momente enthalten.

Im **Epilog** werden die Werke der Schülerinnen und Schüler von ihnen selbst vorgelesen. Dies kann im kleinen Rahmen der eigenen Klasse oder auch an einem Elternabend stattfinden.

Anmerkung

Der hier dargestellte Kern des Lehrstücks kann durch weitere eng damit verbundene Elemente erweitert werden, zwei werden hier vorgestellt.

Eine Variante stellt das Erzählen an sich von Beginn an ins Zentrum. Alle sitzen im Kreis. Ein Stuhl bleibt leer, an dessen Rückenlehne für alle sichtbar ein Schild mit der Aufschrift „Erzählstuhl" klebt. Die Lehrperson nimmt darauf Platz und erzählt ihre Geschichte, wie sie auf die Schule gekommen ist. Sie endet mit der Frage: „Stimmt das alles, was ich erzählt habe?" Die Meinungen der Lernenden bleiben unkommentiert stehen, sie sammelt nur die Beiträge ein. Sie gibt den Erzählstuhl frei und bittet nun die Jugendlichen um ihre Story, wie sie auf die Schule gekommen sind. Wer möchte, erzählt. Es ist schön, voneinander zu erfahren, wie und warum wir jetzt hier sind, so, wie wir sind! Aber stets schwingen die Fragen mit: „Was ist Sache, was die Vision? Was ist real, was die Fiktion?" Auch im Verlauf des Lehrstücks wird immer wieder erzählt und so das Verhältnis von Realität und Fiktion ergründet. Am Ende wächst die Erkenntnis, dass jegliches Erzählen eine bunte Mischung aus eigenen Wahrnehmungen und Deutungen, Entscheidungen, Ereignissen und deren Gewichtungen zum Ausdruck bringt.

Eine zweite Variante führt die Auseinandersetzung mit Autor und Werk an einen der Orte seines Schaffens, sofern die Gelegenheit dazu besteht. Neben Bern und Trogen steht insbesondere die Schweizer Stadt Biel im Fokus, jene Stadt, in der Walser gelebt hat und spazieren gegangen ist – ganz besonders für

Abb. 2 Walser-Dossiers mit eigenen Spaziergangstexten. (Foto: S. Schmidlin)

diesen Text. Dort können wir Walsers Stationen folgen und die Schauplätze der fantastischen und realistischen Geschichten aufsuchen. Im Vergleich der Darstellung im Text und der Wirklichkeit wird Walsers literarisches Schaffen noch einmal auf eine andere Weise deutlich. Dabei legen die Lernenden unterschiedliche kreative Einträge an, zum Beispiel für ein Walser-Dossier (Abb. 2). Zudem kann auch das Neue Museum Biel besucht werden, das Robert Walser und seinem in der Kunst sehr erfolgreichen Bruder Karl (1877–1943) gewidmet ist. ◀

Prof. Dr. Susanne Wildhirt ist Dozentin für Bildungs- und Sozialwissenschaften Sekundarstufen 1 und 2 an der Pädagogischen Hochschule Luzern (CH). Sie ist Vorstandsmitglied der „Gesellschaft für Lehrkunstdidaktik" und promovierte 2007 bei Hans Christoph Berg und Wolfgang Klafki (Philipps-Universität Marburg) zum Thema „Lehrstückunterricht gestalten".

Dr. Michael Jänichen ist Lehrer für Deutsch und Geographie am Gymnasium Muristalden Bern (CH) sowie Dozent an der Pädagogischen Hochschule Luzern (CH). Er ist Vorstandsmitglied der „Gesellschaft für Lehrkunstdidaktik" und promovierte 2010 bei Hans Christoph Berg und Heinz Stübig (Philipps-Universität Marburg) zum Thema „Dramaturgie im Lehrstückunterricht".

Gombrichs „Kurze Weltgeschichte“

Stella Tappert und Susanne Wildhirt

▶ *Das Werk* Eine kurze Weltgeschichte für junge Leser *des renommierten Kunsthistorikers Ernst H. Gombrich (1909 – 2001) erschien 1935 in der Buchreihe* Wissenschaft für Kinder, *wurde sofort ein Welterfolg und ist längst ein Klassiker der Jugendliteratur. In einer erzählerischen Gesamtschau stellt Gombrich in 39 Kapiteln bedeutende historische Ereignisse in einen großen Zusammenhang und bringt die Entwicklungen von den Ursprüngen bis zur damaligen Gegenwart gleich dreifach ins Bild des „Stroms der Zeit“: einladend im Vorblick, einordnend in den Kapiteln, zusammenfassend in einer Rückschau. 50 Jahre später korrigiert er für eine Neuauflage hie und da ein paar unterlaufene Fehler des Originaltextes und fügt ein neues, nicht nummeriertes vierzigstes Kapitel als Nachwort an – es trägt den Titel „Was ich inzwischen erlebt und gelernt habe“. Darin geht er auf einige Passagen ein, die er mit größerem zeitlichem Abstand anders einordnen würde als ein halbes Jahrhundert zuvor, und ergänzt den Text um einen Rückblick auf die historischen Ereignisse bis 1985. Wiederum 25 Jahre später überarbeitet und ergänzt er sein Werk ein zweites und letztes Mal für die aktuelle Auflage, für die seine Enkelin Leonie das Vorwort über die Entstehungsgeschichte des Buchs schreibt. Gombrichs Weltgeschichte, selbst schon ein Lehrstück, schafft einen zeitlichen Orientierungsrahmen, der den sonstigen – epochenorientierten, sachstrukturierten, fallanalytischen, vergleichend ausgerichteten – Geschichtsunterricht ideal ergänzt.*

S. Tappert (✉)
Wetzlar, Deutschland
E-Mail: tappert@fwr-wetzlar.de

S. Wildhirt
Luzern, Schweiz
E-Mail: susanne.wildhirt@phlu.ch

M. Gerwig et al. (Hrsg.), *Sternstunden der Bildung*,
https://doi.org/10.1007/978-3-658-50735-0_64

40 aus den zahlreichen Illustrationen des Buchs ausgewählte großformatige Farbkopien hängen bereits vor Beginn des Unterrichts in chronologischer Abfolge im Schulzimmer an der Wand und bilden einen anregenden Fries, der die Schülerinnen und Schüler gleich neugierig machen wird, wenn sie das Klassenzimmer betreten – die unvorstellbare, Jahrtausende und Jahrhunderte währende Weltgeschichte in prägnanten Stationen-Bildern. Die **Ouvertüre** kann beginnen: Zu zweit oder dritt sehen sie sich in der Ausstellung um und tauschen sich über einzelne Bilder aus, die sie besonders interessant, schön, rätselhaft finden. Vielleicht wissen sie beim einen oder anderen bereits, was dargestellt ist. Daraufhin erläutert die Lehrperson, mit Gombrichs Buch in der Hand, worum es in den nächsten Geschichtsstunden gehen wird: um eine Zeitreise durch die Weltgeschichte in den 40 Stationen des Wandfrieses. Dann stellt sie Gombrich, sein Buch und sein Analogiebild vom *Strom der Zeit* vor.

Mit blauen Tüchern, die in der Mitte des Raums geschwungen ausgelegt werden, wird der Strom der Zeit symbolisiert, dann gibt die Lehrperson einen Vorblick auf die bevorstehende Reise (Abb. 1). Nacheinander beamt sie elf Bilder an die

Abb. 1 Ausgelegter Strom der Zeit im Klassenzimmer mit Bildern aus Gombrichs Weltgeschichte. (Foto: S. Tappert)

Leinwand – als Erstes die ägyptischen Pyramiden, dann ein Gemälde vom babylonischen Turm, die Athener Akropolis und die chinesische Mauer, einen römischen Triumphbogen, eine Ritterburg, eine Kanone, ein Gemälde von Wien zur Zeit seiner Belagerung, das Potsdamer Schloss, die erste Eisenbahn und als Letztes Wolkenkratzer – und erzählt, was auf den Bildern zu sehen ist. Mehr als 5.000 Jahre Kulturgeschichte in einem kurzen Überflug. Dann versammeln sich die Schülerinnen und Schüler um den Strom der Zeit herum im Kreis und legen entlang dessen „Ufer“ Kopien der elf Fotos in chronologischer Anordnung aus. Zuletzt erhalten sie Gombrichs Buch und gegebenenfalls den Auftrag, das Vorwort von Leonie Gombrich zu lesen.

Im **ersten Akt** machen sich die Schülerinnen und Schüler mit dem Buch vertraut und wählen die Kapitel aus, mit denen sie sich eingehender beschäftigen möchten. Zu Beginn rückt mit dem Vorwort und vor allem mit dem ersten Kapitel „Es war einmal …“ die Frage ins Zentrum, worum es in Geschichte eigentlich geht. Nach der Kapitellektüre bietet sich ein Klassengespräch an, da beim Lesen sofort ins Auge fällt, dass Gombrich die Leserinnen und Leser persönlich anspricht und in einen Dialog mit ihnen tritt. Er verwickelt sie in einen Versuch, sich an selbst Erlebtes zu erinnern, an Erzählungen aus dem Leben der Eltern, der Großeltern, an Überlieferungen der Urgroßeltern, geht immer weiter und tiefer in die Vergangenheit hinein bis zur Entstehung der Welt, bis ihm selbst schon „schwindelig“ wird (S. 17). Deutlich wird, dass Geschichten und die Geschichte in Verbindung miteinander stehen und die Geschichtsschreibung subjektiven Wahrnehmung und Deutungen unterliegt.

Dann geht es an die Auswahl der Kapitel und die Weise, wie der Buchinhalt erarbeitet und am Ende präsentiert werden soll. 350 herausfordernde Seiten Lektüre stehen bevor, Grund genug, möglichst partizipativ vorzugehen. Im Wesentlichen kommt es darauf an, dass die Schülerinnen und Schüler Gelegenheit bekommen, im Buch zu blättern und zu stöbern, den Wandfries nochmals genauer anschauen, sich zu zweit oder dritt austauschen und Vorschläge einzubringen, bevor die Arbeitsteams gebildet und die Kapitel endgültig verteilt werden. Vielleicht hat sich inzwischen schon das eine oder andere Lieblingsbild gefunden oder man ist beim Blättern im Buch an der einen oder anderen spannenden Stelle hängengeblieben? Die Lehrperson sollte auch darauf achten, dass sich alle mit einem kürzeren Kapitel aus der älteren und einem längeren Kapitel aus der jüngeren Geschichte oder umgekehrt befassen können, sodass am Ende möglichst alle Kapitel – idealerweise wunschgemäß – in der Klasse verteilt werden können.

Nun kommt es noch darauf an zu klären, wie gearbeitet werden und vor allem, wie am Ende das gemeinsam gestaltete Produkt aussehen soll. Soll es ein 40-seitiges Klassenleporello mit Text und Bild geben oder einen gemeinsam gestalteten, 80-seitigen Zeitreiseführer mit jeweils einseitigem Text und einseitigem Bild? Wichtig ist, dass die Lehrperson am Beispiel eines Kapitels, das sie selbst gestaltet hat, der Klasse zeigen kann, wie das Ergebnis aus Text und Bild ungefähr aussehen soll, welche Kriterien für die Gestaltung wichtig sind und welche Formatvorlagen für das Produkt zu verwenden sind.

Je nach Alter, den ausgewählten Zielkompetenzen und der verfügbaren Zeit variieren im **zweiten Akt** die Inszenierungen. Intensiv wird an den gewählten Kapiteln gearbeitet, die nicht nur schriftlich zusammengefasst und mit Bildern versehen, sondern am Ende auch vor der Klasse möglichst prägnant erzählt und präsentiert werden sollen (Abb. 2). Folglich wird nun für mehrere Stunden werkstattartig und möglichst selbstständig an den Texten und Präsentationen gearbeitet, in Mischungen aus Lese- und Schreibkonferenzen. Zwischendurch trifft man sich zu kurzen Klassenkonferenzen, in denen beispielsweise die journalistischen W-Fragen und Fragen der Lernenden besprochen werden können. Solche Werkstatt-Treffen finden am besten rund um den Strom der Zeit statt und bieten auch die Gelegenheit, sich über mitgebrachte Fundstücke aus der Zeit der Lieblingskapitel auszutauschen und sie auszulegen.

Im **dritten Akt** sind die Teams die Reiseleitungen und präsentieren – in fünf, acht, zehn Etappen – ihre Lieblingskapitel.

Die Leporellos oder Reiseführer werden im **Finale** aus den Kopien der Kapitelportraits zusammengestellt und -gebastelt.

Abb. 2 Zeichnung einer Schülerin zum Strom der Zeit. (Foto: S. Tappert)

Zum **Epilog** versammelt sich die Klasse ein letztes Mal um den Strom der Zeit und ordnet die durchmischten Kapitelbilder und Fundstücke an den Ufern an. Falls Quizfragen vorbereitet worden sind: Jetzt ist die Gelegenheit zu einer Abschluss-Fragerunde. Zuletzt wird im Klassengespräch Rückschau gehalten über die neu gewonnen Erkenntnisse zur Geschichte und die gewonnenen Einsichten über die persönliche Geschichtswahrnehmung.

Anmerkung

Zentral wird im Lehrstück an der Orientierungs- und der narrativen Kompetenz gearbeitet. Eine Kombination aus Deutsch- und Sachunterricht oder Geschichte empfehlen wir ausdrücklich für den Unterricht mit jüngeren Kindern vom vierten bis zum siebten Schuljahr.

Gut geplant werden muss die Erarbeitung des Buchinhalts im zweiten Akt, die zunächst stärker angeleitet, später immer selbstständiger verlaufen kann – mit entsprechenden Auswirkungen auf die Auswahl der Lieblingskapitel im ersten Akt. Hierzu bieten sich auch Ergänzungen mit kreativen Geschichtswerkstätten und Bastelvorlagen an, wie sie etwa zu römischen Spielen, Tonarbeiten, Götterwelten, Schriftarten zahlreich erhältlich und insbesondere für die früheren Epochen bis zum ausgehenden Mittelalter geeignet sind. Entscheidend ist, dass zugleich ein ganzheitlicher Gesamtüberblick gewahrt und ein Gespür für Kausalitäten entwickelt werden kann, um die Bedingtheit geschichtlicher Ereignisse immer besser zu verstehen.

Während Leseratten die Lektüre locker in zwei, drei Wochen schaffen, brauchen andere dafür ein halbes Jahr. Dem Problem kann begegnet werden, indem zwischen dem zweiten und dem dritten Akt eine Pause eingelegt wird, um Zeit für die Lektüre zu gewinnen. Auch kann die Lektüre teilweise durch Hörbücher ersetzt werden. – Für alle Varianten ist entscheidend, genügend Unterrichtszeit für die Auswahl der Lieblingskapitel und die Arbeit daran zur Verfügung zu stellen.

Worauf Gombrich im Buch nicht eingeht, ist die Frage, woher wir eigentlich wissen, was im Verlauf der Geschichte passiert (ist). Der Fachunterricht Geschichte beinhaltet aber auch die Beschäftigung mit Quellen und archäologischen Funden. Für höhere Jahrgangsstufen bietet es sich daher an, zu Beginn des zweiten Akts auch in die Text- und Bildquellenrecherche einzuführen, um eine mehrperspektivische Sicht auf die im Buch dargestellten Inhalte zu gewinnen und sie durch zeitgenössische Text- und Bildquellen anzureichern. Eine Exkursion durch die Heimatstadt mit Besuch des Stadtarchivs im Verlauf des zweiten Akts kann dazu anregen, die gewonnenen Erkenntnisse in die Präsentationen und Produkte einfließen zu lassen.

Zu guter Letzt: Gombrichs *Weltgeschichte für junge Leser* erachten wir nach wie vor als beste Möglichkeit, in die Universalgeschichte einzuführen – und dies, obwohl bereits im Buchtitel die Hälfte der Lesenden nicht auftaucht und dieses Übergehen sich im Buch fortschreibt: Männer haben Geschichte gemacht, sie aufgeschrieben, drei Jahrtausende lang. Auch Gombrichs europäische Sichtweise auf historische Ereignisse wird gelegentlich kritisiert oder das Auslassen von Ereignissen, die anderen wichtig erscheinen. Dem kann begegnet werden: Die Entwicklung der Urteilsfähigkeit ist Teil des Unterrichts – Gombrichs Buch jedoch ist kaum zu ersetzen. ◀

Stella Tappert ist Gymnasiallehrerin für Deutsch und Geschichte an der Friedrich Wilhelm Raiffeisen-Schule in Wetzlar, einer privaten Gesamtschule nach dem WEiSE-Konzept. Sie ist Mitwirkende der dortigen Lehrkunstwerkstatt.

Prof. Dr. Susanne Wildhirt ist Dozentin für Bildungs- und Sozialwissenschaften Sekundarstufen 1 und 2 an der Pädagogischen Hochschule Luzern (CH). Sie ist Vorstandsmitglied der „Gesellschaft für Lehrkunstdidaktik" und promovierte 2007 bei Hans Christoph Berg und Wolfgang Klafki (Philipps-Universität Marburg) zum Thema „Lehrstückunterricht gestalten".

Brechts „Leben des Galilei“

Stephan Schmidlin und Michael Jänichen

▶ *Das Schauspiel* Leben des Galilei *hat Bertolt Brecht (1898–1956) nach eigenem Bekunden in kürzester Zeit niedergeschrieben: „Brauchte dazu drei Wochen“, heißt die Eintragung vom 23. November 1938 in seinem „Journal“. In einer Art Vorahnung für das Stück zeigt Brecht bereits acht Jahre zuvor, welche Konsequenzen Hitlers Machtergreifung für ihn haben könnte: Den Kern der bekannten Geschichte* Maßnahmen gegen die Gewalt *von 1930, in der die Brecht-Figur Keuner, der Denkende, auftritt, erzählt die spätere Galilei-Figur im achten Bild auf der Bühne. Sie fragt radikal, wie wir uns für die Wahrheit, für unser Lebenswerk und für unser Leben selbst wehren können. Das Lehrstück geht dieser Frage in acht Stationen nach.*

Der **Rahmen** beginnt mit dem Anfang der Keuner-Parabel, wobei Keuner als Alter Ego Brechts eingeführt wird. Wie könnte man auf die Gewalt reagieren? Mögliche Antworten auf diese Frage notieren sich die Lernenden, indem sie entweder die Geschichte zu Ende erzählen oder systematisch Reaktionsweisen auf eine solche Situation erörtern. Als typische Reaktionen auf die Begegnung mit Gewalt gelten die folgenden fünf: 1) Das Leugnen bzw. Umdrehen einer Aussage. Dies macht Herr Keuner angesichts der Gewalt hinter ihm. 2) Das schweigende Akzeptieren der Gewalt. Hier erfolgt eine tatsächliche Unterwerfung, ohne der Gewalt jemals zuzustimmen. Ein Beispiel dafür ist Herr Egge (bzw. der Philosoph Keunos) in der Keuner-Binnengeschichte. 3) Das Verwirren des Gegners. Dabei wird der Dialog

S. Schmidlin (✉) · M. Jänichen
Bern, Schweiz

M. Jänichen
E-Mail: michael.jaenichen@lehrkunst.ch

M. Gerwig et al. (Hrsg.), *Sternstunden der Bildung*,
https://doi.org/10.1007/978-3-658-50735-0_65

verschoben, etwa in dem man vorgibt, die Fragen nicht richtig zu verstehen. Dies hat Brecht (aber auch seine Schweijk-Figur) am 30. Oktober 1947 vor dem Kongress-Ausschuss für unamerikanische Umtriebe (House Committee on Un-American Activities, HUAC) praktiziert. 4) Die offene Auseinandersetzung mithilfe von Gegengewalt. Je nach Situation kann diese auch schnell tödlich enden. 5) Der Verzicht auf die Rede. Damit wird die Konfrontation vermieden, in der Keuner-Geschichte wird darauf aber nicht zurückgegriffen. Aus der Diskussion wird jene Frage entwickelt, die sich durch das Lehrstück zieht: „Wie wehre ich mich für Wahrheit, Werk und Leben?“

In **Station 1** wird das Theaterstück als Ganzes vor Augen geführt, um dessen Zündstoff freizusetzen. Wenn es möglich ist, wird das Stück daher im Theater gesehen, ansonsten in einer Videoaufzeichnung. Empfohlen wird der Film „Galileo“ von 1974, als Inszenierung von Joseph Losey (1909–1984). Brecht sah in Dramentexten, wie sie gewöhnlich im Unterricht gelesen werden, ohnehin immer nur Partituren bzw. Rohstoff. Um Brecht gerecht zu werden, muss das Stück gesehen werden!

Station 2 zeigt Brecht 1938 in seiner Werkstatt im dänischen Exil. In nur drei Wochen hatte er das Meisterwerk verfasst und anschließend als Typoskript verschickt. Ein Exemplar gelangte auch zu Albert Einstein (1879–1955). Die Geschwindigkeit begründet sich im Nutzen von Vorarbeiten wie dem Fünfakter „Galileo Galilei“ (1933) von Jakob Bührer (1882–1975). Beim Vergleichen von Vorlage und Produkt folgen wir Brechts eigenem Hinweis aus seinem Tagebuch: „Kurse über Dramatik müssten beginnen mit einem Vergleich etwa des König Johann [von Shakespeare] mit der Chronik, aus der er vermutlich geschöpft ist“ (26.10.1941). Was hat Brecht also geändert und warum? Bei einem ersten Blick werden die Enden verglichen. Bührers letzte Szene betrachtet das Ende des Menschen Galilei, der „einschläft“. Bei Brecht wird gezeigt, wie Galilei sein Werk rettet, indem er es verschickt, der Ausgang bleibt aber offen. Brecht verschickt sein „Leben des Galilei“ 1938 ebenfalls, es gibt also wesentliche biographische Parallelen. Wie hätten wir in der Situation gehandelt?

Der Vergleich der Szenen des Fernrohrhandels, wenn Galilei das verbesserte holländische Instrument verkauft, steht im Zentrum von **Station 3**. Gemeinsamkeiten und Unterschiede werden erneut sichtbar. Brechts offensichtliche Umgestaltung ist wohl einem Ereignis mit ähnlicher Wirkung wie Galileis Fernrohr geschuldet. Zehn Jahre zuvor, 1928, hatte Brecht mit der „Dreigroschenoper“ seinen künstlerischen Durchbruch und ein glänzendes Geschäft feiern können – und zwar ebenfalls dank eines „Instruments“, das ein Weltbild umwirft. Es ist das revolutionierende Konzept des epischen Theaters, das als kritisches Analyseinstrument der Gesellschaft zuerst in der „Dreigroschenoper“ künstlerisch umgesetzt wurde. Dies können Lernende recherchieren und präsentieren.

Das Thema „Heimat“ ist zentral für **Station 4**. Brecht wird 1933 mit der offenen Gewalt konfrontiert und geht ins Exil. Ihm unterläuft dabei eine ähnlich fundamentale Fehleinschätzung wie Galilei: Jener unterschätzt den ihm bekannten

Papst Urban VIII., dieser wähnt sich, nur 50 Kilometer von der deutschen Grenze entfernt, in Sicherheit vor einer vermeintlich vorübergehenden Bedrohung. Entsprechend gewichtet Brecht die Szenen nach Galileis Migration nach Florenz im Vergleich mit Bührer deutlich stärker. Brecht zeigt zusätzlich, wie distanziert der neofeudale Hof mit Galilei umgeht. Aber es bleibt ein Widerspruch, dass Galilei sich in der Heimat nur noch der Grundlagenforschung widmet und somit ins innere Exil geht, während Brecht die Heimat aufgibt und nach Dänemark flieht. Erneut wird reflektiert: Was hätten wir getan?

In **Station 5** kehren wir in die Werkstatt von 1938 zurück. Der nächste Vergleich fokussiert die Höhepunkte. Bei Bührer ist es die Szene, in der sich Papst Urban VIII. und Galilei direkt begegnen und Galilei am Schluss sein legendäres „Und sie bewegt sich doch!" äußert. Brecht hingegen verweigert uns nicht nur jegliche (positive) Peripetie, sondern konterkariert den Heldencharakter von Bührers Galilei geradezu: „Nein. Unglücklich das Land, das Helden nötig hat." Besonders deutlich wird die Umdeutung Galileis durch Brecht im szenischen Spiel (Abb. 1). Erneut: Hätten wir uns an Brechts Stelle 1938 auch auf diese Weise für die Wahrheit eingesetzt – und ist sein Galilei glaubhafter und wahrhaftiger als der Bührers?

Abb. 1 Lernende proben eine Szene aus Bührers „Galileo Galilei". (Foto: S. Schmidlin)

Auch in **Station 6** bleiben wir in der Werkstatt von 1938, es geht wiederum um Brechts letzte Szene. Aus Einblicken in die Geschehnisse seit 1933 und in Brechts Aktivitäten der letzten Monate erkennt die Klasse noch einmal die ungeheuerliche Situation, in der sich Brecht befindet. Beide Galileis erweisen sich im Vergleich als ähnlich, dennoch gibt es wesentliche Unterschiede: Brechts Galilei warnt seinen Schüler Sarti mit aktuellem Bezug: „Nimm dich in acht, wenn du durch Deutschland fährst und die Wahrheit unter dem Rock trägst!" So erscheint Brechts Galilei eher als listiger Kämpfer oder politischer Stratege, da er ja 1637, wenn das Stück endet, noch nicht weiß, wie es seiner Wahrheit ergehen wird. Brecht selbst hat sein jüngstes Stück ja auch direkt in alle Welt verschickt. Und wie hätten wir gehandelt, um die Wahrheit in dieser Lage zu verteidigen?

Station 7 zeigt den weiteren Gang von Brechts Galilei. 1947 wurde die dänische in die amerikanische Fassung umgearbeitet, 1956 entsteht die finale Berliner Fassung. 1947 wird der Galilei in Los Angeles und New York inszeniert, im gleichen Jahr wird Brecht aber auch in den USA der McCarthy-Ära vor dem „Komitee für unamerikanische Umtriebe" verhört. Er verneint die Frage einer Mitgliedschaft in der Kommunistischen Partei und flieht tags darauf nach Europa. 1956, im Todesjahr Brechts, hätte seine Muster-Inszenierung stattfinden sollen. Bis dahin musste er die unbequemen Repressionen der DDR-Regierung erdulden. Brecht erlebt in dieser Zeit mehrmals Situationen wie sein Galilei. Und wie wären wir damit umgegangen?

Die **Station 8** geht noch einmal in der Zeit zurück in die Werkstatt in Dänemark. Nur drei Monate nach „Leben des Galilei abgeschlossen" folgt im gleichen Journal die radikale Selbstkritik: „Leben des Galilei ist technisch ein großer Rückschritt (…). Man müsste das Stück vollständig neu schreiben, wenn man diese ‚Brise, die von neuen Küsten kommt', diese rosige Morgenröte der Wissenschaft, haben will. Alles mehr direkt, ohne die Interieurs, die ‚Atmosphäre', die Einfühlung. Und alles auf planetarische Demonstrationen gestellt." Mit der neuen Brise meint Brecht die Entdeckungen der modernen Physik. Er interessiert sich für die Forschung um Niels Bohr und ihm ist klar geworden, dass der Paradigmenwechsel der Physik im 20. Jahrhundert auch Auswirkungen auf das Theater haben muss. Gefordert wäre also bereits ein nach-episches Theater gewesen. Schon vor Einsteins Tod 1955 bestand der Plan, ein Stück zu schreiben mit dem Titel „Leben des Einstein". Wir können mit der Klasse zum Abschluss phantasieren, wie dieses Stück in planetarischer Demonstration aussehen könnte.

Anmerkung

Das Lehrstück ist für höhere Klassen geeignet und erlaubt, viel literaturhistorische Tiefe zu gewinnen. An vielen Stellen können die Lernenden alleine oder in Gruppen recherchieren, Fragestellungen erarbeiten, präsentieren, diskutieren, szenisch interpretieren. Die Stationen sind Brechts epischem Drama folgend als lockere Szenenfolge zu sehen (Abb. 2). ◀

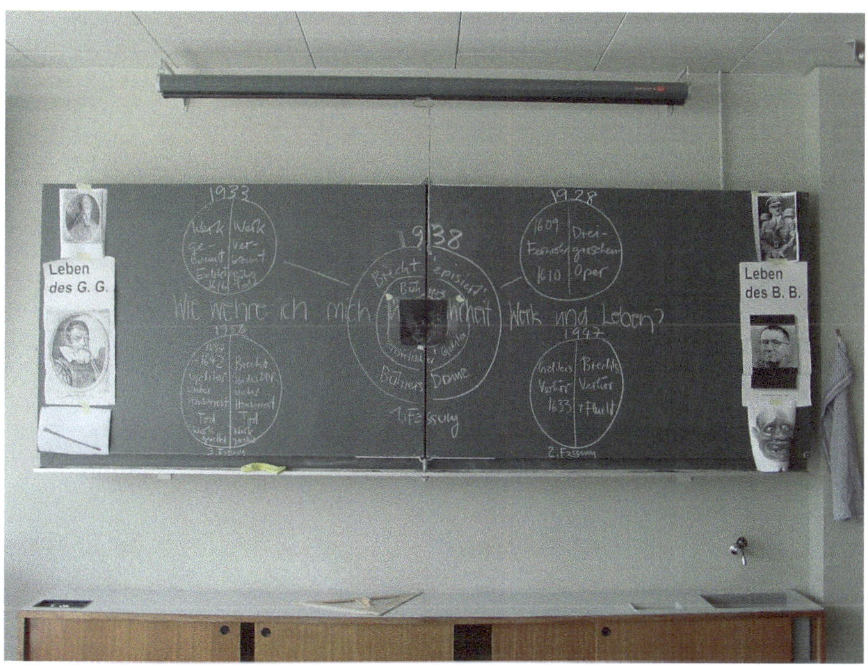

Abb. 2 Das vollständig entwickelte Denkbild an der Tafel. (Foto: S. Schmidlin)

Dr. Stephan Schmidlin war Gymnasiallehrer für Deutsch und Englisch an der Berner Maturitätsschule für Erwachsene und am Freien Gymnasium Bern (CH). Er war bis zu seinem plötzlichen Tod am 14. November 2019 Vorstandsmitglied der „Gesellschaft für Lehrkunstdidaktik".

Dr. Michael Jänichen ist Lehrer für Deutsch und Geographie am Gymnasium Muristalden Bern (CH) sowie Dozent an der Pädagogischen Hochschule Luzern (CH). Er ist Vorstandsmitglied der „Gesellschaft für Lehrkunstdidaktik" und promovierte 2010 bei Hans Christoph Berg und Heinz Stübig (Philipps-Universität Marburg) zum Thema „Dramaturgie im Lehrstückunterricht".

Quantenchemie farbiger Stoffe mit Heisenberg und Einstein

Günter Baars

▶ *Im Jahr 1924 erschien die Promotionsarbeit des Prinzen Louis de Broglie (1892–1987), in welcher der junge Wissenschaftler behauptete, es bestünde kein Unterschied zwischen Wellen, die den ganzen Raum ausfüllen, und festen, greifbaren Teilchen. Auch wenn sich Welle und Teilchen kaum anschaulich miteinander vereinbaren lassen, so wurde doch ein mathematischer Formalismus gefunden, der die beiden komplementären Erscheinungen miteinander verband. Diese epochale Idee veränderte die Vorstellung von der Materie grundlegend. Die sich daraus ableitende Quantenchemie ermöglicht es seitdem, viele Fragen der Chemie zu beantworten.*

Zu Beginn der **Ouvertüre** sehen die Schülerinnen und Schüler mithilfe eines Prismas, dass Licht, das von angeregten, gasförmigen Elementen emittiert bzw. abgestrahlt wird, nur aus wenigen Spektralfarben zusammengesetzt ist, die einzelne, isolierte Linien bilden (Linienspektren). Werner Heisenberg (1901–1976) schildert in seiner Autobiografie (Heisenberg 2002, S. 74 ff.), wie er in einem Gespräch mit Albert Einstein (1879–1955) die Vorstellung von Elektronenbahnen um einen Atomkern fallen ließ und von da an ausschließlich Linienspektren mit den beobachtbaren Größen Frequenz und Amplitude elektromagnetischer Wellen verwendete, zu denen unter anderem die Spektralfarben gehören. Den Schülerinnen und Schülern, die diesen Abschnitt aus der Biografie lesen, sind etliche Begriffe unklar, die Zusammenhänge noch nicht verständlich.

G. Baars (✉)
Bern, Schweiz
E-Mail: guenter.baars@bluewin.ch

M. Gerwig et al. (Hrsg.), *Sternstunden der Bildung*,
https://doi.org/10.1007/978-3-658-50735-0_66

Abb. 1 Ausschnitt aus dem im *Historischen Museum Bern* ausgestellten Tausendblumenteppich (links: farbkräftige Rückseite, rechts: verblasste Vorderseite) (Foto: Historisches Museum Bern)

Im Zentrum steht nun, scheinbar ohne jeden Zusammenhang, der Tausendblumenteppich des Historischen Museums in Bern, der jahrelang dem Sonnenlicht ausgesetzt war. Beim Betrachten der Vorder- und der Rückseite des Teppichs anhand von Fotos zeigt sich, dass die wenig lichtechten Naturfarbstoffe auf der Vorderseite charakteristisch verändert wurden: Sie sind verblasst (Abb. 1). Die Lewis-Formeln der kleinsten Farbstoffmoleküle und Farbstoffionen sowie der Modellfarbstoffe der Phenylpolyenale helfen jedoch nicht weiter, diese Veränderungen zu verstehen.

Dass schwingungsfähige Systeme wie eine Slinky-Feder (Abb. 2), ein durch einen Exzenter angeregtes Gummiband, die Luftsäulen von Blas- oder die Saiten von Streichinstrumenten nur ganz bestimmte Zustände (stehende Wellen) einnehmen können, wird im **ersten Akt** experimentell gezeigt.

Im **zweiten Akt** geht es um die Frage, ob Licht eine Teilchen- oder eine Wellenerscheinung ist. Beugungsphänomene weisen auf die Wellennatur hin, während die experimentellen Ergebnisse des *Fotoelektrischen Effekts* nur von Lichtteilchen (Photonen) verursacht werden können. Beide Modellvorstellungen widersprechen sich und sind doch Ausdruck ein und desselben Phänomens: Licht.

Die Intensität (Helligkeit) von Licht lässt sich deshalb auf zwei Arten mathematisch ausdrücken: Je heller, desto höher ist die Amplitude bei gleicher Frequenz

Abb. 2 Eine im Chemieraum aufgehängte Slinky-Feder dient zur Erzeugung verschiedener mechanischer Wellen. (Foto: G. Baars)

(Wellenmodell) bzw. desto größer ist die Anzahl der Photonen (Teilchenmodell). Setzt man beide Ausdrücke gleich, so ergibt sich die Tatsache, dass die Wahrscheinlichkeit, ein Photon (Teilchenmodell) in einem Beugungsmuster (Wellenmodell) anzutreffen, dem Quadrat der Amplitude der entsprechenden elektromagnetischen Strahlung (der Helligkeit) entspricht. Das ist die fundamentale Erkenntnis des zweiten Akts.

Mit dem Kathodenstrahlrohr lässt sich der Teilchencharakter von Elektronen im **dritten Akt** zeigen, während Beugungsmuster und Linienspektren (Abb. 3) ihre Welleneigenschaften beweisen. Ein Atom verhält sich dabei wie ein schwingungsfähiges System (erster Akt), in dem die Elektronen um einen Atomkern dreidimensionale, stehende Wellen (Materiewellen) bilden, die nur ganz bestimmte Schwingungszustände (Energiezustände; Elektronenschalen) einnehmen können. Mithilfe von Wellenfunktionen lassen sich die Amplituden der Materiewellen (Elektronenwellen) berechnen, nicht aber experimentell erfassen. Durch Quadrieren der nicht messbaren Amplituden erhält man hingegen die Wahrscheinlichkeit, ein Elektron in einem bestimmten Raumbereich anzutreffen, entsprechend den Photonen eines Lichtstrahls (zweiter Akt). Diese „Antreffwahrscheinlichkeit“ von Elektronen ist

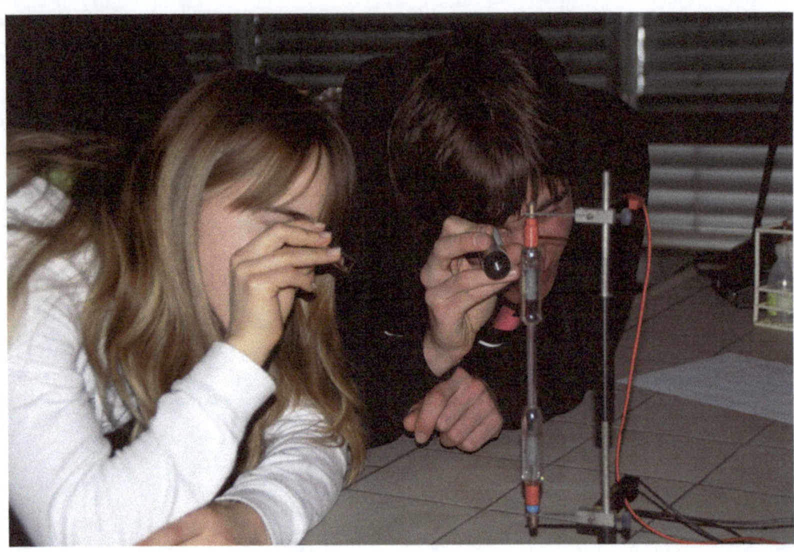

Abb. 3 Analyse des Linienspektrums von Wasserstofflicht mithilfe eines Handspektrometers. (Foto: G. Baars)

experimentell messbar. Elektronenbahnen existieren folglich nicht, da diese nur für „klassische Teilchen“ möglich sind (Ouvertüre).

Im **vierten Akt** wird ein Elektron gedanklich in einen eindimensionalen Kasten eingesperrt, der modellhaft einem unverzweigten Farbstoffmolekül entspricht (Elektronengasmodell). Aufgrund seiner Welleneigenschaften kann das Elektron nur ganz bestimmte Schwingungs-, das heißt Energiezustände einnehmen (dritter Akt). Genügt eine bestimmte Wellenlänge (diese entspricht einer bestimmten Spektralfarbe und damit einer bestimmten Energie) aus dem sichtbaren Licht, um jeweils ein Elektron solcher Moleküle in einen höheren Energiezustand überzuführen, dann fehlt dem reflektierten Licht eine Spektralfarbe. Wir nehmen mit unserem Sehsinn die Komplementärfarbe der absorbierten Spektralfarbe wahr; der Stoff erscheint für uns dann farbig.

Von welchen Faktoren hängt es ab, welche Spektralfarbe die Moleküle bzw. Ionen eines farbigen Stoffs absorbieren? Die Antwort gibt der **fünfte Akt**: Je länger die Moleküle bzw. die Ionen sind, desto weniger Energie ist nötig, um Elektronen anzuregen. Außerdem haben die Endgruppen der kleinsten Stoffteilchen eine wichtige Bedeutung. Sie können so gewählt werden, dass sich die Anregungsenergie deutlich senken lässt. Die Phenylpolyenale und ihre Farbsalze liefern die Details dazu.

Der **Epilog** als Finale beginnt mit dem „Farbenzauber“ der Phenylpolyenale (Abb. 4), den Farben auf der Vorder- und Rückseite des Tausendblumenteppichs, und mit einem Blick zurück auf den Weg zur Quantenchemie. Außerdem wurde klar, dass die Moleküle bzw. Ionen farbiger Stoffe empfindlich gegenüber

Abb. 4 Lösungen der Phenylpolyenale und ihrer Farbsalze (Foto: R. Deuber)

Licht sind; seine Energie kann ihre chemischen Bindungen zerstören. Diese Betrachtungen klärten die Frage, wann Stoffe farbig sind und wann die Farbe verblasst, gleichzeitig führten sie zu einem Verständnis der Diskussion zwischen Heisenberg und Einstein (Ouvertüre). Die inzwischen vielfach bestätigte Behauptung von de Broglie, „alles hat seine Wellenlänge", lieferte unter anderem den Schlüssel zum Verständnis zur Farbigkeit von Stoffen.

Anmerkung

Der Einstieg in die faszinierende Welt der Verknüpfung von Teilchen und Wellen benötigt aufmerksames Betrachten von Phänomenen, eingehende Diskussionen und immer wieder intensives Nachdenken. Nur wenn genügend Zeit zur Verfügung steht, gelingt es, die Schülerinnen und Schüler von der herkömmlichen Materiebetrachtung zu lösen und sie in die Welt der Quanten eintauchen zu lassen. Dass es sich dabei nicht um eine abstrakte Theorie handelt, zeigt als herausragendes Beispiel die Farbigkeit von Stoffen, die ihrerseits ja Erscheinungen des Alltags sind.

Das Lehrstück ist in ausführlicher Form 2011 als Buch erschienen (Baars 2011): www.hep-verlag.ch/chemie-zusatzmaterial-lehrpersonen ◀

Prof. em. Dr. Dr. h. c. Günter Baars war Fachlehrer für Chemie am Gymnasium Bern-Neufeld (CH), Professor für Chemiedidaktik am Institut Sekundarstufe II der Pädagogischen Hochschule sowie der Universität Bern (CH). Er ist Flad-Preisträger der Gesellschaft Deutscher Chemiker, Balmer-Preisträger der Schweizerischen Chemischen Gesellschaft, Ehrendoktor der Universität Bern (CH) und Autor mehrerer Chemielehrbücher.

Frischs „Stiller"

Stephan Schmidlin und Michael Jänichen

Die Werke von Max Frisch (1911–1991) werden regelmäßig als Schullektüre verwendet. Eine herausragende Rolle in seinem Werk spielt die Frage nach der Identität, der Biographie – insbesondere im Wechselspiel der Zuschreibungen von außen und der Konstruktion aus dem Inneren. Dabei ist das Erzählen grundlegend, wie er 1960 in Unsere Gier nach Geschichten *programmatisch festhält: „Alle Geschichten sind erfunden, Spiele der Einbildung, Entwürfe der Erfahrung, Bilder, wahr nur als Bilder. Jeder Mensch, nicht nur der Dichter, erfindet seine Geschichten – nur dass er sie, im Gegensatz zum Dichter, für sein Leben hält – anders bekommen wir unsere Erlebnismuster, unsere Ich-Erfahrung, nicht zu Gesicht." Frischs Roman* Stiller *von 1954 zeigt mustergültig auf, wie aus diesem Paradox eine Lebenserzählung entsteht: James Larkin White wird bei der Einreise in die Schweiz verhaftet, weil er für den verschollenen Anatol Ludwig Stiller gehalten wird. Er verweigert sich dieser Zuschreibung hartnäckig, lebt am Ende aber geständig als Stiller zusammen mit seiner Frau Julika. Das Lehrstück folgt der Frage: „Wie erzähle ich (mir und anderen), wer ich bin?" Didaktisch wegweisend dabei ist Friedrich Dürrenmatts (1921–1990) kritische Einschätzung in* Fragment einer Kritik*: „Ohne Mitmachen ist der Stiller weder zu lesen noch zu begreifen." Also: Machen wir mit – in acht Stationen!*

In **Station 1** wird das Denkbild an der Tafel vorgestellt: Frisch rechts, Stiller links, in der Mitte der Ort seiner Stiller-Klausur, Territet am Genfersee, darunter „Wir" als Klasse (Abb. 1 und 2). Nach einem szenisch gelesenen Einstieg wird

S. Schmidlin (✉) · M. Jänichen
Bern, Schweiz

M. Jänichen
E-Mail: michael.jaenichen@lehrkunst.ch

M. Gerwig et al. (Hrsg.), *Sternstunden der Bildung*,
https://doi.org/10.1007/978-3-658-50735-0_67

Abb. 1 Die Klasse posiert mit ihren Ausweisen vor dem Denkbild. (Foto: S. Schmidlin)

Abb. 2 Im Denkbild zum Lehrstück steht jeder äußere Kreis für eine Station. (Grafik: S. Schmidlin)

Dürrenmatts Hinweis und dem Verfahren des Romans gefolgt, das Frisch 1985 im Rückblick auf den „Stiller"-Roman erläuterte: „Ich lade Sie ein in eine Villa in der Toscana, und Sie dürfen nicht herauskommen [...], bevor Sie 77 erfundene Geschichten geschrieben haben [...], und ich behaupte jetzt einfach so, eine Spielthese: nach diesen 77 Geschichten weiß ich über Sie sehr viel mehr, als was sie mir in Ihrer Biographie erzählt haben" (Albarella 2003, S. 167f.). Alle schreiben also fortan Geschichten, die Erste ist durch den Beginn des Textes vorgegeben. Dem Aufschrei „Ich bin nicht Stiller!" folgend reflektieren alle die Aussage „Ich bin nicht ...", wobei jede Person ihren Namen vom Ausweis einsetzt.

Die vorherige Bemerkung aus der Werkstatt des Autors hilft als Annonce auch zu verstehen, wie der scheinbar zusammenhangslose Roman zu lesen ist. Seine Entstehung und die Arbeitsweise von Frisch sollen in **Station 2** aber noch besser verstanden werden. Deshalb wird mit Vorteil das rund einstündige Hörspiel *Rip van Winkle* angehört, das ein gutes Jahr vor Abschluss des Romans ausgestrahlt wurde (16. Juni 1953) und eine Art Ur-Stiller darstellt. Dies bietet die Chance, Max Frisch über die Schulter zu blicken und zu fragen, warum und wie er das Hörspiel in einen Roman umgeschrieben hat. So gelangen wir in das Zentrum des literarischen Schaffensprozesses bzw. der Genese des Romans. Nach der vergleichenden Analyse von Hörspiel und Romantext verfassen alle ihre zweite Geschichte. Auch hier wird der Vorlage gefolgt und alle erfinden ein persönliches „Lebens-Märchen".

Die Spanien-Episode in **Station 3** steht am Anfang der großen Differenz, die zwischen dem Selbstbild Stillers und dem Bild Julikas von ihrem (künftigen) Mann besteht und bestehen bleibt: Stiller als Versager vor dem Feind versus Stiller als humanitärer Held. Dies verleiht der Textstelle eine herausragende Bedeutung. Das wahre Gewicht der Episode wird aber erst dort einsichtig, wo seine autobiographische Verankerung bei Frisch erkennbar wird. Der beschreibt in seinem Tagebuch, wie er als bewaffneter Bewachungssoldat einen (kampferprobten) deutschen Soldaten (ohne Gewehr) wieder über die Grenze abschieben musste. Die dritte Geschichte, die verfasst wird, lautet deshalb „Der/Die/Das ... meines Lebens".

Station 4 widmet sich dem Abschied zwischen Stiller und Julika in Davos. Hier sind zwei Aspekte relevant. Einerseits wird die Intertextualität des Romans erkennbar, wenn Frisch auch aus anderer Literatur schöpft, zum Beispiel hier aus dem *Zauberberg* von Thomas Mann (1875–1955). Andererseits wird hier die Bildnis-Theorie thematisiert, die ebenfalls aus dem Hörspiel *Rip van Winkle* stammt und für Frischs Kunstauffassung zentral ist. Sie besagt, dass das Bild, das Menschen sich von anderen Menschen machen, wie ein Gefängnis wirke und das Gegenteil von Liebe bedeute. Stiller und Julika halten sich beide nicht an diese Theorie, was im Klassengespräch geklärt werden kann. Die vierte Geschichte muss sich natürlich um ein Bildnis drehen, das sich eine Person von einer anderen gemacht hat, zum Beispiel auch das Bild, das sich die Lernenden von Max Frisch machen.

Die Höhlengeschichte in **Station 5** ist die letzte Flunkergeschichte, die Stiller noch bei seinem Wächter Knobel anlanden kann. Frischs Interview zufolge macht sich Stiller mit diesem Abenteuer-Geschichtchen auch über seine Selbstverleugnung lustig. Die Deutung dieser und anderer Flunkergeschichten sollte daher in einer

Diskussion im Plenum der Klasse erfolgen. Die fünfte Geschichte, die jede Person verfasst, ist eine freie Fiktion oder eine Nacherzählung eines eigenen Traums.

Anders liegen die Verhältnisse in der **Station 6** mit der Geschichte des Staatsanwalts Rolf vom Paket mit dem fleischfarbenen Kleiderstoff in Genua. Stiller entwirft hier deutlich eine Spiegelfigur seiner selbst. Er schreibt aber über Personen vor acht Jahren und vereint so den Erzähler mit dem Portraitierten. Frisch kommentiert im Interview von 1985, dass Stiller, der Staatsanwalt und er selbst alle gleich gut schreiben können, weil wir als erzählende Person für ein Fremdportrait keine andere Sprache haben als für ein Selbstportrait und letztlich gilt: „Schreiben heißt: sich selber lesen", wie Frisch in seinem Tagebuch festhält. Die Lernenden verfassen angesichts dieser Einsicht jeweils ein Fremdportrait einer Person aus der Klasse und ein Selbstportrait.

Der Zerstörung des eigenen Werks, wie es Stiller im Atelier und Frisch am Waldrand tun, entspricht in **Station 7** kein Schreibauftrag für die Lernenden. Die Idee, dass aus der Vernichtung des Alten Raum für Neues gewonnen werden kann, erschließt sich auch ohne Nachschaffen. Aufschlussreich ist die Genese, die aufzeigt, wie aus einem völlig privaten Ritual (die Verbrennung der Papiere am Waldrand laut Tagebuch) im *Stiller* die öffentlichste Szene überhaupt geworden ist, die alle wichtigen Figuren mitverfolgen. Die Lächerlichkeit der Szene ist geblieben, weil die Bedeutung des Akts für den Täter und dessen Sinn für die Zuschauenden in keinem Verhältnis stehen.

Die **Station 8** bezieht sich auf das „Nachwort des Staatsanwaltes", in dem Stiller verstummt (er schreibt nicht mehr selbst) und damit die Bedeutung seines Namens einholt. Hier lohnt sich die Frage an die Klasse, ob das Nachwort die notwendige Abrundung der Stiller-Geschichte darstellt oder ob mit dem Nachwort ein Bruch in den Roman hineinkommt, wie Dürrenmatt sofort gesehen und Frisch später als „Grundrissfehler" eingeräumt hat. Die Außensicht auf Stiller durch den Staatsanwalt dient aber als auch als Vorlage für den vorletzten Schreibauftrag: ein persönlicher lobender bzw. tadelnder oder beides verbindender Brief an Stiller.

Im **Epilog** wird das Ganze in den Blick genommen. Ein letzter Text wird verfasst, der aufzeigt, wie beim Erschließen von Frischs *Stiller* vorgegangen wurde. Dabei wird auch reflektiert, was in der Auseinandersetzung mit dem Roman darüber erkannt werden konnte, wie denn nun eigentlich die eigene Identität erzählt werden kann.

Anmerkung

Der Text wird etappenweise gelesen, dies beginnt in Station 1 in der Klasse. Es hat sich bewährt, im Literaturunterricht einen Erzählstuhl einzurichten, auf dem jeweils eine erzählende (also z. B. eine den Text vorlesende) Person sitzt. Gerade in Station 1 ist es interessant, wenn verschiedene Personen den Anfang des Textes nach einem Hinweis auf die rhetorischen Zeichen im Text vortragen. Zudem erlaubt der Erzählstuhl auch, die Metaebene zu betreten, wenn es zum Beispiel um Fragen nach der Perspektive oder Haltung geht.

Der Film *Stiller* von Stefan Haupt, der im Oktober 2025 in die Kinos kam, konnte für diesen Text nicht mehr berücksichtigt werden. Um den SchülerInnen ein Bild von Frisch selbst zugänglich zu machen, wird der Dokumentarfilm *Max Frisch, Citoyen* von Matthias von Gunten (2008) empfohlen. ◀

Dr. Stephan Schmidlin war Gymnasiallehrer für Deutsch und Englisch an der Berner Maturitätsschule für Erwachsene und am Freien Gymnasium Bern (CH). Er war bis zu seinem plötzlichen Tod am 14. November 2019 Vorstandsmitglied der „Gesellschaft für Lehrkunstdidaktik“.

Dr. Michael Jänichen ist Lehrer für Deutsch und Geographie am Gymnasium Muristalden Bern (CH) sowie Dozent an der Pädagogischen Hochschule Luzern (CH). Er ist Vorstandsmitglied der „Gesellschaft für Lehrkunstdidaktik“ und promovierte 2010 bei Hans Christoph Berg und Heinz Stübig (Philipps-Universität Marburg) zum Thema „Dramaturgie im Lehrstückunterricht“.

Eine Theorie der Gerechtigkeit mit Rawls

Horst Leps

▶ *Obwohl das Verlangen nach Gerechtigkeit die Jahrtausende durchzieht, von den Anfängen der Menschheit bis zur Gegenwart, weiß doch niemand wirklich, was Gerechtigkeit ist. Platon, Aristoteles, die Bibel und viele andere geben die unterschiedlichsten Antworten. Die Vielzahl der Aspekte dieses Themas macht es noch schwieriger. Es kann um die Verteilung der Güter in der Welt gehen, um den Einfluss der verschiedenen Menschen und Menschengruppen auf die Politik, darum, wie Vergehen und Verbrechen bestraft werden sollen, und um die persönlich-individuelle Rechtfertigung vor Gott. Hier muss eine didaktische Auswahl-Entscheidung getroffen werden.*

In diesem Lehrstück steht John Rawls' (1921–2002) Buch *Theorie der Gerechtigkeit* (1971, Abb. 1) im Mittelpunkt, denn Rawls hat dort eine auch für Schülerinnen und Schüler nachvollziehbare Argumentation geschaffen. Der Gegenstand des Unterrichts ist soziale Gerechtigkeit, zugespitzt an den Fragen nach der Verteilung der Güter sowie nach sozialer Ungleichheit, dem Mehr oder Weniger an Möglichkeiten und Chancen in der Gesellschaft. Die Idee von Rawls ist, dass die Gerechtigkeitsdiskussion unter einem „Schleier des Nichtwissens" geführt werden muss: Für die Dauer der Diskussion sind den einzelnen Gesprächsteilnehmern zwar all die sachlichen Aspekte von Ungleichheit in der Gesellschaft bewusst, jedoch bleibt für sie sämtliches Wissen über ihre je eigene soziale Position außen vor. Es muss also offengelassen werden, welche soziale Rolle in der verhandelten Gesellschaft sie jeweils selbst spielen. Zwei Grundideen liegen der Dramaturgie

H. Leps (✉)
Hamburg, Deutschland
E-Mail: horstleps@gmx.de

M. Gerwig et al. (Hrsg.), *Sternstunden der Bildung*,
https://doi.org/10.1007/978-3-658-50735-0_68

Abb. 1 John Rawls – Gerechtigkeit international. (Cover: Silveira 2003)

des Lehrstücks zugrunde: erstens, dass die Schülerinnen und Schüler ihre philosophischen Reflexionen nicht ohne bewusste Erfahrungen mit sozialer Ungleichheit in unserer Gesellschaft führen, und zweitens, dass das von Rawls vorgeschlagene Diskussions-Setting unter dem „Schleier des Nichtwissens" von ihnen selbst entdeckt und gestaltet wird.

Die **Ouvertüre** beginnt damit, dass aus aktuellen Gründen „soziale Ungleichheit" Thema des Unterrichts ist. Sie soll aufgeklärt, nach ihrer Berechtigung befragt und vielleicht auch verändert werden.

Im **ersten Akt** suchen die Lernenden Orte auf, an denen soziale Ungleichheit manifest wird. Damit soll für sie ein über ihre eigenen individuellen Erfahrungen hinausgehender Erfahrungsraum aufgeschlossen werden, der dazu beiträgt, die späteren philosophischen Überlegungen an Gehalt gewinnen zu lassen. Auf erste gemeinsame Reflexionen im geschützten Bereich des Klassenraums über die eigenen Vorstellungen zu sozialer Ungleichheit folgen Realbegegnungen an Orten

„ganz unten", die selbst wieder zu Reflexionen führen. Deshalb sprechen die Lernenden schließlich mit den Menschen und lernen sie näher kennen, ohne Beisein der Lehrkraft. Darüber tauschen sie sich anschließend im Klassenzimmer aus. Solche Begegnungen mit konkreten Menschen und das Gespräch lassen Vorurteile zurücktreten.

Der **zweite Akt** dient den Versuchen der Erklärung, Rechtfertigung und Bewertung von Ungleichheit. Zuerst werden die Ursachen von Ungleichheit im Leben der Menschen thematisiert. Da gibt es unter anderem falsche oder mindestens ungeschickte Entscheidungen im Leben, Zufälle, die Möglichkeiten eröffnen oder verschließen, und die Familie, in die man hineingeboren wurde. Entscheidend ist an dieser Stelle, zwischen zwei wesentlichen Aspekten zu unterscheiden: Ursachen und Folgen. Viele der Ursachen lassen sich nur schwer oder überhaupt nicht ändern. Aber ihre Folgen lassen sich vielleicht gestalten.

Im **dritten Akt** geht es deshalb um die Frage, wie solchen Folgen gesellschaftlich und politisch begegnet werden kann. Die Lernenden suchen daher in Gedankenexperimenten nach Auswegen und erfinden dabei selbst – dies ist der Dreh- und Angelpunkt des Lehrstücks – die *Konferenz vor der Geburt*: Ungeborene, die ihre Familien nicht kennen, aber eine ungefähre Ahnung von der Welt haben, handeln aus, welche Regeln in Staat und Gesellschaft gelten sollen, nachdem sie auf die Welt kommen werden. Alle „Ungeborenen" werden Regeln bevorzugen, die ihnen auch dann noch ein gutes Leben ermöglichen, wenn sie in den unteren sozialen Schichten aufwachsen. Hier kommt es auf die Geschicklichkeit der Gesprächsführung durch die Lehrperson an. Erst nachdem diese Idee, ob nun skizzenhaft oder weit ausgereift, in der Klasse selbst aufgekommen ist, wird ein Ausschnitt aus der „Theorie der Gerechtigkeit" gelesen, in dem Rawls diese sowie seine beiden Gerechtigkeitsgrundsätze darstellt. Die Lernenden sehen sich in ihrem Entwurf bestätigt.

In dieser Diskussion unter dem „Schleier des Nichtwissens" streben die Beteiligten in der Regel danach, sich einen Anteil an „Grundgütern" bzw. „Grundfreiheiten" zu sichern, der nötig ist, um die eigenen Pläne im Leben selbst dann verfolgen zu können, wenn sie von Haus aus besonders schlechte Möglichkeit haben. Die Beteiligten würden sich, gemäß Rawls, einstimmig auf zwei Prinzipien der Verteilung einigen: Erstens hat jede Person ein gleiches Recht auf das umfassende System gleicher Grundfreiheiten, das mit demselben System von Freiheiten für alle vereinbar ist („Vorrang der Freiheit"). Zweitens sind soziale und ökonomische Ungleichheiten nur dann zulässig, wenn sie zum größten zu erwartenden Vorteil für die am wenigsten Begünstigten führen („Differenzprinzip") und mit Positionen und Ämtern verbunden sind, die allen unter Bedingungen fairer Chancengleichheit zur Verfügung stehen („Prinzip fairer Chancengleichheit").

Im **vierten Akt** beschäftigt sich die Lerngruppe mit aktuellen gesetzgeberischen und politischen Maßnahmen, denen solche Regeln zugrunde gelegt werden könnten. Sie prüfen und diskutieren also in einem ersten Transfer, inwieweit sie die mit und an Rawls durchdachten Ideen an Regelwerken, die tatsächlich gesellschaftlich wirksam sind, wiederentdecken können.

In einem zweiten Transfer während des **Epilogs** werden die Positionen Rawls noch einmal von außen befragt und auf die Probe gestellt. So können beispielsweise, im Kontext des philosophischen Diskurses, gegensätzliche Positionen zu Rawls wie die von Friedrich August Hayek (1899–1992) einbezogen werden. Durch Wechsel des gesamten Kontexts der gesellschaftlichen Diskussion kann aber auch das biblische „Gleichnis von den Weingärtnern" (Mt 20, 1–16) interpretiert werden.

Anmerkung

Das Lehrstück *Eine Theorie der Gerechtigkeit mit Rawls* ist für den Politikunterricht der Oberstufe gedacht. Es lässt sich jedoch auch fächerverbindend mit Ethik unterrichten. In diesem Fall können die ethischen Fragestellungen stärker vertieft und mit anderen Theorien der Gerechtigkeit verglichen werden. ◀

Dr. Horst Leps war Lehrer für Politik und ev. Religion am Gymnasium Hamburg-Ohlstedt und Lehrbeauftragter für die Didaktik der sozialwissenschaftlichen Fächer an der Universität Hamburg. 2006 promovierte er bei Hans Christoph Berg und Tilman Grammes (Universität Hamburg) zum Thema „Lehrkunst und Politikunterricht".

UAZ. Unsere Abend-Zeitung

Michael Jänichen

Der Straßburger Buchbinder Johann Carolus druckt im September 1605 zum ersten Mal eine „Zusammenstellung" *von Nachrichten und erfreut sich an einem wachsenden Kreis von Abonnenten. Und bis heute ist die Zeitung das Leitmedium des ausklingenden Gutenberg-Zeitalters. Noch immer wird es im Journalismus so gemacht, wie es schon damals war: Informationen werden gesammelt, ausgewählt, durch zusätzliche Recherchen ergänzt, gelayoutet und arrangiert. Es geht daher in diesem Lehrstück wie in einer Redaktion zu: Das tägliche Drama des Zeitungsmachens wird zum Taktgeber eines rasanten Unterrichts.*

Alles läuft ähnlich wie in einer echten Redaktion. In der Klasse wird unter Zeitdruck produziert, denn der Redaktionsschluss ist unerbittlich. Und sobald das frische Produkt erschienen ist, schließt sich bereits eine Blattkritik an, um kritisch und konstruktiv zu würdigen, was gelungen ist und was morgen verbessert werden muss. So wird die nächste Ausgabe gerade im Rückblick auf die letzte vorbereitet – nach dem Spiel ist vor dem Spiel …

Wir machen. Und wir denken darüber nach, was wir gemacht haben, damit wir es beim nächsten Mal noch besser machen können: ansprechenderes Titelbild, größere Überschrift, kürzerer Artikel, anderer Schriftsatz, klarere Struktur, interessantere Bilder, eindeutige Quellenangaben … Parallel zur Form entwickelt sich der Inhalt: Worauf kommt es eigentlich in einem Artikel, einem Kommentar, einer Reportage an? Wo auf einer Zeitungsseite steht das Wichtigste? Und wo in einem

M. Jänichen (✉)
Bern, Schweiz
E-Mail: michael.jaenichen@lehrkunst.ch

M. Gerwig et al. (Hrsg.), *Sternstunden der Bildung*,
https://doi.org/10.1007/978-3-658-50735-0_69

Artikel steht das Wichtigste? Wie formuliere ich einen Lead? Und wann brauchen wir eigentlich einen? Welche Meldungen können wir 1: 1 von einer Agentur übernehmen?

Vor allem aber muss in diesem Lehrstück gelesen, gefiltert und gewichtet werden. Aus symbolischen 400 Seiten Agenturmeldungen wird in den Redaktionen der Tageszeitungen täglich eine Zeitung mit 40 Seiten. Und wir machen aus genau diesen 40 Seiten Zeitung vier.

1. Tag: Inmitten der aktuellen lokalen Tageszeitung – sie ist in Einzelblättern quer im Zimmer aufgehängt – findet die erste Redaktionssitzung statt. Heute werden mehrere Gruppen noch traditionell mit Schere und Klebestift in kurzer Frist je eine eigene Ausgabe auf Maquetten aus Flipchart-Papier zusammenstellen. Das Material wird ebenjener Tageszeitung entnommen, die auch doppelt auf allen Tischen ausliegt. Als didaktische Geste gilt das „große V", welches das redaktionelle Filtern und Auswählen versinnbildlichen soll (Abb. 1 und 2). Am Ende sind mehrere Varianten der ersten Ausgabe von „Unserer Abend-Zeitung" da! Die Varianten können im Nachgang verglichen werden und zeigen große Unterschiede, die zur

Abb. 1 „Das grosse V": Aus 400 mach 40, aus 40 mach 4! (Foto: M. Jänichen)

Abb. 2 Am Redaktionstisch an Tag 1. (Foto: M. Jänichen)

Diskussion auffordern: Warum ist diese Nachricht auf Seite 2? Und warum fehlt sie bei der anderen Gruppe vollständig? Welche Titelseite überzeugt am meisten? Was gehört auf Seite 4?

2. Tag: Eine weitere Ausgabe entsteht. Diesmal werden die Nachrichten der aktuellen Tageszeitung mit solchen aus anderen Quellen ergänzt. Vielleicht ist auch schon ein erster selbst geschriebener Artikel dabei. Nach der Blattkritik wird der Plan für die weiteren Ausgaben der eigenen Zeitung festgelegt: Wer ist eigentlich das Zielpublikum und was könnte es von einer Abend-Zeitung erwarten? Wie soll unsere Zeitung heißen? Welche Nachrichten kommen auf welche Seite? Wie kann die Lesbarkeit verbessert werden? Wie muss die Redaktion organisiert sein, damit alles bis zum Redaktionsschluss klappt? Beim nächsten Mal geht es auf dem Computer weiter.

3. Tag: Die neu entstandenen Ressortteams arbeiten konzentriert, um alles rechtzeitig für die Layoutgruppe zur Verfügung zu stellen. Die von der Lehrperson unterstützte Chefredaktion behält die Zeit im Blick und sorgt dafür, dass alles rechtzeitig im Satz ist. Eine Person liest alles in Windeseile, weil sie sich als Korrektorat zur Verfügung gestellt hat. Unterdessen sind alle Inhalte aus verschiedenen Quellen selbst gewählt und immer mehr wird selbst verfasst. Eine kurze Reportage und ein Interview sind seit dem letzten Mal entstanden. Trotz der berechtigten Zufriedenheit mit dem ersten vollständigen Produkt zeigt die Reflexion am Nachmittag noch immer Optimierungsmöglichkeiten (Abb. 3). Die Leseführung stimmt

KANTONSSCHULE TROGEN

Täglich aktuell!

Unsere Abendzeitung

Die unabhängige Zeitung der Lehrkunstwerkstatt «Aus 40 mach 4! Wir machen UAZ» anlässlich der Themenwoche 2 2004 der Klasse 3w der Kantonsschule Trogen

Ausgabe 3, 1. Jahrgang — Donnerstag, 25. November 2004

«Rebellion ist wichtig»: Regisseur Hans Weingartner erzählt über sein zweites Werk Seite 2

Schweiz muss hoffen: Morgen startet in Aspen die Saison des Skiweltcups – mit Schweizer Individualisten Seite 3

Lernende als Journalisten: Im Schulzimmer an der Kanti Trogen entsteht eine richtige Tageszeitung Seite 4

Israel will Beschränkungen lockern

JERUSALEM. Israel will allen Palästinensern am Tag der Präsidentenwahlen, dem 9. Januar, freien Zugang zu den Stimmlokalen gewähren. Dies sagte gestern Aussenminister Shalom nach einem Gespräch mit seinem britischen Kollegen Straw.

Alle Wahlberechtigten im Westjordanland und im Gaza-Streifen könnten sich am Wahltag frei auf den Strassen bewegen, sagte Shalom. Ferner wolle Israel ausländische Beobachter bei den Wahlen zulassen. Seit Ausbruch der zweiten Intifada vor mehr als vier Jahren herrschen in den besetzten Gebieten strikte Kontrollen der israelischen Armee.

Der britische Aussenminister Straw äusserte sich «ermutigt» von einer positiven Einstellung Israels zu den palästinensischen Wahlen.

Straw: «Neue Chance»

Straw warb gleichzeitig für die Umsetzung des internationalen Nahost-Friedensplans (Road Map). Nach dem Tod Arafats gebe es eine «komplett neue Chance und eine wirkliche Entschlossenheit der palästinensischen Führung zur Umsetzung der Road Map». Diese sieht die Errichtung eines Palästinenserstaats bis nächstes Jahr vor. (afp/ap)

Für tierische Kriegshelden

Die tierischen Kriegshelden Grossbritanniens werden künftig mit einem eigenen Denkmal geehrt. Prinzessin Anne enthüllte gestern in London ein Denkmal für alle Hunde, Pferde, Tauben und andere Tiere, die dem Land bisher in Kriegen gedient haben.

Inhalt

Ausland/Inland 1
Wirtschaft & Kultur 2
Sport 3
Appenzellerland 4
Impressum 4

Konfrontation in Kiew: Anhänger von Oppositionsführer Juschtschenko demonstrieren. Bild: ap/Ivan Sekretarev

«Jetzt wird das Volk sprechen»

Wahlbehörde erklärt in Kiew den Premier zum Wahlsieger – Opposition ruft zu Generalstreik auf

KIEW. Die ukrainische Wahlkommission hat gestern Regierungschef Janukowitsch offiziell zum Gewinner der Präsidentenwahlen erklärt. In Kiew zogen erneut Scharen von Anhängern der Opposition zum Präsidentenpalast.

Laut Auszählung der Wahlkommission entfielen auf Premier Viktor Janukowitsch 49,46 Prozent der Stimmen, auf Oppositionsführer Viktor Juschtschenko 46,61 Prozent. Bei einer Massenkundgebung in Kiew quittierten Oppositionsanhänger das Resultat mit «Schande, Schande»-Rufen. Der oppositionelle Abgeordnete Poroschenko sagte, die Mitglieder der Wahlkommission hätten die Verantwortung für einen Staatsstreich übernommen. «Jetzt wird die Strasse sprechen. Jetzt wird das Volk sprechen.»

Viktor Juschtschenko rief zu einem landesweiten Streik auf. Der Chef der Sozialistischen Partei, Olexander Moros, sagte, man wolle den gesamten Verkehr zum Erliegen bringen sowie Fabriken und Schulen schliessen.

Noch vor der Bekanntgabe des Endergebnisses hatte Premier Janukowitsch gesagt: «Ich brauche keinen gefälschten Wahlsieg.» Er sei zum Gespräch mit der Opposition bereit. Juschtschenko entgegnete, er wolle nur noch mit dem amtierenden Präsidenten Kutschma verhandeln; er sei aber auch zu einer Wiederholung der Wahl bereit.

Kutschma warnt

Kutschma hatte am Dienstagabend zu Verhandlungen aufgerufen. Die Demonstrationen Zehntausender Oppositioneller, die gestern weitergingen, nannte er eine «politische Farce» und illegal; er warnte vor einem Umsturz. Kutschma schloss aber den Einsatz von Gewalt gegen die Demonstranten aus. Verteidigungsminister Kusmuk rief die Armee zur Ruhe auf. Auch Anhänger Janukowitschs demonstrierten gestern in den Strassen Kiews. – EU-Kommissionspräsident Barroso forderte eine «ernste, objektive Überprüfung des Wahlresultats», sonst werde es Konsequenzen für die Ukraine haben.

USA protestieren

Die USA wollen laut Aussenminister Powell das Ergebnis nicht anerkennen. Die Wahl habe keinen internationalen Standards entsprochen. Das Aussenministerium bestätigte, es habe am Dienstag den russischen Botschafter herzitiert, um zu erfahren, weshalb Präsident Putin schon am Tag nach der Wahl Premier Janukowitsch gratuliert habe. (ap/dpa)

Keine Rassendiskriminierung

Das Vorgehen der Mobiliar verstösst nicht gegen die Anti-Rassismus-Gesetzgebung. Für die Frage einer Rassendiskriminierung sei entscheidend, ob ein Versicherer sachliche Gründe für Restriktionen anführen könne, erklärte Niggli. Die Mobiliar müsse mit statistischen Analysen belegen, dass das Risiko bei Autofahrern aus dem Balkan oder Osteuropa für sie zu gross sei. Dann sei es ihr auch möglich, mit Lenkern aus kritischen Ländern keine Versicherungen mehr abzuschliessen.

«Kein wirkliches Problem»

Dass eine Autoversicherung obligatorisch ist, spielt dabei laut Niggli keine Rolle. «Solange andere Versicherer dasselbe Geschäft abschliessen, stellt dies nicht wirklich ein Problem dar.» Die Regierung kürzlich zu einem ähnlichen Fall, unterschiedliche Tarife für Schweizer und Osteuropäer seien begründet, wenn sie für die verschiedenen Risikogruppen objektiv berechnet würden.

Die SVP sieht sich bestätigt. FDP-Sprecher Christian Weber ist der Meinung, dass Aufnahme oder Ablehnung von Personengruppen Sache der Versicherung sei. Die SP warnt vor Übertreibungen. Es sei zwar richtig, die Prämien für einzelne Gruppe nach dem Risiko festzustellen, sagte SP-Sprecher Jean-Philippe Jeannerat. Bestimmte Gruppe gar nicht zu versichern, sei aber übertrieben. (red.)

Schlag gegen Kinderporno in Spanien

MADRID. Bei einer landesweiten Polizeiaktion gegen Kinderpornografie wurden in Spanien 90 Verdächtige festgenommen.

Spaniens Polizei hat den bisher grössten Schlag gegen Kinderpornografie im Internet geführt: Im Zuge einer nationalen Fahndung wurden 90 Personen, meistens Männer, verhaftet. Unter den Beschuldigten befinden sich Lehrer, Universitäts-Dozenten, Studenten und Schüler, Soldaten, Verwaltungsangestellte und Informatiker; 21 der Festgenommenen sind Minderjährige. Mehrere tausend CDs und weit über 100 Computer-Festplatten wurden beschlagnahmt, auf denen sich zehntausende kinderpornografische Aufnahmen befanden. Laut Behörden wurde das Material überwiegend in Südamerika und Asien produziert und dort von den Spaniern gekauft. Der spanische Kinderpornoring habe die Aufnahmen dann via Internet verbreitet. Weitere Festnahmen auch im Ausland werden erwartet, nachdem Interpol eingeschaltet wurde. (ze)

Raser: «Mobiliar» stellt Bedingungen

BERN. Gestern hat «Die Mobiliar» bekannt gegeben, dass sie nicht mit allen Interessierten aus dem Balkan eine Autoversicherung abschliesst.

Die Kontroverse um Raser aus Balkanländern erhält damit neue Nahrung. Ohne Einschränkung können nur noch Interessenten aus 28 Ländern – Westeuropa, USA, Kanada, Australien – neu eine Autoversicherung abschliessen.

Interessenten aus anderen Ländern – auch jenen des Balkans und Osteuropas – dürfen dies nur noch, wenn sie bereits bei «Der Mobiliar» versichert sind. (sda)

► siehe auch Artikel links

Abb. 3 Ausgabe 3 der UAZ an der Kantonsschule Trogen vom 25.11.2004

noch nicht; Information und Meinung müssen typographisch erkennbar gemacht werden; viele Überschriften sind zu lang, das Layout und die Schriftgröße sollen auf allen Seiten gleich sein.

4. Tag: Die Generalprobe vor der schulweiten Veröffentlichung gelingt nicht zuletzt deshalb, weil einige freiwillig bereits vor Unterrichtsbeginn Artikel und Bilder ausgewählt und in die Redaktion mitgebracht hatten. Manches ist sogar schon an das Layout angepasst. Produktiver Ehrgeiz scheint gewachsen zu sein und trifft auf zunehmend professionellere Abläufe bis zum Redaktionsschluss. Auch die Chefredaktion ist nun eigenständig unterwegs, die Lehrperson begleitet als „Feuerlöscher", wo immer aufkommende Krisen zu eskalieren drohen. Die Null-Nummer liegt erneut pünktlich vor. Erstaunlicherweise werden immer kleinere Details zum Gegenstand der Blattkritik: uneinheitliche Seitenränder, eine nicht kursiv gesetzte Quellenangabe, fehlende Satzzeichen oder ungünstig platzierte oder gewählte Bilder. Alle sind für morgen vorbereitet, wenn die offizielle Erst- und Letztausgabe erscheint. Hoffentlich finden wir eine packende Story für die erste Seite.

5. Tag: Die mittlerweile errungene Routine hilft dabei, auch Unvorhergesehenes aufzufangen. Mit großem Stolz wird heute die erste Ausgabe der hauseigenen UAZ öffentlich verteilt. Die Exemplare sind schnell weg, denn erstaunlich viele Jugendliche möchten diese Printversion genauer ansehen. Kolleginnen und Kollegen fragen nach, wie denn dieses Produkt entstanden ist und wann die nächste Ausgabe erscheinen wird. Natürlich fallen uns am Nachmittag erneut kleinere und größere Macken auf. Aber viel schlimmer ist, dass die gemeinsame Redaktionszeit mit der UAZ vorbei ist: „Können wir das im nächsten Semester wieder machen?"

Anmerkung

Das Lehrstück kann im Regelunterricht, in einer Projektwoche oder in anderen Gefäßen umgesetzt werden. Entscheidend sind das eigene Tun und die zunehmende Selbstverantwortung. Und damit dies gelingen kann, benötigt alles eine verlässliche didaktische Rahmung und sorgfältige Vorbereitung der benötigten Materialien.

Die Unterrichtseinheit könnte beliebig in die Länge gezogen werden, sollte aber nach einer oder zwei Ausgaben für die Schulöffentlichkeit beendet werden. Vielleicht ergibt sich ja eine Projektgruppe, die eigenverantwortlich eine Schulzeitung oder einen Newsblog erstellen will...

Eine Kooperation mit der lokalen Tageszeitung bietet neue Gelegenheiten (Gratis-Exemplare, Tipps von Profis, Besuch der Redaktion und der Druckerei, ...), ist aber nicht entscheidend für den Erfolg des Lehrstücks. ◀

Dr. Michael Jänichen ist Lehrer für Deutsch und Geographie am Gymnasium Muristalden Bern (CH) sowie Dozent an der Pädagogischen Hochschule Luzern (CH). Er ist Vorstandsmitglied der „Gesellschaft für Lehrkunstdidaktik" und promovierte 2010 bei Hans Christoph Berg und Heinz Stübig (Philipps-Universität Marburg) zum Thema „Dramaturgie im Lehrstückunterricht".

Kultur der Digitalität mit Stalder

Adriano Montefusco und Michael Jänichen

▶ *„Die Eule der Minerva beginnt erst mit der einbrechenden Dämmerung ihren Flug", schrieb Hegel (1770–1831) in seinen* Grundlinien der Philosophie des Rechts *(1820, S. 28). An diesen Sinnspruch kann sich erinnert fühlen, wer den Entstehungsprozess eines Lehrstücks zum Thema „Digitalität" betrachtet. Denn wie können wir Erkenntnisse über ein Phänomen gewinnen, zu dessen Emergenz uns der historische Abstand fehlt und das wir in all seinen Wirkdimensionen noch gar nicht abschließend erfassen können – auch deshalb nicht, weil es sich unter unserer Betrachtung laufend rasant weiterentwickelt? – Umso erhellender ist in diesem Zusammenhang Felix Stalders (*1968) Konzept der* Kultur der Digitalität (2024)*, das gegenwärtige Dynamiken und ihre Auswirkungen auf verschiedene gesellschaftliche Bereiche greifbar macht. Es stellt drei Kerncharakteristika des digitalen Zeitalters heraus, die jeweils zu Leitbegriffen der Auseinandersetzung im Unterricht werden. Eine ergänzende Leitlinie bildet zusätzlich das* Frankfurt-Dreieck *(Brinda et al., 2019), das dabei hilft, die Auseinandersetzung mit der Digitalität in allen ihren Dimensionen zu berücksichtigen.*

Kern der **Ouvertüre** zu diesem Lehrstück ist das Smartphone, das als Kulturzugangsgerät eine Vielzahl der technologischen Errungenschaften der Digitalisierung in sich vereint und als Endgerät gleichzeitig eine Antwort auf Bedürfnisse darstellt, die Anstoß zur technologischen Entwicklung gaben. Die Jugendlichen ler-

A. Montefusco
Freiburg, Schweiz
E-Mail: adriano.montefusco@unifr.ch

M. Jänichen (✉)
Bern, Schweiz
E-Mail: michael.jaenichen@lehrkunst.ch

M. Gerwig et al. (Hrsg.), *Sternstunden der Bildung*,
https://doi.org/10.1007/978-3-658-50735-0_70

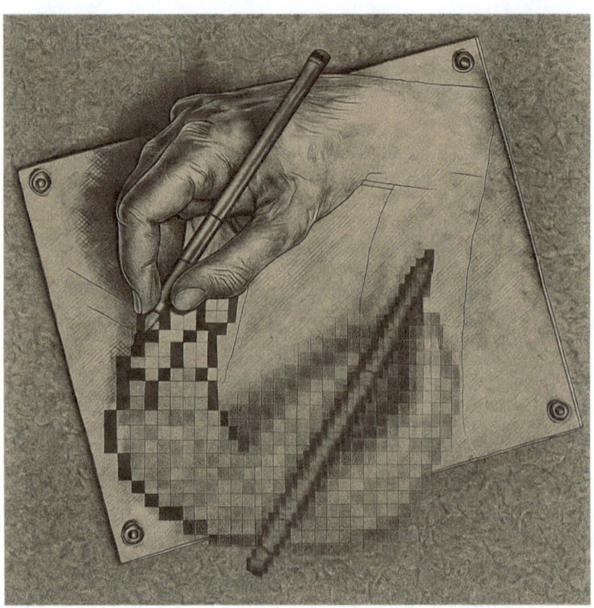

Abb. 1 Wir gestalten unsere digitale Identität, diese gestaltet aber auch uns. Das Bild wurde aufbauend auf *Drawing Hands* (1948) von M. C. Escher von ChatGPT verändert. Es ist somit ein Beispiel für Stalders Leitbegriff *Referenzialität*. (Grafik: M. Jänichen)

nen das *Frankfurt-Dreieck* kennen und formulieren Fragen in dessen drei Dimensionen. „Wie funktioniert das?" fragt nach technologischen und medialen Strukturen und Funktionen. „Wie wirkt das auf Kultur und Gesellschaft?" ergründet soziale Wechselwirkungen. Und schließlich fokussiert „Wie nutzen wir das (verantwortungsvoll)?" Aspekte der Interaktion und Auswirkungen auf die Identitätsbildung (Abb. 1). Entlang dieser Fragen werden nach Bedarf und Notwendigkeit in den folgenden Modulen historische, soziologisch-anthropologische, informationstechnische, ethische, juristische und politische Gesichtspunkte herangezogen, um ein möglichst umfassendes Verständnis der Prozesse zu gewinnen, die wir einerseits technisch mit „Digitalisierung" und andererseits kulturphilosophisch mit „Digitalität" bezeichnen.

Im **ersten Akt** dreht sich alles um das Kerncharakteristikum *Referenzialität*. Darunter versteht Stalder (2016) die Erzeugung neuer kultureller Artefakte durch die transparente Kombination und Modifikation bestehender Materialien in offenen Montage-Verfahren, wie sie in Remixes, Memes oder Open-Source-Projekten vorliegen. Die Lernenden erzeugen selbst durch kreative Wiederverwertung an ihren Smartphones kulturelle Artefakte, mit denen sie auf der klasseneigenen Kommunikationsplattform auch kollektiv umgehen müssen. Zu diesen kollektiven Verfahren gehören die für die Kultur der Digitalität typischen Prozesse des Filterns, Likens, Interpretierens, Kommentierens. Die Lernenden erfahren hier, dass ihre Produkte stets nur Iterationen in einem an und für sich unabschließbaren Referenzialisierungsprozess sind, an dem jeder Mensch partizipieren kann, der über die technischen Mittel verfügt, sich in diesen Prozess einzuschreiben. Auch die Frage, unter welchen juristischen Gesichtspunkten im Internet veröffentlichtes Material legal genutzt und weiterbearbeitet werden darf, gehört in diesen Themenkomplex (Urheberrecht, Lizenzen, creative commons). In den Produktionsprozessen spielt auch der Umgang mit künstlicher Intelligenz (KI) eine Rolle. Dazu gehört aber auch das Verstehen der Funktionsweise von KI. Es muss auch darauf eingegangen werden, welche traditionellen Regeln und Normen des Referenzierens existieren und welche neu aus der Digitalität hervorgegangenen sind.

Der **zweite Akt** ist auf das Kerncharakteristikum *Gemeinschaftlichkeit* ausgerichtet. Hier geht es um die Entstehung von sozialer Identität, indem sich Individuen über ihre Positionierung in digitalen Gemeinschaften definieren. Dazu werden zuerst Profile aus sozialen Netzwerken (zum Beispiel Instagram, Facebook) analysiert, um an ihnen einen großen Fächer von Aspekten zu reflektieren: Wer ist die Person, die sich hier so darstellt? Was löst die Darstellung bei mir als betrachtende Person aus? Welche Interessen verfolgt eigentlich der Anbieter der Plattform mit seinem Angebot? Was erwartet er von mir? Welche Handlungen schlägt er mir vor? Welches Menschenbild wird durch diese Handlungen kolportiert? Was bedeutet Identität auf dieser Plattform? Und welche Rolle spielt bei alldem die durchgehende Verfügbarkeit durch das Smartphone?

In einem zweiten Teil wird hier auch ergründet, wie durch Teilhabe und Interaktion nicht nur Identifikation, sondern auch Bedeutungszuweisung in der Digitalität entsteht. Dabei ist zu berücksichtigen, dass tradierte Strukturen heutigen Jugendlichen bereits fremd sein können. In diesen Sequenzen werden zum Beispiel Rezensionen von literarischen Werken oder Songs bei Online-Händlern, in sozialen Medien (BookTok) und traditionellen Medien (wie Zeitung oder Literaturbesprechung) auch im Hinblick auf sozial Wünschenswertes miteinander verglichen. Die Lernenden entdecken, dass sich im Netz neue soziale Praktiken und Autoritäten entwickeln, die durch explizite und subtile Interaktionsprozesse stets instabil bleiben. Asynchron und über weite geografische Distanzen hinweg können sich Gemeinschaften und Bewegungen bilden, die an Bedeutung gewinnen. Anbieter von sozialen Medien nehmen großen Einfluss darauf, in welchem Maß sich diese Prozesse verselbstständigen bzw. wie stark basisdemokratisch sie organisiert sein können.

Im **dritten Akt** geht es unter dem Schlagwort *Algorithmizität* um die Macht von zunehmend stärker steuernden Infrastrukturen (zum Beispiel Tech-Plattformen), die Handlungsspielräume von Nutzerinnen und Nutzern begrenzen oder erweitern. Die Lernenden erarbeiten, wie Algorithmen Informationen ordnen und Aufmerksamkeit lenken, indem sie manches wahrnehmbar machen, anderes aber verbergen. Eine zentrale Einsicht muss sein, dass Algorithmen durch die Auswahl Entscheidungen beeinflussen. Dies wird an Suchmaschinen, Bewertungssystemen und Kontaktempfehlungen in sozialen Netzwerken untersucht, wo Wissensbestände, Konsumentscheidungen, aber auch die soziale Sphäre beeinflusst werden.

Besonderes Gewicht hat hier die technische Funktionsweise der Algorithmen. Dazu wird am Beispiel von Big Data sichtbar gemacht, wie derartige Systeme gestaltet und verändert werden, was sich aus ihnen für Möglichkeiten der Analyse und Verarbeitung ergeben und wie sie miteinander vernetzt werden können. Ein Akzent liegt hier auf der missbräuchlichen Nutzung von Datenspuren (Tracking, Profilbildung), wo Persönlichkeitsrechte bzw. Nutzung, Besitz und Eigentum von (Meta-)Daten erschlossen werden. GPS-Spuren, die von Smartphones gesammelt wurden, können hier interessante Einblicke geben.

Die Erkenntnisse der drei Akte werden im **Schluss** zunächst gebündelt und im Hinblick auf die Fragen aus dem Einstieg beantwortet. Als Transferbeispiel werden weiter zwei mögliche, von Stalder (2016) vorgeschlagene Zukunftsszenarien gemeinsam reflektiert. Einander gegenüber stehen hier eine Post-Demokratie, in der Tech-Giganten die Kontrolle über digitale Infrastrukturen monopolisieren, und eine commons-basierte Gesellschaft, die partizipative Strukturen fördert. Unter Bezugnahme auf das aktuelle Zeitgeschehen können Chancen und Risiken für Autonomie und Gemeinwohl beleuchtet werden, ohne zu moralisieren und ohne die Komplexität der Phänomene vorschnell zu vereindeutigen.

Summa summarum: Den Veränderungen bisheriger Kulturtechniken durch den Leitmedienwechsel kann sich niemand entziehen – aber der Mensch ist ihm auch nicht willen- und tatenlos ausgesetzt, sondern gestaltet ihn (bewusst wie vorbewusst) mit, durch jeden Klick und jede Mikroentscheidung im Netz und in der analogen Welt. Dieser Erkenntnis-Fluchtpunkt des Lehrstücks soll die Lernenden am Ende des Lehrstücks ermutigen, mit geschärftem Bewusstsein an der Welt zu partizipieren, sich zu vernetzen und für die Werte einer humanen und gerechten Gegenwart und Zukunft einzustehen.

Anmerkung

Das hier entworfene Lehrstück verlangt intensive fächerverbindende Kooperation und zielt auf eine intensive Arbeitswoche. Auch wenn Erfahrungen bislang nur in der gymnasialen Oberstufe vorliegen, kann diese Unterrichtseinheit mit angepasster Flughöhe auch für 8./9. Klassen übersetzt werden. Ziel ist, dass Lernende, die als *digital natives* in eine Kultur der Digitalität geboren wurden, im Lehrstückunterricht reflexive Distanz zur Medienwelt nehmen, in der sie sich bewegen wie Fische im Wasser. Sie sollen forschend und fragend das, was ihr Denken, Wollen und Handeln in diesem neuen Zeitalter bestimmt, durchdringen und gleichzeitig dazu ermutigt werden, bewusster zu konsumieren und zu agieren.

Das Lehrstück sollte stets an jüngsten technologischen, sozialen und kulturellen Entwicklungen anknüpfen und intensive Bezüge zur Lebenswelt der Jugendlichen haben. ◀

Dr. Adriano Montefusco ist Dozent für Fachdidaktik Deutsch am Zentrum für Lehrpersonenbildung für die Primarstufe ZELP der Universität Freiburg (Schweiz). Er forscht und unterrichtet unter anderem zu Themen des kindlichen Schriftspracherwerbs, der Schreibdidaktik und des sprachlichen Lehrens und Lernens unter den Bedingungen der Kultur der Digitalität.

Dr. Michael Jänichen ist Lehrer für Deutsch und Geographie am Gymnasium Muristalden Bern (CH) sowie Dozent an der Pädagogischen Hochschule Luzern (CH). Er ist Vorstandsmitglied der „Gesellschaft für Lehrkunstdidaktik“ und promovierte 2010 bei Hans Christoph Berg und Heinz Stübig (Philipps-Universität Marburg) zum Thema „Dramaturgie im Lehrstückunterricht“.

Teil II
Lehrstückideen

Unvollständige Liste noch ungeschriebener Lehrstücke und auszubauender Lehrstückentwürfe

Mario Gerwig, Marc Müller, Susanne Wildhirt, Michael Jänichen und Ulrike Harder

Diese Liste führt 30 weitere Sternstunden der Menschheit auf, die aus unserer Perspektive als Ansatzpunkte für vorrangig zu entwickelnde Lehrstücke geeignet sind. Ein Großteil der hier aufgelisteten Inhalte ist mit Errungenschaften bedeutender Frauen verbunden. Auch diese Aufstellung ist – wie die Lehrstücke im Hauptteil des Buches – chronologisch geordnet. Da sie niemals vollständig sein kann und die darin enthaltenen Vorschläge intersubjektiv ausgehandelt werden müssen, sind wir an einem konstruktiv-kritischen Austausch sehr interessiert. Dass sie zudem auf eine konkrete Nennung von zugeordneten Fächern verzichtet, liegt vor allem daran, dass die meisten vorgestellten Inhalte transdisziplinär sind und eine Fächerzuweisung als Einschränkung wahrgenommen werden könnte.

Ob sich effektiv alle diese Ideen zu einem Lehrstück im Sinne der *Lehrkunstdidaktik* ausbauen lassen, muss sich zeigen. Für einen Teil der hier vorgestellten Themen liegen allerdings schon Entwürfe und praktische Erfahrungen vor. Sie

M. Gerwig (✉)
Basel, Schweiz
E-Mail: mario.gerwig@gmail.com

M. Müller
Berlin, Deutschland
E-Mail: mueller.marc@hu-berlin.de

S. Wildhirt
Luzern, Schweiz
E-Mail: susanne.wildhirt@phlu.ch

M. Jänichen
Bern, Schweiz
E-Mail: michael.jaenichen@lehrkunst.ch

U. Harder
Marburg, Deutschland
E-Mail: u.e.harder@hotmail.com

M. Gerwig et al. (Hrsg.), *Sternstunden der Bildung*,
https://doi.org/10.1007/978-3-658-50735-0_71

müssten im gemeinsamen didaktischen und pädagogischen Ringen weiterentwickelt werden. Wir laden alle dazu ein, die vorliegenden Ansätze aufzugreifen – wer möchte, kann dazu gerne mit uns in Kontakt treten.

Wir empfehlen, die Themen, die hier vorgeschlagen werden, gemeinsam in einer Gruppe von didaktisch interessierten Personen bei regelmäßigen Treffen zu entwickeln. So kann der kollegiale Austausch auch über die Fächergrenzen hinweg stattfinden. In derartig gestalteten *Lehrkunstwerkstätten* wurden fast alle der im Hauptteil dieses Buches aufgeführten Lehrstücke entworfen – und wir erleben die fokussierte Zusammenarbeit immer wieder als anregend und ausgesprochen produktiv. Dies liegt einerseits daran, dass die meisten Themen nicht nur einem Fach zuzuordnen sind, sondern ihrem Inhalt gemäß inter- oder transdisziplinär gelesen werden müssen. Andererseits bietet die Werkstatt auch den Rahmen, um im Sinn eines Micro-Teachings etwas mit fachlichen Laien auszuprobieren. Entsprechend wünschen wir allen, die eigenständig oder im Kreis weiterer engagierter Personen an diesen Sternstunden arbeiten möchten, viel Vergnügen beim Aufspüren von Phänomenen, beim Arrangieren von Einstiegen, um Sogfragen aufkommen zu lassen, beim Rückverwandeln von Gewordenem in Werdendes – kurz: beim Verstehen-Lehren.

Goldener Schnitt (bekannt seit der Antike, formalisiert im 16. Jahrhundert) und Fibonacci-Folge (etwa 1202)
Die Entdeckung der Fibonacci-Folge und ihre Verbindung zum Goldenen Schnitt zeigt ein fundamentales Zahlenverhältnis, das sich in natürlichen Strukturen und ästhetischen Proportionen manifestiert. Aus einem mittelalterlichen Rechenproblem über Kaninchenpopulationen erwuchs eine der schönsten Brücken zwischen Mathematik, Natur und Kunst. Dieses Verhältnis, das sich in Blütenständen, Schneckenhäusern und Bauwerken wiederfindet, wurde zum Symbol einer verborgenen Ordnung der Welt – und prägt bis heute wissenschaftliche Modelle ebenso wie ästhetische Ideale.

Prioritätsstreit zwischen Gottfried Wilhelm Leibniz und Isaac Newton (ca. 1665/1684)
Isaac Newton und Gottfried Wilhelm Leibniz kamen nahezu zeitgleich auf die Idee des Differenzial- und Integralrechnens. Damit wurde erstmals eine Methode entwickelt, mit der Veränderungen und Bewegungen mathematisch exakt beschrieben werden konnten und die das Unendliche in präzise Formeln fasste – eine bahnbrechende Entdeckung, die aber einen heftigen Streit um die Urheberschaft nach sich zog. Der Durchbruch veränderte dennoch die moderne Mathematik und die Naturwissenschaften grundlegend, denn diese neue Sprache der Veränderung wurde zur Grundlage für Physik, Technik und Astronomie.

Sybilla Merians Metamorphosen (1675)
Bereits in ihrer Jugend war die spätere Forschungsreisende Maria Sibylla Merian ungewöhnlich: Sie war nicht nur künstlerisch hochbegabt, sondern interessierte sich auch für Insekten, insbesondere Raupen. Deren Verwandlungen erfüllten sie

mit Bewunderung, während die meisten Menschen ihrer Zeit davon keine Ahnung hatten und stattdessen Raupen und Schmetterlinge als verschiedene Arten auffassten. Merian verfertigte in etlichen Büchern Dutzende sogenannter Metamorphosenbilder, die die systematisch beobachteten Raupen und Schmetterlinge in verschiedenen Entwicklungsstadien auf den dazugehörigen Nahrungspflanzen zeigten. Damit gilt sie als Entdeckerin der Autökologie.

Freiheit, Gleichheit, Kondiaronk (1703)

Aus europäischer Sicht hausen in Nordamerika „Wilde", aus ur-amerikanischer Sicht hausen die „Wilden" in Europa: Zu Beginn des 18. Jahrhunderts zirkulieren in den französischen Salons Reiseberichte aus den angeeigneten Kolonien. Darunter sind auch Konversationen mit Kondiaronk, einem strategisch brillanten Häuptling der Tionontati. Dieser kritisiert scharfzüngig die Selbstsucht der Europäer und argumentiert zu deren Verblüffung für Lebensweisen in Freiheit und Gleichheit – und zwar aus Erfahrung (Louis-Armand de Lom d'Arce: *Supplement aux Voyages ou Dialogues avec le sauvage Adario*, 1703). Vor dem Hintergrund solcher Berichte und zunehmender Besuche von Ur-Amerikanern in Frankreich werden dort nach und nach Alternativen zum Absolutismus denk- und sagbar. Das Zeitalter der Aufklärung dämmert herauf und kulminiert in der Französischen Revolution, einer Mischung aus ur-amerikanischen Freiheitsidealen und alteuropäischer Schreckensherrschaft.

Mason-Dixon-Linie (1763–1767)

In den Jahren 1763 bis 1767 zogen die beiden britischen Astronomen Charlie Mason und Jerimiah Dixon mit ihren Messinstrumenten aus, um die umstrittene Grenze zwischen Maryland und Pennsylvania mithilfe astronomischer Beobachtungen und sorgfältiger Landvermessungen neu festzulegen. Was zunächst wie eine nüchterne Kartierung schien, ein Akt der Präzision und Wissenschaft, erwies sich später als prägend für die amerikanische Geschichte in ihrer ganzen Tragweite. Die Linie legte eine klare Trennung fest, die später als Symbol für die Spaltung der Nation, für Freiheit auf der einen, Sklaverei auf der anderen Seite gedeutet wurde. Das Lied *Sailing to Philadelphia* (2000) von Mark Knopfler erinnert an diese Leistung. Sie birgt zugleich eine Ambivalenz: Aus präziser Ordnung erwuchs ein moralischer Riss, der den Bürgerkrieg vorbereitete.

Toussaint Louverture und die Menschen(un)rechte (1791)

Der Haitianer Toussaint Louverture war Sklave, Freigelassener, Aufständischer, General, Stratege, Diktator, Staatsmann und Staatsgefangener. Er steht als Symbol für eine welthistorische Epoche, die als lückenlose Kette von Kolonialismus, Sklaverei, antischwarzem Rassismus und Imperialismus bis in die heutige Zeit reicht. Wenn die zahllosen Sklavinnen und Sklaven in den Kolonien im Diskurs über die Errungenschaft der Menschenrechte angemessen berücksichtigt würden, begänne an der Seite der Französischen Revolution die Haitianische Revolution zu leuchten – und würde sie sogar überstrahlen.

Die Erfindung der Natur durch Alexander von Humboldt (1799)
Gemeinsam mit seinem Freund und Forschungskollegen Aimé Bonpland beginnt Alexander von Humboldt 1799 seine lang ersehnte Amerikareise. Auf Teneriffa, während der Besteigung des Pico del Teide, nimmt eine Idee Gestalt an, die beide 1802 am Chimborazo, der damals als höchster Berg der Welt gilt, überprüfen werden: Die Vegetationsstufen an einem hohen Berg in Äquatornähe entsprechen denjenigen, die auf einer Reise vom Äquator zu den Polen der Erde durchreist werden. Es dauert Jahre, die Daten auszuwerten und aufzubereiten. Humboldt stellt sie später übersichtlich in einem riesigen „Naturgemälde" dar, mit dem er nicht nur den Nachweis dieser Idee illustriert, sondern den naturwissenschaftlichen Blick auf die Welt insgesamt verändert: Alles in der Natur hängt miteinander zusammen – und die Zusammenhänge sind verstehbar. Vor diesem Hintergrund entwickelt sich die moderne Geographie als neue und eigenständige Disziplin. Etwa 200 Jahre später wiederholt ein internationales Team um Naia Morueta-Holme den Aufstieg auf den Chimborazo und erhebt noch einmal die gesamte Flut an Daten. Der Vergleich des alten und des nun aktualisierten Naturgemäldes belegt eine Verlagerung der Schneegrenze um etwa 500 Höhenmeter nach oben. Anhand der Vegetationszonen eines einzigen hohen Berges lässt sich also nicht nur das Klima eines ganzen Planeten ablesen, sondern auch die Veränderungen seines Klimas werden sichtbar.

Harnstoff-Synthese mit Friedrich Wöhler (1828)
1828 gelang Friedrich Wöhler die Synthese von Harnstoff aus Ammoniumcyanat – ein Zufallsexperiment mit bahnbrechender Wirkung, denn erstmals wurde nachgewiesen, dass ein organischer Stoff künstlich aus anorganischen Verbindungen hergestellt werden kann. Damit zerbrach die bis dahin fest verankerte Vorstellung einer „vis vitalis", einer Lebenskraft, die organische Stoffe von anorganischen unterschied. Dieser Schritt markierte den Beginn der modernen organischen Chemie und öffnete den Weg zur systematischen Erforschung und Herstellung unzähliger Verbindungen.

Elementaranalyse mit Justus von Liebig (1831)
Mit der Entwicklung der Elementaranalyse gelang Justus von Liebig ein entscheidender Schritt für die Chemie des 19. Jahrhunderts. Zum ersten Mal war es möglich, die genaue Zusammensetzung organischer Verbindungen zuverlässig zu bestimmen. Damit wurde die Grundlage geschaffen, chemische Substanzen nicht nur zu beschreiben, sondern quantitativ zu erfassen und systematisch zu vergleichen. Auf diesem Fundament entstand eine moderne, exakte Chemie, die Forschung und Industrie bis heute prägt.

Georg Büchners „Dantons Tod" (1835)
1835 schrieb Georg Büchner in nur fünf Wochen sein erstes großes Werk: *Dantons Tod*. Zum Einstieg ins Werk wird die Entstehung des berühmten „Fatalismus-Briefes" szenisch dargeboten: Büchner „wie zernichtet" am Schreibtisch beim Verfassen des Briefes an seine Verlobte, ein Jahr vor der Genese des Dramas. Die Frage,

„Was bewegte den 22-jährigen Büchner dazu, dieses Stück zu schreiben?", führt durch seine ganze Jugend über den erwähnten Brief bis zu dessen revolutionären Umtrieben in Gießen im Jahr 1834. Und tatsächlich ist es möglich, mit einem Blick auf Büchners Quellen zu ergründen, wie genau er gearbeitet hat. Erschüttert verfasste Literatur – die Klasse ist hautnah dabei.

Die Geburt der Evolutionsbiologie mit Charles Darwin (1859)
Mit der Theorie der natürlichen Selektion stellte der studierte Theologe Charles Darwin das Verständnis des Lebens grundlegend infrage. Erstmalig bot eine wissenschaftliche Theorie eine Erklärung dafür, wie Arten entstehen und sich verändern könnten – nicht durch starre Schöpfungsordnungen, sondern durch Anpassung und Entwicklung. Diese Sichtweise ließ an vielen religiösen Gewissheiten zweifeln und löste heftige Debatten aus. Zugleich wurde damit das Fundament für die moderne Evolutionsbiologie gelegt, die bis heute erforscht und weiterentwickelt wird. Wesentlich ist zudem, dass Darwin auf der Geologie Huttons und der Systematik Linnés aufbaut.

Periodensystem der Elemente mit Dimitri Mendelejew und Lothar Meyer (um 1869)
Mit diesem völlig neuen Ansatz wurde die Vielfalt der chemischen Elemente in ein einheitliches System gebracht, mit dem nicht nur die Eigenschaften bekannter Stoffe erklärt, sondern auch gezielte Vorhersagen über noch unbekannte Elemente möglich wurden. Unabhängig voneinander ordneten Dmitri Mendelejew in Russland und Lothar Meyer in Deutschland um 1869 die Elemente nach ihrem Atomgewicht und ihren wiederkehrenden Eigenschaften – und entdeckten darin ein verborgenes Gesetz der Natur. Mendelejews Mut, Lücken offenzulassen und deren Eigenschaften vorauszusagen, wurde bald durch neue Entdeckungen bestätigt. So entstand das Periodensystem der Elemente, das bis heute die Grundlage jeder chemischen Erkenntnis bildet.

Vom Vogelflug zur „Fliegekunst" mit Otto und Gustav Lilienthal (1891)
Schon als Kinder hatten die Brüder Lilienthal vom Fliegen geschwärmt. Aber beim Träumen haben sie es nicht belassen: Otto, unter Mithilfe Gustavs, widmete der Realisierung schließlich sein gesamtes Leben. Gemeinsam wurde beobachtet, experimentiert und theoretisch hergeleitet bis hin zur Abfassung des Bestsellers über die „Fliegekunst". Nebenher hatte Otto den Plan zu seiner wirtschaftlichen Unabhängigkeit verfolgt, um ungestört bauen und testen zu können – was bekanntermaßen von Erfolg gekrönt war. Von Ottos Gleitflügen und Erfahrungen angestachelt, gelangen Alberto Santos Dumont sowie den Brüdern Wright die ersten Motorflüge.

Entdeckung der Radioaktivität mit Marie Curie (1898)
Als Marie Curie – geboren in Warschau als Maria Salomea Skłodowska – Ende des 19. Jahrhunderts die rätselhafte Strahlung des Urans untersuchte, bemerkte sie mithilfe eines empfindlichen Elektrometers, dass bestimmte Mineralien die

Luft stärker ionisierten als Uran selbst. Die Ursache konnte also nicht chemisch, sondern nur atomar sein – ein revolutionärer Gedanke, der das bisherige Weltbild erschütterte. In mühevoller Arbeit isolierte sie gemeinsam mit ihrem Ehemann Pierre Curie zwei neue Elemente, Polonium und Radium, und prägte den Begriff „Radioaktivität". Ihre Entdeckung machte das Innere des Atoms erfahrbar und eröffnete neue Wege in Physik, Chemie und Medizin. Als erste Frau erhielt sie den Nobelpreis für Physik (1903) und später auch den für Chemie (1911).

Friedensappell mit Bertha von Suttner (1905)
Mit ihrem Roman *Die Waffen nieder!* (1889) verlieh Bertha von Suttner dem Pazifismus eine bis dahin unerhörte literarische Stimme. In einer Zeit, in der Krieg noch als heroische Pflicht galt, schilderte sie ihn als menschliche Katastrophe, als seelisches und gesellschaftliches Trauma. Ihr Werk war kein bloßer Appell, sondern eine radikale Umkehrung des Blicks – vom Ruhm der Schlacht zum Leid der Betroffenen. Das Buch wurde in viele Sprachen übersetzt, prägte die entstehende internationale Friedensbewegung und beeinflusste sogar Alfred Nobel in seiner Entscheidung, einen Friedenspreis zu stiften. Als erste Frau erhielt Bertha von Suttner 1905 den Friedensnobelpreis – für ein Werk, das Mitgefühl zur moralischen Kraft und Literatur zur politischen Tat werden ließ.

Die Erringung des Frauenwahlrechts im deutschsprachigen Europa (1910)
In Österreich und Deutschland wurde ein allgemeines Frauenwahlrecht erst 1918 verabschiedet, in der Schweiz gar erst 1971. Als wichtigste Vorkämpferin in Europa gilt Olympe de Gouges mit ihrer 1791 veröffentlichten *Erklärung der Rechte der Frau und Bürgerin*; sie wurde unter der Terrorherrschaft Maximilien de Robespierres hingerichtet. Zu den prägendsten Figuren der unterschiedlichsten Frauenbewegungen, die mehr als 100 beziehungsweise fast 200 Jahre später gesetzliche Verankerungen im deutschsprachigen Raum erringen konnten, gehört Clara Zetkin, die 1910 auf der Zweiten Internationalen Sozialistischen Frauenkonferenz in Kopenhagen die Einführung eines internationalen Frauentages vorschlug. Dieser wird heute noch jährlich und weltweit am 8. März gefeiert, vielfach als gesetzlicher Feiertag. An ihm und seiner Durchsetzung lässt sich eine entscheidende Etappe auf dem Weg zur Überwindung patriarchaler Ungleichheit verfolgen.

„Women are Persons!" – die „Famous Five" in Kanada (1929)
Bis ins 20. Jahrhundert hinein galten Frauen in Kanada rechtlich nicht als „Personen" und konnten daher keine Senatorinnen werden. Emily Murphy, Nellie McClung, Henrietta Muir Edwards, Louise McKinney und Irene Parlby – die „Famous Five" – erkämpften 1929 vor dem britischen Privy Council die Anerkennung, dass Frauen vollwertige Personen sind. Ein Urteil mit Folgen: Frauen erhielten damit nicht nur den Zugang zu politischen Ämtern. Es wurde vielmehr ein rechtlicher Grundstein gelegt, auf dem spätere Fortschritte hinsichtlich Gleichstellung, Bildung und Bürgerrechte aufbauen konnten. Das Denkmal vor dem kanadischen Parlament in Ottawa, das die fünf Frauen als überlebensgroße Figuren darstellt, ist ein sichtbares Zeichen dafür, dass Gleichberechtigung erkämpft werden musste und auch weiterhin verteidigt werden muss.

Franklin und das Rätsel der DNA-Struktur (1953)
Die Biochemikerin Rosalind Franklin entdeckte bei Experimenten an einem DNA-Strang, dass sich seine Struktur mit dem Wassergehalt veränderte. Als sie diese Strukturen auf Bildern ihrer Röntgen-Untersuchungen verglich, wurde ihr klar, wie die Moleküle aufgebaut sein müssen. Kurze Zeit später gelangten zwei junge Wissenschaftler an die berühmt gewordene Aufnahme Nr. 51 aus Franklins Team, die einen sichtbaren Beweis für die Form der DNA gab. Mit weiteren, zum Teil unmoralisch gewonnenen Informationen aus Rosalind Franklins empirischer Forschung, konnten die beiden Molekularbiologen, James Watson und Francis Crick, schließlich das Modell der Doppelhelix entwickeln. Für dieses erhielten sie den Nobelpreis – ohne die Rolle Franklins angemessen zu würdigen.

Noam Chomskys Universalgrammatik (1957)
„Colorless green ideas sleep furiously", schrieb Noam Chomsky an die Tafel (vermutlich 1957 in der University of Pennsylvania) und zeigte dann auf, dass die sinnfreie Wortfolge ein grammatisch korrekter Satz ist. Von diesem Gedanken ausgehend kann Sprache dreifach genetisch erschlossen werden: in der situativen lautlichen Realisation, im kindlichen Spracherwerb (in dem auch die vollständige Grammatik erworben wird) und in der historischen Sprachentwicklung. Auf der Suche nach einer Universalgrammatik werden Grundlagen geschaffen, die für den Grammatikunterricht in allen Sprachfächern nützlich sind.

Primatenforschung und Naturschutz mit Jane Goodall (ab 1960)
1960 begann Jane Goodall, Schimpansen in freier Wildbahn über längere Zeit zu beobachten – etwas, was zuvor noch niemand getan hatte. Dabei entdeckte sie, dass Schimpansen Werkzeuge herstellen und komplexe soziale Beziehungen pflegen, also Eigenschaften zeigen, die man bis dahin nur den Menschen zugeschrieben hatte. Dieser Moment brach das herkömmliche Verständnis von Mensch und Tier auf und revolutionierte die Biologie. Auf Grundlage ihrer Erkenntnisse engagierte sie sich fortan weltweit für Naturschutz und das Wohl der Tiere. Ihre Forschung zeigt: Geduldige Beobachtung, forscherischer Mut und respektvolle Beobachtungen können Wissen, Ethik und Engagement miteinander verbinden und so bestehende Paradigmen verändern.

Rachel Carsons stummer Frühling (1962)
Als die Autorin und Biologin Rachel Carson von einer Journalistin erfuhr, welche dramatischen Auswirkungen die Verwendung von Pestiziden in Vogelschutzgebieten hatte, erkannte sie, dass das gestörte ökologische Gleichgewicht letztlich dazu führen würde, dass nach dem Niedergang von Flora und Fauna auch die Menschen erkranken. Ihr Buch *Der stumme Frühling*, dessen Titel auf das Verschwinden der Insekten und Singvögel verweist, erklärt ökologische und biochemische Zusammenhänge für ein Laienpublikum und wird zum Auslöser einer globalen ökologischen Bewegung.

Nuklearschalenmodell mit Maria Goeppert-Mayer (1963)
Lange galt der Atomkern als ein unüberschaubares Durcheinander von Protonen und Neutronen. Mit dem von Maria Goeppert-Mayer entwickelten Schalenmodell wurde er erstmals durchschaubar: Bestimmte „magische Zahlen" erwiesen sich als besonders stabil und die innere Ordnung des Kerns trat klar hervor – ein Durchbruch, der die Kernphysik auf ein neues Fundament stellte und für den sie 1963 als zweite Frau nach Marie Curie mit dem Physik-Nobelpreis ausgezeichnet wurde.

Dichtung der Erinnerung mit Nelly Sachs (1966)
Nach der Schoah fand Nelly Sachs Worte für das Unsagbare und verwandelte Trauer in poetische Klage. Ihre Gedichte gaben den Ermordeten eine Stimme und hielten die Erinnerung an das Unfassbare literarisch wach. In einer Zeit, in der viele schwiegen oder verdrängten, wurde ihre Sprache der Erinnerung zu einem Akt der Menschlichkeit. So wurde ihr Werk, für das sie 1966 den Nobelpreis für Literatur erhielt, selbst zur Sternstunde – ein Symbol dichterischer Zeugenschaft, das bis heute nachhallt.

Fosbury Flop – Dick Fosbury (1968)
Vor Dick Fosbury dominierten Hochsprungtechniken wie Frontalhocke, Scher- oder Rollsprung und Wälzer (Straddle), bei denen der Körper stets in Bauch- oder Seitenlage über die Latte ging. Als Fosbury bei Olympia 1968 in Mexiko-Stadt erstmals rücklings über die Latte sprang, brach er mit diesen traditionellen Methoden – und seine Technik erwies sich als revolutionär: Der Körper überquert die Latte, während der Schwerpunkt darunter bleibt. Diese Technik veränderte den Hochsprung weltweit und machte klar: Sportliche Innovation kann ganze Paradigmen auf den Kopf stellen.

Tanztheater mit Pina Bausch (1975)
Als Pina Bausch in den 1970er-Jahren das Tanztheater weiterentwickelte, stellte sie alles Vertraute im Bühnentanz auf den Kopf. Besonders mit *Le Sacre du Printemps* (1975) sprengte sie die Grenzen des klassischen Balletts: An die Stelle von Schönheit, Eleganz und technischer Perfektion traten Ausdruck, Emotion und menschliche Verletzlichkeit. Ihre Tänzerinnen und Tänzer sprachen, lachten, weinten – und machten so das Innenleben sichtbar. Was anfangs auf Ablehnung stieß, wurde zur künstlerischen Revolution: Pina Bausch eröffnete dem Tanz eine neue Sprache, die bis heute weltweit verstanden wird.

Tony Rinaudo, der Waldmacher (1981)
Der australische Agrarökologe Tony Rinaudo erhielt 2018 den alternativen Nobelpreis, weil er das Leben von Millionen von Menschen in Trockengebieten mit geringem Kostenaufwand verbessert hat. Er war vor allem in der nigerianischen Sahelzone aktiv, wo dank seines Einsatzes 200 Mio. Bäume erneut wachsen konnten. Seine Entdeckung, dass auch in Trockengebieten die Wurzelsysteme von Bäumen lebendig bleiben, führte aber auch in anderen Ländern zum erneuten Wachstum zahlloser weiterer Wälder auf der ganzen Welt.

Die Situation Nicht-Heterosexueller mit Judith Butler und Rosa von Praunheim (1990)

In ihrem Buch *Gender Trouble: Feminism and the Subversion of Identity* (deutsch: *Das Unbehagen der Geschlechter*) argumentiert Judith Butler 1990 nach allen Regeln philosophischer Kunst für die soziale Konstruiertheit des biologischen Geschlechts. Wieso? Das lässt sich beispielsweise mit Rosa von Praunheim erzählen: Nachdem es 1969 in der Bundesrepublik Deutschland zu einer ersten Liberalisierung des § 175 des Strafgesetzbuchs (StBG) kam, sodass praktizierte männliche Homosexualität unter Erwachsenen nicht mehr strafbar war, reagierte dieser 1971 mit einem Geniestreich. Wer seinen Dokumentarfilm *Nicht der Homosexuelle ist pervers, sondern die Situation, in der er lebt* nicht gesehen hatte oder hatte sehen wollen, wurde allein durch den öffentlich debattierten Titel mit der Tatsache gesellschaftlicher Ausgrenzung Homosexueller konfrontiert; wer ihn wiederum tatsächlich anschaute, wurde darauf aufmerksam gemacht, dass auch die Homosexuellen selbst Anteil am Fortbestehen ihrer Situation tragen. In der Folge gab es sowohl ein Aufleben aktiver und organisierter Lesben- und Schwulenbewegungen mit dem Ziel grundsätzlicher gesellschaftlicher Veränderungen als auch einen Schulterschluss mit den Aufständischen der New Yorker Christopher Street vom Juni 1969. Der Vorwurf, die Gesellschaft habe mit Geschlechterfragen nichts zu tun, verstummte jedoch nicht. Judith Butlers Idee war grundlegend: Wenn gezeigt werden kann, dass sich sogar das biologische Geschlecht als gesellschaftlich konstruiert denken lässt, dann ist die gesellschaftliche Konstruktion sozialer Geschlechtlichkeit nicht mehr zu leugnen.

Mit Elinor Ostrom zu den Commons (1990)

Der Umweltökonomin Elinor Ostrom gelang es 1990 mit ihrem Buch *Governing the Commons: The Evolution of Institutions for Collective Action* (deutsch: *Die Verfassung der Allmende: jenseits von Staat und Markt*, 1999), den Diskurs über die gemeinsame Nutzung von knappen Ressourcen neu auszurichten. Die verbreiteten Vorstellungen davon, dass staatliche Institutionen oder private Besitzverhältnisse für eine optimale Bewirtschaftung sorgen würden, wurden von ihr infrage gestellt. Stattdessen stellt sie heraus, dass Lösungen, die auf Nachhaltigkeit zielen, auf lokalen und gemeinschaftlich angelegten und verantworteten Strukturen aufbauen.

Greta Thunbergs Freitagsstreiks (2018)

Als die damals 15-jährige Schülerin Greta Thunberg 2018 begann, vor dem schwedischen Parlament für Klimaschutz zu demonstrieren, ahnte niemand, dass daraus eine weltweite Bewegung entstehen würde. Dabei forderte sie im Grunde nur, dass sich die am Pariser Klimaabkommen von 2015 beteiligten Vertragsparteien an ihre eigenen Abmachungen halten. Unter dem Namen *Fridays for Future* gingen Millionen vor allem junger Menschen auf die Straße – eine Generation, die lange als unpolitisch galt, fand plötzlich ihre Stimme. Sie forderten entschlossenes politisches Handeln gegen die Klimakrise und machten deutlich, dass Zukunftsverantwortung und Engagement keine Frage des Alters sind. Ihr Protest zeigt auch: Digitale Teilhabe ermöglicht neue Formen politischen Handelns. Es beginnt, wenn junge Menschen sich Gehör verschaffen.

Von „Utopia" (1516) über „1984" (1949) bis in die Gegenwart
Vor mehr als 500 Jahren entwarf Thomas Morus in *Utopia* (1516) die Vision einer vollkommenen, gerechten Gesellschaft – ein Ideal, das er den Missständen seiner Zeit entgegenstellte. Jahrhunderte später zeichnete George Orwell in *1984* (1949) das düstere Gegenbild: eine Welt totaler Überwachung, in der Sprache und Wahrheit zur Herrschaftsfrage werden. „Neusprech" und „Big Brother" stehen seither für Macht durch Manipulation. Von den Diktaturen Stalins und Hitlers bis zu den autokratischen Versuchungen unserer Gegenwart – von Xi bis Trump – bleibt ihre Mahnung erschreckend aktuell. Seit einem halben Jahrtausend ringt die Menschheit um Freiheit, Wahrheit und Verantwortung; es sind nicht zuletzt die Werke von Morus und Orwell, die uns lehren, dass Demokratie stets neu verteidigt werden muss – auch in der Sprache.

Anhang

a) Verwendete und weiterführende Literatur zu den Lehrstücktexten

1. Griechentänze mit Homer

   Wosien, B. (2008): *Der Weg des Tänzers. Selbsterfahrung durch Bewegung.* Zürich: Metanoia.

   Jens, W. (2001): *Ilias und Odyssee.* Ravensburg: Ravensburger.

2. Aesops Fabeln

   Lessing, G.E. (1992): *Fabeln. Abhandlungen über die Fabel.* Rölleke, H. (Hrsg.). Stuttgart: Reclam.

   Schädlich, H.J. (2001): *Gib ihm Sprache. Leben und Tod des Dichters Äsop.* Rororo: Hamburg.

   Steinhöwel, H. (2001): *Buch und Leben des hochberühmten Fabeldichters Aesopi.* Faksimile-Nachdruck der Ausgabe Ulm 1476. Oesterley, H. (Hrsg.). Bibliothek des Literarischen Vereins Stuttgart: Tübingen.

   Wildhirt, S. (2008): *Lehrstückunterricht gestalten. Linnés Wiesenblumen – Aesops Fabeln – Faradays Kerze. Exemplarische Studien zur lehrkunstdidaktischen Kompositionslehre.* Univ. Diss.: Marburg. Online verfügbar unter https://open.uni-marburg.de (Stand 10/2025).

3. Die Anfänge der Geometrie mit Thales

   Gerwig, M. (2015): *Beweisen verstehen im Mathematikunterricht. Axiomatik, Pythagoras und Primzahlen als Exempel der Lehrkunstdidaktik.* Wiesbaden: Springer Spektrum.

   Scriba, C.J.; Schreiber, P. (2005): *5000 Jahre Geometrie.* Berlin, Heidelberg: Springer.

   Thaer, C. (2005): *Die Elemente von Euklid.* Ostwalds Klassiker der exakten Wissenschaften, Band 235. Frankfurt a.M.: Wissenschaftlicher Verlag Harri Deutsch.

   Wittenberg, A. (1963): *Bildung und Mathematik. Mathematik als exemplarisches Gymnasialfach.* Stuttgart: Ernst Klett Verlag.

M. Gerwig et al. (Hrsg.), *Sternstunden der Bildung,*
https://doi.org/10.1007/978-3-658-50735-0

4. Pythagoras und sein Satz

   Gerwig, M. (2021): *Der Satz des Pythagoras in 365 Beweisen. Mathematische, kulturgeschichtliche und didaktische Überlegungen zum wahrscheinlich berühmtesten Theorem der Mathematik.* Berlin, Heidelberg: Springer Spektrum. Online eingeschränkt verfügbar unter https://link.springer.com/book/10.1007/978-3-662-62886-7 (Stand 10/2025).

   Jackson, N., Johnson, C. (2024): *Five or Ten New Proofs of the Pythagorean Theorem.* The American Mathematical Monthly, 131:9, S. 739–752. Online verfügbar unter https://doi.org/10.1080/00029890.2024.2370240 (Stand 10/2025).

   Loomis, E.S. (1968): *The Pythagorean Proposition. Its Demonstrations Analyzed and Classified and Bibliography of Sources for Data of the Four Kinds of „Proofs“.* 2. Auflage (Nachdruck). Washington D.C.: The National Council of Teachers of Mathematics.

   Thaer, C. (2005): *Die Elemente von Euklid.* Ostwalds Klassiker der exakten Wissenschaften, Band 235. Frankfurt a.M.: Wissenschaftlicher Verlag Harri Deutsch.

5. Die Quadratwurzel aus 2

   Mäder, P. (1992): *Mathematik hat Geschichte*. Hannover: Metzler.

   Thaer, C. (2005): *Die Elemente von Euklid.* Ostwalds Klassiker der exakten Wissenschaften, Band 235. Frankfurt a.M.: Wissenschaftlicher Verlag Harri Deutsch.

6. Athen in der Ära des Perikles

   Bowra, C.M. und Redaktion der TIME-LIFE-Bücher (1966): *Klassisches Griechenland.* Amsterdam: Time-Life International.

   Meier, C. (1993): *Athen. Ein Neubeginn der Weltgeschichte*, Berlin: Siedler.

   Schadewaldt, W. (1970a): Das Welt-Modell der Griechen. In: Ders.: *Hellas und Hesperien, Gesammelte Schriften*, 2. Auflage. Zürich/ Stuttgart: Artemis, S. 601–625.

   Schadewaldt, W. (1970b): Die Rede des Perikles für die Gefallenen. Aus dem Geschichtswerk des Thukydides verdeutscht. In: Ders.: *Hellas und Hesperien, Gesammelte Schriften*, 2. Auflage. Zürich/ Stuttgart: Artemis, S.593–600.

   Thukydides (2000): *Der Peloponnesische Krieg*, übersetzt und herausgegeben von Helmuth Vretska und Werner Rinner, Stuttgart: Reclam.

7. Zenons Paradoxon „Achilles und die Schildkröte“

   Brüngger, H. (2005): *Von Pythagoras zu Pascal. Fünf Lehrstücke der Mathematik als Brückenpfeiler im Gymnasium.* Bern: Schulverlag (Berner Lehrstücke, 3).

   Eugster, W.; Berg, H.C. (Hrsg.) (2010): *Kollegiale Lehrkunstwerkstatt. Sternstunden der Menschheit im Unterricht der Kantonschule Trogen.* Bern: hep verlag ag (Lehrkunstdidaktik, 3).

8. Die platonischen Körper

Kepler, J. (2005): *Astronomia Nova – Neue, ursächlich begründete Astronomie.* Wiesbaden: Marix Verlag.

Kepler, J. (2005): *Was die Welt im Innersten zusammenhält – Antworten aus Keplers Schriften.* Wiesbaden: Marix Verlag.

Most, G.W. (1999): *Raffael – Die Schule von Athen – Über das Lesen der Bilder.* Frankfurt: Fischer.

Nölle, B.E. (2007): *Wagenschein und Lehrkunst in mathematischen Exempeln.* Hildesheim: Franzbecker.

Platon (2009): *Timaios.* Leipzig: Reclam.

Senechal, M. (1995): *Quasicrystals and Geometry.* Cambridge: Cambridge University Press.

Steurer, W.; Deloudi, S. (2009): *Crystallography of Quasicrystals.* Heidelberg: Springer.

Thaer, C. (2005): *Die Elemente von Euklid.* Ostwalds Klassiker der exakten Wissenschaften, Band 235. Frankfurt a.M.: Wissenschaftlicher Verlag Harri Deutsch.

9. Platons Höhlengleichnis

Kunzmann, P.; Burkard, F.-P.; Widmann, F. (1991): *dtv-Altas zur Philosophie. Tafeln und Texte.* Mit 111 farbigen Abbildungen von Axel Weiß. München: Deutscher Taschenbuch Verlag.

Gaardner, J. (1993): *Sophies Welt. Roman über die Geschichte der Philosophie.* München: Carl Hanser Verlag.

Loewenthal, E. (Hrsg.) (2001): *Platon. Sämtliche Werke II.* Berliner Ausgabe. Heidelberg: Verlag Lambert Schneider. Darin: *Politeia, sechstes Buch*, S. 205–248; *Politeia siebtes Buch*, S. 248–288.

Penrose, R. (2004): *The Road to Reality. A Complete Guide to the Laws of the Universe.* London: Jonathan Cape. Deutsche Teilübersetzung (2010): *Der Weg zur Wirklichkeit.* Heidelberg: Spektrum Akademischer Verlag.

Popper, K. (1967): Erkenntnistheorie ohne erkennendes Subjekt. In: Ders. (2022): *Objektive Erkenntnis. Ein evolutionärer Entwurf.* Herausgegeben von Hans-Joachim Niemann. 4. Auflage. Tübingen: Mohr Siebeck. S. 123-175.

10. Zeige mir den Regenbogen!

Aristoteles (1984): *Meteorologie / Über die Welt.* 3., gegenüber d. 2., berichtigten, unveränd. Aufl. Hrsg. v. E. Grumach, H. Flashar. Berlin: Akademie-Verlag (Aristoteles. Werke in deutscher Übersetzung, 12).

Müller, M.; Hümbert-Schnurr, S. (2016): *Geheimnisse des Regenbogens. So kommt der Regenbogen zu seinen Farben* [Lehrfilm]. M. Müller, F. Büchele (Regie). Online verfügbar unter http://www.colour.education/geheimnisse-des-regenbogens/ (Stand 10/2025).

Rother, S. (1992): *Der Regenbogen. Eine malereigeschichtliche Studie.* Köln: Böhlau.

Wilhelm, T.; Horz, M.; Schlichting, H. J. (2014): Ein Regenbogen mit Glaskügelchen. In: *Praxis der Naturwissenschaften – Physik* 63 (6), S. 5–10. Online verfügbar unter https://www.thomas-wilhelm.net/veroeffentlichung/Regenbogen.pdf (Stand 10/2025).

11. Aristoteles' Verfassungsratschlag

Aristoteles (2024): *Politik. Schriften zur Staatstheorie.* Übersetzt und herausgegeben von F.F. Schwarz. Stuttgart Ditzingen: Reclam.

Aristoteles (2017): *Nikomachische Ethik.* Übersetzt von G. Krapinger. Stuttgart Ditzingen: Reclam.

Crouch, C. (2008): *Postdemokratie.* Frankfurt a.M.: Suhrkamp.

Herodot (2017): *Historien.* Deutsche Gesamtausgabe. Stuttgart: Alfred Kröner.

Leps, H. (2013): *Lehrstücke im Politikunterricht. Welches ist nun aber die beste Verfassung?* Schwalbach/Ts.: Wochenschau.

Montesquieu, Ch. de (1986): *Vom Geist der Gesetze.* Ditzingen: Reclam.

12. Die Camera obscura

Faust, W. (1997): Camera obscura. In: Wagenschein, M.; Banholzer, A.; Thiel, S. (Hrsg.): *Kinder auf dem Wege zur Physik.* Vorwort von A. Flitner. Weinheim: Beltz, S. 181–189.

Kepler, J. (1997): *Dioptrice.* Deutsch: *Dioptrik oder Schilderung der Folgen, die sich aus der unlängst gemachten Erfindung der Fernrohre für das Sehen und die sichtbaren Gegenstände ergeben.* Übersetzung ins Deutsche von F. Plehn (Hrsg.). Ostwalds Klassiker der exakten Wissenschaften, Bd. 144. Frankfurt a.M.: Wissenschaftlicher Verlag Harri Deutsch.

Schlichting, H.J. (2021): *Der Vater der modernen Optik.* Spektrum der Wissenschaft 12.21, S. 60–62.

13. Die Entdeckung der Axiomatik mit Euklid

Bentley, W. A. (2000): *Snowflakes in Photographs.* Mineola, New York: Dover Publications.

Cowen, P. (1979): *Die Rosenfenster der gotischen Kathedralen.* Freiburg: Verlag Herder.

Gerwig, M. (2015): *Beweisen verstehen im Mathematikunterricht. Axiomatik, Pythagoras und Primzahlen als Exempel der Lehrkunstdidaktik.* Heidelberg: Springer Spektrum.

Haeckel, E. (2009): *Kunstformen der Natur. Hundert Illustrationstafeln mit beschriebenem Text, allgemeine Erläuterung und systematische Übersicht.* Wiesbaden: Marixverlag. 3. Auflage.

Rényi, A. (1966): Sokratischer Dialog. In: *Neue Sammlung. Göttinger Blätter für Kultur und Erziehung.* 6. Jahrgang. Göttingen: Vandenhock & Ruprecht, S. 284–304.

Thaer, C. (2005): *Die Elemente von Euklid.* Ostwalds Klassiker der exakten Wissenschaften, Band 235. Frankfurt a.M.: Wissenschaftlicher Verlag Harri Deutsch.

Vereinigung zur Förderung der Lehrkunst Basel (2019): *Mit Euklid am Sechsstern das Beweisen verstehen: Das Mathematik-Lehrstück „Die Entdeckung der Axiomatik" im Unterricht.* Laufzeit: 56 min. Online verfügbar unter https://www.youtube.com/watch?v=D2taWv17YT4 (Stand 10/2025).

Wagenschein, M. (1970): Der Sechs-Stern. In: Ders.: *Ursprüngliches Verstehen und exaktes Denken. Band II.* Stuttgart: Klett, S. 135–148.

Wagenschein, M. (2008): *Verstehen lehren. Genetisch – Sokratisch – Exemplarisch.* Weinheim und Basel: Beltz.

14. Das Nichtabbrechen der Primzahlfolge

Brüngger, H. (2004): *Von Pythagoras zu Pascal. Fünf Lehrstücke der Mathematik als Bildungspfeiler im Gymnasium.* Univ. Diss.: Marburg. Online verfügbar unter https://open.uni-marburg.de (Stand 10/2025).

Gerwig, M. (2015): *Beweisen verstehen im Mathematikunterricht. Axiomatik, Pythagoras und Primzahlen als Exempel der Lehrkunstdidaktik.* Wiesbaden: Springer Spektrum.

Spindler, P. (2023): *Bildung im Mathematikunterricht. Lehrkunst im Dialog mit Heymann. Komposition, Erprobung und Interpretation von zwei Lehrstücken mit Blick auf ihre Bildungsqualität: „Das Nichtabbrechen der Primzahlfolge" und „Mit Tartaglia die kubische Gleichung lösen".* Univ. Diss.: Marburg. Online verfügbar unter https://open.uni-marburg.de (Stand 10/2025).

Wagenschein, M. (2009): *Naturphänomene sehen und verstehen. Genetische Lehrgänge. Das Wagenschein-Studienbuch.* 4. Aufl. Hrsg. v. H.C. Berg. Bern: hep verlag ag (Lehrkunstdidaktik, 4).

Werner, W. (1995): Eine Leiter bauen ins Unendliche. In: Berg, H.C., Schulze, T.: *Lehrkunst. Lehrbuch der Didaktik.* Neuwied: Luchterhand (Lehrkunst und Schulvielfalt, 2), S. 156–179.

15. Kegelschnitte mit Apollonius von Perge und Dandelin

Fried, M.N., Unguru, S. (2001): *Apollonius of Perga´s „Conica": text, context, subtext.* Leiden: Brill.

Weller, H. (2009): Kegelschnitte sind Kegel-Schnitte – Ein Plädoyer für die Renaissance eines interessanten Themas. In: *MU – Der Mathematikunterricht* 55 (3), S. 16–30.

16. Archimedes' Würfel und Kugel

Archimedes (1798): *zwey Bücher über Kugel und Cylinder Ebendesselben Kreismessung.* Tübingen: Cotta. Online verfügbar unter https://archive.org/details/americana (Stand 10/2025).

Czwalina, A. (1995): *Abhandlungen von Archimedes.* Ostwalds Klassiker der exakten Wissenschaften, Band 201. Frankfurt: Wissenschaftlicher Verlag Harri Deutsch.

Brüngger, H. (2005): *Von Pythagoras zu Pascal. Fünf Lehrstücke der Mathematik als Brückenpfeiler im Gymnasium.* Bern: Schulverlag (Berner Lehrstücke, 3).

Wagenschein, M. (1948): Kern und Schale runder Dinge. In: Ders. (1965): *Ursprüngliches Verstehen und exaktes Denken, Band I.* Stuttgart: Klett, S. 67–71.

17. Himmelsuhr und Erdglobus mit Eratosthenes

Jänichen, M. (2011): *Dramaturgie im Lehrstückunterricht. Himmelsuhr und Erdglobus – Howards Wolken – Erd-Erkundung mit Sven Hedin. Ein Beitrag zur Theorie, Praxis und Poiesis der Lehrkunstdidaktik.* Univ. Diss.: Marburg. Online verfügbar unter https://open.uni-marburg.de (Stand 10/2025).

Kant, I. (2003): *Kritik der praktischen Vernunft.* Hrsg. v. H.D. Brandt, H.F. Klemme. Hamburg: Meiner.

Wagenschein, M. (2002): *Erinnerungen für morgen. Eine pädagogische Autobiographie.* Weinheim und Basel: Beltz.

18. Die Kreiszahl π

Nölle, B. E. (2007): *Wagenschein und Lehrkunst in mathematischen Exempeln. Entwicklung, Erprobung und Analyse dreier Lehrstücke für den Geometrieunterricht.* Hildesheim: Franzbecker.

19. Ovids „Metamorphosen"

Anderson, W.S. (Hrsg.) (1982): *P. Ovidius Naso. Metamorphoses.* Berlin/New York: BT.

von Albrecht, M. (1994): *Ovid. Metamorphosen, Lateinisch/Deutsch.* Stuttgart: Reclam.

20. Jesus Christus als Friedensfürst?

Böll, H. (1959): *Billard um halb zehn.* Köln: Kiepenheuer & Witsch.

Englert, R.; Eck, S. (2021): *R-A-D-E-V. Religionsunterrichtliche Lehrstücke im Praxistest.* Bad Heilbrunn: Klinkhardt.

21. Die heimatliche Römerstadt

Gehring, T. (1997): Lehrstück Augusta Raurica. In: KME Kantonale Maturitätsschule für Erwachsene (Hrsg.): *Exemplarisch Lehren. Lehrkunstwerkstatt mit Hans Christoph Berg (1994 – 1997)*, Zürich: Kantonale Maturitätsschule für Erwachsene, S. 11–16.

Gehring, T. (2016): Aus dem Lateinunterricht: Mit Augusta Raurica auf Tournee. In: Gerwig, M./Wildhirt, S. (Hrsg.): *Das Schulwesen soll und will auch ein Bildungswesen sein. Lehrkunstdidaktik im Dialog.* Baltmannsweiler: Schneider Verlag Hohengehren, S. 371–373.

Kolb, F. (1984): *Die Stadt im Altertum.* München: Beck.

22. Urschwimmen vor Uhrschwimmen

Graf, A. (1970): *Schwimmen, Tauchen, Springen.* Nr. 61. Zürich: Schweizerisches Jugendschriftenwerk.

Laughlin, T.; Delves, J. (2010): *Total Immersion. Schwimmen nach der Art der Fische.* Bielefeld: covadonga.

Mehl, E. (1927): *Antike Schwimmkunst.* München: Ernst Heimeran.

Pausanias (1979): *Beschreibung Griechenlands in zwei Bänden.* Bearbeitet von E. Meyer. München: dtv.

Sprawson, Ch. (2002): *Ich nehme dich auf den Rücken, vermähle dich dem Ozean. Die Kulturgeschichte des Schwimmens.* Hamburg: marebuchverlag.

von Albrecht, M. (1994): *Ovid. Metamorphosen, Lateinisch/Deutsch.* Stuttgart: Reclam.

Wießner, K. (1929): *Natürlicher Schwimmunterricht.* Wien und Leipzig: Österreichischer Bundesverlag.

23. Menschenhaus – Gotteshaus (Der heimatliche Dom)

Berg, H.C.; Klafki, W.; Schulze, T. (Hrsg.) (2001): Unterrichtsvariationen: Menschenhaus – Gotteshaus. Unterrichtsvariationen über den heimatlichen Dom in Nürnberg, Gouda, Bern, Marburg. Unter Mitarbeit von W. Dörfler. Neuwied, Kriftel: Luchterhand (Lehrkunstwerkstatt, 4).

24. Die Sinustabelle des Regiomontanus

Glowatzki, E.; Göttsche, H. (1990): *Die Tafeln des Regiomontanus. Ein Jahrhundertwerk.* München: Institut für Geschichte der Naturwissenschaften.

25. Kubische Gleichungen mit Tartaglia

Spindler, P. (2023): Bildung im Mathematikunterricht. Lehrkunst im Dialog mit Heymann. Komposition, Erprobung und Interpretation von zwei Lehrstücken mit Blick auf ihre Bildungsqualität: „Das Nichtabbrechen der Primzahlfolge" und „Mit Tartaglia die kubische Gleichung lösen". Univ. Diss.: Marburg. Online verfügbar unter https://open.uni-marburg.de (Stand 10/2025).

Weitz, E. (2025): Fünf unlösbare Rätsel der Mathematik. Wie sich eine Wissenschaft selbst die Grenzen aufzeigt. Hamburg: Rowolth, S. 91–106.

26. Mercators Weltkarte

Geske, H. (1962): Die Vita Mercatoris des Walter Ghim. In: Stadtarchiv Duisburg (Hrsg.): *Duisburger Forschungen Bd. 6.* Duisburg: Verlag für Wirtschaft und Kultur, S. 244–276.

Haller, T.; Huber, M. (1996): Weltkarten. Produkt aus Weltbild, Erdkunde und Mathematik. Geometrische Grundlagen der Vermessungslehre. In: Berg, H. C. & Huber, M. (Hrsg.): *Exemplarisch Lehren. Beiträge zur Hochschuldidaktik.* Technikum Winterthur. Zürich: vdf Hochschulverlag an der ETH, S. 63–84.

Kohlmaier, M.; Holzki, L.; Schories, M. (2017): Sind die USA wirklich so klein? In: *Süddeutsche Zeitung*, 22. März 2017. Online verfügbar unter https://www.sueddeutsche.de/bildung/schule-sind-die-usa-wirklich-so-klein-1.3429282 (Stand 10/2025).

Oswalt, V. (2015): *Weltkarten – Weltbilder: Zehn Schlüsseldokumente der Globalgeschichte.* Stuttgart: Reclam.

Oswalt, V. (2019): *Karten als Quelle und Darstellung: Historische Karten und Geschichtskarten im Unterricht.* Frankfurt: Wochenschau.

27. Bürgis Logarithmen

Havas, M. (Regie) (1990): *Himmel hab' ich gemessen/The Cosmic Triangle* [Film]. Zürich: Condor-Film.

Kordos, M. (1999): *Streifzüge durch die Mathematikgeschichte*. Stuttgart: Klett.

Stifel, M. (1544): *Arithmetica Integra*. Online verfügbar unter https://archive.org/details/europeanlibraries (Stand 10/2025).

Stifel, M. (2007): *Vollständiger Lehrgang der Arithmetik*. Würzburg: Königshausen & Neumann.

28. Keplers Schneekristalle

Bentley, W. (2000): *Snowflakes in Photographs*. New York: Dover Publications.

Kepler, J. (1611): *Mathematici Strena Seu De Niue Sexangula*. Frankfurt und Mainz: Gottfried Tampach. Online verfügbar unter https://www.digitale-sammlungen.de (Stand 10/2025).

Libbrecht, K. (2007): *Schneeflocken*. Königswinter: Edition Lempertz.

Niggli, A. (1973): Symmetrie und Polarität. In: *Jahresbericht 1972/73*, Universität Zürich. Zürich: Orell Füssli.

29. Galileis Fallgesetz

Binggeli, B. (2006): *Primum Mobile – Dantes Jenseitsreise und die Moderne Kosmologie*. Zürich: Ammann Verlag.

Epstein, L.-C. (1985): *Relativity Visualized*. San Francisco: Insight Press.

Galilei, G. (2004): *Discorsi, Unterredungen und mathematische Diskussionen*. Ostwalds Klassiker der exakten Wissenschaften, Bände 11, 24, 25. Frankfurt a.M.: Wissenschaftlicher Verlag Harri Deutsch.

Wagenschein, M. (2014): *Natur physikalisch gesehen. Zum Prinzip des „Exemplarischen Lehrens" im physikalischen Unterricht aller Schularten*. 7., überarb. und erw. Neuaufl. Aachen: Hahner Verl.

Wagenschein, M. (2009): *Naturphänomene sehen und verstehen. Genetische Lehrgänge. Das Wagenschein-Studienbuch*. 4. Aufl. Hrsg. v. H.C. Berg. Bern: hep verlag ag (Lehrkunstdidaktik, 4).

30. Rembrandts Bibelbilder

Kreutzer, M. (2003): *Rembrandt und die Bibel. Radierungen, Zeichnungen, Kommentare*. Stuttgart: Reclam.

Veldman, J. (2015): *Das Ästhetische im Lehrkunstkonzept. Zur Bedeutung von Dramaturgie und Spiel im Kunstunterricht*. Zugl.: Gießen, Univ., Diss., 2013. Oberhausen: Athena (Kunst und Bildung, 10).

31. Pascals Barometer

Dannemann, F. (Hrsg.) (1922): *Aus der Werkstatt großer Forscher. Allgemeinverständliche, erläuterte Abschnitte aus den Werken hervorragender Naturforscher aller Völker und Zeiten*. 4. Aufl. Leipzig: Engelmann.

Eyer, M.; Aeschlimann, U. (Hrsg.) (2013): *Pascals Barometer. Frei nach Martin Wagenschein*. Bern: hep verlag ag (Lehrkunstdidaktik, 8).

Galilei, G. (2004): *Discorsi, Unterredungen und mathematische Diskussionen*. Ostwalds Klassiker der exakten Wissenschaften, Band 11. Frankfurt a.M.: Wissenschaftlicher Verlag Harri Deutsch.

von Guericke, O. (1968): *Otto von Guerickes neue (sogenannte) Magdeburger Versuche über den leeren Raum.* Düsseldorf: VDI-Verl.

32. Wahrscheinlichkeitsrechnung mit Pascal

Brüngger, H. (2008): *Wahrscheinlichkeitsrechnung mit Pascal.* Unter Mitarbeit von L. Fischer, L. Henrich, F. Ittig und K. Stalder. Bern: hep verlag ag (Lehrkunstdidaktik, 5).

de Moivre, A. (1718): *The Doctrine of Chances.* London: Pearson. Online verfügbar unter https://archive.org/details/europeanlibraries (Stand 10/2025).

Hald, A. (1990): *A History of Probability and Statistics and Their Applications before 1750.* New York: John Wiley & Sons.

Ore, O. (1960): Pascal and the Invention of Probability Theory. In: *The American Mathematical Monthly* 67 (5), S. 409–419.

Pascal, B. (1864): *Oeuvres complètes de Blaise Pascal.* Pairs: Librairie de L. Hachette et Cie. Online verfügbar unter https://archive.org/details/americana (Stand 10/2025).

Shafer, G. (1996): *The Art of Causal Conjecture.* Cambridge MA: The MIT Press.

Société Hollandaise des Sciences (Hrsg.) (1920): *Œuvres Complètes de Christiaan Huygens. Tome Quatorzième. Calcul des Probabilites. Travaux de Mathématiques Pures. 1655-1666.* La Haye: Martinus Nijhoff.

33. Die Spiegeloptik

Erb, R; Schön, L. (1996): Ein Blick in den Spiegel – Einblick in die Optik. In: Fischer, H.E. (Hrsg.): *Handlungs- und kommunikationsorientierter Unterricht in der Sek. II.* Bonn: F. Dümmlers Verlag, S. 30–54.

Grebe-Ellis, J. (2020): Von der gehobenen Münze zur Vermessung der optischen Hebung. Anregungen für exploratives Experimentieren. In: *Unterricht Physik* (175), S. 16–23.

Hildebrandt-Günther, R.; Eyer, M. (2010): Spiegel und Schatten. Einführung in die Optik, nach Thomas Weber/Lutz Schön (2000). In: Berg, H.C. (Hrsg.): *Die Werkdimension im Bildungsprozess. Das Konzept der Lehrkunstdidaktik.* Bern: hep verlag ag (Lehrkunstdidaktik, 1), S. 211–215.

Lukrez (1924): *Über die Natur der Dinge.* Übersetzung von Hermann Diels. Berlin: Langenscheidt. Online verfügbar unter https://www.textlog.de/lukrez-natur-dinge.html (Stand 10/2025).

Wagenschein, M. (1952): Das Licht und die Dinge. Einführung in die Optik. In: Ders. (2009): *Naturphänomene sehen und verstehen. Genetische Lehrgänge. Das Wagenschein-Studienbuch.* 4. Aufl. Hrsg. v. H.C. Berg. Bern: hep verlag ag, S. 116–117.

Weber, T.; Schön, L.-H. (2000): Spiegelwelt statt Reflexionsgesetz. Vorschläge zum Anfangsunterricht über Optik. In: *Unterricht Physik* 11 (60), S. 30–36.

34. Molières „Bourgeois gentilhomme“

Deher, C. (2023): *Molière. Le bourgeois gentilhomme: Comédie-ballet.* Paris: Larousse.

Fraudreau, M. (Regie): *Le bourgeois gentilhomme* [Film]. Frankreich: Alpha classics.

35. Newton, ein Apfel und der Mond

Klafki, W. (1963): Kategoriale Bildung. Zur bildungstheoretischen Deutung der modernen Didaktik. In: Ders.: *Studien zur Bildungstheorie und Didaktik.* Weinheim.: Beltz, S. 25–45.

Rilke, R.M. (1906): *Das Buch der Bilder.* 2., sehr verm. Ausg. Berlin: A. Juncker.

Wagenschein, M. (1997): Zum Begriff des exemplarischen Lehrens. In: Martin Wagenschein (Hrsg.): *Verstehen lehren. Genetisch – Sokratisch – Exemplarisch.* 11., erg. Aufl. Weinheim: Beltz, S. 27–59.

Wagenschein, M. (2009): Das exemplarische Lehren als fächerverbindendes Prinzip: der Satz des Pythagoras. In: Ders.: *Naturphänomene sehen und verstehen. Genetische Lehrgänge. Das Wagenschein-Studienbuch.* 4. Aufl. Hrsg. v. H.C. Berg. Bern: hep verlag ag, S. 241–256.

Wagenschein, M. (1967): *Natur physikalisch gesehen. Zum Prinzip des „Exemplarischen Lehrens“ im physikalischen Unterricht aller Schularten.* 4. Auflage. Frankfurt a. M.: Diesterweg.

36. Molyneux’ Gedankenexperiment

Locke, J. (2000): *Versuch über den menschlichen Verstand.* Band I: Buch I und II. (5. Auflage). Hamburg: Meiner.

Molyneux, W. (1978): Letter to John Locke, 7 July 1688. In: de Beer, E.S. (Hrsg.): *The Correspondence of John Locke* (9 vols.). Oxford: Clarendon Press, vol. 3, no. 1064.

Wagenschein, M. (2008): *Verstehen lehren. Genetisch – Sokratisch – Exemplarisch.* Weinheim und Basel: Beltz.

37. Linnés Wiesenblumen

Dobart, K. (2022): Leonhart Fuchs. Arzt und Pionier der modernen Botanik. In: Fuchs, L.: *The new Herbal of 1543.* Köln: Taschen-Verlag.

Fuchs, L. (2022) *The New Herbal of 1543. New Kreüterbuch.* Faksimile-Nachdruck. Dobart, K. (Hrsg.). Köln: Taschen-Verlag.

Linné, C.v. (1758): *Systema Naturae.* Volltext, besorgt durch Missoury Botanical Garden. Online verfügbar unter https://www.biodiversitylibrary.org/item/10325 (Stand 10/2025).

Mägdefrau, K. (2013): *Geschichte der Botanik. Leben und Leistung großer Forscher.* Unveränderter Nachdruck der 2. Aufl. von 1992. Heidelberg: Springer Spektrum.

Rousseau, J.J. (2010): *Zehn Botanische Lehrbriefe für eine Freundin.* Schneebeli-Graf, R. (Hrsg.). Frankfurt: Insel.

Spohn, M. (2025): *Was blüht denn da – Das Original. Über 800 Arten auf mehr als 2000 Zeichnungen von Marianne Golte-Bechtle*. Stuttgart: Franckh-Kosmos-Verlag.

Wildhirt, S. (2008): *Lehrstückunterricht gestalten. Linnés Wiesenblumen – Aesops Fabeln – Faradays Kerze. Exemplarische Studien zur lehrkunstdidaktischen Kompositionslehre*. Univ. Diss.: Marburg. Online verfügbar unter https://open.uni-marburg.de (Stand 10/2025).

Wildhirt, S. (2016): Aus dem Biologie-Unterricht. Linnés Wiesenblumen gehören nicht auf die Rote Liste! In: Gerwig, M.; Wildhirt, S. (Hrsg.) *Das Schulwesen soll und will auch ein Bildungswesen sein: Lehrkunstdidaktik im Dialog*. Baltmannsweiler: Schneider Verlag, S. 211–214.

38. Die Entdeckung der Nachhaltigkeit

Carlowitz, C.v. (1713): *Sylvicultura oeconomica*. Leipzig: Johann Friedrich Braun. Online verfügbar unter https://archive.org/details/europeanlibraries (Stand 10/2025).

Gotthelf, J. (1838): *Die Wassernot im Emmental am 13. August 1837*. Burgdorf: C. Langlois. Online verfügbar unter https://www.projekt-gutenberg.org/gotthelf/wassernt/wassernt.html (Stand 10/2025).

39. Kanonkünste mit Bach

Jaskulsky, H. (Hrsg.) (1999): *Das Kanon-Buch. 400 Kanons aus 8 Jahrhunderten zu allen Gelegenheiten*. Mit einer Einführung von H. Jaskulsky. Mainz: Schott.

Jöde, F. (Hrsg.) (1959): *Der Kanon. Ein Singbuch für Alle. Gesamtband von der Gotik bis zur Gegenwart*. Wolfenbüttel: Möseler.

Peter, J. (1998): Kanonkünste. Unter Mitarbeit von H.C. Berg, T. Schulze. In: Berg, H.C.; Schulze, T. (Hrsg.): *Lehrkunstwerkstatt II. Berner Lehrstücke im Didaktikdiskurs*. Neuwied, Kriftel: Luchterhand (Lehrkunstwerkstatt, 2), S. 138–216.

Rotenbucher, E. (1549): *Diphona amoena et florida*. Norimbergae: Montanus & Neuber. Online verfügbar unter https://imslp.org (Stand 10/2025).

Wohlfender, B.; Sommer Nold, H. (2004): Kanonschatz, frei nach Jöde und Jaskulsky. Unter Mitarbeit von H.C. Berg, S. Wildhirt. In: Berg, H. C.; Wildhirt, S. (Hrsg.): *Thurgauer Lehrstückernte. Kollegiale Lehrkunstwerkstatt in der Volksschule. Ein Thurgauer Pilotmodell*. Sulgen/Thurgau: Heer (Lehrkunstwerkstatt, 6), S. 95–120.

40. Lessings Nathan

Bocaccio (1353): *Das Dekameron*. Online verfügbar unter https://www.projekt-gutenberg.org/ (Stand 10/2025).

Lessing, G. E. (1779): *Nathan der Weise*. Berlin: Christian Friedrich Voß und Sohn. Volltext online verfügbar unter https://www.deutschestextarchiv.de (Stand 10/2025).

Lessing, G. E. (1780): *Erziehung des Menschengeschlechts*. Berlin: Christian Friedrich Voß und Sohn. Volltext online verfügbar unter https://www.deutschestextarchiv.de (Stand 10/2025).

41. Die Geburt von Mozarts Figaro

Andrees, G. (1934): *Mozart und Da Ponte oder die Geburt der Romantik.* Wien: Zinnen-Verlag.

Beaumarchais, P.-A.C.d. (1994): *Die Figaro-Trilogie: Figaros Hochzeit, der Barbier von Sevilla, ein zweiter Tartuffe.* 10. Auflage. Frankfurt: Insel.

Da Ponte, L. (1993): *Mein abenteuerliches Leben. Die Erinnerungen des Mozart-Librettisten.* Zürich: Diogenes.

Mozart, W. A. (1983): *Le Nozze di Figaro, K492. Partitur.* London: Ernst Eulenberg.

Mozart, W. A. (2005): *Le Nozze di Figaro. Historische Gesamtaufnahme der Wiener Philharmoniker mit dem Chor der Wiener Staatsoper von 1955.* Hamburg: Membran International GmbH.

Peter, J. (2001): Figaro. Eine Lehrstück-Trilogie. In: Aeschlimann, U.; Berg, H.C. (Hrsg.) (2001): *Berner Lehrkunstwerkstatt: Lehrstücke der III. Gruppe. Qualität vor Quantität.* Köniz: Zentralstelle für Lehrerinnen- und Lehrerfortbildung, S. 123-160.

Zaentz, S. (Produktion) & Forman, M. (Regie) (1984): *Amadeus* [Film]. USA: Warner Home Video GmbH.

42. Goethes „Italienische Reise"

Bollmann, S. (2021): *Der Atem der Welt. Johann Wolfgang Goethe und die Erfahrung der Natur.* Stuttgart: Klett Cotta.

Goethe, J.W.v. (1976): *Tagebuch der Italienischen Reise 1786. Notizen und Briefe aus Italien.* Frankfurt a. M.: Insel.

Goethe, J.W.v. (2024): *Italienische Reise.* Einem, H.v. (Hrsg.). München: C. H. Beck.

Goethe, J.W.v. (1977): Zur Morphologie. In: Ders.: *Schriften zur Naturwissenschaft.* Stuttgart: Reclam, S. 45–60.

Schirmer, H. (2000): *Unterrichtsbericht: Unsere italienische Reise. Unterrichtsinszenierung von Goethes klassischem Lehrstück.* Unter Mitarbeit von H.C. Berg, W. Klafki, T. Schulze. Neuwied, Kriftel: Luchterhand (Lehrkunstwerkstatt, 3).

43. Goethes Pflanzenmetamorphose

Goethe, J.W.v. (2024): *Italienische Reise.* Einem, H.v. (Hrsg.). München: C. H. Beck.

Goethe, J.W.v. (1982): *Naturwissenschaftliche Schriften.* Band I. 4. Auflage. Dornach: Rudolf-Steiner-Nachlassverwaltung.

Grohmann, G. (1958): *Metamorphosen im Pflanzenreich.* 2. Auflage. Stuttgart: Freies Geistesleben.

Julius, F. H. (1984): *Metamorphose.* 2. Auflage. Stuttgart: J. Ch. Mellinger.

Kranich, E.-M. (1979): *Die Formensprache der Pflanze.* Stuttgart: Freies Geistesleben.

Ovid (1990): *Metamorphosen.* Frankfurt a.M. und Leipzig: Insel.

Rohde, Dirk (2003): *Was heißt „lebendiger" Unterricht? Faradays Kerze und Goethes Pflanzenmetamorphose in einer Freien Waldorfschule.* Unter Mitarbeit von H.C. Berg, W. Klafki, T. Schulze. Marburg: Tectum Verlag (Lehrkunstwerkstatt, 5).

Schneckenburger, S. (1999): *Goethe und die Pflanzenwelt. Begleitheft zur Ausstellung im Palmengarten.* Frankfurt a.M.: PalmenGarten

Wigand, A. (1846): *Kritik und Geschichte von der Lehre der Metamorphose der Pflanze.* Inauguraldissertation. Marburg: Philipps-Universität.

Winkel, G. (1993): Alles ist Blatt. In: *Unterricht Biologie* (184), S. 48–51.

Wittmann, R.; Maas, A.; Kiewisch, S. (1985): Die ‚Metamorphose' der Pflanzen. In: *Unterricht Biologie* (101), S. 19–23.

44. Knigges „Über den Umgang mit Menschen"

Hermann, I. (2007): *Knigge. Die Biografie.* Berlin: Propyläen-Verl.

Leps, H. (2013): *Lehrstücke im Politikunterricht. Welches ist nun aber die beste Verfassung?* Schwalbach/Ts.: Wochenschau.

Knigge, A. (2008): *Über den Umgang mit Menschen.* Frankfurt, M., Leipzig: Insel.

45. Howards Wolken

Goethe, J.W.v. (1820): Wolkengestalt nach Howard. In: *Zur Naturwissenschaft überhaupt.* Band 1, Heft 3.

Hamblyn, R. (2001): *Die Erfindung der Wolken.* Frankfurt: Insel.

Howard, L. (1894): On the Modifications of Clouds, and on the Principles of Their Production, Suspension, and Destruction. Being the Substance of an Essay Read Before the Askesian Society in the Session 1802-03. In: *Neudrucke von Schriften und Karten über Meteorologie und Erdmagnetismus* (3).

Jänichen, M. (2011*): Dramaturgie im Lehrstückunterricht. Himmelsuhr und Erdglobus – Howards Wolken – Erd-Erkundung mit Sven Hedin. Ein Beitrag zur Theorie, Praxis und Poiesis der Lehrkunstdidaktik.* Univ. Diss.: Marburg. Online verfügbar unter https://open.uni-marburg.de (Stand 10/2025).

Thornes, J.E. (2004): John Constable. Kunst und Meteorologie. In: Spielmann, H.; Westheider, O. (Hrsg.): *Wolkenbilder. Die Entdeckung des Himmels.* Katalogbuch zur Ausstellung im Bucerius Kunst Forum und Jenisch-Haus, Hamburg 2004; Staatliche Museen zu Berlin, Nationalgalerie 2004/2005; Aargauer Kunsthaus 2005. München: Hirmer (Publikationen des Bucerius-Kunst-Forums, 6), S. 142–149.

46. Annings steinerne Kuriositäten

Anholt, L. (2006): *Stone girl, bone girl. The Story of Mary Anning of Lyme Regis.* London: Frances Lincoln Children's Books.

Chevalier, T. (2021): *Zwei bemerkenswerte Frauen.* Hamburg: Atlantik.

Seiffart, S. (2024): *Mary Anning und die Zeit im Stein.* Leichlingen: Sequoia.

47. Das chemische Gleichgewicht

Goethe, J.W.v. (1809): *Die Wahlverwandtschaften. Erster Theil.* Tübingen: J. G. Cottaische Buchhandlung.

Kueng, H.U. (1998): Chemisches Gleichgewicht. In: Berg, H.C.; Schulze, T. (Hrsg.): *Berner Lehrstücke im Didaktikdiskurs.* Neuwied, Kriftel: Luchterhand (Lehrkunstwerkstatt, 2), S. 41–126.

48. Im Varieté der Regenbögen

Aristoteles (1984): *Meteorologie / Über die Welt.* 3., gegenüber d. 2., berichtigten, unveränd. Aufl. Hrsg. v. E. Grumach, H. Flashar. Berlin: Akademie-Verlag (Aristoteles. Werke in deutscher Übersetzung, 12).

Boyer, C.B. (1987): *The rainbow. From myth to mathematics.* Princeton, NJ: Princeton University Press.

Descartes, R. (2013): Über den Regenbogen. In: R. Descartes, C. Wohlers: *Entwurf der Methode. Mit der Dioptrik, den Meteoren und der Geometrie.* Hamburg: Meiner, S. 277–293.

Goethe, J.W.v. (2006): Verhandlungen mit Herrn Boisserée den Regenbogen betr. In: Goethe, J.W.v.: *Sämtliche Werke nach Epochen seines Schaffens, Münchner Ausgabe*, Bd. 18.2. München: Btb Verlag, S. 557–564.

Harré, R. (1981): *Great scientific experiments. 20 experiments that changed our view of the World.* Oxford: Phaidon.

Müller, M.; Grebe-Ellis, J. (2007): Spiegelbilder der Sonne im Tropfen. Zur Phänomenologie des Regenbogens. In: Volkhard Nordmeier und Arne Oberländer (Hrsg.): *Didaktik der Physik. Beiträge zur Frühjahrstagung der DPG 2007 in Regensburg.* Regensburg, Berlin: Lehmans Media.

Müller, M.; Hümbert-Schnurr, S. (2016): *Geheimnisse des Regenbogens. So kommt der Regenbogen zu seinen Farben* [Lehrfilm]. M. Müller, F. Büchele (Regie). Online verfügbar unter http://www.colour.education/geheimnisse-des-regenbogens/ (Stand 10/2025).

Nickol, T. (2007): Zur Erklärung des Regenbogens bei Goethe und Pernter. Ein physikdidaktischer Vorschlag aus der Geschichte der meteorologischen Optik. In: Berg, W.; Gerstengarbe, S.; Kleinert, A.; Parthier, B. (Hrsg.): *Vorträge und Abhandlungen zur Wissenschaftsgeschichte 2002/2003 & 2003/2004.* Stuttgart: Wiss. Verl.-Ges., S. 267–298.

Pernter, J.M.; Exner, F.M. (1922): *Meteorologische Optik.* 2. Aufl. Wien: Braumüller.

Rother, S. (1992): *Der Regenbogen. Eine malereigeschichtliche Studie.* Köln: Böhlau.

Wilhelm, T.; Horz, M.; Schlichting, H.J. (2014): Ein Regenbogen mit Glaskügelchen. In: *Praxis der Naturwissenschaften – Physik* 63 (6), S. 5–10. Online verfügbar unter https://www.thomas-wilhelm.net/veroeffentlichung/Regenbogen.pdf (Stand 10/2025).

49. Landvermessung mit Dufour

Gugerli, D.; Speich, D. (2002): *Topografien der Nation. Politik, kartografische Ordnung und Landschaft im 19. Jahrhundert.* Zürich: Chronos.

Seidel, W. (2016): *Sternstunden der Kartografie. Die abenteuerliche Geschichte der Entdeckung und Vermessung der Welt.* München/Berlin: Piper.

50. Die Bassermanns – Bürgertum in Deutschland durch neun Generationen

Gall, L. (1989): *Bürgertum in Deutschland.* Berlin: Siedler.

Mann, T. (1901): *Buddenbrooks. Verfall einer Familie.* Berlin: Fischer.

Kocka, J. (1995): „… und wünschte ein Bürger zu sein". In: Günther-Arndt, H. (Hrsg.): *Geschichtsbuch Oberstufe Band 1.* Berlin: Cornelsen, S. 258–261.

Schäfer, M. (2009): *Geschichte des Bürgertums.* Köln: Böhlau.

Drechsler, H.; Hilligen, W.; Neumann, F. (Hrsg.) (1995): *Gesellschaft und Staat. Lexikon der Politik.* (Artikel Bürgertum). München: Vahlen.

51. Die Dorfgründung – ein soziales Experiment mit Smith, Burke, Marx und Proudhon

Defoe, D. (1719): *Robinson Crusoe.* London: W. Taylor.

Jungk, R.; Müllert, N. R. (1981): *Zukunftswerkstätten.* Hamburg: Hoffmann und Campe.

Morus, T. (1516): *Libellus vere aureus, nec minus salutaris quam festivus, De optimo rei publicae statu deque nova insula Utopia.* Leeuwen.

Petrik, A. (2013): *Von den Schwierigkeiten, ein politischer Mensch zu werden. Konzept und Praxis einer genetischen Politikdidaktik.* 2. Auflage. Opladen: Barbara Budrich. Online eingeschränkt verfügbar unter https://elibrary.utb.de (Stand 10/2025).

Spranger, E. (1963): *Gedanken zur staatsbürgerlichen Erziehung.* Bochum: Kamp.

52. Die Entdeckung der Geologie

Cuvier, G. (1830): *Die Umwälzungen der Erdrinde in naturwissenschaftlicher und geschichtlicher Beziehung.* Bonn: Eduard Weber.

Lyell, C. (1830-1833): *Principles of Geology.* London: John Murray.

Wagenschein, M. (1997): Zum Problem des Genetischen Lehrens. In: Wagenschein, M. (Hrsg.): *Verstehen lehren. Genetisch – Sokratisch – Exemplarisch.* 11., erg. Aufl. Weinheim: Beltz (Pädagogische Bibliothek Beltz, 1), S. 75–124.

53. Faradays Kerze

Faraday, M. (1871): *Naturgeschichte einer Kerze. Sechs Vorlesungen für die Jugend.* Aus dem Englischen übertragen von Lüdicke. Berlin: Robert Oppenheim. Online verfügbar unter https://books.google.de (Stand 10/2025).

Faraday, M. (1980): *Naturgeschichte einer Kerze.* Mit einer Einleitung und Biografie von P. Buck. Hildesheim: Franzbecker.

Wagenschein, M. (1962): Kerze und Schnee. Zwei Lehrgangsskizzen. In: Ders. (2009): *Naturphänomene sehen und verstehen. Genetische Lehrgänge. Das Wagenschein-Studienbuch.* 4. Aufl. Hrsg. v. H.C. Berg. Bern: hep verlag ag, S. 118–122.

Watts, Isaac (1743): *The Improvement of the Mind: Or, A Supplement to the Art of Logick.* Printed for W.B. Swan and Brown. London: Pater-noster-row. Online verfügbar unter https://books.google.ch (Sand 10/2025).

Wildhirt, S. (2008): *Lehrstückunterricht gestalten. „Man müsste in die Flamme hineinschauen können".* Bern: hep verlag ag (Lehrkunstdidaktik, 2).

54. Die Entdeckung der Mendelschen Regeln

Gregor Mendel Institute of Molecular Plant Biology (Hrsg.) (2022): *Gregor Mendel 200: Sein Leben.* Online verfügbar unter https://gregormendel200.org/de/gregor-mendel/sein-leben/ (Stand 10/2025).

Gregor Mendel Institute of Molecular Plant Biology (Hrsg.) (2022): *Gregor Mendel: Die drei mendelschen Regeln – Grundlage der Genetik.* Online verfügbar unter https://www.openscience.or.at/de/wissen/genetik-und-zellbiologie/2022-05-25-gregor-mendel-die-drei-mendelschen-regeln-grundlage-der-genetik/ (Stand 10/2025).

Gluhodedow, M. (2012): *Biologie verstehen. Genetikunterricht in der Sekundarstufe I.* Beiträge zur Didaktischen Rekonstruktion, Bd. 36. Oldenburg: Didaktisches Zentrum (diz).

Mendel, G. (1866): Versuche über Pflanzen-Hybriden. In: *Verhandlungen des Naturforschenden Vereines in Brünn* 4, S. 3–47. Online verfügbar unter https://www.deutschestextarchiv.de (Stans 10/2025).

55. Die Kongokonferenz

Britt, T.; Regenhardt, H.-O. (Hrsg.) (2007): *Vom Zeitalter des Absolutismus bis zum Ersten Weltkrieg.* Forum Geschichte Band 3 [Schülerband]. Berlin: Cornelsen.

Dejung, C.; Lengwiler, M.; Dejung, C. (2016). *Ränder der Moderne. Neue Perspektiven auf die europäische Geschichte (1800-1930).* Peripherien Band 1. Köln, Weimar, Wien: Böhlau Verlag.

Eckert, A. (2009): *125 Jahre Berliner Afrika-Konferenz: Bedeutung für Geschichte und Gegenwart.* GIGA Focus Afrika 12. Hamburg: Leibniz-Institut für Globale und Regionale Studien, Institut für Afrika-Studien. Online verfügbar unter http://www.ssoar.info/ssoar/handle/document/27459 (Stand 10/2025).

Fuchs, K.; Ziegler, S. (2018): Räume, Zeiten, Gesellschaften (Geschichte): Aufgabenset für den 3. Zyklus. In: Luthiger, H.; Wilhelm, M.; Wespi, C.; Wildhirt. S. (Hrsg.): *Kompetenzförderung mit Aufgabensets. Theorie – Konzept – Praxis.* Bern: hep verlag ag.

Gross, C. (Hrsg.) (2019): *Vom Beginn der Neuzeit bis zum Ersten Weltkrieg.* Schweizer Geschichtsbuch für Maturitätsschulen, Band 2 [Schülerband]. Zürich: Cornelsen Schweiz.

Schicho, W. (2010): *Geschichte Afrikas.* Stuttgart, Darmstadt: Theiss WissenKompakt.

Uzoigwe, G.N. (1984): Reflections on the Berlin West Africa Conference, 1884-1885. In: *Journal of the Historical Society of Nigeria* 12 (3/4), S. 9–22.

56. Der Teich als Biozönose nach Junge

Humboldt, A. v. (1803): *Tagebücher der Amerikanischen Reise* IX. S.27r. Online verfügbar unter https://digital.staatsbibliothek-berlin.de (Stand 10/2025).

Johannsen, O., Berg, H.C., Rott U. (1995): Unser Schulteich als Lebensgemeinschaft – „Ein Abglanz des Ganzen“? Elementare Ökologie frei nach Junge im Gymnasium Philippinum in Marburg. In: Berg, H.C., Schulze, T.: *Lehrkunst. Lehrbuch der Didaktik.* Neuwied: Luchterhand (Lehrkunst und Schulvielfalt, 2), S. 305–327.

Junge, F. (1885): *Der Dorfteich als Lebensgemeinschaft. Nebst einer Abhandlung über Ziel und Verfahren des naturgeschichtlichen Unterrichts.* Kiel: Lipsius u. Tischer.

Schaufelberger, R. (2004): Unser Teich als Lebensgemeinschaft. In: Berg, H.C.; Wildhirt, S. (Hrsg.): *Thurgauer Lehrstückernte. Kollegiale Lehrkunstwerkstatt in der Volksschule. Ein Thurgauer Pilotmodell.* Sulgen/Thurgau: Heer (Lehrkunstwerkstatt, 6), S. 229–242.

Wildhirt, S., Berg, H.C. (2004): Der Teich als Lebensgemeinschaft, nach Junge. In: Berg, H.C.; Wildhirt, S. (Hrsg.): *Thurgauer Lehrstückernte. Kollegiale Lehrkunstwerkstatt in der Volksschule. Ein Thurgauer Pilotmodell.* Sulgen/Thurgau: Heer (Lehrkunstwerkstatt, 6), S. 225–228.

57. Lernen lernen mit Ebbinghaus und Aebli

Aebli, H. (1983): *Zwölf Grundformen des Lehrens. Eine allgemeine Didaktik auf psychologischer Grundlage; Medien und Inhalte didaktischer Kommunikation; der Lernzyklus.* 15. Aufl. Stuttgart: Klett-Cotta.

Ebbinghaus, H. (1885): *Über das Gedächtnis: Untersuchungen zur experimentellen Psychologie.* Leipzig: Duncker & Humblot.

Lück, H.E. (2016): Hermann Ebbinghaus. Lernen und vergessen experimentell erforscht. In: Ders.: *Die psychologische Hintertreppe. Die bedeutenden Psychologinnen und Psychologen in Leben und Werk.* Freiburg: Herder, S. 42–52.

58. Wie springt ein Ball?

Thiel, S. (1987): Wie springt ein Ball? In: *Grundschule* 19 (1), S. 18–23.

Thiel, S. (1997): Grundschulkinder zwischen Umgangserfahrung und Naturwissenschaft. In: Wagenschein, M.; Banholzer, A.; Thiel, S. (Hrsg.): *Kinder auf dem Wege zur Physik.* Vorwort von A. Flitner. Weinheim: Beltz, S. 90–180.

Thiel, S. (2011): Der springende Ball – Erfahrungen und hochschuldidaktische Reflexionen. In: Hempel, M.; Wittkowske, S. (Hrsg.): *Entwicklungslinien Sachunterricht. Einblicke in die Geschichte einer Fachdidaktik.* Bad Heilbrunn: Klinkhardt, S. 175–185.

Thiel, S. (2001): *Der Ball. Warum springt ein Ball?* [Filmdokumentation]. Online verfügbar unter https://www.fhnw.ch/plattformen/wagenschein-tagung/der-springende-ball/ (Stand 10/2025).

59. Unser heimatliches Rathaus

Behr, K. (2019): *Martin Haller, 1835-1925: Privat- und Luxusarchitekt aus Hamburg.* München: Dölling und Galitz.

Benzmann, S. (2023): Unser Rathaus. In: *Lehrkunst Newsletter* 23/01, S. 2–3. Online verfügbar unter https://lehrkunst.org/bibliothek/newsletter-2023-1/ (Stand 10/2025).

Hipp, H. (1997): Das Rathaus der Freien und Hansestadt Hamburg. Eine sehr umständliche Geschichte – mit gutem Ausgang. In: Grolle, Joist (Hrsg.): *Das Rathaus der Freien und Hansestadt Hamburg.* Hamburg: L&H, S. 15–36.

Krieger, M. (2006*): Geschichte Hamburgs.* München: Beck.

Kummereincke, S. (2014): *Barbarossas gefälschter Freibrief war von unschätzbarem Wert.* Hamburger Abendblatt, 23.10.2014.

Schwanholz, J.; Theiner, P. (2020): Von Parlamentsarchitektur lernen. In: Dies.: *Die politische Architektur deutscher Parlamente.* Wiesbaden: Springer, S. 471–482.

60. Mein eigenes Kunsthaus bauen mit van Gogh und Picasso

Glaesemer, J. (1979): *Beiträge zur bildnerischen Formlehre: faksimilierte Ausgabe des Originalmanuskripts von Paul Klees erstem Vortragszyklus am Staatlichen Bauhaus Weimar 1921/22.* Basel: Schwabe.

Nizon, P. (1977): *Van Gogh in seinen Briefen.* Frankfurt a.M.: Insel.

61. Fontanes „Effi Briest"

Fassbinder, R. W. (Produktion & Regie). (1974): *Fontane Effi Briest* [Film]. Deutschland: Tango-Film.

Fontane, T. (1893): *Meine Kinderjahre. Autobiographischer Roman.* Berlin: F. Fontane & Co.

Fontane, T. (1896): *Effi Briest.* Berlin: F. Fontane & Co.

Reuter, H.-H. (1977): *Fontanes Werke in fünf Bänden.* Berlin und Weimar: Aufbau.

Reuter, H.-H. (1995): *Fontane. 2 Bände.* Berlin, Bayreuth, Zürich: Verlag der Nation.

62. Erd-Erkundung mit Hedin

Hedin, S. (1911/12): *Von Pol zu Pol.* 3 Bände. Leipzig: F.A. Brockhaus.

Jänichen, M. (2011): *Dramaturgie im Lehrstückunterricht. Himmelsuhr und Erdglobus – Howards Wolken – Erd-Erkundung mit Sven Hedin. Ein Beitrag zur Theorie, Praxis und Poiesis der Lehrkunstdidaktik.* Univ. Diss.: Marburg. Online verfügbar unter https://open.uni-marburg.de (Stand 10/2025).

Lagerlöf, S. (1906): *Nils Holgerssons underbara resa genom Swerige.* Bonnier Carlsen.

Sven Hedin Stiftelse (1964): *Sven Hedin As Artist.* Stockholm: Generalstabens Litografiska Anstalt.

63. Walsers Spaziergang

Pfeifer, A.; Sorg, R. (2019): *Spazieren muß ich unbedingt. Robert Walser und die Kultur des Gehens.* Bern: Robert Walser-Zentrum.

Walser, R. (2016): *Kleine Dichtungen. Kritische Ausgabe sämtlicher Drucke und Manuskripte.* Bd. I,7. Schwabe: Stroemfeld-Verlag.

Walser, R. (2018): *Der Spaziergang. Mit 16 Holzschnitten von Christian Thanhäuser.* Berlin: Insel-Bücherei.

64. Gombrichs „Kurze Weltgeschichte"

Gombrich, E.H. (2011): *Eine kurze Weltgeschichte für junge Leser.* Köln: DuMont.

65. Brechts „Leben des Galilei"

Brecht, B. (1998): *Leben des Galilei.* Frankfurt a.M.: Suhrkamp.

Brecht, B. (2012): *Geschichten vom Herrn Keuner.* Berlin: Suhrkamp.

Brecht, B. (2014): *Die Dreigroschenoper.* Berlin: Suhrkamp.

Bührer, J. (1933): *Galileo Galilei.* Zürich: Oprecht.

Knopf, J. (2001): *Brecht Handbuch.* 5 Bände. Stuttgart: J.B. Metzeler.

Wüthrich, W. (2003): *Bertolt Brecht und die Schweiz.* Zürich: Chronos.

66. Quantenchemie farbiger Stoffe mit Heisenberg und Einstein

Baars, G. (2011): *Quantenchemie farbiger Stoffe mit Heisenberg und Einstein.* Bern: hep verlag ag (Lehrkunstdidaktik, 6). Online verfügbar unter www.hep-verlag.ch/chemie-zusatzmaterial-lehrpersonen (Stand 10/2025).

Heisenberg, W. (2002): *Der Teil und das Ganze. Gespräche im Umkreis der Atomphysik.* 4. Auflage. München: Piper.

67. Frischs „Stiller"

Albarella, P. (2003): *Roman des Übergangs. Max Frischs „Stiller" und die Romankunst um die Jahrhundertmitte.* Würzburg. Königshausen und Neumann.

Beckermann, T. (Hrsg.) (1971): *Über Max Frisch 1.* Frankfurt a.M.: Suhrkamp.

Frisch, M. (1960): Unsere Gier nach Geschichten. In: Ders.: *Gesammelte Werke in zeitlicher Folge.* Band 4. Frankfurt a.M.: Suhrkamp.

Frisch, M. (2023: *Tagebuch 1946-1949.* Berlin: Suhrkamp.

Frisch, M. (2025): *Stiller.* Berlin: Suhrkamp.

Greutert, V., Gunten, M.v., Hesse, S. (Produktion) & Gunten, M.v. (Regie). (2008): *Max Frisch, Citoyen* [Film]. Schweiz: HesseGreutert Film, Odysseefilm, SRF Schweizer Radio und Fernsehen.

Mann, T. (2002): Der Zauberberg. Frankfurt: Fischer.

Walker, T., Walser, A., Worm, P. (Produktion) & Haupt, S. (Regie). (2025): Stiller [Film]. Schweiz: C-Films AG, Walker Worm Film.

68. Eine Theorie der Gerechtigkeit mit Rawls

Rawls, J. (1979): *Eine Theorie der Gerechtigkeit.* Frankfurt a.M.: Suhrkamp.

Habermann, G. (Hrsg.) (2001). *Philosophie der Freiheit. Ein Friedrich-August-von-Hayek-Brevier.* NZZ Libro. Basel: NZZ Libro (Meisterdenker der Freiheitsphilosophie).

Leps, H. (2006): *Lehrkunst und Politikunterricht*. Univ. Diss.: Marburg. Online verfügbar unter https://open.uni-marburg.de (Stand 10/2025).

Leps, H. (2013): *Lehrstücke im Politikunterricht. Welches ist nun aber die beste Verfassung?* Schwalbach/Ts.: Wochenschau.

Silveira, P.d. (2003): *John Rawls y la justicia distributiva Pablo da Silveira.* 1a. ed. Móstoles (Madrid): Campo de Ideas (Intelectuales).

69. UAZ. Unsere Abend-Zeitung

Schaufelberger, R. (2004): UAZ – Unsere Abend-Zeitung in der Sechsten. In: Berg, H.C.; Wildhirt, S. (Hrsg.): *Thurgauer Lehrstückernte. Kollegiale Lehrkunstwerkstatt in der Volksschule. Ein Thurgauer Pilotmodell.* Sulgen/Thurgau: Heer (Lehrkunstwerkstatt, 6), S. 267–275.

Schmidlin, Stephan (2012): *UAZ – Unsere Abend-Zeitung*. Unter Mitarbeit von H.C. Berg, W. Eugster, M. Jänichen, M. Kampling, R. Schaufelberger, J. Schläpfer et al. Bern: hep verlag ag (Lehrkunstdidaktik, 7).

70. Kultur der Digitalität mit Stalder

Brinda, T.; Brüggen, N.; Diethelm, I.; Knaus, T., Kommer, S.; Kopf, C.; Missomelius, P.; Leschke, R.; Tilemann, F.; Weich, A. (2019): Frankfurt-Dreieck zur Bildung in der digital vernetzten Welt. Ein interdisziplinäres Modell. In: Pasternak, A. (Hrsg.): *Informatik für alle*. Gesellschaft für Informatik: Bonn. https://doi.org/10.18420/infos2019-a1

Hegel, G.W.F. (1972): *Grundlinien der Philosophie des Rechts*. Hrsg. u. eingeleitet v. H. Reichelt. Berlin: Ullstein.

Stalder, F. (2016): *Kultur der Digitalität*. Berlin: Suhrkamp.

b) Verzeichnis zentraler lehrkunstdidaktischer Publikationen

Dieses Verzeichnis versammelt zentrale Publikationen, die in den letzten fünf Jahrzehnten im Umfeld der Lehrkunstdidaktik entstanden sind und die zu ihrer theoretischen und praktischen Profilierung beigetragen haben. Es versteht sich nicht als Bibliographie der maßgeblichen Quellen, die für die Entwicklung der Lehrkunst selbst bestimmend waren. Grundlegende Werke von Martin Wagenschein, Wolfgang Klafki und anderen werden daher womöglich vermisst. Ihr Denken bildet zwar den geistigen Hintergrund, im Zentrum stehen jedoch jene Arbeiten, die im Umfeld ihrer Ideen und im Zuge der Entwicklung der Lehrkunstdidaktik selbst entstanden sind.

Die Zusammenstellung gliedert sich in vier Untergruppen: *Reihen & Sammlungen, Einzelschriften, Dissertationen* sowie *andere Medien*. Die Anordnung in der Rubrik *Reihen & Sammlungen* folgt der Nummerierung der jeweiligen Veröffentlichungen, innerhalb der übrigen drei Gruppen erfolgt die Anordnung chronologisch, sodass sich zugleich ein Eindruck von der Genese der Lehrkunstdidaktik gewinnen lässt.

Reihen & Sammlungen

„Lehrkunst und Schulvielfalt" (1993–1995)

Berg, Hans Christoph (Hrsg.) (1993): *Suchlinien. Studien zur Lehrkunst und Schulvielfalt.* Neuwied: Luchterhand (Lehrkunst und Schulvielfalt, 1).

Berg, Hans Christoph; Schulze, Theodor (Hrsg.) (1995): *Lehrkunst. Lehrbuch der Didaktik.* Neuwied, Kriftel, Berlin: Luchterhand (Lehrkunst und Schulvielfalt, 2).

„Lehrkunstwerkstatt" (1997–2004)

Berg, Hans Christoph; Schulze, Theodor (Hrsg.) (1997): *Didaktik in Unterrichtsexempeln.* Neuwied: Luchterhand (Lehrkunstwerkstatt, 1).

Berg, Hans Christoph; Schulze, Theodor (Hrsg.) (1998): *Berner Lehrstücke im Didaktikdiskurs.* Neuwied, Kriftel: Luchterhand (Lehrkunstwerkstatt, 2).

Schirmer, Heinrich (2000): *Unterrichtsbericht: Unsere italienische Reise. Unterrichtsinszenierung von Goethes klassischem Lehrstück.* Unter Mitarbeit von Hans Christoph Berg, Wolfgang Klafki und Theodor Schulze. Neuwied, Kriftel: Luchterhand (Lehrkunstwerkstatt, 3).

Berg, Hans Christoph; Klafki, Wolfgang; Schulze, Theodor (Hrsg.) (2001): *Unterrichtsvariationen: Menschenhaus – Gotteshaus. Unterrichtsvariationen über den heimatlichen Dom in Nürnberg, Gouda, Bern, Marburg.* Unter Mitarbeit von Walter Dörfler. Neuwied, Kriftel: Luchterhand (Lehrkunstwerkstatt, 4).

Rohde, Dirk (2003): *Was heißt „lebendiger" Unterricht? Faradays Kerze und Goethes Pflanzenmetamorphose in einer Freien Waldorfschule.* Unter Mitarbeit von Hans Christoph Berg, Wolfgang Klafki und Theodor Schulze. Marburg: Tectum Verlag (Lehrkunstwerkstatt, 5).

Berg, Hans Christoph; Wildhirt, Susanne (Hrsg.) (2004): *Thurgauer Lehrstückernte. Kollegiale Lehrkunstwerkstatt in der Volksschule. Ein Thurgauer Pilotmodell*. Sulgen/Thurgau: Heer (Lehrkunstwerkstatt, 6).

„Berner Lehrstücke" (2004–2005)

Hohn, Andreas; Radvila-Hottiger, Regula (2004): *Dostojewskij: Der Großinquisitor*. Bern: Schulverlag (Berner Lehrstücke, 1).

Schmidlin, Stephan (2004): *Lessings Nathan der Weise*. Bern: Schulverlag (Berner Lehrstücke, 2).

Brüngger, Hans (2005): *Von Pythagoras zu Pascal. Fünf Lehrstücke der Mathematik als Brückenpfeiler im Gymnasium; (Sekundarstufe II: 9. – 12. Schuljahr)*. Bern: Schulverlag (Berner Lehrstücke, 3).

Knobel, Bertrand; Vogel, Peter (2005): *Zytglogge – das Uhrwerk*. Bern: Schulverlag (Berner Lehrstücke, 4).

„Lehrkunstdidaktik" (2008–2013)

Berg, Hans Christoph (Hrsg.) (2009): *Die Werkdimension im Bildungsprozess. Das Konzept der Lehrkunstdidaktik*. Bern: hep verlag ag (Lehrkunstdidaktik, 1).

Wildhirt, Susanne (2008): *Lehrstückunterricht gestalten. „Man müsste in die Flamme hineinschauen können"*. Bern: hep verlag ag (Lehrkunstdidaktik, 2).

Eugster, Willi; Berg, Hans Christoph (Hrsg.) (2010): *Kollegiale Lehrkunstwerkstatt. Sternstunden der Menschheit im Unterricht der Kantonschule Trogen*. Bern: hep verlag ag (Lehrkunstdidaktik, 3).

Wagenschein, Martin (2009): *Naturphänomene sehen und verstehen. Genetische Lehrgänge. Das Wagenschein-Studienbuch*. 4. Aufl. Hrsg. v. Hans Christoph Berg. Bern: hep verlag ag (Lehrkunstdidaktik, 4). (1./2./3. Auflage: 1980/1988/1995, Stuttgart: Klett.)

Brüngger, Hans (2008): *Wahrscheinlichkeitsrechnung mit Pascal*. Unter Mitarbeit von Lukas Fischer, Lisa Henrich, Fabian Ittig und Klaus Stalder. Bern: hep verlag ag (Lehrkunstdidaktik, 5).

Baars, Günter (2011): *Quantenchemie farbiger Stoffe mit Heisenberg und Einstein*. Bern: hep verlag ag (Lehrkunstdidaktik, 6).

Schmidlin, Stephan (2012): *UAZ – Unsere Abend-Zeitung*. Unter Mitarbeit von Hans Christoph Berg, Willi Eugster, Michael Jänichen, Martin Kampling, Regula Schaufelberger, Johannes Schläpfer et al. Bern: hep verlag ag (Lehrkunstdidaktik, 7).

Eyer, Marc; Aeschlimann, Ueli (Hrsg.) (2013): *Pascals Barometer. Frei nach Martin Wagenschein*. Bern: hep verlag ag (Lehrkunstdidaktik, 8).

Weitere Sammelbände

Berg, Hans Christoph; Gidion, Heidi; Rumpf, Horst (Hrsg.) (1986): *Dank Wagenschein. Martin Wagenschein zum 90. Geburtstag.* Neue Sammlung – Vierteljahres-Zeitschrift für Erziehung und Gesellschaft 26 (4). Seelze-Velber: Klett-Cotta.

Berg, Hans Christoph (Hrsg.) (1990): *Lehrkunst.* Neue Sammlung – Vierteljahres-Zeitschrift für Erziehung und Gesellschaft 30 (1). Seelze-Velber: Klett-Cotta Friedrich.

Berg, Hans Christoph; Gerth, Günther; Potthast, Karl Heinz (Hrsg.) (1990): *Unterrichtserneuerung mit Wagenschein und Comenius. Versuche evangelischer Schulen 1985-1989.* Comenius-Institut. Münster: Comenius-Institut.

Reichwein, Adolf (1993): *Schaffendes Schulvolk. Film in der Schule. Die Tiefenseer Schulschriften – Kommentierte Neuausgabe.* Hrsg. v. Wolfgang Klafki, Ulrich Amlung, Hans Christoph Berg, Heinrich Lenzen, Peter Meyer, Wilhelm Wittenbruch. Weinheim, Basel: Beltz (Reihe Pädagogik).

Berg, Hans Christoph; Huber, Martin (Hrsg.) (1996): *Exemplarisch Lehren. Beiträge zur Hochschuldidaktik.* Technikum Winterthur. Zürich: vdf Hochschulverlag an der ETH.

KME Kantonale Maturitätsschule für Erwachsene (Hrsg.) (1997): *Exemplarisch Lehren. Lehrkunstwerkstatt mit Hans Christoph Berg (1994 – 1997).* Zürich: Kantonale Maturitätsschule für Erwachsene.

Aeschlimann, Ueli; Berg, Hans Christoph (Hrsg.) (2001): *Berner Lehrkunstwerkstatt: Lehrstücke der III. Gruppe. Qualität vor Quantität.* Köniz: Zentralstelle für Lehrerinnen- und Lehrerfortbildung.

Gerwig, Mario; Wildhirt, Susanne (Hrsg.) (2016): *Das Schulwesen soll und will auch ein Bildungswesen sein. Lehrkunstdidaktik im Dialog.* Baltmannsweiler: Schneider Verlag Hohengehren GmbH.

Löffelmann, Daniel; Ziegler, Mario (Hrsg.) (2020): *Unterricht im Zeichen von Wahrnehmung und Darstellung. Philosophische Anstiftungen zu einer unzeitgemäßen Didaktik.* Freiburg, München: Verlag Karl Alber.

Müller, Marc; Schumann, Svantje (Hrsg.) (2022): *Wagenscheins Pädagogik neu reflektiert. Mit Martin Wagenschein Bildungserfahrungen verstehen und unterstützen.* Münster: Waxmann (Gespräche zum Sachunterricht, 2). Online verfügbar unter http://www.waxmann.com/buch4503 (Stand 10/2025).

Einzelschriften

Monographien

Wagenschein, Martin (1980): *Naturphänomene sehen und verstehen. Genetische Lehrgänge.* Hrsg. v. Hans Christoph Berg. Stuttgart: Klett. 2. *Aufl. 1988, 3. Aufl. 1995, 4. Aufl. 2009 (bei hep verlag ag).*

Berg, Hans Christoph (1998): *Didaktik heißt Lehrkunst: neue Ansätze des Unterrichtens.* (11. Schwäbischer Lehrertag, 17. Oktober 1998, Schulzentrum Ottobeuren). Thannhausen: BLLV.

Berg, Hans Christoph (2003): *Bildung und Lehrkunst in der Unterrichtsentwicklung. Zur didaktischen Dimension von Schulentwicklung.* Schulmanagement-Handbuch 22 (106). München: Oldenbourg; Prögel Pädagogik.

Leps, Horst (2013): *Lehrstücke im Politikunterricht. Welches ist nun aber die beste Verfassung?* Schwalbach/Ts.: Wochenschau-Verlag (Wochenschau Politik).

Lang, Lawrence (2013): *Emotionen und Lehrkunst.* zgl. Diss. FU Berlin 2013. Frankfurt a. M.: PPV Pädagogik und Psychologie Verlag.

Gerwig, Mario; Wildhirt, Susanne (Hrsg.) (2013): *Lehrkunstdidaktik.* MU (Der Mathematikunterricht) 59 (6). Seelze-Velber: Friedrich.

Riemeck, Renate (2014): *Klassiker der Pädagogik von Comenius bis Reichwein. Marburger Sommervorlesungen 1981/1982/1983 mit Quellentexten.* Herausgegeben von Hans Christoph Berg, Bodo Hildebrand, Frauke Stübig und Heinz Stübig. Marburg: Tectum Verlag.

Eyer, Marc (2015): *Lehrstückunterricht im Horizont der Kulturgenese. Ein Modell für lehrkunstdidaktischen Unterricht in den Naturwissenschaften.* Wiesbaden: Springer Spektrum. Online eingeschränkt verfügbar unter http://dx.doi.org/10.1007/978-3-658-10998-1 (Stand 10/2025).

Gerwig, Mario (2015): *Beweisen verstehen im Mathematikunterricht. Axiomatik, Pythagoras und Primzahlen als Exempel der Lehrkunstdidaktik.* Wiesbaden: Springer Fachmedien Wiesbaden. Online eingeschränkt verfügbar unter https://link.springer.com/book/10.1007/978-3-658-10188-6 (Stand 10/2025).

Veldman, Jan (2015): *Das Ästhetische im Lehrkunstkonzept. Zur Bedeutung von Dramaturgie und Spiel im Kunstunterricht.* Zugl.: Gießen, Univ., Diss., 2013. Oberhausen: Athena (Kunst und Bildung, 10).

Gerwig, Mario (2017): *Über vergessene Facetten guten Unterrichts. Ansätze einer integralen Empirie.* Augsburger Vorträge zur Schulpädagogik, hrsg. von Klaus Zierer. Augsburg: Universitätsverlag Augsburg.

Englert, Rudolf; Eck, Sebastian (2021): *R-A-D-E-V. Religionsunterrichtliche Lehrstücke im Praxistest.* Bad Heilbrunn: Verlag Julius Klinkhardt (Religionspädagogische Bildungsforschung (RpBf), 7). Online eingeschränkt verfügbar unter https://elibrary.utb.de/doi/book/10.35468/9783781558922 (Stand 10/2025).

Gerwig, Mario (2021): *Der Satz des Pythagoras in 365 Beweisen. Mathematische, kulturgeschichtliche und didaktische Überlegungen zum vielleicht berühmtesten Theorem der Mathematik.* Berlin, Heidelberg: Springer Spektrum. Online eingeschränkt verfügbar unter https://link.springer.com/book/10.1007/978-3-662-62886-7 (Stand 10/2025).

Kirste, Thorsten (2021): *Technik vom Anfang denken. Lehrkunst und Technik – eine doppelseitige Erschließung.* Dissertation. Pädagogische Hochschule Karlsruhe, Karlsruhe. Online verfügbar unter https://nbn-resolving.org/urn:nbn:de:bsz:751-opus4-2827 (Stand 10/2025).

Ziegler, Mario (2021): *Ethik in Szene setzen. Die Nikomachische Ethik als Lehrstück in der Unterrichtspraxis*. Hamburg: Felix Meiner Verlag.

Gerwig, Mario (2026): *The Pythagorean Theorem in 365 Proofs. Exploring the Nature of Mathematical Proof and the Cultural Legacy of the World's Most Famous Theorem*. Heidelberg: Springer.

Beiträge und Zeitschriftenartikel

Berg, Hans Christoph (1989): Martin Wagenschein (1896-1988) und seine Lehrkunst – heute. In: *BzL* 7 (1), S. 11–18. https://doi.org/10.36950/bzl.7.1.1989.2.

Berg, Hans Christoph (1989): Ein Versuch zur Wagenscheinlese. Studienhilfe von Hans Christoph Berg. In: Martin Wagenschein (Hrsg.): *Verstehen lehren. Genetisch – sokratisch – exemplarisch*. Mit einer Einführung von Hartmut von Hentig und einer Studienhilfe von Hans Christoph Berg. 8., erg. Aufl. Weinheim, Basel: Beltz (Pädagogische Bibliothek Beltz, Bd. 1), S. 163–181.

Berg, Hans Christoph (1990): Nun sag, wie hast du´s mit der Bildung? Die Heidelberger Gretchenfrage ´86 an Erziehungswissenschaft, Normalschulen und Waldorfschulen. In: Bohnsack, Fritz; Kranich, Ernst-Michael (Hrsg.): *Erziehungswissenschaft und Waldorfpädagogik. Der Beginn eines notwendigen Dialogs*. Weinheim, Basel: Beltz (Reihe Pädagogik), S. 406424.

Berg, Hans Christoph (1990): Bilanz und Perspektiven der Reformpädagogik. Vorschlag zum Neuansatz eines Forschungsschwerpunktes „Reformpädagogische und alternative Schulen in Europa“. In: *Zeitschrift für Pädagogik* 36 (6), 877–892.

Klafki, Wolfgang (1997): Exempel hochqualifizierter Unterrichtskultur. In: Hans Christoph Berg und Theodor Schulze (Hrsg.): *Didaktik in Unterrichtsexempeln* (Lehrkunstwerkstatt 1). Neuwied: Luchterhand, S. 13–35.

Berg, Hans Christoph (1997): Lehrkunst als Qualitätsmerkmal vielfältiger Schulkulturen. Wie soll es denn gehen ohne Wagenscheins Fallgesetz, ohne Lessings Fabelskizze, ohne Faradays Kerze …? In: *Schulleiter-Handbuch* 21 (83), S. 41–56.

Berg, Hans Christoph; Aeschlimann, Ueli (1999): Lehrstück-Unterricht. In: *Praxis Schule* 10 (2), S. 66–68.

Berg, Hans Christoph; Schulze, Theodor (1999): Lehrkunst. Ein Plädoyer für eine konkrete Inhaltsdidaktik. In: Heinz Günter Holtappels und Marianne Horstkemper (Hrsg.): *Neue Wege in der Didaktik? Analysen und Konzepte zur Entwicklung des Lehrens und Lernens 5*. Weinheim: Juventa., S. 102–122.

Berg, Hans Christoph; Brüngger, Hans; Wildhirt, Susanne (1999): Lehrstückunterricht: Exemplarisch – Genetisch – Dramaturgisch. In: Wiechmann, Jürgen (Hrsg.): *Zwölf Unterrichtsmethoden. Vielfalt für die Praxis*. Weinheim: Beltz (Beltz Pädagogik), S. 109–128.

Grammes, Tilman (2000): „Inseln“ – Lehrstücke und Reflexionsräume für Werte-Bildung in der didaktischen Tradition. In: Gotthard Breit u.a. (Hrsg.): *Werte in der politischen Bildung*. Schwalbach: Wochenschau-Verlag, S. 354–373.

Berg, Hans Christoph; Klafki, Wolfgang (2002): Den Unterricht ins Blickfeld nehmen. Ein Gespräch mit Hans Christoph Berg und Wolfgang Klafki über die Ergebnisse der PISA-Studie. In: *Schulmanagement* (4), S. 19–22.

Berg, Hans Christoph (2002): Unterrichten als Lehrkunst: aber wie? Wagenschein einfließen und weiterfließen lassen. In: *Schulmagazin 5-10* 70 (10), S. 8–11.

Bonati, Peter (2003): Lehrkunstdidaktik und Lehrstücke – ihr Beitrag zu Didaktik und Unterrichtsentwicklung. In: *BzL* 21 (1), S. 93–107. https://doi.org/10.25656/01:13516.

Klafki, Wolfgang (2004): Allgemeinbildung heute. Sinndimensionen einer gegenwarts- und zukunftsorientierten Bildungskonzeption. In: Rolf Gschwend und Armand Claude (Hrsg.): *Unterrichtsentwicklung – zum Stand der Diskussion.* Unter Mitarbeit von Herbert Altrichter. Bern: Sekretariat EDK (Studien und Berichte / Schweizerische Konferenz der Kantonalen Erziehungsdirektoren, 21), S. 64–78.

Berg, Hans Christoph (2004): Lehrkunst und Unterrichtsentwicklung. Durch kollegiale Lehrkunstwerkstätten zum schuleigenen Lehrstückrepertoire. In: Rolf Gschwend und Armand Claude (Hrsg.): *Unterrichtsentwicklung – zum Stand der Diskussion.* Unter Mitarbeit von Herbert Altrichter. Bern: Sekretariat EDK (Studien und Berichte / Schweizerische Konferenz der Kantonalen Erziehungsdirektoren, 21), S. 79–102.

Grammes, Tilman (2004): Editorial: Best Practice Performances of Model Curricula (Lehrkunst) and Lesson Study – Two Concepts and a Joint Venture in the Field of Subject Didactics? Best Practice Lessons and Lesson Study. In: *JSSE – Journal of Social Science Education* 3 (1). https://doi.org/10.4119/jsse-310.

Berg, Hans Christoph (2004): Lehrkunstdidaktik – Entwurf und Exempel einer konkreten Inhaltsdidaktik. Best Practice Lessons and Lesson Study. In: *JSSE – Journal of Social Science Education* 3 (1). https://doi.org/10.4119/jsse-313.

Petrik, Andreas (2004): Das genetische Prinzip als Brücke zwischen Lebenswelt und Politik – Eine Lehrkunstwerkstatt zum Thema Zukunft. Best Practice Lessons and Lesson Study. In: *JSSE – Journal of Social Science Education* 3 (1). https://doi.org/10.4119/jsse-318.

Berg, Hans Christoph; Schulze, Theodor (2004): Lehrkunst. In: Rudolf W. Keck, Uwe Sandfuchs und Bernd Thomas (Hrsg.): *Wörterbuch Schulpädagogik. Ein Nachschlagewerk für Studium und Schulpraxis.* 2., völlig überarb. Aufl. Bad Heilbrunn: Klinkhardt.

Landau, Gerhard (2005): Lehrkunst im Bewegungsunterricht. Wagenschein in bildungstheoretischer Absicht ausgelegt. In: Bietz, Jörg; Laging, Ralf; Roscher, Monika (Hrsg.): *Bildungstheoretische Grundlagen der Bewegungs- und Sportpädagogik.* Baltmannsweiler: Schneider Verlag Hohengehren (Bewegungspädagogik, 2), S. 309–319.

Grammes, Tilman; Berg, Hans Christoph (2006): Lehrkunst (Teaching Art): a German Version of Lesson Study? Examples from Science and Humanities Education. In: Matoba, Masami; Crawford, Keith; Arani, Mohammed R. Sarkar

(Hrsg.): *Lesson Study. International Perspective on Policy and Practice*. Bejing: Educational Science Publishing House, S. 239–256

Haars, Petra (2006): „Baum – Nuss – Baum". Guter Fachunterricht durch kollegiale Unterrichtsentwicklung. Interview mit Hans Christoph Berg über Lehrkunstdidaktik im Sinne Wagenscheins und Klafkis. In: *Schulmanagement* 37 (4), S. 19–22.

Küng, Hans-Ulrich (2007): Chemisches Gleichgewicht – ein Lehrstück für die Sekundarstufe II. In: Höttecke, Dietmar (Hrsg.): *Naturwissenschaftlicher Unterricht im internationalen Vergleich*. Berlin, Hamburg, Münster, Wien, Zürich: Lit Verlag (Gesellschaft für Didaktik der Chemie und Physik, 27), S. 478.

Berg, Hans Christoph (2007): „Der Berg ruft!"-Kolumne. Religionstoleranz im Widerstreit. Lessing pro und contra Nathan – Ein Bildungsexempel. In: *Schulmanagement* 38 (5), S. 40.

Berg, Hans Christoph; Wildhirt, Susanne (2007): „Der Berg ruft!"-Kolumne. „Alle im Weltall wirkenden Gesetze...". Faradays Weihnachtsvorlesung über die Kerze – Ein Bildungsexempel. In: *Schulmanagement* 38 (6), S. 39.

Berg, Hans Christoph; Leps, Horst (2008): „Der Berg ruft!"-Kolumne. „Gesucht: Eine normale Verfassung für normale Menschen." Aristoteles´ Verfassungsratschlag für Europa – ein Bildungsexempel. In: *Schulmanagement* 39 (1), S. 39–40.

Berg, Hans Christoph (2008): „Der Berg ruft!"-Kolumne. Weltkunde braucht Heimatkunde braucht Weltkunde. Die drehbare Sternkarte verstehen lehren – Ein Bildungsexempel, erster Teil. In: *Schulmanagement* 39 (2), S. 41.

Berg, Hans Christoph (2008): „Der Berg ruft!"-Kolumne. Weltkunde braucht Heimatkunde braucht Weltkunde. Die drehbare Sternkarte verstehen lehren – Ein Bildungsexempel, zweiter Teil. In: *Schulmanagement* 39 (3), S. 41.

Berg, Hans Christoph; Brüngger, Hans (2008): „Der Berg ruft!"-Kolumne. „Die Mathematik des Zufalls" (Teil 1). Die Wahrscheinlichkeitsrechnung beim Würfelspiel verstehen lernen – mit Pascal. Ein Bildungsexempel. In: *Schulmanagement* 39 (4), S. 41.

Berg, Hans Christoph; Brüngger, Hans (2008): „Der Berg ruft!"-Kolumne. „Die Mathematik des Zufalls" (Teil 2). Die Wahrscheinlichkeitsrechnung beim Würfelspiel verstehen lernen – mit Pascal. Ein Bildungsexempel. In: *Schulmanagement* 39 (5), S. 41.

Berg, Hans Christoph (2008): „Der Berg ruft!"-Kolumne. Gombrichs „Kurze Weltgeschichte für junge Leser" – Ein Bildungsexempel. In: *Schulmanagement* 39 (6), S. 39.

Leps, Horst (2010): Kategoriale Konfliktdidaktik als Paradigma politischer Bildung. In: *Journal of social science education* 9 (3). https://doi.org/10.4119/jssc 530.

Knecht, Werner (2011): Didaktik als Lehrkunst. Wie in Werkstätten abseits traditioneller Lehrerbildung die hohe Schule der Didaktik gepflegt wird. In: *NZZ (Neue Zürcher Zeitung)*, 30.03.2011. Online verfügbar unter https://www.lehrkunst.org/beitrag-lehrkunst/ (Stand 10/2025).

Berg, Hans Christoph; Gerwig, Mario; Wildhirt, Susanne (2013): Lehrkunstdidaktik 2013. Weiter auf dem Weg zu einer konkreten und allgemeinen Bildungsdidaktik. In: Zierer, Klaus (Hrsg.): *Jahrbuch für Allgemeine Didaktik 2013*. Baltmannsweiler: Schneider Verlag Hohengehren, S. 11–31.

Leps, Horst (2013): Der Weg junger Menschen in die Gesellschaft, begleitet von Adolph Freiherr Knigge – ein Lehrstück für den Politikunterricht. In: *Gesellschaft, Wirtschaft, Politik* 62 (3), S. 31–32. Online verfügbar unter https://elibrary.utb.de/doi/10.3224/gwp.v62i3.16 (Stand 10/2025).

Leps, Horst (2013): Die Suche nach der besten Verfassung. In: *Journal of social science education* 3 (1). https://doi.org/10.4119/jsse-320.

Wildhirt, Susanne; Jänichen, Michael; Berg, Hans Christoph (2016): Lehrstückunterricht. In: Jürgen Wiechmann und Susanne Wildhirt (Hrsg.): *Zwölf Unterrichtsmethoden. Vielfalt für die Praxis*. 6., vollständig überarbeitete Auflage. Weinheim, Basel: Beltz (Beltz Pädagogik), S. 111–128.

Gerwig, Mario (2017): Wo ist die Bildung im didaktischen Dreieck? Eine kritisch-konstruktive Auseinandersetzung mit den Problemen impliziter Voraussetzungen. In: *Vierteljahresschrift für wissenschaftliche Pädagogik*. Ausgabe 3/2017, S. 377–389.

Gerwig, Mario; Zierer, Klaus (2018): Was haben Wolfgang Klafki und John Hattie gemein? In: *Pädagogische Rundschau* 72 (4), S. 427–444. https://doi.org/10.3726/PR2018-4_427.

Gerwig, Mario (2019): Begegnung mit dem Beweisen. Ein kulturell-passender Unterricht zum Satz des Pythagoras. In: Schön, Lutz-Helmut; Lesk, Susanne (Hrsg.): *„Retten uns die Phänomene?“ Lehren und Lernen im Zeitalter der Digitalisierung*. Berlin: Logos, S. 153–159.

Gerwig, Mario; Berg, Hans Christoph; Wildhirt, Susanne (2019): Ein Weg, „viel Richtiges“ unterrichten zu lernen. In: Klaus Zierer (Hrsg.): *Unterrichten wir das „Richtige“? Die Frage nach zeitgemäßen Bildungsinhalten in der Schule*. Baltmannsweiler: Schneider Verlag Hohengehren (Jahrbuch für allgemeine Didaktik, 2018), S. 27–42.

Gerwig, Mario (2020): Hattie und die deutsche Didaktik-Tradition. In: *PR* 74 (2), S. 131–143. https://doi.org/10.3726/PR022020.0013.

Gerwig, Mario (2020): Ein Film über die Entstehung des Beweisens im Unterricht. Neue Ansätze für eine seit Langem bestehende Herausforderung der Didaktik. In: *Mitteilungen der Gesellschaft für Didaktik der Mathematik (GDM)* (109), S. 34–36.

Emden, Markus; Gerwig, Mario (2020): Can Faraday´s The Chemical History of a Candle Inform the Teaching of Experimentation? In: *Sci & Educ*. https://doi.org/10.1007/s11191-020-00119-5.

Emden, Markus; Gerwig, Mario; Jänichen, Michael; Wildhirt, Susanne (2021): Phenomena of a candle – helping students to perceive, wonder and ask: an updated Victorian teaching example. In: *SSR* 103 (382), S. 59–64.

Rauchhaupt, Ulf von (2022): Pythagoras oder die Wurzeln der Wahrheit. In: *FAS (Frankfurter Allgemeine Sonntagszeitung)*, 28.08.2022, S. 54–55.

Gerwig, Mario (2022): Ohne Bildung geht es nicht: Pythagoras und die Krise des Beweisens im Mathematikunterricht. In: *Mitteilungen der Deutschen Mathematiker-Vereinigung (DMV)* 30 (1), S. 64–67.

Gerwig, Mario (2022): Ein Beweis für jeden Tag des Jahres. Die Loomis-Sammlung neu entdeckt, überarbeitet und erweitert. In: *Mitteilungen der Gesellschaft für Didaktik der Mathematik (GDM)* (112), S. 34–38.

Grammes, Tilman (2023): Lehrkunstdidaktik im sozioökonomischen Curriculum. In: Engartner, Tim; Szukala, Andrea; Weber, Birgit (Hrsg.): *Sozioökonomie und Wirtschaftssoziologie im Spiegel sozialwissenschaftlicher Bildung*. Wiesbaden: Springer VS, S. 157–166.

Jänichen, Michael; Müller, Marc (2025): Alle stehen miteinander in Beziehung: Ein Lehrstück. Lebensgemeinschaften im Teich entdecken und verstehen. In: *Philosophie & Ethik in der Grundschule* (4), S. 24–29.

Dissertationen

Dörfler, Walter (1998): *Gotischer Dom und Lehrkunst. Die Nürnberger St. Lorenzkirche im genetisch-exemplarischen Unterricht an der evangelischen Wilhelm-Löhe-Schule in Nürnberg.* Dissertation. Philipps-Universität Marburg, Marburg. Online verfügbar unter https://open.uni-marburg.de (Stand 10/2025).

Schirmer, Heinrich (1999): *Die Lehrkunst in Goethes Italienischer Reise. Eine Unterrichtseinheit an der Freien Waldorfschule Uhlandshöhe in Stuttgart als Probe aufs Exempel.* Dissertation. Philipps-Universität Marburg, Marburg. Online verfügbar unter https://open.uni-marburg.de (Stand 10/2025).

Aeschlimann, Ueli (1999): *Mit Wagenschein zur Lehrkunst. Gestaltung, Erprobung und Interpretation dreier Unterrichtsexempel zu Physik, Chemie und Astronomie nach genetisch-dramaturgischer Methode.* Dissertation. Philipps-Universität Marburg/Lahn, Marburg/Lahn. Fachbereich Erziehungswissenschaften. Online verfügbar unter https://open.uni-marburg.de (Stand 10/2025).

Rohde, Dirk (2003): *Was heißt „lebendiger" Unterricht? Faradays Kerze und Goethes Pflanzenmetamorphose in einer Freien Waldorfschule.* Unter Mitarbeit von Hans Christoph Berg, Wolfgang Klafki und Theodor Schulze. Marburg: Tectum Verlag (Lehrkunstwerkstatt, 5).

Brüngger, Hans (2004): *Von Pythagoras zu Pascal. Fünf Lehrstücke der Mathematik als Bildungspfeiler im Gymnasium.* Dissertation. Philipps-Universität Marburg, Marburg. Erziehungswissenschaft. Online verfügbar unter https://open.uni-marburg.de (Stand 10/2025).

Ahrens, Daniel (2006): *„Er ist nur halb zu sehen und ist doch rund und schön". Untersuchung zur religiösen Dimension des Physikunterrichts am Beispiel der elementaren Himmelskunde.* Dissertation. Philipps-Universität Marburg, Marburg. Erziehungswissenschaft. Online verfügbar unter https://open.uni-marburg.de (Stand 10/2025).

Leps, Horst (2006): *Lehrkunst und Politikunterricht.* Philipps-Universität Marburg, Marburg. Erziehungswissenschaft. Online verfügbar unter https://open.uni-marburg.de (Stand 10/2025).

Petrik, Andreas (2007): *Von den Schwierigkeiten, ein politischer Mensch zu werden. Konzept und Praxis einer genetischen Politikdidaktik.* Zugl.: Hamburg, Univ., Diss., 2006. Opladen: Budrich (Studien zur Bildungsgangforschung, 13). 2. Auflage von 2013 online eingeschränkt verfügbar unter https://elibrary.utb.de/doi/book/10.3224/9783847403616 (Stand 10/2025).

Nölle, Beate E. (2007): *Wagenschein und Lehrkunst in mathematischen Exempeln. Entwicklung, Erprobung und Analyse dreier Lehrstücke für den Geometrieunterricht.* Zugl.: Marburg, Univ., Diss., 2007. Hildesheim: Franzbecker.

Wildhirt, Susanne (2008): *Lehrstückunterricht gestalten. Linnés Wiesenblumen – Aesops Fabeln – Faradays Kerze. Exemplarische Studien zur lehrkunstdidaktischen Kompositionslehre.* Dissertation. Philipps-Universität Marburg/Lahn, Marburg/Lahn. Fachbereich Erziehungswissenschaften. Online verfügbar unter https://open.uni-marburg.de (Stand 10/2025).

Jänichen, Michael (2011): *Dramaturgie im Lehrstückunterricht. Himmelsuhr und Erdglobus – Howards Wolken – Erd-Erkundung mit Sven Hedin. Ein Beitrag zur Theorie, Praxis und Poiesis der Lehrkunstdidaktik.* Dissertation. Philipps-Universität Marburg, Marburg. Online verfügbar unter https://open.uni-marburg.de (Stand 10/2025).

Harder, Ulrike (2013): *Lehrkunstdidaktik und Klafkis frühe Bildungsdidaktik. Unterrichtserprobung in drei Lehrstücken: Goethes „Italienische Reise" – Athen in der Ära des Perikles – Die Bassermanns. Bürgertum in Deutschland durch neun Generationen.* Dissertation. Philipps-Universität Marburg, Marburg. Online verfügbar unter https://open.uni-marburg.de (Stand 10/2025).

Eyer, Marc (2014): *Lehrstückunterricht im Horizont der Kulturgenese. Lehrkunstdidaktische Komposition und Inszenierung von Galileis Fallgesetz – Pascals Barometer – Fermats Spiegeloptik.* Dissertation. Philipps-Universität Marburg, Marburg. Erziehungswissenschaften. Online verfügbar unter https://open.uni-marburg.de (Stand 10/2025).

Gerwig, Mario (2014): *Beweisen verstehen. Bildung durch Lehrkunst im Mathematikunterricht. Komposition, Inszenierung und Interpretation dreier Lehrstücke frei nach Wagenscheins Euklid-Exempeln: Entdeckung der Axiomatik am Sechsstern, Satz des Pythagoras, Nichtabbrechen der Primzahlfolge. Ein Beitrag zur Allgemeinen Didaktik aus fachdidaktischer Perspektive.* Dissertation. Philipps-Universität Marburg, Marburg. Online verfügbar unter https://open.uni-marburg.de (Stand 10/2025).

Spindler, Philipp (2023): *Bildung im Mathematikunterricht. Lehrkunst im Dialog mit Heymann. Komposition, Erprobung und Interpretation von zwei Lehrstücken mit Blick auf ihre Bildungsqualität: „Das Nichtabbrechen der Primzahlfolge" und „Mit Tartaglia die kubische Gleichung lösen".* Philipps-Universität Marburg, Marburg. Online verfügbar unter https://open.uni-marburg.de (Stand 10/2025).

Hermes, Manuel (2024): *Genese und Rezeption der Theorie der kategorialen Bildung von Wolfgang Klafki*. Wiesbaden: Springer Fachmedien Wiesbaden; Imprint Springer VS. Online eingeschränkt verfügbar unter https://link.springer.com/book/10.1007/978-3-658-45524-8 (Stand 10/2025).

Andere Medien

Filme

Vereinigung zur Förderung der Lehrkunst Basel (2019): *Mit Euklid am Sechsstern das Beweisen verstehen: Das Mathematik-Lehrstück „Die Entdeckung der Axiomatik" im Unterricht.* Laufzeit: 56 min. https://www.youtube.com/watch?v=D2taWv17YT4

Vereinigung zur Förderung der Lehrkunst Basel (2023): *Lehrstückunterricht. Einblicke und Interviews zu sechs Exempeln aus dem Gymnasium Leonhard (Basel, Schweiz).* Laufzeit: 99 min. https://www.youtube.com/watch?v=TZWwzN8UoGI

Website der Gesellschaft für Lehrkunstdidaktik

www.lehrkunst.org mit regelmäßigem Newsletter

Weitere Informationen im Internet

https://de.wikipedia.org/wiki/Lehrkunst
https://www.youtube.com/@Lehrkunst